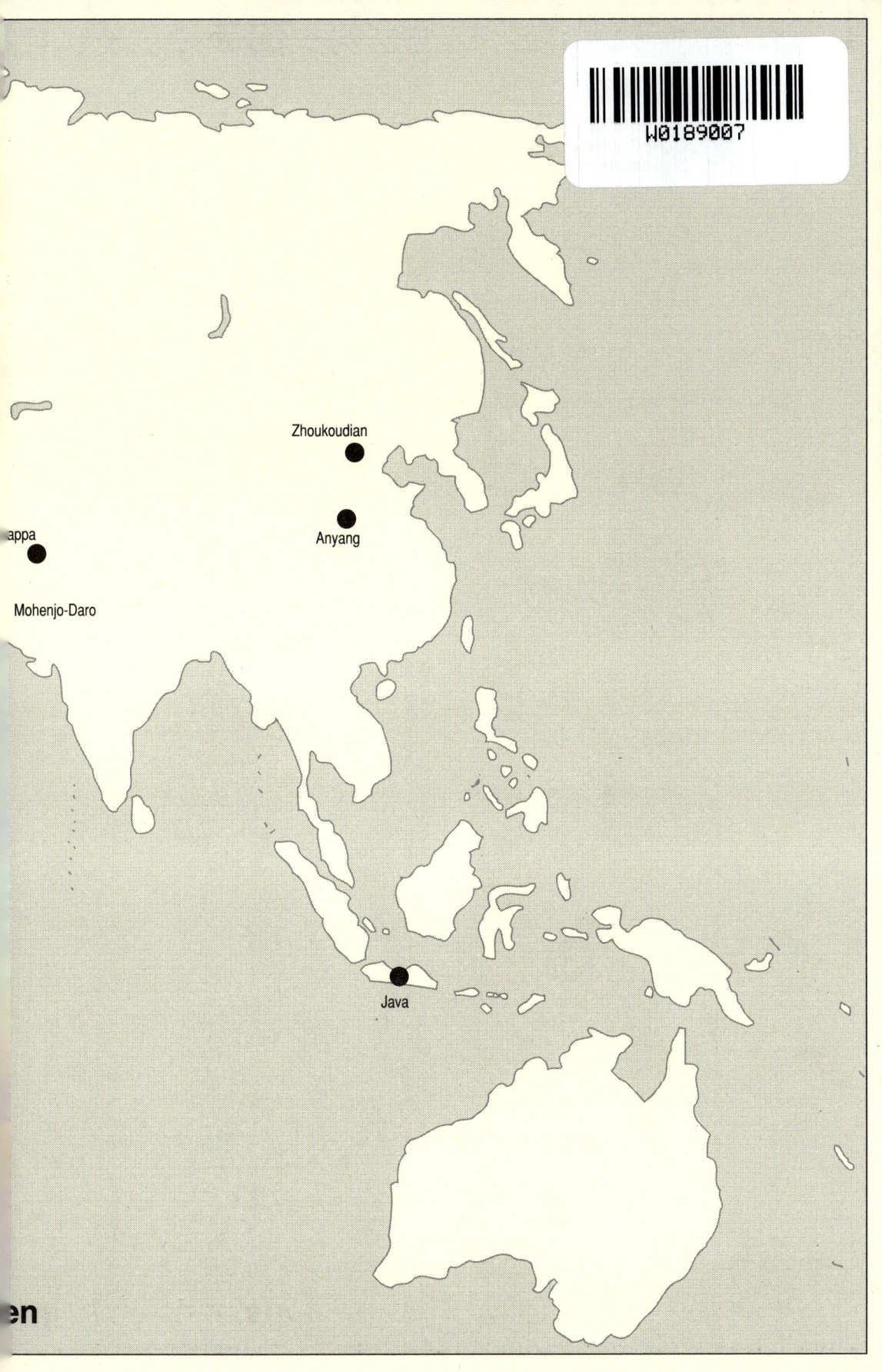

Zhoukoudian

Anyang

appa

Mohenjo-Daro

Java

en

Martin Kuckenburg

… und sprachen das erste Wort

Martin Kuckenburg

… und sprachen
das erste Wort

Die Entstehung
von Sprache und Schrift

Eine Kulturgeschichte
der mensch-
lichen Verständigung

ECON

Die Deutsche Bibliothek – CIP-Einheitsaufnahme

Kuckenburg, Martin:
... und sprachen das erste Wort: Die Entstehung von Sprache und Schrift;
eine Kulturgeschichte der menschlichen Verständigung / Martin Kuckenburg. –
Düsseldorf: ECON, 1996
ISBN 3-430-15771-4

Lektorat: H. Dieter Wirtz, Mönchengladbach
Gesetzt aus der Sabon-Antiqua der Fa. Berthold
Satz: Dörlemann Satz, Lemförde
Papier: Papierfabrik Schleipen GmbH, Bad Dürkheim
Druck und Bindearbeiten: Bercker Graphischer Betrieb GmbH, Kevelaer
Printed in Germany
ISBN 3-430-15771-4

Meinem Vater
in dankbarer Erinnerung
gewidmet

Inhalt

Die Bezeichnung durch Töne und Striche
ist eine bewundernswürdige Abstraktion.
Vier Buchstaben bezeichnen mir Gott;
einige Striche eine Million Dinge.
Wie leicht wird hier die Handhabung
des Universums, wie anschaulich
die Konzentrizität der Geisterwelt!
Ein Kommandowort bewegt Armeen;
das Wort Freiheit Nationen.

Friedrich von Hardenberg,
genannt Novalis

Vorwort

D er vorliegende Band kann und soll kein Handbuch der Sprachwissenschaft oder der Schriftgeschichte sein – er beschäftigt sich
vielmehr mit den Ursprüngen unserer Verständigung, mit der Entstehung der für uns heute so selbstverständlichen Kommunikationsmittel
Sprache und Schrift.

Dieser Themenbereich wurde lange Zeit nicht bearbeitet. Die Linguisten – zumindest die an den europäischen Universitäten – hatten es sich
angewöhnt, die Frage des Sprachursprungs weitgehend aus ihren Forschungen auszuklammern, nachdem im 18. und 19. Jahrhundert viel und
heftig darüber spekuliert worden war, und die meisten der großen
schriftgeschichtlichen Handbücher stammen aus den sechziger bzw.
siebziger Jahren und behandeln das Thema der Schriftentstehung auf
dem Forschungsstand der damaligen Zeit.

Gerade in den letzten drei Jahrzehnten ist aber das wissenschaftliche
Interesse an den Ursprüngen unserer Verständigung vor allem in den
Vereinigten Staaten neu erwacht, und es wurden vielfältige Forschungen
mit zum Teil aufsehenerregenden Ergebnissen auf diesem Gebiet durchgeführt. Diese neuen und neuesten Forschungen und ihre Resultate, die
vielfach nur in weit verstreuten Aufsätzen und Artikeln der englischspra-
chigen Fachliteratur veröffentlicht wurden, will der vorliegende Band

vorstellen, und zwar in einer für breite Leserkreise interessanten und verständlichen Form.

Als das Werk 1989 erstmals als Taschenbuch unter dem Titel *Die Entstehung von Sprache und Schrift* erschien, mutete diese Themenstellung noch recht exotisch an, zumindest hier in Deutschland. In den seither vergangenen sechs Jahren hat sich das gründlich geändert: Die Ursprünge von Sprache und Schrift finden mittlerweile auch bei uns breites Interesse, was sich nicht zuletzt in einer wachsenden Zahl von Buchveröffentlichungen sowie Artikeln in Zeitungen und populärwissenschaftlichen Zeitschriften niederschlägt.

Ich habe mich deshalb gefreut, als der ECON Verlag nach dem Auslaufen der Erstausgabe dieses Buches, die immerhin zwei Auflagen erlebte, Interesse an einer überarbeiteten Neuausgabe als Hardcover zeigte. Der großzügigere Rahmen ermöglicht es, vieles detaillierter auszuführen als im Taschenbuch, und auch die erweiterte Bebilderung und das von H. Dieter Wirtz realisierte neue Layout sind mit Sicherheit ein zusätzlicher Gewinn für das Buch.

Vor allem aber bietet diese Neuausgabe die willkommene Gelegenheit zur Aktualisierung des Textes. Besonders die Literatur über die Sprachentstehung und die geistigen Fähigkeiten des frühen Menschen ist in den letzten Jahren regelrecht ›explodiert‹, wobei diese Fragen mehr und mehr in den Sog der hitzigen Debatte über den Ursprung des modernen Homo sapiens und sein Verhältnis zu älteren Menschenformen wie dem Neandertaler gerieten (Stichwort ›Eva-Theorie‹). Um auf diese neuen Gesichtspunkte und Zusammenhänge ausführlicher und pointierter eingehen zu können, habe ich die Kapitel über die Sprachentstehung wesentlich erweitert und über weite Strecken hinweg völlig neu verfaßt. Zusätzlich eingefügt habe ich außerdem einen Exkurs über Versuche, die ›Ursprache‹ der Menschheit zu rekonstruieren.

In der Frage der Schriftentstehung hat in den letzten Jahren vor allem die recht lautstark vorgetragene These, das älteste Schriftsystem sei nicht im Vorderen Orient, sondern auf dem Balkan in Gebrauch gewesen, beträchtliche Aufmerksamkeit in den Medien und in der Öffentlichkeit erregt. Die überwiegend unkritische Zustimmung, die diese These weithin fand, hat mich veranlaßt, ihre Stichhaltigkeit in einem aktuellen Nachwort etwas genauer zu überprüfen. Und auch die anderen Kapitel über die Schrift haben durch aktuelle Zusätze und Erweiterungen zum Teil wesentlich ihr Gesicht verändert.

So ist es also in mancherlei Hinsicht ein neues Buch geworden, wenngleich es in seinem Aufbau, seinen Grundaussagen und vor allem seiner Intention zweifellos das alte geblieben ist. Ich hoffe, daß es eine ebenso interessierte und positive Aufnahme findet wie die Erstausgabe.

Danken möchte ich zum Abschluß Wolfgang Bogner, der mich vor über zehn Jahren zum erstenmal auf die Idee brachte, das aktuelle Wissen über die Sprach- und Schriftentstehung in populärer Form zusammenzufassen, und Frank Rainer Scheck, der mir 1987 die Möglichkeit eröffnete, dies in Buchform zu tun und damit eine Tätigkeit als Sachbuchautor zu begründen. Danken möchte ich ebenso Jürgen Kreuzhage, Lutz Dursthoff und H. Dieter Wirtz vom ECON Verlag, die die vorliegende Neuausgabe verlegerisch auf den Weg gebracht und großzügig und behutsam betreut haben. Zu Dank verpflichtet bin ich des weiteren Udo Wolf, der mir in der Endphase der Textkorrektur wertvolle Hilfe leistete.

Mein besonderer Dank geht aber an meine Lebensgefährtin Susanne Wolff und meine Tochter Yanna Noela, die mir in den nicht immer einfachen Monaten der Manuskriptüberarbeitung zur Seite gestanden und den Rücken gestärkt haben.

Widmen möchte ich das Buch meinem 1988 verstorbenen Vater Heinz Kuckenburg. Ohne seine langjährige und stets wohlwollende Unterstützung wäre mir der Einstieg in die wissenschaftliche Tätigkeit und die Beschäftigung mit dem vorliegenden Thema niemals möglich gewesen.

Tübingen, im Oktober 1995   Martin Kuckenburg

Technische Hinweise

Im Text werden Daten aus dem ›historischen‹, das heißt durch
Schriftquellen erschlossenen Zeitraum der letzten fünftausend
Jahre, in der üblichen historischen Zeitangabe ›v. Chr.‹ bzw.
›n. Chr.‹ wiedergegeben. Die älteren, urgeschichtlichen Daten, die
in der Regel auf naturwissenschaftlichen Methoden (C 14-Datie-
rung und andere) basieren und eine größere Unsicherheitsspanne
aufweisen, sind dagegen in der fachwissenschaftlich üblichen, auf
das Jahr 1950 bezogenen Zeitangabe ›vor heute‹ (v. h.) angegeben.
15 000 vor heute entspräche dabei ungefähr 13 000 v. Chr.

Eckige Klammern innerhalb von Zitaten enthalten erklärende
Zusätze von mir. Die hochgestellten Fußnoten im Text beziehen
sich auf den Zitatennachweis am Ende des Buches.

Auf einen umfangreichen Anmerkungsapparat wurde verzich-
tet, da es sich nicht um eine wissenschaftliche Veröffentlichung im
engeren Sinne handelt. Um dem interessierten Leser dennoch eine
eingehendere Beschäftigung auch mit Einzelaspekten des Themas
zu ermöglichen, findet sich am Ende des Buches ein umfangreiches, nach Sachgebieten geordnetes Literaturverzeichnis, das mit
wenig Mühe auch speziellere im Text erwähnte Publikationen
auffindbar macht.

Teil I

Die Entstehung der Sprache

Kapitel 1

Auf der Suche
nach dem Ursprung
der Sprache

Der ägyptische König Psammetich I. führte – so berichtet der griechische Geschichtsschreiber Herodot – im 7. Jahrhundert v. Chr. ein Experiment durch, um herauszufinden, welches die älteste Sprache und das älteste Volk der Menschheit sei. Er ließ zwei neugeborene Knaben in einer einsamen Hütte aussetzen, bei einem Hirten, der nicht mit ihnen sprechen durfte, sondern nur zu bestimmter Zeit die Ziegen zu ihnen führte, damit sie von deren Milch tranken. »Das tat und befahl Psammetichos«, so Herodot, »weil er bei diesen Knaben hören wollte, was für ein Wort, wenn das undeutliche Lallen vorüber wäre, sie zuerst von sich geben würden.« Er hoffte, sie würden ohne Beeinflussung durch andere Menschen in der Sprache ihrer ältesten Vorfahren zu reden beginnen, die, so seine Überzeugung, noch in ihnen schlummere.

Als die beiden Knaben nach zwei Jahren immer wieder einen Laut ausstießen, der wie das phrygische Wort *bekos* (›Brot‹) klang – tatsächlich aber vielleicht nur dem Meckern der Ziegen nachempfunden war –, glaubte der König, der Fall sei entschieden: Das Phrygische mußte die Ursprache der Menschheit sein, die Phryger in Kleinasien (und nicht, wie zuvor angenommen, die Ägypter selbst) waren das älteste Volk. »So gaben es die Ägypter denn zu und richteten sich darin nach diesem

»Im Anfang war das Wort, und das Wort war bei Gott, und Gott war das Wort.« Holzstich zur Schöpfungsgeschichte aus dem 19. Jahrhundert (Archiv für Kunst und Geschichte, Berlin)

Geschehnis, daß die Phryger älter seien als sie selber«, schließt Herodot nicht ohne Ironie seinen Bericht.[1]

Jüngeren Quellen zufolge wurde dieser grausame Menschenversuch im Mittelalter zweimal wiederholt, und zwar im 13. Jahrhundert von dem Stauferkaiser Friedrich II. und um 1500 von Schottlands König Jakob IV. Im ersten Fall starben die Kinder, im zweiten Fall gaben sie nach einiger Zeit Laute von sich, die man als hebräisch deutete. Später soll das Experiment von einem indischen Großmogul wiederholt worden sein, und noch im 18. Jahrhundert forderten europäische Gelehrte eine erneute Durchführung.

Die Frage nach der ›Ursprache‹, nach den Ursprüngen und Anfängen artikulierter Verständigung, hat also die Menschen seit jeher bewegt und durch die Jahrtausende hindurch nicht mehr losgelassen. Die dazu verfaßte Literatur ist immens: Eine Bibliographie von 1975 führt nicht weniger als elftausend Bücher und Aufsätze zu diesem Themenkreis auf,[2] zu denen ständig neue hinzukommen. Die Art und Weise, wie man sich dem Problem näherte und es zu lösen versuchte, war dabei natürlich höchst unterschiedlich und hing vom Weltbild sowie den geistesgeschichtlichen Voraussetzungen in den verschiedenen Epochen und Kulturkreisen ab.

Friedrich II. (1194–1250), Kaiser des Heiligen Römischen Reiches. Gemälde von 1843 (Archiv für Kunst und Geschichte, Berlin)

Die einfachste Antwort auf die Frage, wie die Sprache entstand, ist die Annahme, sie sei überirdischen Ursprungs, ein Werk der Götter, von denen sie der Mensch bei seiner Erschaffung fertig verliehen bekam. Und in der Tat kannten die meisten frühen Kulturen einen Schöpfungsmythos, der die Sprachentstehung (ebenso wie den Ursprung der Welt und des Menschen), ja oft sogar die Benennung der einzelnen Dinge und damit die Herkunft der Wörter aus göttlichem Wirken erklärte. Für die alten Ägypter war der Sprachenspender der Gott Ptah, »der den Namen aller Dinge verkündet hat«, Amun, der »seine Rede inmitten des Schweigens öffnete«, oder der Schreiber- und Wissensgott Thot. Nach dem babylonischen Weltschöpfungsepos *Enuma elisch* traten alle Dinge – Himmel, Erde und Götter – ins Dasein, als der Schöpfergott Apsu ihnen Namen gab: »Mit Namen wurden sie genannt.« Im *Rigveda*, einem Hymnenbuch aus dem Indien des späten 2. Jahrtausends v. Chr., heißt es: »Die Göttin Vāc [die Rede] haben die Götter erzeugt«, und in einem anderen altindischen Hymnus wird der Gott Brahma als der Schöpfer der menschlichen Sprachfähigkeit verehrt: »In Kinnladen die vielgewandte Zunge baut er, der Rede Kunst in sie zu legen.« Nach der germanischen *Snorra-Edda* wurden die Menschen von den göttlichen Söhnen des Allvaters geschaffen und neben den anderen Lebenskräften mit »Antlitz, Rede, Gehör und Sehkraft« ausgestattet, und im altenglischen Runenlied der Angelsachsen heißt es: »Der Ase (Wodan) ist der Urheber aller Rede.«[3]

Am meisten wurde unser Kulturkreis natürlich durch den biblischen Schöpfungsmythos geprägt. »Im Anfang war das Wort, und das Wort war bei Gott, und Gott war das Wort«, heißt es zu Beginn des *Evangeliums nach Johannes*. »Alle Dinge sind durch dasselbe gemacht, und ohne dasselbe ist nichts gemacht, was gemacht ist.« Die *Genesis* schildert im einzelnen, wie Gott die Welt und alle Dinge durch sein Wort schuf und sie benannte. »Und Gott sprach: Es werde Licht! Und so ward Licht. (…) Und Gott (…) nannte das Licht Tag und die Finsternis Nacht. Da ward aus Abend und Morgen der erste Tag.« Bei der Erschaffung des ersten Menschen, Adam, »zu seinem Bilde« gab Gott ihm auch die Sprache: Er führte Adam »alle die Tiere auf dem Felde und alle die Vögel unter dem Himmel« vor, »daß er sähe, wie er sie nannte; denn wie der Mensch jedes Tier nennen würde, so sollte es heißen. Und der Mensch gab einem jeden (…) seinen Namen«, so die *Genesis*. Gott aber blieb der Herr über die Dinge und damit auch über das Wort: Als Adams und Evas Nachkommen, die zu Anfang auf der ganzen »Welt einerlei Zunge und Sprache« geredet hatten, den Turm zu Babel erbauten, »verwirrte« Gott als Strafe für diese Anmaßung ihre Sprache, so daß sie einander nicht mehr verstehen konnten, und »zerstreute« sie »in alle Länder«. Damit begann die Sprachen- und Völkervielfalt.[4]

Die Bibel hat nicht recht

Die biblische Überlieferung steckte auch den Rahmen ab, in dem sich die Sprachphilosophie des christlichen Abendlandes bis zur Zeit der Aufklärung überwiegend bewegte. Zwar gab es vereinzelt Häretiker, unabhängige Geister und Querdenker, die einen natürlichen oder menschlichen Sprachursprung erwogen (darunter Thomas von Aquin), insgesamt aber standen die Erörterungen des christlichen Mittelalters ganz im Zeichen der göttlichen Offenbarungslehre und der biblischen Exegese. Diskutiert wurde über Einzelheiten, welche die Bibel offenließ – etwa, ob Gott den Menschen nur mit einer allgemeinen Sprachfähigkeit oder aber mit einer konkreten Sprache ausgestattet hatte und ob dies tatsächlich das Hebräische war, wie man traditionsgemäß annahm. Die göttliche Herkunft der Sprache als solche wurde aber nicht in Zweifel gezogen, so daß auch kaum jemand über alternative Möglichkeiten nachdachte. Die christlichen Dogmen hemmten hier, wie auf vielen anderen Gebieten, die Neugier, den Forschungsdrang und die schöpferische Phantasie der mittelalterlichen Denker und Gelehrten.

Der griechische
Philosoph Platon
(427–347 v. Chr.).
Kupferstich aus dem
17. Jahrhundert
(Archiv für Kunst
und Geschichte,
Berlin)

Die kreative Phantasie wurde dagegen freigesetzt, wo kritische, vernunftgemäße Betrachtung der Dinge die Oberhand über religiöse Dogmen gewann. Dies geschah erstmals in der antiken Philosophie, und schon hier entwickelte sich eine jahrhundertelange kontroverse und fruchtbare Diskussion über sprachphilosophische Fragen. Zwar galt auch im alten Griechenland der Überlieferung nach ein Gott, nämlich Hermes, als der Bringer der Sprache, doch schon unter den klassischen Philosophen des 4. Jahrhunderts v. Chr. war von diesem göttlichen Ursprung kaum mehr die Rede. Statt dessen entbrannte ein heftiger Streit (wiedergegeben in Platons Dialog *Kratylos*) über die Frage, ob die Wörter und Begriffe der Sprache ihre Geltung *physei* hätten, das heißt mit Naturnotwendigkeit aus dem Wesen der Dinge selbst resultierten, oder ob sie *thesei*, also durch menschliche Übereinkunft gesetzt seien.

Die hellenistischen Philosophenschulen der Epikureer und der Stoiker verfochten dann mit Nachdruck die Lehre einer Sprachentstehung aus der Natur bzw. dem menschlichen Wesen heraus. Die Legende vom Sprachbringer Hermes war für die Epikureer nurmehr »unnützes Gerede«. Im 1. Jahrhundert v. Chr. schrieb der in ihrer Tradition stehende römische Dichter Lukrez in seinem Lehrgedicht *De rerum natura*, daß »der Zwang der Natur verschiedene Laute der Sprache bildete und das Bedürfnis die Namen der Dinge hervorrief« und daß es »Wahnsinn« sei, »an einen Erfinder zu glauben, der einst Namen den Dingen verliehn und den Menschen die ersten Wörter gelehrt«.[5] Diodor von Sizilien, ebenfalls im 1. Jahrhundert v. Chr. lebend, gab in seiner *Bibliothek der Geschichte* zeitgenössische Auffassungen wieder, die man bereits als eine regelrechte Entwicklungstheorie der Sprache bezeichnen kann. »Die Menschen, die im Anfang entstanden waren«, schrieb er, »hatten eine ungeregelte, tierische Lebensweise. (…) Ihre Stimme war ein Gemisch von undeutlichen Tönen, die aber allmählich in artikulierte Laute übergingen, und indem sie sich über bestimmte Zeichen für jeden Gegenstand einigten, fanden sie ein Mittel, sich gegenseitig über alles verständlich auszudrücken. Weil solche Gesellschaften überall auf der Erde zerstreut waren, hatten sie nicht alle eine gleichlautende Sprache; denn jede derselben setzte, wie es der Zufall gab, die Laute zusammen. Daher entstanden die vielerlei Arten von Sprachen, und jene ersten Gesellschaften machten die Urstämme aller Völker aus.«[6]

Die große Zeit des Nachdenkens und Debattierens über das Sprachproblem aber begann, als im Europa des 17. und 18. Jahrhunderts die traditionelle christliche Weltsicht auf nahezu allen Gebieten ins Wanken geriet und die Aufklärung einer neuen geistigen Epoche den Weg ebnete, der Epoche des Rationalismus. Eine forschende, kritische Denkweise trat nun an die Stelle der bisherigen vermeintlichen Sicherheit über

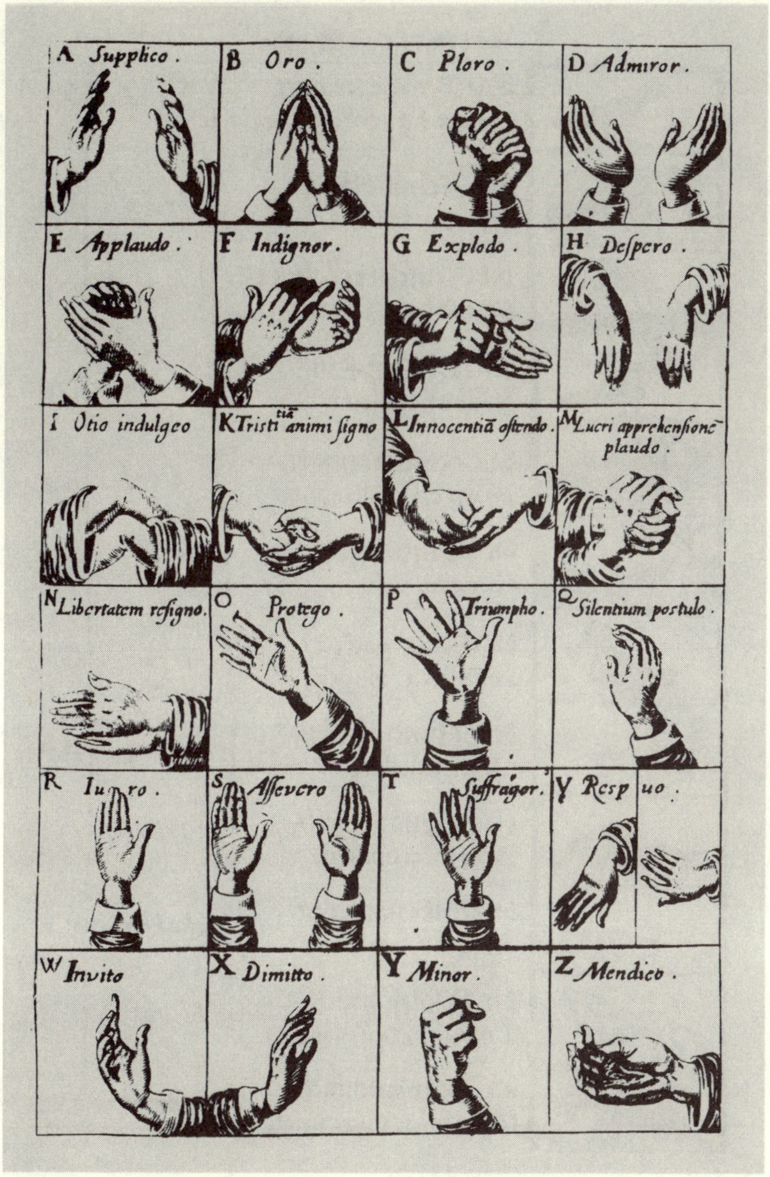

Darstellung verschiedener gestischer Symbole in dem 1644 erschienenen Werk »Chirologia, or The Natural Language of the Hand« des Engländers John Bulwer. Es waren derartige Zeichensprachen, die zur Verbreitung der ›Gestentheorie‹ des Sprachursprungs beitrugen

Charakter und Ursprung der Dinge, und die althergebrachten Traditionen und Dogmen wurden schonungslos verworfen, wenn sie nicht den Maßstäben einer vernunftgemäßen Überprüfung standzuhalten vermochten. In diesem geistigen Klima bereiteten sich gesellschaftliche Umwälzungen vor, wurden die Grundlagen der modernen Wissenschaft und Forschung gelegt und führte man auch die Sprachdiskussion in

	Die Krähe krechzet/ *Cornix* f. 3. cornicátur,	á á	A a
	das Schaf blöcket/ *Ovis* f. 3. balat,	bé é é	B b
	der Heuschreck zitzchert/ *Cicáda* f. 1. ſtridet,	ci ci	C c
	der Widßopf rufft/ *Upupa* f. 1. dicit,	du du	D d
	das Kind wemmert/ *Infans* c. 3. éjulat,	é é é	E e
	der Wind wehet/ *Ventus* m. 2. flat,	fi fi	F f
	die Gans gackert/ *Anſer* m. 3. gingrit,	ga ga	G g
	der Mund hauchet/ *Os* n. 3. halat,	háh háh	H h
	die Maus pfipfert/ *Mus* m. 3. mintrit,	i i i	I i
	die Ente schnackert/ *Anas* f. 3. tetrinnit,	kha kha	K k
	der Wolff heulet/ *Lupus* m. 2. úlulat,	lu ulu	L l
	der Beer brummet/ *Urſus* m. 2. múrmurat,	mum mum	M m

Eine Seite aus dem 1679 erschienenen Buch »Orbis sensualium pictus« des tschechischen Pädagogen Joh. Amos Comenius, welche die Theorie des onomatopoetischen (naturlautnachahmenden) Sprachursprungs illustriert

neuem, rationalistischem Geiste fort. Konservative Denker versuchten zwar, die überkommenen Positionen zu retten – so etwa der deutsche Feldprediger Johann Peter Süßmilch, der 1766 eine Schrift mit dem programmatischen Titel veröffentlichte: *Versuch eines Beweises, daß die erste Sprache ihren Ursprung nicht vom Menschen, sondern allein vom Schöpfer erhalten habe.*[7] Doch derartige orthodoxe Bekenntniswerke vermochten die neuentbrannte Debatte nicht zu stoppen. Eine große Zahl von Philosophen und Gelehrten – viele davon durchaus fromme Männer – gaben sich nicht mehr mit der Lehre von der fertig in den Menschen verpflanzten Sprache, mit dem Dogma vom ›Gottesgeschenk‹ zufrieden, sondern bemühten sich in ausführlichen Schriften und Traktaten darum, natürliche, vernunftmäßig erklärbare Möglichkeiten des Sprachursprungs herauszuarbeiten. Stellvertretend für diese vielfältigen Bemühungen, die sich oft mit der Annahme einer letztlich doch göttlichen Inspiration verbanden, seien hier die Namen Pierre Louis de Maupertuis, Jean-Jacques Rousseau, Charles de Brosses, Étienne Bonnot de Condillac und Lord Monboddo genannt – sie alle lebten und wirkten im 18. Jahrhundert.

Als berühmtester Versuch dieser Art darf Johann Gottfried Herders 1772 veröffentlichte *Abhandlung über den Ursprung der Sprache* gelten. Mit ihr gewann der deutsche Philosoph und Theologe einen 1769 von der Preußischen Akademie der Wissenschaften ausgeschriebenen Wettbewerb, dessen vorsichtig formulierte Fragestellung lautete: »Sind die Menschen, wenn sie ganz auf ihre natürlichen Fähigkeiten angewiesen sind, imstande, die Sprache zu erfinden? Und mit welchen Mitteln gelangen sie aus sich heraus zu dieser Erfindung?«[8]

Herder plädierte in seiner preisgekrönten Schrift vehement für eine natürliche Entstehung der Sprache aus einfachsten Anfängen und bezeichnete »die Hypothese eines göttlichen Ursprungs« als »Unsinn«, als »fromm, aber zu nichts nütze«. »Hätte ein Engel oder ein himmlischer Geist die Sprache erfunden«, so schrieb er, dann müßte »ihr ganzer Bau ein Abdruck von der Denkungsart dieses Geistes sein. (…) Wo findet das aber bei unsrer Sprache statt? Bau und Grundriß, ja selbst der ganze Grundstein dieses Palastes verrät Menschheit.« Die ersten Worte, so vermutete Herder, seien wahrscheinlich Naturlauten nachempfunden gewesen – der Mensch habe Tiere und Naturerscheinungen zunächst ganz einfach nach ihren Tönen bezeichnet. »Das Schaf blökt, (…) die Turteltaube girrt, der Hund bellt! Da sind drei Worte. (…) Der Baum wird der Rauscher, der West Säusler, die Quelle Riesler heißen – und da liegt ein kleines Wörterbuch fertig (…) – die ganze vieltönige, göttliche Natur ist Sprachlehrerin und Muse.« »Was war diese erste Sprache«, so Herder weiter, »als eine Sammlung von Elementen der Poesie? Nachahmung der tönenden, handelnden, sich regenden Natur! Aus den Interjektionen [Ausrufen] aller Wesen genommen und von Interjektionen menschlicher Empfindung belebt! Die Natursprache aller Geschöpfe vom Verstande in Laute gedichtet.« Sein Fazit: »Der Mensch erfand sich selbst Sprache! – aus Tönen lebender Natur! – zu Merkmalen seines herrschenden Verstandes!«[9]

Der Feldprediger Johann Peter Süßmilch (1707–1767). Punktierstich von 1805 (Archiv für Kunst und Geschichte, Berlin)

Neue Theorien und Forschungsansätze

Der Literat, Philosoph und Theologe Johann Gottfried Herder (1744–1803). Gemälde aus der zweiten Hälfte des 19. Jahrhunderts (Archiv für Kunst und Geschichte, Berlin)

Die von Herder hier vertretene Nachahmungstheorie, die den Ursprung der Sprache in der Nachempfindung von Naturlauten (griechisch *onomatopöie*) sah und daher später spöttisch als ›Wau-Wau-‹ oder ›Mäh-Mäh-Hypothese‹ bezeichnet wurde, war nur eines von mehreren im 18. Jahrhundert gängigen (und teilweise bis in die Antike zurückreichenden) Erklärungsmodellen der Sprachentstehung. Daneben gab es die bei Herder ebenfalls anklingende Interjektionstheorie, die eine Entstehung der ersten Wörter aus emotionalen Ausrufen der Freude, der Angst, des Schmerzes, der Lust usw. annahm und deshalb von Spöttern ›Puh-Puh-‹ oder ›Aua-Aua-Hypothese‹ genannt wurde. Zahlreiche Anhänger hatte auch die sogenannte Gestentheorie, der zufolge die früheste menschliche Verständigung überhaupt nicht aus Lauten, sondern aus stummen Handzeichen und Gebärden bestand. Diese drei ›klassischen‹ Theorien tauchten in der an Ideen und Positionen reichen und kontrovers geführten Sprachursprungsdiskussion des 18. Jahrhunderts immer wieder in den unterschiedlichsten Kombinationen und Variationen auf.

Allen diesen Erklärungsmodellen und Entwürfen war gemeinsam, daß sie sich mehr auf allgemeine philosophische Erwägungen stützten denn auf konkretes Tatsachenmaterial, das damals noch kaum verfügbar war. Dies begann sich im 19. Jahrhundert zu ändern: War die Beschäftigung mit der Sprachentstehung – der Glottogenese, wie man sie nannte – bis dahin fast ausschließlich eine Domäne universal gebildeter Philosophen, Gelehrter und Literaten gewesen, so nahmen sich nun verschiedene wissenschaftliche Spezialdisziplinen einzelner Teilaspekte des Problems an und versuchten, auf dem Wege empirischer Forschungen einer Lösung näherzukommen.

Die zu Beginn des 19. Jahrhunderts begründete historisch-vergleichende Sprachwissenschaft bemühte sich, durch Analyse von Bau und Wortschatz die Verwandtschaftsverhältnisse zwischen den verschiedenen modernen und historisch überlieferten Sprachen der Welt zu klären. Darüber hinaus versuchte sie, bei manchen der auf diesem Wege herausgearbeiteten ›Sprachfamilien‹ die ursprünglich zugrunde gelegene gemeinsame ›Stammsprache‹ zu erschließen, und hoffte lange Zeit, noch weiter ins Dunkel der Vergangenheit – in Richtung auf die ›gemeinsame Ursprache‹ der Menschheit – vordringen zu können. »Die Sprachwissenschaft«, schwärmte Mitte des 19. Jahrhunderts der in Oxford lehrende Professor Max Müller, »führt uns so zu jenem höchsten Gipfelpunkt empor, von dem wir in das erste Frührot des Menschenlebens auf Erden hinabblicken und wo die Worte ›Es hatte aber alle Welt einerlei Zunge und Sprache‹ eine natürlichere, verständlichere, überzeugendere Bedeutung annehmen, als sie je zuvor besaßen.«[10]

Derart hochfliegende Hoffnungen wichen jedoch bald der Ernüchterung. Zwar gelang der Nachweis, daß die indische, die iranische und die meisten europäischen Sprachen auf eine gemeinsame Wurzel, die sogenannte ›indogermanische‹ bzw. ›indoeuropäische‹ Stammsprache, zurückgingen, doch je größere Fortschritte man bei der Erschließung und Rekonstruktion dieser ausgestorbenen Stammsprache machte, desto deutlicher wurde, daß sie vor höchstens sechs- bis siebentausend Jahren existiert haben konnte und mit der vermuteten ›Ursprache‹ der Menschheit nichts zu tun hatte. Der Versuch, mit vergleichenden Analysen noch weiter in die Vergangenheit vorzustoßen, verlief bald völlig im Sande, und um die Jahrhundertwende stellte der Forscher Berthold Delbrück desillusioniert fest: »Ob es eine Ursprache des Menschengeschlechts gegeben hat, wissen wir nicht; das aber wissen wir sicher, daß wir sie durch Vergleichung nicht wiederherstellen können.«[11] Dieses Urteil wird bis heute von den meisten Sprachwissenschaftlern geteilt – auf neuere Versuche einer Minderheit unter ihnen, der postulierten ›Ursprache‹ doch noch auf die Spur zu kommen, wird an anderer Stelle einzugehen sein (vgl. S. 124 ff.).

Ebenso zerschlug sich schon bald die (nicht zuletzt aus ethnozentrischer Überheblichkeit gespeiste) Hoffnung, man könne unter den sogenannten ›wilden‹ Völkern Relikte einer primitiven, älteren Stufe der Sprachentwicklung finden und so die Erforschung urtümlicher Verständigungsweisen gleichsam ›am lebenden Objekt‹ vornehmen. Dieser Forschungsansatz war, wie eine Reihe von völkerkundlichen und linguistischen Studien zeigten, schon von seinen Voraussetzungen her verfehlt, denn die Sprachen der überlebenden ›Naturvölker‹ erwiesen sich in ihrer Grundstruktur als ebenso hoch entwickelt wie diejenigen der sogenannten ›zivilisierten Welt‹, keineswegs als urtümliche Überbleibsel. »Was die linguistische Form anbelangt, geht Plato Seite an Seite mit dem mazedonischen Schweinehirten, Konfuzius mit dem Kopfjäger von Assam«, faßte der amerikanische Linguist Edward Sapir diese Einsicht 1921 zusammen.[12] Insgesamt trugen die genannten Studien also viel zur Entwicklung der Sprachwissenschaft als Disziplin bei, erbrachten im Hinblick auf das Problem der Sprachentstehung aber eher enttäuschende und desillusionierende Ergebnisse.

Neue Hoffnungen wurden dagegen von naturwissenschaftlicher Seite geweckt. Zwei medizinische Teildisziplinen, die Anatomie und die Neurologie, befaßten sich eingehend mit den Sprachorganen und dem Gehirn des Menschen und waren bemüht, ihre Funktionsweise und ihr Zusammenwirken beim Sprechen zu ergründen. Dies schien die Mög-

lichkeit zu eröffnen, durch Vergleich mit den entsprechenden Orga-
nen der Tiere (und später mit fossilen Frühmenschenfunden) Hinweise
auf die Entwicklungsgeschichte der anatomischen und physiologischen
Sprachgrundlagen, sozusagen die Phylogenese (Stammesgeschichte) der
Sprachfähigkeit, zu gewinnen. Daß es eine solche Phylogenese gegeben
haben mußte, war ein nahezu unvermeidlicher Schluß aus der 1859 von
Charles Darwin veröffentlichten biologischen Evolutionstheorie, deren
rascher Siegeszug die Forschung zwang (und zugleich befähigte), über
die Entwicklung aller Erscheinungen in der Natur, auch der Kommunikation und der Sprache, von niederen zu höheren Formen nachzu-
denken.

Dieser naturwissenschaftliche Zugang zum Sprachentstehungspro-
blem sollte sich als äußerst zukunftsträchtig erweisen, und man beginnt
die damit verbundenen Möglichkeiten erst heute richtig auszuschöpfen.
Darauf soll an späterer Stelle noch ausführlicher eingegangen werden
(vgl. Kap. 3).

Ein Forschungszweig gerät ins Zwielicht

Auch die philosophischen Debatten und Spekulationen über den Sprachursprung waren im 19. Jahrhundert nicht beendet, sondern schossen
geradezu ins Kraut. Nach wie vor Konjunktur hatten die bereits erwähnten ›klassischen‹ Theorien und Erklärungsmodelle (vgl. S. 24), neben
denen eine Reihe weiterer entstanden, deren Spannweite vom Einleuch-
tend-Genialen bis zum Skurrilen reichte. Man erklärte die Sprachentstehung beispielsweise aus unwillkürlichen Begleitlauten bei der körperlichen Bewegung und Arbeit (wegen des vermuteten physiologischen
Zusammenspiels unterschiedlicher Körperorgane als ›Sympathie-Theo-
rie‹ bezeichnet), aus koordinierenden Lauten oder Gesängen bei kollektiver Tätigkeit (sogenannte ›Arbeitsgesang-Hypothese‹ oder ›Yo-he-
ho-‹ bzw. ›Hauruck-Theorie‹), aber auch aus gesanglicher Begleitung
von Tänzen oder der Anbetung des Mondes.

Die Spekulationen nahmen derart überhand und bewegten sich zum
Teil auf einem solch ›phantastischen‹ Niveau, daß die Beschäftigung mit
dem Sprachursprung schließlich einen unseriösen Beigeschmack bekam
und in Verruf geriet, besonders bei der nunmehr streng positivistisch
und empirisch ausgerichteten Sprachwissenschaft. So verbot 1866 die
Linguistische Gesellschaft von Paris in ihren Statuten alle Erörterungen
über dieses Thema, ebenso wie die Diskussion von Vorschlägen für eine
Weltsprache. Und 1873 erklärte der Präsident der Philologischen Gesellschaft in London, Alexander J. Ellis, solche Fragen lägen »außerhalb des

Arbeitsgebiets der seriösen Philologie«. »Wir leisten mehr«, so fuhr er fort, »wenn wir die historische Entwicklung eines einzigen Alltagsdialekts zurückverfolgen, als wenn wir Papierkörbe mit spekulativen Abhandlungen über den Ursprung aller Sprachen füllen.«[13] Bei dieser selbstauferlegten Zurückhaltung der Linguistik ist es bis heute im wesentlichen geblieben, wie ein Blick auch in die deutschsprachige Fachliteratur unschwer erkennen läßt (nur Amerika macht hier in jüngerer Zeit eine Ausnahme).

Nun ist es in der Tat unbestreitbar, daß viele der erwähnten älteren Theorien und Modelle mit Wissenschaft wenig zu tun hatten. Sie stützten sich auf jeweils sehr spezielle Erscheinungen des heutigen Sprach- und Kommunikationsverhaltens (Empfindungslaute, lautmalerische Wörter, Gestik und Mimik bzw. Zeichensprachen, begleitendes Murmeln und Singen bei körperlicher Arbeit usw.) und projizierten diese recht unbekümmert in die frühe Entwicklungsperiode der Gattung Mensch zurück, proklamierten sie als die dort maßgeblichen Ansätze und Triebkräfte der Sprachentstehung.

All diese Theorien und Modelle, ob man sie nun im einzelnen erwägenswert und plausibel oder schlicht abwegig findet, lassen sich überdies weder beweisen noch widerlegen, sind vielmehr rein spekulativ. Denn die ersten sprachlichen Äußerungen des frühen Menschen haben keinerlei Spuren hinterlassen, sind für alle Zeit verklungen, und keine Methode ermöglicht es herauszufinden, ob sie sich aus Empfindungslauten entwickelten, Naturtöne nachahmten, von einem Arbeitsrhythmus inspiriert wurden oder vorwiegend aus Gesten bestanden. Mehr als gewisse Anregungen geben und Möglichkeitsfelder abstecken konnten und können diese Theorien also nicht, und deshalb soll von ihnen im folgenden auch nur noch am Rande die Rede sein.

Die Beschäftigung mit den Ursprüngen der Sprache ist heute dennoch wieder lohnend und auf fundierter Grundlage möglich, wenn man die Frage von einer anderen Seite her aufrollt. Das genaue ›Wie‹ der Sprachentstehung, das im Mittelpunkt der früheren Theorien und Überlegungen stand, wird zwar weitgehend im dunkeln verbleiben, doch dafür sind in den vergangenen Jahrzehnten eine Reihe von Tatsachen ans Licht gekommen, welche die Fragen nach dem ›Wann‹ und dem ›Warum‹ ein Stückweit zu erhellen vermögen – die Fragen also, mit welcher Zeittiefe für die menschliche Sprache zu rechnen ist und aus welchen Triebkräften und Bedürfnissen heraus sie entstand.

Diese Fragenkomplexe sowie die biologischen und intellektuellen Entwicklungsprozesse, welche die Sprachentstehung ermöglichten, werden seit einiger Zeit von Wissenschaftlern verschiedener Disziplinen intensiv erforscht und diskutiert – allein die in den Vereinigten Staaten seit den sechziger Jahren dazu erschienene Literatur ist kaum mehr zu überschauen.

Einigkeit und ›endgültige‹ Klarheit hat diese Diskussion zwar bis heute auch nicht erbracht, ja, wesentliche Fragen bleiben heftig umstritten, doch anders als früher kreist die Debatte nicht mehr nur um Spekulationen, sondern um Fakten und ihre Interpretation. Zusammengetragen wurden diese Fakten in jahrzehntelanger Forschungsarbeit von so unterschiedlichen Wissenschaftszweigen wie der Biologie und der Archäologie, der Paläanthropologie (Wissenschaft von den fossilen Menschenfunden) und der Gehirn- und Kehlkopfforschung. Ohne einen solchen multidisziplinären, fächerübergreifenden Ansatz ist heute an eine sinnvolle Erörterung des Sprachentstehungsproblems nicht mehr zu denken.

Zu den in diesem Zusammenhang wichtigen Wissenschaftsdisziplinen gehört auch die vergleichende Verhaltensforschung (Ethologie), die sich als Spezialzweig der Zoologie unter anderem mit der Verständigung zwischen den Tieren beschäftigt.

Ihre Ergebnisse vermitteln ein Bild davon, was die menschliche Sprache von der tierischen Kommunikation unterscheidet und was sie mit ihr gemeinsam hat, wie sozusagen der Ausgangspunkt aussieht, von dem aus sich unsere Sprache in den frühesten Anfängen der Menschwerdung einmal entwickelt haben muß. Und sie helfen die Frage klären, ob der Mensch tatsächlich das einzige Wesen ist, das ›Sprache‹ besitzt, oder ob es bereits im Tierreich Verständigungsformen gibt, die diese Bezeichnung verdienen – Themen, die zunächst unsere Aufmerksamkeit verdienen.

Kapitel 2

Kommunikations- systeme im Tierreich

Jeder Spaziergang in der freien Natur vermittelt einen Eindruck von der Vielfalt tierischer Laute – man hört den Vogelgesang oder das Zirpen der Grillen, das Blöken der Schafe oder das Pferdegewieher. Am vertrautesten sind uns natürlich die Lautäußerungen unserer Haustiere, das Miauen der Katze und das Bellen des Hundes. Hunde knurren, winseln oder heulen freilich auch, je nach Stimmungslage und Situation, und machen dadurch deutlich, daß diese Laute Empfindungen zum Ausdruck bringen und etwas mitteilen. Es handelt sich um ›Signale‹, die der Verständigung dienen und bei Artgenossen bestimmte Reaktionen auslösen: Ein angebellter Hund bellt heftig zurück, Entenküken folgen den Locklauten ihrer Mutter, ein ganzer Vogelschwarm erhebt sich auf einen Warnruf hin in Sekundenschnelle in die Luft und fliegt davon.

Nicht ohne Grund umfaßten die eben genannten Beispiele ausschließlich akustische Signale, denn diese nehmen wir Menschen, die wir an eine Lautsprache gewöhnt sind, am deutlichsten wahr. Tatsächlich aber spielen in der Tierwelt – und zum Teil auch bei uns selbst – visuelle bzw. optische Signale (Formen, Farben und Bewegungen, Gesten und Gesichtsausdrücke), chemische bzw. olfaktorische Signale (mittels Geruchs- oder Geschmacksstoffen) und taktile Signale (durch Berührungen) eine ebenso wichtige Rolle für die Verständigung. Beim Hund

Ein Pavian bleckt seine kräftigen Zähne in Drohhaltung. Ein typisches Beispiel der nichtverbalen Kommunikation im Tierreich (Okapia, Frankfurt am Main)

gehört beispielsweise nicht nur das Bellen oder Knurren zum Kommunikationsverhalten, sondern ebenso die Körperhaltung, das Wedeln mit dem Schwanz oder das Fletschen der Zähne. Das ist leicht nachzuvollziehen, denn ›Körpersprache‹, Gestik und Mimik sind ja auch im Sozialverhalten und in der ›nichtverbalen Verständigung‹ des Menschen nicht zu unterschätzende Ausdrucksformen. Dagegen vermögen wir kaum zu ermessen, welch immense Bedeutung Duftstoffen (etwa dem Absondern und Beschnuppern von Urin) bei einem so stark geruchsorientierten Tier wie dem Hund zukommt und wie sie sein Verhalten zu beeinflussen vermögen: Die Harnmarke einer läufigen Hündin kann einen Rüden in heftige Erregung versetzen, der Geruch eines Rivalen in Furcht oder Aggressivität. In ähnlicher Weise besitzen bei so unterschiedlichen Tieren wie Fischen und Vögeln die Körperfarben, die nicht umsonst während der Balz- und Brunftzeit oft zu besonders auffälligen Tönen wechseln, eine enorme Signalfunktion im Konkurrenz- und Paarungsverhalten.

Die Mittel und Methoden der Verständigung im Tierreich sind, kurz gesagt, schier unermeßlich, und zahlreich sind auch die Funktionen, die diese Verständigung erfüllt: Sie bewirkt den Zusammenhalt oder die gleichmäßige Verteilung der Tiere, grenzt Reviere und Territorien gegeneinander ab, begründet soziale Ordnungen und Hierarchien, stiftet Kampf oder Frieden, erleichtert das schnelle Reagieren auf Bedrohungen durch natürliche Feinde, dient der Fortpflanzung und der Aufzucht der Jungen und ermöglicht den Ausdruck so unterschiedlicher Empfindungen wie Aggressivität oder Zuneigung, Angst oder Wohlbefinden.

Zur Erfüllung all dieser Aufgaben hat die Natur wahrhaft bewundernswerte Kommunikationsformen hervorgebracht: Die Duftstoffe weiblicher Schmetterlinge, vom Winde verweht, vermögen Männchen aus kilometerweiter Entfernung anzuziehen; die ›Rufe‹ von Finnwalen lassen sich im Ozean noch in über hundert Kilometern Entfernung auffangen, und als die Weltmeere noch nicht von lärmenden Motorschiffen befahren waren, können sie im Wasser Hunderte von Kilometern weit vernehmbar gewesen sein; bei vielen Tieren ist der Austausch eines genau festgelegten Kanons wechselseitiger Signale und Schlüsselreize unabdingbar, damit Männchen und Weibchen die Paarung vollziehen können (als bekanntestes Beispiel gilt der ›Hochzeitstanz‹ der Stichlinge), und bei einigen helfen vom Männchen abgesonderte Stoffe (Pheromone) sogar, den Sexualzyklus des Weibchens zu regulieren; die noch im Ei befindlichen Jungen einiger Vogelarten bereiten sich durch Lautsignale auf ein gemeinsames Schlüpfen vor, und bei einem koloniebrütenden Vogel, der Lumme, nimmt der Nachwuchs schon im Ei Lautkontakt mit den Eltern auf und erkennt sie an der Stimme, noch bevor er sie

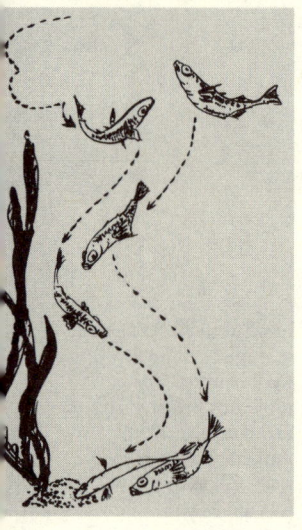

Paarungsritual (›Hochzeitstanz‹) des dreistachligen Stichlings (Zeichnung: Heinz-Peter Uertz, Düsseldorf)

zum erstenmal gesehen hat; selbst der sprichwörtliche ›stumme Fisch‹ ist in Wahrheit keineswegs stumm, sondern vermag mit Hilfe seiner Schwimmblase oder anderer Körperteile rhythmische Töne zu erzeugen, die Signalcharakter besitzen.

Die vergleichende Verhaltensforschung, zu deren Begründern Konrad Lorenz und Nikolaas Tinbergen zählen, und die aus ihr hervorgegangene Zoosemiotik (Wissenschaft von den Tiersignalen) haben in den letzten Jahrzehnten begonnen, in dieses verwirrende Universum an Kommunikationsformen hineinzuleuchten. Sie versuchen, den Kosmos ein wenig zu ordnen, indem sie all die unterschiedlichen Verständigungsweisen nach ihrem Medium bzw. ihrem ›Kanal‹ (akustisch, optisch, chemisch, taktil), nach ihrer Funktion (Fortpflanzung, Revierabgrenzung, Warnung vor Feinden usw.), nach ihrem Wirkungsradius (Nah- und Fernkommunikation) und nach einigen anderen Gesichtspunkten unterteilen. Neben der beschreibenden Klassifizierung und ›Entschlüsselung‹ dieser Systeme geht es ihnen aber vor allem auch um deren tiefergehende Analyse, um ihre physiologischen und neurologischen Grundlagen und um die Frage, mit was für Entwicklungsstufen von Kommunikation wir es hier zu tun haben, wo die Unterschiede zur

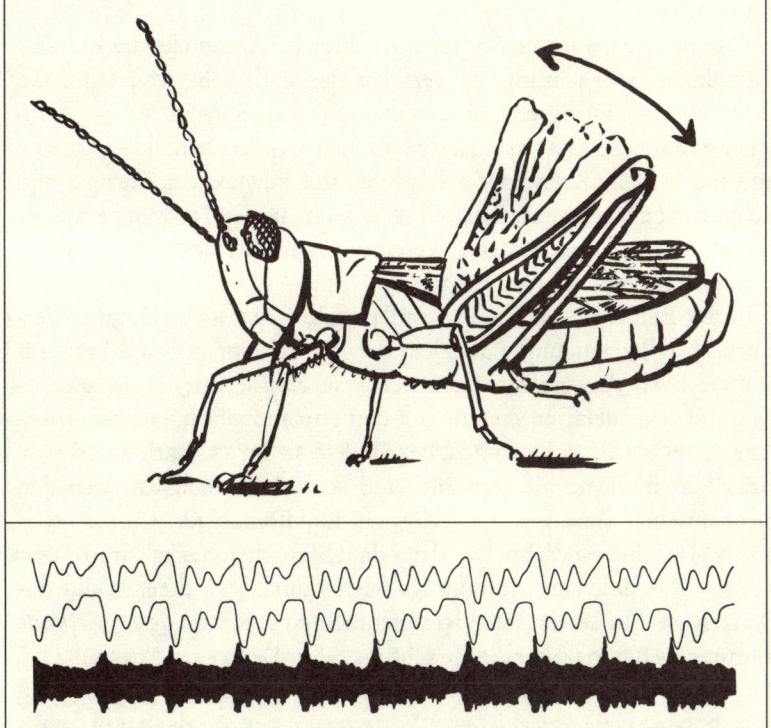

Feldheuschrecken erzeugen charakteristische ›Gesangsmuster‹, indem sie eine ›Feile‹ an der Innenseite ihrer Hinterbeine gegen die ›Schrilladern‹ der Vorderflügel reiben. Obere Kurven: Oszillogramme der Beinbewegung. Untere Kurve: Oszillogramm des ›Gesangs‹ (Zeichnung: Hans-Peter Uertz, Düsseldorf)

menschlichen Sprache liegen und wo eventuell Gemeinsamkeiten mit ihr bestehen. Dahinter verbirgt sich natürlich auch das uns hier besonders interessierende Problem, ob der Mensch tatsächlich als einziges Wesen über Sprache verfügt und dieser Sprachbesitz sein wichtigstes Unterscheidungsmerkmal gegenüber den Tieren bildet, wie es die traditionelle abendländische Auffassung behauptet.

Die Philosophen und die ›Tiersprache‹

Der griechische Philosoph und Naturforscher Aristoteles (384–322 v. Chr.). Römische Büste (Archiv für Kunst und Geschichte, Berlin)

Diese Auffassung läßt sich bis in die Antike zurückverfolgen. Der griechische Philosoph Aristoteles schrieb im 4. Jahrhundert v. Chr., daß »der Mensch unter allen tierischen Wesen allein im Besitz der Sprache [ist], während die Stimme, das Organ für Äußerungen von Lust und Unlust, auch den Tieren eigen ist. Denn soweit ist ihre Natur gelangt, daß sie Lust- und Unlustempfindungen haben und dies einander mitteilen können. (…) Tierische Rufe lassen sich aber«, so führte er weiter aus, »nicht zu Silben vereinigen, noch lassen sie sich – wie die menschliche Sprache – auf Silben zurückführen.« Und: »Ein Laut ist nicht durch sich selbst ein Wort, sondern wird es erst, wenn er vom Menschen als Zeichen verwendet wird.«[1]

Waren diese bemerkenswerten Einsichten bei Aristoteles das Resultat sorgfältiger Beobachtung, so verfocht das christliche Mittelalter die Lehre von der Einzigartigkeit der menschlichen Sprache auf dogmatischer Grundlage: Gott habe den Menschen als sein Ebenbild geschaffen und nur ihn, die Krone der Schöpfung, mit Bewußtsein, Sprache und Religiosität ausgestattet; dadurch sei er weit aus der Tierwelt herausgehoben, und irgendein anderes Wesen mit ihm auf eine Stufe zu stellen, komme einer Gotteslästerung gleich.

Der französische Philosoph und Mathematiker René Descartes (1596–1650). Stahlstich aus dem 19. Jahrhundert (Archiv für Kunst und Geschichte, Berlin)

In der Zeit der Aufklärung wurden viele traditionelle Dogmen zerstört. Die Überzeugung, daß allein der Mensch Sprache und Vernunft besitze, blieb dagegen unangetastet – sie wurde nur in ein anderes Gewand gekleidet. Der Vater des modernen Rationalismus, der französische Aufklärer René Descartes, begründete sie im 17. Jahrhundert neu, indem er die Tiere als vernunft- und seelenlose, lediglich nach den mechanischen Gesetzen ihres Körpers funktionierende »Automaten« bzw. »Maschinen« beschrieb und nur dem Menschen zusätzlich zu dieser Körper-Maschine eine »vernünftige Seele« zubilligte, »deren Natur das Denken ist«. In seinem 1637 veröffentlichten *Discours de la Méthode* führte er als Beweis dafür die Sprache ins Feld: »Denn es ist ganz auffällig, daß es keinen so stumpfsinnigen und dummen Menschen gibt (…), daß er nicht fähig wäre, verschiedene Worte zusammenzuordnen und daraus eine Rede aufzubauen, mit der er seine Gedanken verständlich macht; und daß es im Gegenteil kein anderes Tier gibt, so vollkommen und glücklich veranlagt es sein mag, das ähnliches leistet.« Descartes' Schlußfolgerung: »Dies zeigt nicht bloß, daß Tiere weniger Verstand haben als Menschen, sondern vielmehr, daß sie gar keinen haben.«[2]

In eine ähnliche Kerbe hieb Mitte des 19. Jahrhunderts der schon einmal zitierte Sprachwissenschaftler Max Müller, der den Evolutionstheoretikern entgegenhielt: »So weit nun auch die Grenzen des Tierreichs ausgedehnt worden sind, so daß zu Zeiten die Demarkationslinie zwischen Tier und Mensch nur von einer Falte im Gehirn abzuhängen schien, *eine* Schranke ist doch stehen geblieben, an der bisher noch niemand zu rütteln gewagt hat – die Schranke der Sprache.« Selbst die ärgsten Zweifler sähen sich »gezwungen, einzugestehen, daß bis jetzt noch keine Tierrasse irgendeine Sprache hervorzubringen vermocht hat«, und dabei werde es bleiben[3] – eine Auffassung, die bis in unsere Tage hinein weit verbreitet ist.

Ganz unangefochten war diese Position freilich nie. Der Volksglaube neigte immer dazu, den Tieren menschenähnliche Züge zuzuschreiben, sie zu ›vermenschlichen‹ – das bezeugen eine Unzahl von Sagen, Märchen und Geschichten, in denen Tiere sich wie selbstverständlich nicht nur untereinander, sondern ebenso mit den Menschen unterhalten. Doch auch unter den Literaten, Philosophen und Naturfreunden regte sich hier und dort Opposition gegen die menschliche ›Überheblichkeit‹ den anderen Geschöpfen gegenüber. Wenn wir die Tiere nicht verstehen, so fragte im 16. Jahrhundert der französische Schriftsteller Michel de Montaigne, warum unterstellen wir ihnen dann Sprachlosigkeit, wo die Ursache doch auch in unserem eigenen Unvermögen liegen kann? »Wenn die Tiere sprechen, dann sicher nicht mittels einer [der unseren] ähnlichen Sprache«, bemerkte 1739 der jesuitische Gelehrte Abbé Guillaume Bougeant in einem Büchlein, das ihm einen Skandalerfolg und beträchtliche Schwierigkeiten mit seinen geistlichen Vorgesetzten einbrachte. »Aber kann man sich«, so fragte er mit Blick auf die Tiere weiter, »nicht auch ohne dieses Hilfsmittel hinreichend verständigen und im wahrhaften Sinne sprechen?«[4] Diese Sichtweise wurde von manchem Zeitgenossen und später Lebenden geteilt, und zu Beginn des 19. Jahrhunderts veröffentlichte der französische Adlige Dupont de Nemours zwei Lexika für ›Krähensprache-Französisch‹ und ›Nachtigallensprache-Französisch‹ – es sollten nicht die einzigen derartigen Werke bleiben.

Der französische Schriftsteller Michel de Montaigne (1533–1592). Kupferstich von 1772 (Archiv für Kunst und Geschichte, Berlin)

Von einem wissenschaftlichen Standpunkt aus rückten dann seit 1859 Charles Darwin und seine Mitstreiter dem Dogma von der unüberbrückbaren Kluft zwischen Mensch und Tier – im Hinblick auf die Sprache wie auch sonst – zu Leibe. Darwin selbst belegte in einem 1874 erschienenen

Werk mit dem Titel *Der Ausdruck der Gemütsbewegungen bei dem Menschen und den Tieren* ausführlich, daß die menschliche Körpersprache und Mimik Vorläufer und Parallelen im Tierreich hat, und er nahm solche Vorstufen auch für die Sprache an, ohne die »unendlich größere Fähigkeit« des Menschen in diesem Bereich zu leugnen.[5] Der deutsche Zoologe Ernst Haeckel, einer der glühendsten Verfechter der Entwicklungstheorie, ging noch einen Schritt weiter. »Die verschiedenen Laute, durch welche die Affen ihre Empfindungen und Wünsche, Zuneigung und Abneigung mitteilen«, schrieb er, »müssen von der vergleichenden Physiologie ebenso als ›Sprache‹ bezeichnet werden wie die gleich unvollkommenen Laute, welche kleine Kinder beim Sprechenlernen bilden, und wie die mannigfaltigen Töne, durch welche soziale Säugetiere und Vögel sich ihre Vorstellungen mitteilen. (...) Das alte Dogma, daß nur der Mensch mit Sprache und Vernunft begabt sei, wird auch heute noch bisweilen von angesehenen Sprachforschern verteidigt. (...) Es wäre hohe Zeit, daß diese irrtümliche, auf Mangel an zoologischen Kenntnissen beruhende Behauptung endlich aufgegeben würde.«[6]

Sprachliche Elemente im Tierreich?

Die beiden gegensätzlichen Grundpositionen, die dieser kurze Blick in die Forschungsgeschichte veranschaulicht hat, existieren auch heute noch weiter, wenngleich in weniger extremer Ausprägung. Auch in der modernen Kommunikationsforschung stehen sich zwei ›Schulen‹ gegenüber: Die eine sieht, ohne die Überlegenheit der menschlichen Sprache prinzipiell in Abrede zu stellen, Vorstufen, Ansätze und Elemente sprachlicher Verständigung bereits im Tierreich und hofft, durch ihre Erforschung Hinweise auf eine stufenweise Evolution der artikulierten Sprache aus solchen tierischen Anfängen gewinnen zu können (Kontinuitätstheorie). Die andere Forschungsrichtung lehnt dagegen die Vorstellung eines Entwicklungskontinuums und einer letztlich nur graduellen Abstufung scharf ab und bestreitet die Existenz jeglicher sprachlicher Elemente in der tierischen Kommunikation. Ihr gilt die menschliche Sprache als ein völlig anders strukturiertes und einzigartiges System, das nicht auf irgendwelche Vorläufer im Tierreich zurückgeführt werden könne (Diskontinuitätstheorie). Beide ›Schulen‹ berufen sich zur Untermauerung ihrer Position auf Erkenntnisse, welche die Ethologie und die Zoosemiotik bei der Untersuchung der tierischen Kommunikation gewonnen haben.

Bis in die siebziger Jahre hinein war die letztgenannte Denkrichtung klar vorherrschend. Ihr zufolge beruhten fast alle Signale in der Tierwelt

auf gleichsam automatisch ablaufenden Reiz-Reaktions-Mechanismen, deren Auslöser besondere emotionale Zustände sein konnten – zum Beispiel Angst oder Lust –, aber auch äußere Faktoren wie die Annäherung natürlicher Feinde, die (verbunden mit einer entsprechenden Empfindungsreaktion) Alarm- und Warnlaute auslöste. In jedem Fall – darüber waren sich die meisten Biologen und Verhaltensforscher einig – erfolgte die Signalaussendung ›aus dem Gefühl heraus‹ (emotional) bzw. ›im Affekt‹ (affektiv), oftmals ohne bewußte Kommunikationsabsicht (nichtintentional). Als Beleg dafür wurden Beobachtungen ins Feld geführt, nach denen Tiere beispielsweise bei der Konfrontation mit Gefahren auch dann Alarmlaute ausstießen, wenn kein Artgenosse als ›Adressat‹ oder Kommunikationspartner in der Nähe war – der Vergleich mit dem menschlichen Freudenjauchzer oder Schmerzensschrei (Laute, die wir ja auch dann von uns geben, wenn uns niemand hört) lag nahe. Es schien, als könnten die Tiere ihre spontanen Lautreaktionen nicht einmal dann unterdrücken, wenn sie ihnen schadeten: Oft zitiert wurde in diesem Zusammenhang eine Anekdote der englischen Forscherin Jane Goodall (vgl. S. 43) über einen jungen Schimpansen, der beim Auffinden von Bananen so laute und aufgeregte Futterrufe von sich gab, daß seine älteren Artgenossen herangelockt wurden und ihm die Leckereien wegnahmen. Auch Gehirnuntersuchungen an Rhesusaffen schienen den gänzlich ›unbewußten‹ und unkontrollierten Charakter der Lautäußerungen zu bestätigen. Sie deuteten auf eine Steuerung nicht durch den Neocortex – die Großhirnrinde also, welche die meisten ›intellektuellen‹ Prozesse lenkt –, sondern durch das sogenannte Limbische System, das mehr für den Gefühls- und Instinktbereich zuständig ist. Dementsprechend vermutete man auch, daß die tierischen Signale zum Instinktverhalten gehörten und genetisch verankert waren, also nicht erlernt zu werden brauchten, sondern den Tieren von Geburt an zu eigen waren.

Angeborene und unbewußt ablaufende Reaktionsmechanismen, die durch feste genetische Programme gesteuert und niemals variiert werden, wo derselbe Reiz mit unvermeidlicher Konsequenz immer wieder das gleiche Signal auslöst – kein Wunder, daß dieses an Descartes' ›belebte Automaten‹ (vgl. S. 34) gemahnende Bild von der tierischen Kommunikation jede Diskussion über Ansätze der Sprache im Tierreich jahrzehntelang abwegig erscheinen ließ. In den letzten zwanzig Jahren freilich wurde bei intensivierten Forschungen umfangreiches neues Material gesammelt, und es hat sich gezeigt, daß das beschriebene Modell die tatsächlichen Gegebenheiten unverhältnismäßig vergröbert, daß selbst einfachste tierische Signale offenbar zum Teil doch auf recht komplexen Vorgängen und Zusammenhängen beruhen. Durch diese

Sehr ausgeprägt ist das Ausdrucksverhalten bei Wölfen. Es regelt durch Dominanz- und Drohgebärden ebenso wie durch Unterwürfigkeitsgesten das Sozialverhalten in der Gruppe (Okapia, Frankfurt am Main)

neue Sichtweise ist auch die Möglichkeit ›sprachlicher‹ Elemente im Tierreich erneut in die Diskussion gekommen.

Bereits seit längerem ist allgemein anerkannt, daß Tiersignale unabhängig von der Intention und Motivation ihrer Aussendung den Artgenossen wichtige Informationen zu vermitteln vermögen – nicht nur über Gefühlszustände des Signalgebers wie Paarungsbereitschaft, Hunger oder Aggressivität (sogenannte Empfindungs- und Motivationsübermittlung), sondern auch über äußere Faktoren wie Bedrohungen, Futterquellen und anderes mehr (sogenannte Umweltinformation). Früher betrachtete man diese Informationsübermittlung freilich nur als eine Begleiterscheinung, gleichsam als unbeabsichtigtes ›Nebenprodukt‹ der Affektreaktion, doch in jüngerer Zeit ist immer deutlicher geworden, daß die Informationen zum Teil in sehr viel präziserer Weise ›formuliert‹ und übermittelt werden, als es bei reinen Gefühlsbekundungen plausibel wäre. So reagieren beispielsweise viele Vogelarten auf das Herannahen eines Feindes nicht einfach mit einem unspezifischen Angstlaut, sondern verfügen über verschiedene Warnrufe für Luft- und Bodenfeinde, die bei Artgenossen und sogar bei fremden Tieren jeweils ein unterschiedliches Verhalten auslösen. Auch bei einer Affenart, den afrikanischen Meerkatzen, wurden drei spezifische derartige ›Alarmrufe‹ nachgewiesen: Einer warnt vor Raubtieren, die sich am Boden bewegen (Leoparden und andere Katzenarten), und veranlaßt die Affen zur Flucht auf die Bäume, ein zweiter meldet Raubvögel (Adler), vor denen im Gebüsch Schutz gesucht wird, und ein dritter macht auf Schlangen aufmerksam, die man in der Folge nicht mehr aus den Augen läßt oder gemeinsam attackiert.

Mehr als nur Signale?

Die Primatenforscher Peter Marler, Dorothy L. Cheney und Robert M. Seyfarth haben diese Laute der Meerkatzen intensiv studiert und jahrelange Versuche mit den Tieren durchgeführt, die ihrer Auffassung nach fast alle früheren Annahmen über derartige Signale unterminieren. So beobachteten sie etwa, daß einzeln umherschweifende Meerkatzen beim Zusammentreffen mit einem Raubtier keinerlei Alarmrufe von sich gaben und daß die Häufigkeit und Intensität dieser Signale auch sonst von der Art und Zusammensetzung der ›Zuhörerschaft‹ abhing: Meerkatzenmütter gaben beispielsweise »signifikant häufiger Alarm, wenn sie ihre Kinder bei sich hatten, als wenn sie mit nichtverwandten Jugendlichen zusammen waren«. Die Forscher schließen aus diesen Beobachtungen: »Was auch immer ihre Motivationsbasis ist, die Erzeugung von Alarmrufen geschieht nicht obligatorisch, sondern wird durch die Anwesenheit von Nachkommen, möglichen Geschlechtspartnern und ranghöheren Rivalen beeinflußt.«[7] Offenkundig liegt also ein durchaus willkürlich zu kontrollierendes, modifiziert und abgestuft anwendbares Kommunikationssystem vor, nicht, wie vermutet, ein starrer Reflexmechanismus (vgl. S. 37), und eine ähnliche Modifizierung von Alarmlauten je nach der anwesenden ›Zuhörerschaft‹ wurde in jüngerer Zeit auch bei so unterschiedlichen anderen Tieren wie Hühnern und Erdhörnchen festgestellt. Zu diesen Ergebnissen paßt auch die Beobachtung Jane Goodalls, daß Schimpansen bei ›Patrouillengängen‹ und anderen Anlässen, die Stille erfordern, durchaus zur bewußten Unterdrückung ihrer sonst üblichen Lautäußerungen in der Lage sind.

Die Affen scheinen auch keineswegs von Geburt an zur vollständig ›richtigen‹ Anwendung des Lautrepertoires in der Lage zu sein, denn junge Meerkatzen stoßen nach den Beobachtungen Cheneys und Seyfarths die Alarmrufe anfangs beim Auftauchen aller möglichen Tiere aus und lernen erst allmählich, die gefährlichen von den ungefährlichen Arten zu unterscheiden, das heißt richtige ›Kategorien‹ zu bilden. Neuere Beobachtungen über unterschiedliche ›Dialekte‹ bei verschiedenen Affenpopulationen werfen darüber hinaus die Frage nach einem Lernelement bei der Ausprägung der Laute selbst auf. Prinzipiell ließen sie sich zwar auch durch genetische Unterschiede erklären, doch haben zwei japanische Forscher unlängst über ein Experiment berichtet, bei dem Japan- und Rhesusaffenkinder nach ihrer Geburt von Müttern jeweils der anderen Spezies aufgezogen wurden und deren artspezifische Lautäußerungen zum Teil übernahmen. Dieses Resultat steht freilich bislang noch zu vereinzelt da, um weitreichende Schlüsse daraus zu ziehen. Hingegen scheint mittlerweile gesichert zu sein, daß bei der Lautwahrnehmung von Affen – ähnlich wie beim Sprachverständnis von Menschen – der linke Schläfenlappen des Gehirns eine wichtige Rolle spielt (vgl. S. 65 f.).

Diese hier nur grob skizzierten Ergebnisse haben die Diskussion über die tierische Kommunikation wieder ins Rollen und viele jahrzehntelang als gesichert geltende Lehrsätze ins Wanken gebracht. Doch auch jenseits dieser neuen Resultate gibt es viele, schon seit langem bekannte Beispiele, die zeigen, daß tierische Verständigung sehr viel komplexer sein kann, als in der simplen ›Reiz-Reflex-Theorie‹ (vgl. S. 37) angenommen, daß sie in der Tat Züge aufweisen kann, die allzuoft als ausschließliches Merkmal der menschlichen Sprache angesehen werden.

Vogelgesang und Bienentanz

Das ist schon der Fall beim vertrauten Gesang des Vogels vor dem Fenster. Auch hier handelt es sich um ein kommunikatives Signal, jedoch um ein vergleichsweise kompliziert aufgebautes. Der Vogel reiht beim Singen einzelne Lautelemente (Töne) von unterschiedlicher Höhe,

Dauer und Intensität zu Sequenzen aneinander, die als ›Phrasen‹ und ›Strophen‹ bezeichnet werden, und zwar mit einer solchen Geschwindigkeit, daß das menschliche Ohr die Feinheiten erst beim langsamen Abspielen vom Tonband zu erfassen vermag. In seiner Grundstruktur ähnelt der Vogelgesang damit der Musik (und diente nicht ohne Grund einigen Komponisten als Quelle der Inspiration), aber in einem allgemeineren Sinne auch der menschlichen Sprache, die ja ebenfalls aus gegliederten Lautfolgen besteht.

Bemerkenswerterweise ist der Gesang vieler Arten nicht angeboren, sondern muß auf der Basis einer ererbten Disposition von älteren Artgenossen gelernt werden. Fehlt dieses Vorbild, das heißt, wächst ein solcher Vogel isoliert heran, dann singt er in der Regel nur sehr unvollkommen. Umgekehrt können bekanntlich manche Vögel artfremde Gesangsmotive (oder auch menschliche Worte und Sätze) erlernen und nachahmen – ein Vorgang, der als ›Spotten‹ bezeichnet wird. Ein im Experiment von Kanarienvögeln aufgezogener Gimpel übernahm beispielsweise den Gesang seines Pflegevaters und gab diesen Kanariengesang später an seine eigenen Jungen weiter.

Derartige Beispiele von Singvögeln zeigen, zusammen mit den beschriebenen Beobachtungen bei Affen (vgl. S. 40), welche Rolle Lernelemente in der tierischen Verständigung spielen können, und widerlegen die früher gängige Auffassung, es lasse sich ein klarer Trennungsstrich zwischen der ›Lernsprache‹ des Menschen und der ›Erbsprache‹ der Tiere ziehen. Dennoch hat der Vogelgesang mit ›Sprache‹ im eigentlichen Sinn natürlich nichts zu tun. Der Vogel reiht seine Gesangsele-

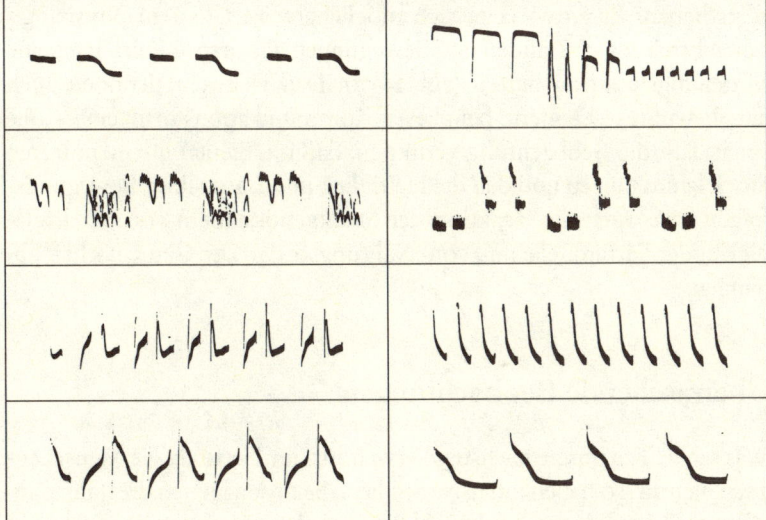

Gesangsstrophen mehrerer Meisenarten in der Aufzeichnung eines Klangspektrographen, welche die Unterschiedlichkeit des Gesangs selbst zwischen verwandten Vogelarten veranschaulichen. Von oben links über oben rechts bis unten rechts: Berg-, Blau-, Hauben-, Kohl-, Schwarzschopf-, Sumpf-, Tannen- und Weidenmeise

mente zu immer wieder denselben Strophen zusammen, weshalb sein
Repertoire (das je nach Art nur eine, mehrere oder Dutzende solcher
Strophen umfassen kann) so festgelegt und eingeschränkt bleibt, daß er
daran nicht nur als Angehöriger einer bestimmten Art und ›Dialekt-
gruppe‹, sondern sogar als Individuum identifizierbar ist. Und der Informationsgehalt dieser immer aufs neue wiederholten Strophen ist nach
heutigem Wissen fast so begrenzt wie der anderer, ungleich einfacher
strukturierter Tiersignale: Er beschränkt sich offenbar auf die Mitteilung
»Männchen XY im Besitz eines Reviers« – eine Botschaft, die potentielle
Rivalen vor dem Eindringen warnt, ledige Weibchen dagegen während
der Paarungszeit anlockt und damit der Revierabgrenzung und der
Fortpflanzung dient.

Die seit mehreren Jahrzehnten durch Karl von Frisch und Martin Lindauer erforschte ›Tanzsprache‹ der Honigbiene, vielleicht das differenzierteste unter den bislang untersuchten tierischen Kommunikationssyste-
men, vermag dagegen bei der Informationsübermittlung Erstaunliches
zu leisten. Mit ihrer Hilfe kann eine Sammlerin ihren Stockgenossinnen
nicht nur das Vorhandensein einer lohnenden Futterquelle, sondern –
durch Geschwindigkeit und Orientierung der Tanzbewegungen – auch
deren Entfernung und Himmelsrichtung präzise mitteilen (vgl. S. 49 ff.).
Die Weitergabe detaillierter Information mittels eines symbolischen
Codes, früher oft als Monopol des Menschen angesehen, ist hier in einem solch hohen Maße verwirklicht, daß von Frischs Entdeckung seinerzeit für erhebliches Aufsehen in der wissenschaftlichen Welt sorgte.
Der den Bienentänzen zugrundeliegende ›Code‹ ist freilich angeboren
und daher auch nicht variabel, wie jahrzehntelange Versuchsreihen gezeigt haben. Er entwickelte sich möglicherweise aus rein physiologischen Erregungszuständen und Bewegungen, die ursprünglich gar keine
Mitteilungsfunktion hatten (vgl. S. 51). Daß vielleicht dennoch auch
ein ›bewußtes‹ Element bei dieser Kommunikationsform eine Rolle
spielt, läßt die Beobachtung vermuten, daß die Bienen in einem leeren
Stock kaum tanzen und daß die Heftigkeit und Dauer ihrer Bewegungsfolgen (wie auch die Reaktion der Stockgenossinnen) von der Ergiebigkeit der Futterquelle und vom Nahrungsbedarf der Gemeinschaft abhängen.

Überraschende Beobachtungen

Was schließlich unsere nächsten Verwandten im Tierreich, die Menschenaffen, betrifft, so haben intensive Studien, die in den letzten drei Jahrzehnten von Primatologen und Verhaltensforschern durchgeführt wurden,

unsere Perspektive von Grund auf verändert. Besonders die langwierigen und einfühlsamen Forschungen der Engländerin Jane Goodall unter wildlebenden Schimpansen im Gombe-Nationalpark in Tansania haben eine Vielzahl teilweise rührender, teilweise auch erschreckender Ähnlichkeiten im Verhalten dieser Tiere mit demjenigen des Menschen deutlich werden lassen, die noch vor fünfunddreißig Jahren kaum jemand für möglich gehalten hätte.

Diese Ähnlichkeiten betreffen auch das Kommunikationsverhalten. So verfügen die Menschenaffen für den Nahkontakt (Sichtkontakt) innerhalb der Gruppe über ein reiches Arsenal an ausdrucksvollen Körperhaltungen, Gebärden und Variationen des Gesichtsausdrucks, von Signalen der Gestik und Mimik also, die ja auch bei uns Menschen eine wichtige und oftmals unterschätzte Rolle spielt. So wie wir uns durch die ›Körpersprache‹, durch Gesten, Blicke und unser Mienenspiel (Lächeln, Stirnrunzeln, zusammengebissene Zähne usw.) wortlos verständigen können, und zwar weltweit und zumindest teilweise auf der Basis angeborener ›Programme‹, so können das auch die Menschenaffen. Ihre visuellen Signale sind dabei mit verschiedenen Lautäußerungen und Berührungsreizen verbunden, so daß sich insgesamt ein sehr fein abgestuftes System kombinierter Reize zur Mitteilung von Stimmungen, Motivationen und anderen Informationen ergibt.

Dieses System ist in seiner Anwendung bemerkenswert flexibel und vielschichtig. Ein und dasselbe Signal kann je nach Kontext eine unterschiedliche Bedeutung haben. Die sehr häufige und beliebte gegenseitige Fellreinigung *(Grooming)* etwa drückt normalerweise liebevolle Zuwendung unter Partnern und Verwandten aus, kann aber auch zur Beschwichtigung eines Gegenspielers in einer aggressiven Situation dienen. Und das Präsentieren des Hinterteils, eigentlich ein Paarungssignal, fungiert des öfteren auch als Begrüßungs- oder Unterwerfungsgeste. Ein solches Signal löst beim Kommunikationspartner zudem keineswegs immer den gleichen Reflex aus – vielmehr existiert ein gewisser Reaktionsspielraum, bei dem die Umstände eine große Rolle spielen. Beispielsweise kann das aus dramatischem Auftreten, Imponiergehabe und manchmal auch körperlichen Attacken bestehende Herausforderungs- und Angriffsverhalten eines Schimpansenmännchens gegenüber einem anderen ebensogut eine aggressive Gegenreaktion des Adressaten wie eine unterwürfige und beschwichtigende Gebärde auslösen, je nach Stärke, Stimmung, Alter und sozialem Status der beiden Individuen.

Die englische Primaten- und Verhaltensforscherin Jane Goodall (Okapia, Frankfurt am Main)

Auch die akustische Verständigung scheint, ähnlich wie bei den Alarmrufen der Meerkatzen (vgl. S. 39 f.), durch Erfahrungswerte und soziale Faktoren beeinflußt zu sein, denn Lautäußerungen finden oftmals unterschiedlich starke Beachtung, je nachdem, welches Individuum sie von sich gibt. Das wohl im wesentlichen angeborene Signalinventar (vgl. aber S. 40) wird also situationsbedingt flexibel gehandhabt, was ohne ein starkes Lernelement unmöglich wäre. Auf diesem anpassungs- und leistungsfähigen Verständigungssystem beruht zu einem guten Teil die hochentwickelte Gruppenstruktur und soziale Hierarchie der Menschenaffengemeinschaften.

Vervollständigt wird dieses komplexe Bild durch aufsehenerregende Versuchsreihen, die seit den sechziger Jahren durchgeführt wurden und die bewiesen haben, daß Schimpansen unter menschlicher Anleitung in der Lage sind, Zeichensprachen mit zum Teil Hunderten von Symbolen zu erlernen und sinnvoll und kreativ anzuwenden (vgl. S. 81 ff.). In der Natur konnte man derartiges allerdings niemals beobachten, und manche Forscher nehmen an, daß unbeabsichtigte Dressurvorgänge bei diesen Versuchen eine Rolle spielten (vgl. S. 83).

Die Tierkommunikationsforschung ist noch ein vergleichsweise junger Wissenschaftszweig, und weitere überraschende Ergebnisse sind jederzeit möglich. Dies gilt beispielsweise für die mittlerweile schon berühmt gewordenen ›Gesänge‹ der Buckelwale – minutenlang andauernde und oft stundenlang wiederholte charakteristische Lautfolgen, deren Struktur man besser kennt als ihre Funktion.

Eine gewisse Skepsis gegenüber allzu sensationell aufgebauschten Hypothesen und Forschungsresultaten scheint jedoch angebracht, wie etwa das Beispiel der Delphine gezeigt hat. Ihr umfangreiches Repertoire an unterschiedlichsten Lauten wurde in den fünfziger und sechziger Jahren von einigen Wissenschaftlern als Hinweis auf die Fähigkeit zu begrifflicher, abstrakter Kommunikation gedeutet, und großangelegte Versuchsprojekte zielten letztlich darauf ab, in eine Art von ›sprachlichem Dialog‹ mit diesen Meeressäugern zu kommen. Die seither durchgeführten Forschungen haben demgegenüber zu einer eher nüchternen Einschätzung geführt – die meisten Fachleute beurteilen heute die Lautäußerungen der Delphine, soweit sie nicht der Orientierung unter Wasser nach dem Echolotprinzip dienen, als ebensolche Lock-, Warn-, Stimmungs- oder Erkennungssignale, wie sie auch sonst im Tierreich üblich sind.

Trotz der gebotenen Vorsicht läßt sich aber sagen, daß die tierische Verständigung in ihrer Komplexität und Leistungsfähigkeit lange Zeit unterschätzt wurde, daß sie sich keineswegs, wie früher angenommen, in simplen Reiz-Reaktions-Mechanismen erschöpft und daß manche starre definitorische Grenze, die man zwischen ihr und der menschlichen Sprache errichten zu können glaubte, hinfällig oder zumindest fragwürdig geworden ist. Viele Forscher vertreten heute sogar die Auffassung, es

Beispiele für das
Mienenspiel bei wild-
lebenden Schimpan-
sen. Von links oben
über rechts oben
nach rechts unten:
Das Gepreßtlippen-
gesicht gehört zum
Imponiergehabe und
signalisiert Aggressi-
vität; das ›Huuh-Ma-
chen‹ kommt bei
vielen (und recht un-
terschiedlichen) Si-
tuationen zum Tra-
gen; das Spielgesicht
wird oft begleitet
durch eine Serie von
Grunzlauten; hinter
dem offenen Voll-
grinsen verbirgt sich
Erregung und Furcht;
das geschlossene
Vollgrinsen zeigt
Unsicherheit und
Nervosität; beim
Schmollen ist nicht
selten Frustration im
Spiel (Zeichnungen:
Hans-Peter Uertz,
Düsseldorf)

gebe kaum ein Merkmal, das unsere Sprache *allein* besitze, das sie nicht mit dem einen oder anderen tierischen Kommunikationssystem gemeinsam habe. Die Einzigartigkeit der menschlichen Sprache liegt ihrer Meinung nach nicht in einzelnen Unterscheidungskriterien mit absoluter Gültigkeit, sondern in der Art und Weise, wie sie viele solcher – auch im Tierreich anzutreffenden – Einzelmerkmale und -leistungen miteinander kombiniert und zu einem überlegenen neuen System verknüpft.

Die Sprache – ein ›offenes‹ System

Nach welchen Prinzipien funktioniert nun aber eigentlich unsere Sprache, was unterscheidet sie von den bisher beschriebenen Verständigungssystemen? Tiersignale sind – wie beschrieben – in der Regel an bestimmte Situationen oder Stimmungen gebunden und daher nicht für eine Verständigung über abstrakte Dinge, über Fernliegendes, Vergangenes oder Zukünftiges geeignet. Im Leben und ›Denken‹ der Tiere spielen solche Kategorien offenbar keine große Rolle, weshalb sich auch kein entsprechendes kommunikatives Instrumentarium zu entwickeln brauchte. Ein einzelnes Tiersignal übermittelt außerdem zumeist eine ganze ›Botschaft‹ – Signalkombinationen sind selten –, so daß die Gesamtmenge an mitteilbarer Information schon durch die Anzahl der zur Verfügung stehenden unterschiedlichen Signaltypen (bei den meisten Tierarten weniger als hundert) begrenzt wird. Die tierischen Verständigungssysteme funktionieren aus diesen beiden Gründen, trotz aller Feinheit und oft auch Komplexität, nur innerhalb beschränkter Grenzen und sind nicht ausbaufähig oder erweiterbar, bilden also gleichsam ›geschlossene‹ Kommunikationssysteme. Wollte man sie als ›Sprache‹ bezeichnen, so müßte man diesen Begriff so weit fassen (etwa als ›Medium der Informationsübermittlung von einem Sender zu einem Empfänger‹), daß er faktisch mit dem allgemeineren Begriff der ›Kommunikation‹ identisch würde, was kaum sinnvoll erscheint.

Die menschliche Sprache (und damit Sprache im eigentlichen Sinn) zeichnet sich demgegenüber durch ihre Vielseitigkeit und Variabilität aus. Sie ist ein ›offenes‹ System, sowohl im Hinblick auf die Art wie auch die Menge der übermittelbaren Information – für beides existieren praktisch keine absoluten Grenzen. Grundlage dieses enormen Leistungsvermögens ist ihr Strukturprinzip, das in der Linguistik als ›doppelte Gliederung der Sprache‹ bezeichnet wird: Vergleichsweise wenige (zwischen zwanzig und sechzig) für sich bedeutungslose artikulierte Grundlaute, die ›Phoneme‹, erlauben durch unterschiedliche Kombina-

tion die Bildung einer großen Zahl von Bedeutungseinheiten (›Morphemen‹) und Wörtern – von Lautfolgen also, die als Symbole für bestimmte Dinge und Begriffe stehen und die sich ihrerseits zu einer unbegrenzten Zahl von größeren Sinneinheiten mit höherem Informationsgehalt, den Sätzen, zusammenstellen lassen. Die Regeln der Grammatik bzw. der Syntax, nach denen diese Satzbildung erfolgt, sind ebenso wie die Wörter und ihre Bedeutungsinhalte – der Wortschatz bzw. das Vokabular – durch gesellschaftliche Übereinkunft festgelegt und werden durch Tradition weitergegeben. Sie müssen also – auf der Basis einer angeborenen Sprachdisposition und vielleicht auch genetisch verankerter sprachlicher Grundmuster – gelehrt und gelernt werden, unterscheiden sich von Sprache zu Sprache und unterliegen im Laufe der Zeit gewissen Wandlungen. Die Grundstruktur des ganzen Systems aber ist weltweit bei allen bekannten und überlieferten Sprachen die gleiche – auch bei denen der sogenannten ›primitiven‹ Völker, die daher keineswegs ›zurückgeblieben‹ oder weniger leistungsfähig sind.

Dieses Strukturprinzip, der »unendliche Gebrauch von endlichen Mitteln«,[8] hat die menschliche Sprache zu einem einzigartig rationellen, anpassungs- und ausbaufähigen Kommunikationsinstrument gemacht. Da nur gesellschaftliche Übereinkunft die Beziehung zwischen einem Ding oder einem Begriff und dem Lautgebilde, durch das es bzw. er symbolisiert wird, herstellt (in der Linguistik bezeichnet man das als die ›Willkürlichkeit‹ der Wortsymbole; eine Ausnahme bilden lediglich lautmalerische Wörter), ist es ebenso einfach möglich, hochkomplexe Gedankengänge und abstrakte Kategorien ›in Worte zu fassen‹ wie die alltäglichen Dinge des Hier und Jetzt. Dank der Sprache können wir uns über alle nur erdenklichen Themen miteinander verständigen, über Liebe und Haß ebenso wie über Computerviren oder die philosophischen Grundfragen der Menschheit, über Lust und Leid ebenso wie über die Klassengesellschaft, den Weltfrieden oder die Entstehung des Universums – und sollte es in irgendeiner Sprache noch kein Wort für einen dieser Begriffe geben, so kann es bei Bedarf jederzeit problemlos erfunden werden, denn die menschliche Sprache ist praktisch unbegrenzt ›produktiv‹ und ›kreativ‹.

Doch sie leistet noch mehr: Die Sprache schärft, systematisiert und strukturiert unser Denken, und sie hilft uns, die vielfältigen Erscheinungen der Welt, in der wir leben, zu gliedern und zu ordnen, indem wir uns von den einzelnen Dingen und Vorgängen ›einen Begriff machen‹ – übrigens in den unterschiedlichen Kulturen auf teilweise ganz verschiedene Weise, wie linguistische Studien erwiesen haben. Die zunächst mündliche, gesprochene Sprache läßt sich außerdem in diverse abgeleitete, sekundäre Kommunikationssysteme übertragen und umsetzen, etwa in unterschiedliche Gesten- und Gebärdensprachen, in Trommel- oder Funksignale (man denke an das Morsealphabet) und in vielgestaltige graphische Aufzeichnungssysteme – die Schrift in ihren unterschiedlichen Ausformungen (vgl. Teil II dieses Buches).

Zusammenfassend läßt sich die Sprachentstehung als die Entwicklung eines ›offenen‹ Kommunikationssystems definieren, das auf der ›willkürlichen‹ und bewußten Verknüpfung bestimmter Lautfolgen mit bestimmten Bedeutungsinhalten beruht. Ausgangspunkt dieser Entwicklung waren wahrscheinlich bereits recht komplexe, aber im Prinzip noch ›geschlossene‹ Verständigungssysteme, die denen der heutigen Menschenaffen ähnlich gewesen sein könnten. Im Verlauf des Entwicklungsprozesses fand möglicherweise eine allmähliche Schwerpunktverlagerung von vorwiegend visuellen Kommunikationsformen – wie bei den heutigen Menschenaffen – zur überwiegend lautlichen Verständigung statt (vgl. S. 117 f.). Der Begriff der ›Lautsprache‹ darf jedoch nicht notwendig an ein vergleichbares Artikulationsvermögen und eine gleichartige Laut- und Wortfülle, Syntax und Sprechgeschwindigkeit gebunden werden, wie wir sie heute kennen, denn ein erst allmählich sich herausbildendes System besitzt selbstredend in seinen Anfängen noch nicht die gleiche Vollkommenheit wie an seinem (vorläufigen) Endpunkt (vgl. S. 113 f.). Auch wenn die Lautäußerungen unserer frühen Vorfahren also vielleicht in unseren Ohren noch sehr plump, schwerfällig und roh geklungen hätten – sie waren Sprache von dem Augenblick an, wo sie bewußt hervorgebracht wurden, um nach kollektiver Übereinkunft verschiedene Dinge zu benennen und unterschiedliche Bedeutungsinhalte auszudrücken. Ab welcher Stufe in der menschlichen Evolutionsgeschichte wir damit rechnen dürfen – diese Frage soll im folgenden behandelt werden.

Exkurs: Die ›Tanzsprache‹ der Honigbiene

Die Entdeckung und Entschlüsselung der ›Tanzsprache‹ der Honigbiene durch den Zoologen Karl von Frisch und seine Schüler gehört zu den bislang spektakulärsten Erfolgen der Tierkommunikationsforschung. Von Frisch fand heraus, daß die Honigbiene in der Lage ist, Informationen über ergiebige Nahrungsquellen durch tanzartige Bewegungsfolgen im Bienenstock präzise an andere Sammlerinnen weiterzugeben.

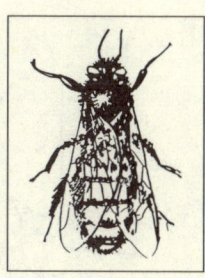

Liegt die entdeckte Futterquelle weniger als etwa fünfzig bis hundert Meter entfernt, so führt die Biene den sogenannten ›Rundtanz‹ auf: Sie trippelt auf der Wabe in kleinen Kreisen links und rechts herum, wobei andere Sammlerinnen mit den Fühlern ihren Hinterleib berühren und ihren Bewegungen folgen. Dieser je nach Ergiebigkeit der Futterquelle nur wenige Sekunden oder bis zu einer Minute dauernde Tanz, der an mehreren Stellen des Stockes wiederholt wird, veranlaßt die alarmierten Bienen, im näheren Umkreis nach der gemeldeten Nahrungsquelle zu suchen. Dabei dienen ihnen der der Kundschafterin anhaftende Blütengeruch sowie Nektargeschmacksproben, die diese auf der Wabe verteilt, als Anhaltspunkte.

Liegt die Futterquelle in größerer Enfernung, so führt die Entdeckerin den komplizierteren ›Schwänzeltanz‹ auf. Die Bewegungsfigur ähnelt dabei einer Acht, wobei die Sammlerin – wiederum gefolgt von sie berührenden Stockgenossinnen – auf der geraden Strecke zwischen den beiden Schleifen heftig mit dem Hinterleib ›schwänzelt‹, das heißt hin und her wackelt. Dieser Tanz vermittelt genaue Informationen über die Lage der entdeckten Nahrungsquelle, so daß die alarmierten Bienen sogar kilometerweit entfernte Zielobjekte relativ zuverlässig finden. Die Länge des Weges wird dabei unter anderem durch das Tempo des Tanzes mitgeteilt, das sich bei zunehmender Distanz (und damit Flugdauer) verlangsamt. Von Frischs Bienen tanzten bei einem hundert

Rund- (links) und Schwänzeltanz (rechts) der Honigbiene (Zeichnungen: Hans-Peter Uertz, Düsseldorf)

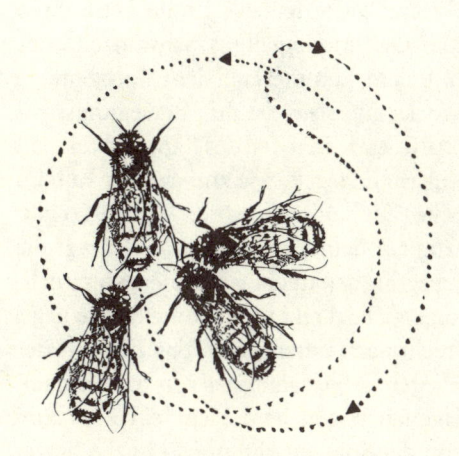

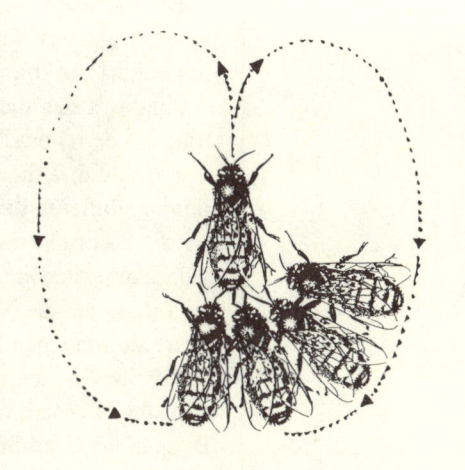

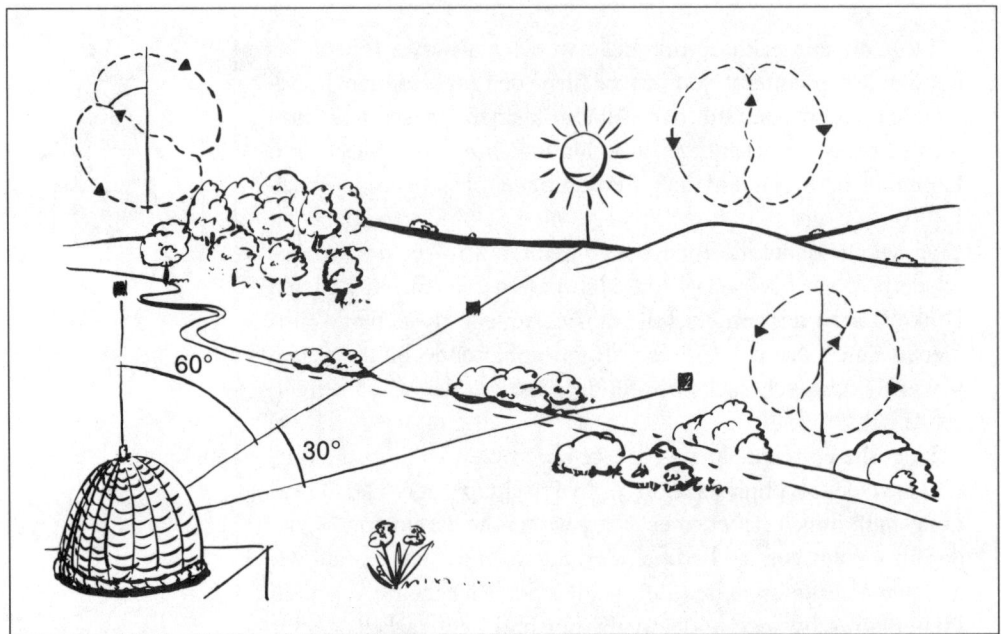

Positionsangabe von Futterquellen in bezug zur Sonne durch den Schwänzeltanz (Zeichnung: Hans-Peter Uertz, Düsseldorf)

Meter weit gelegenen Ziel die Achterfigur in einer Viertelminute zehnmal, bei einem fünf Kilometer entfernten Ziel dagegen nur zweimal. Vermutlich informieren noch weitere Elemente des Tanzes über die Distanz – so die Dauer der Schwänzelbewegungen und akustische Signale, welche die tanzende Biene durch Vibrationen ihrer Flügel hervorbringt.

Die Richtung der Nahrungsquelle teilt die Entdeckerin ihren Artgenossinnen durch die Orientierung ihres Schwänzeltanzes mit. Führt sie ihn unter freiem Himmel auf dem horizontalen Anflugbrett des Bienenstocks auf, so weist ihre Bewegungsrichtung bei dem geradlinig zurückgelegten Teil des Tanzes direkt auf das Ziel. Tanzt die Sammlerin dagegen, wie zumeist der Fall, im dunklen Inneren des Stockes auf den senkrechten Waben, so gibt sie die Richtung mit Bezug auf den Sonnenstand an. Erfolgt die geradlinige Schwänzelbewegung senkrecht nach oben, so signalisiert dies, daß die Nahrungsquelle direkt in Richtung Sonne liegt; weist sie hingegen senkrecht nach unten, so ist das Ziel mit der Sonne im Rücken anzufliegen. Abweichungen von der Sonnenrichtung werden winkelgenau angegeben: Liegt ein Ziel zum Beispiel 60 Grad links von der Sonnenrichtung, so ist die Bewe-

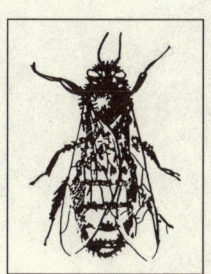

gungsachse des Tanzes (das heißt sein geradlinig verlaufender Abschnitt) entsprechend gegenüber der Senkrechten nach links geneigt; ist das Futter 30 Grad rechts von der Sonnenrichtung zu finden, so erfolgt eine proportionale Drehung der Tanzachse nach rechts usw. Bei alledem ist wichtig, daß die Bienen den Sonnenstand auch bei mäßig bedecktem Himmel durch die ultraviolette Strahlung und das polarisierte Licht zu erkennen vermögen.

Dieser erstaunliche Mitteilungscode kommt nicht nur bei der Futtersuche zur Anwendung, sondern ebenso, wenn ein Bienenvolk schwärmt, das heißt, sich auf die Suche nach einem neuen Nistplatz begibt. Kundschafterinnen (die sogenannten ›Spurbienen‹) fliegen dann in alle Himmelsrichtungen aus und melden nach ihrer Rückkehr durch Schwänzeltänze die Position der von ihnen entdeckten Unterkunftsmöglichkeiten, wobei Heftigkeit und Dauer der Tänze offenbar von der Güte und Eignung der jeweils aufgefundenen Objekte abhängig sind. Diese werden anschließend von anderen Bienen inspiziert, die wiederum mehr oder minder heftig tanzen, und schließlich einigt sich das Volk nach zahllosen Erkundungsflügen und tagelangem ›Wett-Tanzen‹ mehrheitlich auf einen der Nistplätze. Es findet also nicht nur eine codierte Informationsübermittlung statt, sondern sogar eine Art von ritualisierter ›Diskussion‹ und ›Abstimmung‹!

Der genaue Code des Schwänzeltanzes variiert bei den verschiedenen Unterarten der Honigbiene, so daß die Forschung von unterschiedlichen ›Dialekten‹ der Bienensprache spricht. Viele Unterarten kennen noch eine weitere Tanzfigur, den sogenannten ›Sicheltanz‹, der bei mittleren Entfernungen zur Anwendung kommt.

Diese faszinierende ›Tanzsprache‹ der Honigbiene ist im Tierreich einzigartig, baut jedoch auf Verhaltensweisen und Fähigkeiten auf, die auch andere Insekten besitzen. So lassen sich beispielsweise bei Motten, die von einem Flug zurückkehren, rhythmische Bewegungen beobachten, deren Dauer offenbar in Relation zur Länge des Fluges steht, die aber keinerlei Mitteilungsfunktion besitzen.

Auf eine lange Evolutionsgeschichte der ›Tanzsprache‹ deutet auch die Tatsache, daß bestimmte Vorformen existieren. So erfolgt zum Beispiel bei den tropischen stachellosen Bienen eine Entfernungsangabe durch Lautsignale und eine Richtungsweisung durch Zickzackflüge, tanzen können sie jedoch nicht.

Kapitel 3

Sprachorgane, Gehirn und die Stammes- geschichte des Menschen

Im Jahre 1859 veröffentlichte Charles Darwin sein epochemachendes Werk *Die Entstehung der Arten durch natürliche Zuchtwahl,* in dem er die Prinzipien der von ihm (und fast zur gleichen Zeit unabhängig auch von dem englischen Biologen Alfred Russel Wallace) aufgestellten Evolutionstheorie darlegte. Obwohl er in diesem Werk nur in einem einzigen orakelhaften Satz direkt auf den Menschen Bezug nahm (»Licht wird auch fallen auf den Menschen und seine Geschichte«),[1] wurden seine Gedanken von einer Reihe anderer, weniger zurückhaltender Wissenschaftler – in England etwa von dem Biologen Thomas Huxley und dem Geologen Charles Lyell, in Deutschland von den Zoologen Ernst Haeckel und Karl Vogt – sogleich begeistert aufgegriffen und auch auf die Ursprünge des Menschen angewandt. So geriet von Anfang an jene provokante These in den Mittelpunkt der öffentlichen Diskussion über den ›Darwinismus‹, die Darwin selbst erst zwölf Jahre später (1871) in seinem Buch *Die Abstammung des Menschen* formulierte: daß nämlich »der Mensch von einer niedrig organisierten Form abstammt«,[2] und zwar von einem affenartigen Vorfahren.

Obwohl Darwin und seine Mitstreiter betonten, es gehe nicht um die Abkunft von einer der heutigen Affenarten, sondern um einen gemeinsamen Urahnen in grauer Vorzeit, der nicht »mit einem jetzt noch lebenden

Plastik ›Hockender Neandertaler‹ von Gerhard Wandel (Rheinisches Landesmuseum, Bonn)

Der britische Natur-
forscher und Philo-
soph Thomas
Huxley (1825–1895).
Aufnahme aus der
zweiten Hälfte des
19. Jahrhunderts
(Archiv für Kunst
und Geschichte,
Berlin)

Der britische Natur-
forscher und Begrün-
der der modernen
Evolutionstheorie,
Charles Darwin
(1809–1882). Litho-
graphie von 1849
(Archiv für Kunst
und Geschichte,
Berlin)

Affen identisch oder einem solchen auch nur sehr ähnlich gewesen« sei,[3] fiel die öffentliche Reaktion denkbar heftig aus: enthusiastische Zustimmung bei den einen, peinliche Berührtheit, amüsierter Spott oder erregte Ablehnung bei den anderen. Besonders die Kirche und das konservative Bürgertum, nach deren Weltbild der Mensch von Adam und Eva abstammte und seine Existenz dem göttlichen Schöpfungsakt im Jahr 4004 v. Chr. verdankte (dieses Datum hatten christliche Gelehrte in mühevoller Arbeit aus der Bibel errechnet), empfanden die Verlängerung des menschlichen Stammbaums in unabsehbare Zeittiefen und bis in die Niederungen der Tierwelt hinein als gotteslästerlich, unwürdig und als Zumutung – für sie war die neue Theorie ganz einfach ein Skandal. »Nachfahren von Affen! Mein Gott, hoffen wir, daß es nicht wahr ist; sollte es aber doch wahr sein, so laßt uns dafür beten, daß es nicht allgemein bekannt wird.«[4] Dieser berühmt gewordene Stoßseufzer der Frau des Bischofs von Worcester nach einem Streitgespräch mit Thomas Huxley im Jahre 1860 dokumentiert die Pikiertheit und Empörung der sogenannten ›besseren Kreise‹ – eine Empörung, die freilich den Siegeszug der Evolutionstheorie in den nachfolgenden Jahren und Jahrzehnten nicht aufhalten konnte.

Über die Sprachbegabtheit der hypothetischen Urahnen des Menschen äußerte sich Darwin nur sehr zurückhaltend, wenngleich er vermutete, daß vielleicht »die Größe des menschlichen Gehirns zum großen Teil dem frühen Gebrauch einer einfachen Form von Sprache zu verdanken« sei.[5] Sehr viel konkretere Vorstellungen brachte dagegen der bereits erwähnte deutsche Zoologe und Entwicklungstheoretiker Ernst Haeckel in einer Reihe von Schriften zum Ausdruck, die er seit 1863 veröffentlichte. Er entwarf darin eine Anzahl von Stammbäumen der Entwicklung des Lebens auf der Erde und nahm dabei als ersten direkten Vorläufer des modernen Menschen ein Wesen an, für das noch keinerlei empirische Belege existierten und das er als *Pithecanthropus alalus*, als ›sprachlosen Affenmenschen‹ bezeichnete. »Der sichere Beweis«, so Haeckel, »daß solche sprachlosen Urmenschen oder Affenmenschen dem sprechenden Menschen vorausgegangen sein müssen, ergibt sich aus der vergleichenden Sprachforschung.« Obgleich diese Wesen nach seiner Vermutung bereits aufrecht gingen und »nicht bloß durch ihre äußere Körperbildung, sondern auch durch ihre innere Geistesentwicklung dem eigentlichen Menschen schon viel näher als die Menschenaffen gestanden haben werden, fehlte ihnen dennoch das eigentliche Hauptmerkmal des Menschen, die artikulierte menschliche Wortsprache und die damit verbundene Entwicklung des höheren Selbstbewußtseins und der Begriffsbildung. (…) Die echten Menschen entwickelten sich aus den Affenmenschen durch die allmähliche Ausbildung der tierischen Laut-

Der von Ernst
Haeckel erdachte
›sprachlose Affen-
mensch‹ (Pithecan-
thropus alalus) in
einem Gemälde des
Künstlers Gabriel
von Max (Ernst-
Haeckel-Haus, Jena)

sprache zur gegliederten und artikulierten Wortsprache. Mit der Entwicklung dieser Funktion ging natürlich diejenige ihrer Organe, die höhere Differenzierung des Kehlkopfs und des Gehirns, Hand in Hand.«[6]
Das war eine Entwicklungstheorie der Sprache, wie sie ähnlich schon
von antiken Autoren wie Lukrez und Diodor formuliert worden war
(vgl. S. 20), nun aber verbunden mit dem evolutionsbiologischen Ansatz
der darwinistischen Ära.

Trotz reichlichen Spotts und heftiger Kritik, denen Haeckel sich wegen dieser Thesen ausgesetzt sah, hielt er an seinem Konzept des ›sprachlosen Affenmenschen‹ fest und veranlaßte sogar den angesehenen Maler
Gabriel von Max, nach seinen Angaben einige Bilder des hypothetischen
Vorfahren anzufertigen. Sie zeigen diesen als bereits menschenartiges

Der Zoologe und
Naturphilosoph Ernst
Haeckel (1834–1919).
Aufnahme aus der
Zeit um die Jahrhun-
dertwende (Archiv
für Kunst und Ge-
schichte, Berlin)

Irreführend primitiv
gestaltete Neander-
taler-Figuren in einem
alten Museums-
diorama (Archiv für
Kunst und Ge-
schichte, Berlin)

Wesen, das jedoch durch seine halbgebückte Körperhaltung, durch
dichte Rückenbehaarung, Schmerbauch und abgespreizte ›Affenzehe‹
sehr plump und primitiv wirkt und dessen dümmlicher Gesichtsaus-
druck wohl die noch gering entwickelten geistigen (und sprachlichen)
Fähigkeiten veranschaulichen soll.

Diese Vorstellung vom noch halb tierhaften, intellektuell unentwickel-
ten und sprachunfähigen Urmenschen, zu Haeckels Zeit eine neue und
fruchtbare Arbeitshypothese, wurde später mehr und mehr zum beque-
men, weil dem Selbstbewußtsein der ›zivilisierten‹ Menschheit schmei-
chelnden, für den wissenschaftlichen Fortschritt aber eher hinderlichen
Klischee. Viele der Alt- und Frühmenschenfunde, welche die Pioniere
der urgeschichtlichen Archäologie im 19. und im frühen 20. Jahrhundert
ans Tageslicht brachten, wurden unter dem Einfluß derartiger Voreinge-
nommenheiten falsch bewertet und interpretiert. So sah man etwa den
Neandertaler – im Bewußtsein der breiten Öffentlichkeit bis heute *der*
Urmensch schlechthin – lange Zeit als ein stumpfsinniges, kretinhaftes
Wesen an, als eine Art ›Dorftrottel der Menschheitsgeschichte‹, und
noch immer weckt sein Name wenig schmeichelhafte Assoziationen, ja
besitzt fast den Charakter eines Schimpfworts. Und auch heute noch
werden unsere urgeschichtlichen Vorfahren in Filmen, Karikaturen oder
Comics vorzugsweise als gebückte, hängeschultrige und bestenfalls rö-
chelnde oder stammelnde Geschöpfe mit äußerst beschränktem Verstand vorgeführt. Dabei haben die Paläanthropologie und die urgeschichtliche Archäologie, die Wissenschaften vom frühen Menschen

und seiner Kultur, derartige Vorstellungen bereits vor geraumer Zeit zu den Akten gelegt – das Bild unserer Entwicklungsgeschichte hat sich durch die Forschungsergebnisse dieses Jahrhunderts und speziell der letzten Jahrzehnte gründlich und tiefgreifend verändert.

Es begann vor etwa vier Millionen Jahren

Die Anfänge des Evolutionsprozesses, der zum Menschen führte, liegen auch heute noch – oder heute wieder – im dunkeln. Lange Zeit vermutete man, daß sich die Entwicklungslinie der Hominiden (Menschenartigen) vor etwa fünfzehn Millionen Jahren von derjenigen der Pongiden (Menschenaffen) trennte und daß ein vor etwa fünfzehn bis acht Millionen Jahren in Asien, Europa und Afrika lebender hochentwickelter Primat namens *Ramapithecus* der erste Vertreter der neuentstandenen Hominidenlinie war. Doch heute gilt diese Theorie als überholt. Molekularbiologen widersprachen dieser aus der Auswertung fossiler Knochen gewonnenen Vorstellung schon Ende der sechziger Jahre – sie hatten die Bluteiweißstoffe und die Erbsubstanz des Menschen mit derjenigen heutiger Menschenaffen verglichen und dabei eine so weitgehende Übereinstimmung festgestellt, daß nach ihren Berechnungen Mensch und Schimpanse noch vor fünf bis sieben Millionen Jahren einen gemeinsamen Vorfahren besessen haben müssen. Manche Forscher möchten den in Frage kommenden Zeitraum bis etwa zehn Millionen Jahre vor heute ausweiten – doch darüber, daß die Trennung von Pongiden- und Hominidenlinie und damit die Herausbildung des zum Menschen führenden Entwicklungszweigs sehr viel später erfolgte, als ·früher angenommen, ist man sich mittlerweile einig. Einzelheiten sind jedoch einstweilen unbekannt, da aus dem fraglichen Zeitraum vor acht bis vier Millionen Jahren bislang nur sehr wenige Fossilfunde von Primaten belegt sind.

Deutlichere Konturen gewinnt die zum Menschen führende Linie erst mit den vor etwa vier Millionen Jahren auftauchenden und durch zahlreiche Funde relativ gut bekannten *Australopithecinen.* Der Name bedeutet wörtlich ›Südaffen‹ und verweist darauf, daß die bislang entdeckten fossilen Exemplare dieser Hominidengattung auf Afrika, und zwar Süd- und Ostafrika, beschränkt sind, so daß nach heutigem Wissen vermutlich dort das ursprüngliche Zentrum der Entwicklung zum Menschen lag. Die Gattung der Australopithecinen umfaßte mehrere verschiedene Arten: Die Paläanthropologen unterscheiden nach Schädelgröße und -form, Zähnen, Körperbau usw. *Australopithecus afarensis, africanus, robustus, boisei* und neuerdings *ramidus,* einen erst 1993 entdeckten, viereinhalb Millionen Jahre alten Vertreter dieser Gattung, der – sollte sich seine Einordnung bestätigen – der bislang älteste Hominide überhaupt wäre. Auf nähere Einzelheiten braucht hier nicht eingegangen zu werden.

Die *Australopithecinen* existierten über drei Millionen Jahre lang – ihre letzten Vertreter verschwanden erst vor etwa einer Million Jahren. Aus und neben ihnen entwickelte sich aber schon früh eine zweite Linie, nämlich diejenige der Gattung *Homo* (Mensch), deren jüngster Zweig wir selbst sind. Als ihr erster und ältester Vertreter galt bis vor kurzem ein *Homo habilis* (›befähigter Mensch‹) genannter Hominide, der vor etwa 2,4 bis 1,6 Millionen Jahren in Afrika lebte. In jüngster Zeit sind allerdings immer mehr Forscher zu der Auffassung gelangt, daß sich hinter den frühesten, mehr als zwei Millionen Jahre alten Fossilien dieses Typus in Wahrheit eine eigene Art verbirgt, der man die Bezeichnung *Homo rudolfensis* gegeben hat. Auch hier brauchen uns die Details der Diskussion nicht weiter zu interessieren.

Für uns ist wichtig, daß aus dem Formenspektrum dieses frühen *Homo* ein jüngerer, sehr viel besser bekannter Menschentypus hervorging, der sogenannte *Homo erectus* (›aufgerichteter Mensch‹). Er lebte vor etwa 1,8 Millionen bis 300 000 Jahren und war der erste Hominide, der sich über seine Urheimat Afrika hinaus in weite Teile Asiens und Europas ausbreitete. Die Paläanthropologen unterscheiden mehrere Unterarten und regionale Sonderformen wie etwa den Java-Menschen *(Pithecanthropus)*, den Peking-Menschen *(Sinanthropus)*, den *Homo heidelbergensis* und andere, die früher als jeweils eigene Arten galten, bis man ihre Zusammengehörigkeit erkannte und sie in der *Homo-erectus-*Gruppe zusammenfaßte.

Aus dieser Gruppe bildeten sich vor etwa 300 000 Jahren anatomisch modernere Formen heraus, deren Einordnung in unsere Stammesgeschichte seit ihrer Entdeckung stark umstritten war. In Europa waren dies vor allem der sogenannte Steinheim- und der Swanscombe-Mensch (benannt nach ihren Fundorten in Süddeutschland bzw. Südengland), die von manchen Wissenschaftlern als unmittelbare Vorfahren des modernen Menschen angesehen wurden (sogenannte ›Präsapiens-Hypothese‹), von anderen hingegen als Vorläufer des klassischen Neandertalers der letzten Eiszeit (sogenannte ›Präneandertaler-Hypothese‹).

Besonders die entwicklungsgeschichtliche Stellung des Neandertalers war und ist aber seit über hundert Jahren heiß umkämpft. Dieser Menschentyp beherrschte vor etwa 130 000 bis 35 000 Jahren die Szenerie des urgeschichtlichen Europa, war aber auch im Nahen Osten verbreitet. Weitgehend einig ist man sich in der Fachwelt heute darüber, daß seine besonders im westlichen Europa sehr robuste körperliche Erscheinung eine biologische Anpassung an die Klimaverhältnisse der Eiszeit war und nicht auf einen ›affenartigen‹ Charakter oder gering entwickelte intellektuelle Fähigkeiten schließen läßt, wie lange Zeit angenommen wurde (vgl. S. 56). Um sein Verhältnis zur modernen Menschheit ist jedoch gerade im letzten Jahrzehnt erneut ein heftiger Streit entbrannt, der bisweilen geradezu Züge eines Glaubenskrieges trägt. Eine – mittlerweile stark zusammengeschmolzene – Gruppe von Forschern vertritt in diesem Streit die Auffassung, der Neandertaler sei in Europa und im Nahen Osten vor etwa 35 000 Jahren im frühmodernen Menschen, dem *Homo sapiens sapiens*, aufgegangen, der sich in ähnlicher Weise auch in anderen Teilen der Welt aus archaischen Vorläuferformen entwickelt habe. Diese Forscher vermuten mit anderen Worten eine in mehreren Erdregionen gleichzeitige, parallele Herausbildung des modernen Menschen aus den jeweiligen regionalen Vorgängern, eine sogenannte ›multiregionale Evolution‹, deren einheitlicher Trend auf weiträumige Kontakte und Genvermischungen zwischen den verschiedenen Menschengruppen zurückzuführen gewesen sei.

Demgegenüber behaupten die Vertreter der – mittlerweile deutlich einflußreicheren – Gegenposition, der moderne Mensch sei nur ein einziges Mal und an einem Ort, nämlich in Afrika, entstanden. Sie sehen sogenannte ›archaische‹ *Homo-sapiens*-Formen, die seit der Zeit vor 300 000 Jahren auf dem Schwarzen Kontinent belegt sind, als die unmittelbaren Vorfahren des modernen Menschen an, dessen früheste Vertreter schon vor mehr als 100 000 Jahren in Afrika gelebt hätten. Von dort aus habe sich der *Homo sapiens sapiens* dann über den Nahen Osten, wo er ebenfalls schon vor rund 100 000 Jahren nachgewiesen ist, nach Europa, Asien und in die gesamte übrige Welt ausgebreitet und habe überall die regional ansässigen älteren Menschenformen verdrängt, ohne sich nennenswert mit ihnen zu vermischen. Nach diesem ›Garten-Eden‹- oder ›Out-of-Africa‹-Modell geht also die gesamte heutige Menschheit auf eine einzige Stammgruppe afrikanischer *Sapiens*-Vorfahren zurück, während alle anderen Menschenformen auf der Welt – darunter die europäischen und nahöstlichen Neandertaler – ›tote Zweige‹ an unserem Entwicklungsstammbaum gewesen und ausgestorben seien, ohne irgendeinen Beitrag zum genetischen Erbe der modernen Menschheit zu leisten. Die radikalsten Vertreter dieses Ansatzes möchten daher auch die bis heute gültige wissenschaftliche Bezeichnung *Homo sapiens neanderthalensis*, durch welche der Neandertaler unserer eigenen Art *Homo sapiens*, dem ›vernunftbegabten Menschen‹, zugerechnet wird, durch die Bezeichnung *Homo neanderthalensis*, also durch einen eigenen Artnamen, ersetzen und den Neandertaler damit sozusagen ›offiziell‹ aus unserer Vorfahrenlinie tilgen.

Geologisch-klimatische Epochen	Jahre vor heute	Hominidentypen	Archäologische Kulturen (Gerätetypen)	Kulturell-technologische Entwicklung
H o l o - z ä n = **Nacheiszeit**	**8/7000**	**N e o l i t h i k u m =** **Jungsteinzeit**		Neolithische Kulturen bei uns, Keramik
	10 000	**M e s o l i t h i k u m =** **Mittelsteinzeit**		Bei uns: Nacheiszeit-liche Jäger, Fischer und Sammler
Späte Würm-Eiszeit		»Rassen«-Differenzierung *Homo sapiens sapiens (frühmoderner Mensch)*	Jungpaläolithikum · **Magdalénien Gravettien** · **Aurignacien** Klingen-industrien	Um 10 000 v. h.: In Vorderasien Übergang zu Ackerbau und Viehzucht. Speerschleuder, Harpune, Pfeil und Bogen. Beginn der »Eiszeit-kunst«. Schmuck aus Tierzähnen, Muscheln und Elfenbein
	40 000			
Frühe Würm-Eiszeit		*Homo sapiens neanderthalensis (Neandertaler)*	Mittelpaläol. · **Moustérien** Abschlag-industrie	Bestattungen mit Beigaben. Kultische Praktiken
Eem-Warmzeit	100 000			
Riß-Eiszeit		*Archaischer Homo sapiens – Steinheim = – Swanscombe-Mensch*	Altpaläolithikum · **Acheuléen Abbevillien** Faustkeil-industrien	Früheste graphische Zeugnisse. Ritueller Kannibalismus (?). Zelt- bzw. hüttenartige Behausungen. Systematische Großwildjagd. Feuernutzung nachgewiesen
Holstein-Warmzeit	300 000			
Mindel-Eiszeit		*Homo erectus – Sinanthropus – Homo heidelbergensis – Pithecanthropus*		
	1 Million			
Wechsel von Warm- und Kaltzeiten		*Homo habilis Homo rudolfeusis*	**Oldowan** Geröllgeräte-industrie	Beginnende Jagd auf Tiere (?). Erste Steingeräte in Ost- und Südafrika
	2 Millionen			
P l i o - z ä n		*Australopithecus – boisei – robustus – africanus – afarensis*		Aufrechter Gang auf zwei Beinen (Bipedie), Freiwerden der Hände
	4 Millionen			

(P l e i s t o z ä n = Eiszeitalter; Paläolithikum = Altsteinzeit)

Ein großer Teil der Publizität und des Einflusses, den diese Bestrebungen, aber auch das ›Out-of-Africa‹-Szenario als solches seit etwa zehn Jahren in der Fachwelt und in weiten Teilen der Öffentlichkeit genießen, beruht auf ihrer scheinbaren Bestätigung durch molekularbiologische Ergebnisse, deren bekanntestes und populärstes die genetische Ableitung der gesamten heutigen Menschheit von einer einzigen Frau (›afrikanische Eva‹) ist, die vor 200 000 Jahren auf dem Schwarzen Kontinent gelebt habe. Diese Ergebnisse sind aber, was in der Öffentlichkeit weit weniger bekannt ist, unter den Genetikern selbst heftig umstritten und erscheinen daher bis heute nicht als gesichert genug, um auf ihnen weitreichende Schlußfolgerungen aufzubauen.

Aufrechter Gang und erste Steingeräte

Dieser kurze Überblick hat wohl gezeigt, wie verwickelt und kompliziert der menschliche Entwicklungsstammbaum war und wie wenig die Vorstellung einer geradlinigen Evolution einander ablösender Hominidenarten der Realität gerecht wird – dies ist bei der Betrachtung einer chronologischen Tabelle wie derjenigen auf Seite 60 immer im Auge zu behalten. Die Darstellung hat wohl ebenfalls einen Eindruck davon vermittelt, wie lückenhaft das Wissen über viele Bereiche unseres Entwicklungsstammbaums noch ist und wie wenig sich die Forschung zum Teil über die präzisen ›Verwandtschaftsverhältnisse‹ innerhalb dieses Stammbaums einig ist. Das kann auch nicht verwundern, wenn man bedenkt, daß aus mehreren Jahrmillionen und weit voneinander entfernten Weltgegenden bislang die fossilen Überreste von kaum tausend urgeschichtlichen Individuen der unterschiedlichen Gattungen und Arten und jeweils unterschiedlichen Geschlechts bzw. Alters vorliegen, zum Teil nur in Form einzelner Knochenstücke oder Zähne. Gewisse Grundlinien des Menschwerdungsprozesses zeichnen sich heute aber dennoch deutlich ab – vor allem aufgrund der seit den zwanziger Jahren von Forschern wie Raymond Dart, Robert Broom, Louis, Mary und Richard Leakey und Donald Johanson (um nur einige zu nennen) in Süd- und Ostafrika durchgeführten Ausgrabungen, die oftmals sensationelle Ergebnisse erbrachten.

Von den spezifisch menschlichen Merkmalen war offenbar der aufrechte Gang, die ›Bipedie‹, am frühesten ausgeprägt. Nicht erst *Homo erectus* besaß ihn, wie man früher annahm, sondern schon die ersten bekannten *Australopithecinen*, wie unter anderem Analysen ihrer Bein- und Beckenknochen beweisen. Zu den in diesem Zusammenhang spektakulärsten Funden zählen ein rund drei Millionen Jahre altes und fast zur

Übersichtstabelle zur Entwicklungsgeschichte des Menschen und seinen frühesten technologisch-kulturellen Errungenschaften. Es handelt sich um eine stark vereinfachte und schematisierte Darstellung – die einzelnen Hominiden-Typen und archäologischen Kulturen folgten in der Realität nicht immer linear aufeinander, sondern ›überlappten‹ sich teilweise oder liefen über weite Zeiträume nebeneinander her. In der Spalte ›Archäologische Kulturen‹ ist beim Mittel- und Jungpaläolithikum die für Mittel- und Westeuropa gültige Gliederung angegeben

Hälfte erhaltenes Skelett eines weiblichen *Australopithecinen*, das unter dem Namen ›Lucy‹ in die Forschungsgeschichte eingegangen ist, sowie versteinerte Fußspuren von drei aufrecht gehenden Hominiden, die in Laetoli (Tansania) in einer etwa 3,6 Millionen Jahre alten Schicht aus gehärteter Vulkanasche entdeckt wurden.

Der aufrechte Gang – das zeigen diese Befunde – dürfte sich schon vor über vier Millionen Jahren als Anpassung an eine offener werdende Landschaft entwickelt haben. Dadurch wurden die Hände frei für andere Tätigkeiten, und sie erlangten im Laufe der menschlichen Evolution eine Geschicklichkeit, die sie bei anderen Primaten nicht besitzen – vor allem die Fähigkeit zum sogenannten ›Präzisionsgriff‹ mittels des opponierbaren Daumens, ohne den etwa eine Werkzeugherstellung kaum möglich wäre.

Dieser Schritt zur Geräteproduktion erfolgte freilich – soweit man heute weiß – nicht sofort, sondern erst Hunderttausende von Jahren nach der Entwicklung des aufrechten Gangs. Die frühesten grob zurechtgeschlagenen Steinwerkzeuge, sogenannte Geröllgeräte (*Pebble tools*, vgl. S. 94 f.), stammen aus zweieinhalb bis zwei Millionen Jahre alten Schichten in Ostafrika und werden in der Regel dem *Homo habilis* zugeordnet – ob auch die *Australopithecinen* solche Geräte herstellten, ist umstritten. Sie dienten wohl vorwiegend zur Zerlegung von Tieren, welche die Frühmenschen im Falle kleinerer Arten vielleicht schon selbst erlegten, im Falle von Großtieren aber wohl vorwiegend als Kadaver fanden und nutzten. Einen Übergang von der ursprünglich rein pflanzlichen Nahrung zu gemischter Pflanzen- und Fleischkost läßt auch die Beschaffenheit des Gebisses beim *Homo habilis* und einem Teil der *Australopithecinen* vermuten.

Was die Gehirnentwicklung betrifft, die früher gern als Ausgangspunkt und Initiator der menschlichen Evolution betrachtet wurde, so

Vom Schimpansen (links) über den Homo erectus (Mitte) bis zum modernen Menschen (rechts) ging mit der Vergrößerung des Gehirns eine Verkleinerung des Gesichtsschädels einher

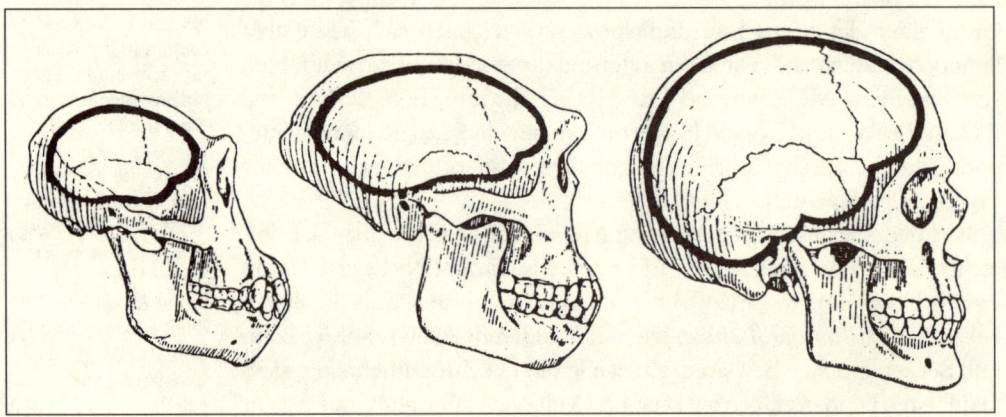

ging sie den eben beschriebenen Veränderungen nicht voraus, sondern folgte ihnen nach bzw. begleitete sie. Am Beginn der Menschwerdung, so läßt sich daraus schließen, stand nicht eine Initialzündung
des ›Geistes‹, sondern der Übergang zu einer neuen Lebens- und Er-
nährungsweise, und erst durch deren Erfordernisse begannen sich allmählich die neuen ›menschlichen‹ intellektuellen Fähigkeiten und das
sie ermöglichende Gehirn herauszubilden. Nachdem dieser Prozeß aber
erst einmal in Gang gekommen war, entwickelte er eine (nach den
Maßstäben der biologischen Evolution) rasante Dynamik und führte
zu einem im Tierreich einmaligen Wachstum insbesondere des Großhirns.

Eine atemberaubende Entwicklung

Lag das Gehirnvolumen der *Australopithecinen* mit etwa 400 bis 600 Kubikzentimetern nur geringfügig über dem heutiger Schimpansen oder
Orang-Utans, die ebenfalls 450 Kubikzentimeter erreichen können, so
besaßen die Vertreter des *Homo habilis* bereits Gehirne von 500 bis
850 Kubikzentimetern, und beim *Homo erectus* fand eine gewaltige
Vergrößerung auf 700 bis 1300 Kubikzentimeter statt, also eine Verdop-
pelung gegenüber den *Australopithecinen* (die über 1000 Kubikzentimeter liegenden Werte stammen dabei vorwiegend von jüngeren *Homo-
erectus*-Typen aus der Zeit vor 500 000 bis 300 000 Jahren). Die ›archaischen‹ *Sapiens*-Formen Afrikas (vgl. S. 59) und der Steinheim- und
Swanscombe-Mensch in Europa besaßen Gehirnvolumina von 1100 bis
1300 Kubikzentimetern, während beim klassischen Neandertaler 1350
bis 1750 Kubikzentimeter erreicht wurden. Dies ist in etwa auch der
Größenbereich beim modernen Menschen, der mit durchschnittlich
1400 Kubikzentimetern sogar etwas unter dem Mittelwert des Neandertalers (1500 Kubikzentimeter) liegt – bei einer individuellen Schwan-
kungsbreite zwischen etwa 1000 und 2000 Kubikzentimeter, die keine
ersichtlichen Unterschiede im intellektuellen Leistungsvermögen zur
Folge hat.

Das Gehirnvolumen wuchs also innerhalb von ›nur‹ vier Millionen
Jahren um das Dreifache an – eine unter evolutionsbiologischen Gesichtspunkten äußerst bemerkenswerte und außergewöhnliche Steigerung, die mit einer schrittweisen Umbildung des gesamten Schädels
einherging. Mit der zunehmenden Vergrößerung des Gehirns und des
Hirnschädels (sowie der Reduktion der Zähne) war vor allem eine
fortschreitende Verkleinerung des Gesichtsschädels und ein Zurücktre-
ten der sonst bei den Primaten üblichen Schnauzenbildung verbunden.

Das Ergebnis war eine schrittweise Annäherung an die typisch ›menschliche‹ Gesichtsform, wenngleich bestimmte ›primitive‹ Merkmale wie die berühmten Überaugenwülste, die fliehende Stirn oder das fehlende Kinn noch sehr lange weiterbestanden.

Natürlich muß das beschriebene Gehirnwachstum in Relation zur Entwicklung des Körpergewichts gesetzt werden – dadurch verkleinert sich die Steigerungsrate etwas, denn die jüngeren Hominiden waren deutlich größer und schwerer als die älteren. Doch auch wenn man diesen Faktor berücksichtigt und die relative Gehirngröße (im Verhältnis zum Körpergewicht) berechnet, ergibt sich immer noch eine Steigerung von den *Australopithecinen* zum *Homo erectus* um das Anderthalb- bis Zweifache und zum modernen Menschen um rund das Zweieinhalbfache. Beim Abtragen dieser ›bereinigten‹ Größenwerte auf einer Zeitskala zeigt sich deutlich, daß die Wachstumskurve des Gehirns mit dem *Homo habilis* steil anzusteigen beginnt und beim *Homo erectus* nochmals eine Steigerung erfährt.

Schon seit langem rätseln die Forscher darüber, welche Faktoren diese ›plötzliche‹ und vergleichsweise rasche Vergrößerung des Denkorgans bei unseren Vorfahren verursacht haben könnten. Daß es gewichtige Faktoren gewesen sein müssen, zeigt die Tatsache, daß mit diesem Größenwachstum auch eine ›Neuverschaltung‹ und strukturelle Neuorganisation des Gehirns verbunden war, wie der Vergleich mit den Hirnen von Menschenaffen schon bald erkennen ließ – es handelte sich also nicht nur um einen quantitativen, sondern um einen tiefgreifenden

Übersicht über das Schädelvolumen des Schimpansen, der wichtigsten Hominiden und des modernen Menschen (offene Balken = Variationsbreite; Mittelstrich = Durchschnittswert)

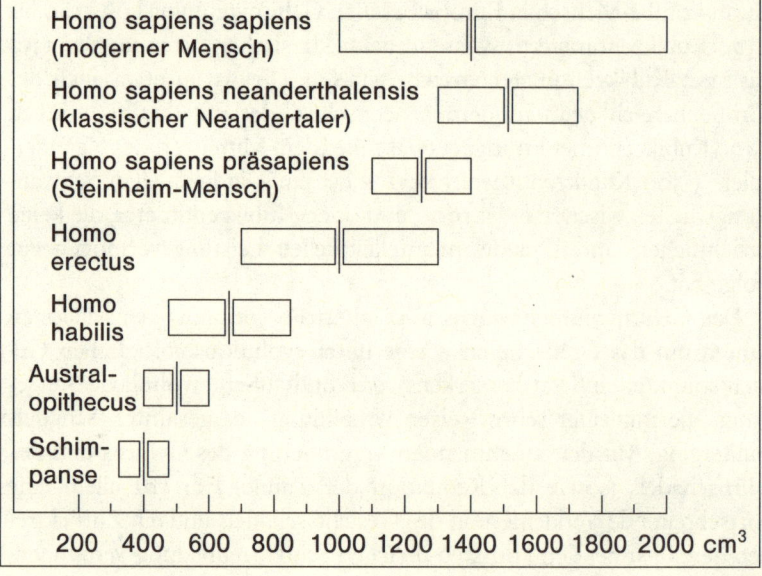

qualitativen Veränderungsprozeß (vgl. S. 70). Kein Wunder, daß man bei der Suche nach den möglichen Ursachen bereits früh auch an die Herausbildung der Sprache dachte, die ja von jeher als entscheidendes Charakteristikum des Menschen und als eines seiner wesentlichen Unterscheidungsmerkmale gegenüber den Tieren angesehen wurde (vgl. S. 34 f.). Doch war ein solcher Zusammenhang wirklich denkbar, oder mußte man sich unsere stammesgeschichtlichen Vorfahren nicht vielmehr als sprachlose Wesen in der Art von Haeckels *Pithecanthropus alalus* (vgl. S. 54 f.) vorstellen? Seit frühmenschliche Fossilien gefunden und systematisch ausgewertet wurden, versuchte man aus ihnen auch Anhaltspunkte zur Beantwortung dieser Frage zu gewinnen, fahndete man nach anatomischen Hinweisen auf das Vorhanden- oder Nichtvorhandensein der Sprache. Und dabei richtete sich das Augenmerk unter anderem auf zwei Hirnregionen, die im letzten Jahrhundert mit der Sprachfähigkeit des Menschen in Verbindung gebracht und als ›morphologische Korrelate‹ des Sprachvermögens identifiziert worden waren.

Die Stunde der Gehirnforscher

Im Jahr 1861 hatte der französische Arzt Paul Broca die Gehirne zweier verstorbener Patienten untersucht, die unter einer bestimmten Art von Sprachstörung (Aphasie) gelitten hatten. Er fand in beiden Fällen eine Schädigung im Stirnlappen der linken Großhirnrinde, und zwar am Fuß der sogenannten dritten Frontalwindung – einem Hirnbereich, der bald unter dem Namen ›Broca-Zentrum‹ bekannt wurde. Brocas Vermutung, das gesamte menschliche Sprachvermögen lasse sich in diesem einen Hirnareal lokalisieren, hat sich zwar als falsch erwiesen, denn man betrachtet das Gehirn heute nicht mehr als Zusammenschluß vieler autonomer Einzelbereiche, sondern als funktionelles Ganzes, bei dem alle Teile zusammenwirken, zumal in bezug auf eine so komplizierte Erscheinung wie die Sprache. Innerhalb dieses funktionellen Ganzen existieren gleichwohl spezialisierte Bereiche, und einen solchen bildet ohne Zweifel das von Broca entdeckte Sprachzentrum. Es liegt in der Nähe der Steuerungsregionen für Lippen, Zunge, Gaumen und Kehlkopf und spielt eine wichtige Rolle bei der Lenkung der artikulierenden Sprechbewegungen, beim aktiven Hervorbringen von Sprache also, weshalb es auch als ›motorisches Sprachzentrum‹ bezeichnet wird. Nervenbahnen verbinden es mit dem 1874 von dem deutschen Arzt Carl Wernicke im Schläfenlappen der linken Hirnrinde entdeckten ›Wernicke-Zentrum‹, das für das Verstehen von gehörter Sprache und für die ›Wahl

Der französische Chirurg und Anthropologe Paul Broca (1824–1880). Aufnahme aus der zweiten Hälfte des 19. Jahrhunderts (Archiv für Kunst und Geschichte, Berlin)

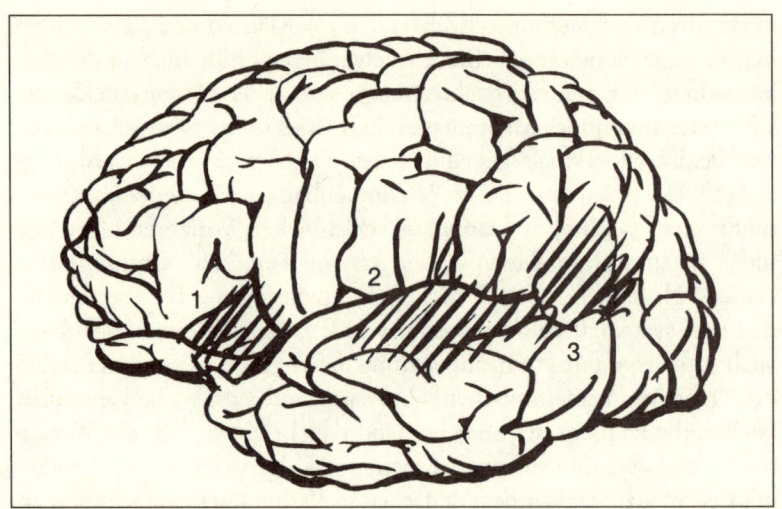

Die Sprachzentren in der Großhirnrinde des heutigen Menschen (die gewöhnlich in der linken Gehirnhälfte liegen): 1) Motorisches Sprachzentrum (Broca-Zentrum); 2) Sensorisches Sprachzentrum (Wernicke-Zentrum); 3) Gyrus angularis (Zeichnung: Hans-Peter Uertz, Düsseldorf)

der richtigen Worte‹ von entscheidender Bedeutung ist. Es wird auch als ›sensorisches Sprachzentrum‹ bezeichnet.

Während eine Schädigung des Broca-Zentrums zur Störung des Artikulationsvermögens und des Redeflusses führen kann, zu einer sinnvollen, aber schwerfälligen und schleppenden Sprache (motorische Aphasie), hat eine Verletzung des Wernicke-Zentrums oft eine andere Sprachstörung zur Folge, bei der die Rede zwar fließend und artikuliert, aber vom Inhalt her fehlerhaft und wirr ist – bei gleichzeitiger Störung des Sprachverständnisses (sensorische Aphasie).

Einen dritten für das Sprachvermögen besonders wichtigen Gehirnbereich bildet der dicht hinter dem Wernicke-Zentrum liegende *Gyrus angularis*, eine Art Verbindungsstation zur Verknüpfung unterschiedlicher Reize. Er ermöglicht es etwa, das Aussehen eines Gegenstandes mit der Lautung seines Namens zu assoziieren und diese Verbindung im Gedächtnis zu speichern – ein wichtiger Faktor beim kindlichen Spracherwerb.

Alle drei Zentren befinden sich normalerweise in der linken Gehirnhälfte, die bei den meisten Menschen (etwa 95 Prozent der Rechts- und 70 Prozent der Linkshänder) die Sprachfunktionen steuert. In einigen Fällen, vorwiegend bei Linkshändern, ist aber auch die rechte Gehirnhälfte sprachlich dominant, und allgemein kann sie bei Schädigungen der linken Hemisphäre deren Funktionen übernehmen, zumindest bis zu einem gewissen Lebensalter. Noch nicht völlig geklärt ist, inwieweit diese für das menschliche Gehirn charakteristische Lateralisation, das heißt Seitenspezialisierung, auch im Tierreich verbreitet ist – der Gesang einer Reihe von Vogelarten scheint interessanterweise ebenfalls linksseitig kontrolliert zu sein. Das Broca- und das Wernicke-Zentrum sind hingegen mit Sicherheit bei keinem Tier so stark entwickelt wie beim Menschen – ihre Ausprägung im Laufe unserer Evolutionsgeschichte könnte daher ein wichtiges Indiz für die Herausbildung der Sprachfähigkeit sein.

Schädelabgüsse geben Aufschluß

Nun stehen die Gehirne unserer hominiden Vorfahren der Forschung leider nicht zur Verfügung, da sie wie alle Weichteile des Körpers verwest und vergangen sind – nur die Knochen haben sich erhalten und sind in fossiler, das heißt ›versteinerter‹ Form überliefert. Von den wichtigsten Hominidenarten liegen aber einzelne annähernd vollständige Schädelfunde vor, und bei manchen von ihnen hat sich die ehemalige Gehirnoberfläche im Inneren der Schädeldecke als negatives Relief abgedrückt und ist noch heute zu erkennen. Gießt man einen solchen Schädel mit Gips oder Latex aus, dann erhält man einen positiven Abdruck des Schädelinneren, des Endocraniums, der zwar nicht in allen Details, aber doch in groben Umrissen die Oberflächenstruktur des längst vergangenen Gehirns erkennen oder zumindest erahnen läßt. Von einigen *Australopithecinen* sind aufgrund besonderer Einlagerungsbedingungen sogar fossile, auf natürliche Weise entstandene Endocraniumabdrücke überliefert.

Bereits seit Beginn unseres Jahrhunderts haben Forscher versucht, aus solchen Schädelabgüssen Aufschlüsse über die intellektuelle Entwicklungsstufe und speziell auch über das Sprachvermögen der Alt- und Frühmenschen zu gewinnen – eine Forschungsrichtung, die heute als Paläoneurologie bezeichnet wird. 1911 veröffentlichten etwa die beiden Anthropologen Marcellin Boule und Raoul Anthony die Ergebnisse einer Untersuchung am Schädelausguß eines klassischen Neandertalers von La Chapelle-aux-Saints in Westfrankreich. Sie urteilten, daß das Gehirn des betreffenden Individuums trotz seiner Größe (über 1600 Kubikzentimeter) dem des modernen Menschen weit unterlegen gewesen sei, »in den meisten Details seiner Morphologie dem der Menschenaffen« nahegestanden habe und nur »rudimentäre geistige Fähigkeiten« zugelassen haben könne – alles Thesen, die heute weitgehend indiskutabel sind, die sich jedoch sehr gut in das damals vorherrschende Bild vom tierhaften Urmenschen einfügten (vgl. S. 56). Dazu paßte auch Boules und Anthonys Feststellung, daß der Fuß der linksseitigen dritten Frontalwindung des Gehirns, also das Broca-Zentrum, nicht oder nur sehr gering entwickelt gewesen sei; sie schlossen daraus auf »das wahrschein-

liche Fehlen artikulierter Sprache« oder eine nur »rudimentäre artikulierte Sprache«, obwohl nach ihrer eigenen Beobachtung »eine leichte
Dominanz der linken Hemisphäre über die rechte« vorlag.[7]

Mehr als zwanzig Jahre später, 1933, untersuchten der Anatom Davidson Black und einige Mitarbeiter den Endocraniumabdruck eines
*Homo-erectus-(Sinanthropus-)*Schädels aus der berühmten Fundstelle
von Zhoukoudian in China, die eine ganze Anzahl frühmenschlicher
Überreste geliefert hat. Sie stellten ebenfalls eine leichte Gehirnasymme-
trie mit Übergewicht der linken Hemisphäre fest und schlossen daraus (da die Steuerungsfunktionen des Gehirns über Kreuz laufen), daß
das untersuchte Individuum ein Rechtshänder war. Darüber hinaus
gelangten sie zu dem Urteil, »daß das Gehirn dieser [immerhin etwa
400 000 Jahre alten] Art in allen wesentlichen Punkten ein typisch
menschliches war«. Insbesondere wiesen sie auf eine »außerordentlich
ausgeprägte Entwicklung (...) der Broca'schen Windung« hin und wer-
teten sie als Indiz dafür, »daß diese Art wahrscheinlich bereits mit einem
Gehirnmechanismus für die Hervorbringung artikulierter Sprache ausgestattet war«.[8]

1946 glaubte der Forscher G. W. H. Schepers die Sprachzentren sogar
an den fossilen Schädelabdrücken südafrikanischer *Australopithecinen*
entdeckt zu haben und folgerte, diese Hominiden seien bereits »fähig
gewesen, erworbene Information an ihre Familien, Freunde und Nachbarn weiterzugeben« und hätten damit »eine der ersten Bindungen des
komplexen menschlichen Soziallebens begründet«.[9] Während der Befund der *Australopithecinen* heute umstritten ist, sind sich die meisten
Spezialisten darüber einig, daß das Broca-Zentrum beim *Homo habilis*
vor zwei Millionen Jahren bereits ausgebildet war.

Nachdem auf diese Weise die Herausbildung eines an Sprachfunktionen angepaßten Gehirns Jahrhunderttausende und Jahrmillionen in die
menschliche Evolutionsgeschichte zurückverlegt worden war, kam es
schließlich auch zu einer Neubeurteilung des vergleichsweise jungen
Neandertalers. Die amerikanische Forscherin Marjorie Le May schrieb
1975 (anders als seinerzeit Boule und Anthony): »Das im Abguß des
Schädels von La Chapelle-aux-Saints erkennbare Gehirn ähnelt in dem
für die Sprache wichtigen Bereich demjenigen des modernen Menschen
und läßt daher vermuten, daß der Neandertaler die für die Sprache
nötige Gehirnorganisation besaß.«[10] Dieses Urteil ist seither auch von
anderen Fachleuten bestätigt worden.

Die Unterschiedlichkeit der Forschungsresultate und ihr Zusammenhang mit den jeweils zugrundeliegenden Konzeptionen und Prämissen
lassen bereits erahnen, daß bei diesen Untersuchungen ein recht großer
subjektiver Beurteilungs- und Deutungsspielraum besteht, und nicht

Versteinerte Abdrücke des Schädelinneren südafrikanischer Australopithecinen, welche die Oberflächenstruktur des Gehirns erahnen lassen. Das Exemplar rechts zeigt noch Reste des Gesichtsschädels (John Reader, »Die Jagd nach den ersten Menschen«, Birkhäuser Verlag, Basel)

zuletzt deshalb stehen viele Fachleute solchen Thesen und Ergebnissen skeptisch bis ablehnend gegenüber. Die Abdrücke in den fossilen Schädeln, so geben sie zu bedenken, seien viel zu verschwommen und schattenhaft, als daß man daraus ein hinlänglich zuverlässiges Bild vom Gehirnaufbau der Hominiden gewinnen könne. Selbst wenn es aber gelänge, dort eindeutig Strukturen nachzuweisen, die beim heutigen Menschen der Sprache zuzuordnen sind, ließe sich daraus noch keineswegs zwingend schließen, daß sie auch bei unseren Vorfahren die gleiche Funktion erfüllten – dazu sei die Organisation des menschlichen Gehirns, im Vergleich etwa zu dem der Menschenaffen, noch viel zu wenig bekannt. Eine Ausbuchtung an der richtigen Stelle, so könnte man diese Position salopp zusammenfassen, beweist noch kein Sprachvermögen – oder, wie der Anatom und Primatologe Dietrich Starck es formulierte: »Aussagen über geistig-psychische Leistungen und Erwerb der Sprache bei Vor- und Frühmenschen auf Grund morphologischer Befunde am Endocranialausguß [sind] nicht wissenschaftlich begründbar.«[11]

›Rubikon der Sprachfähigkeit‹?

Nichtsdestoweniger bringt die Mehrzahl der Fachleute das enorme Wachstum insbesondere des Großhirns im Verlauf unserer Entwicklungsgeschichte mit einem wahrscheinlich schon frühen Auftreten des Evolutionsfaktors Sprache in Zusammenhang, zumal es, wie erwähnt, mit einer tiefgreifenden qualitativen Umstrukturierung verbunden war. »Bereits die Gehirnabdrücke der frühen Hominiden liefern Beweise für eine Neuorganisation in Richtung auf ein menschliches Muster hin« und sind »nicht pongid [äffisch], sondern menschenartig«, betont der amerikanische Paläoneurologe Ralph L. Holloway, einer der besten Kenner fossiler Schädel.[12] Es erscheint wenig glaubhaft, daß an dieser Entwicklung und Neustrukturierung die Sprache als eine der fundamentalsten Funktionen des menschlichen Gehirns nicht auch beteiligt gewesen sein sollte. »Wenn die Hominiden nicht die Sprache nutzten und verfeinerten, würde ich gerne wissen, was sie mit ihren selbstbeschleunigt wachsenden Gehirnen taten«, meint Holloways Kollegin Dean Falk ironisch,[13] und auch der amerikanische Forscher Terrence Deacon vermutet: »Die Sprache war die Hauptursache, nicht eine Folge des menschlichen Gehirnwachstums.«[14]

Kaum möglich sein wird es freilich, über diesen allgemeinen Zusammenhang hinaus eine genaue größenmäßige Grenze zu ermitteln, von der an das Gehirn zu sprachlichen Leistungen in der Lage war, einen ›Rubikon der Sprachfähigkeit‹, wie ihn einige Wissenschaftler in Form eines (unterschiedlich hoch angesetzten) ›Mindest-Gehirnvolumens‹ vorgeschlagen haben. Fraglich bleibt auch, ob die Dominanz der linken Hirnhälfte, die sich bei den Hominiden aus Endocranium-Abdrücken und der ›rechtshändigen‹ Herstellungstechnik von Steinwerkzeugen schon früh erschließen läßt, für sich genommen bereits eine ›sprachliche Strukturierung‹ des Gehirns beweist. Die Zusammenhänge zwischen Hemisphärendominanz, Rechts- und Linkshändigkeit sowie Sprache sind für die Beantwortung dieser Frage noch zu wenig erforscht, selbst beim heutigen Menschen.

Dagegen haben sicherlich die auf Seite 80 ff. beschriebenen Sprachversuche mit Menschenaffen im Hinblick auf das Sprachvermögen der frühen Hominiden eine gewisse Aussagekraft: Wenn heutige Schimpansen oder Gorillas über ausreichende kognitive Fähigkeiten zur Erlernung einfacher Symbol- und Zeichensysteme verfügen, so dürfen wir unseren hominiden Vorfahren mit ihren bereits erheblich höher entwickelten Gehirnen mindestens das gleiche, wahrscheinlich aber ein deutlich größeres intellektuelles Vermögen zur Begriffsbildung und zur symbolischen Verständigung zutrauen.

Die Anatomie der menschlichen Lautbildung

Die von den Menschenaffen im Experiment erlernten ›Sprach‹-Systeme basierten auf Gesten oder anderen optischen Zeichen und Symbolen, waren also *visueller* Natur. Die menschliche Sprache ist dagegen zunächst ein *akustisches* System und erfordert daher neben der angemessenen Gehirnorganisation auch entsprechend ausgebildete Sprachorgane – einen Lautbildungsapparat, der differenzierte Artikulationen ermöglicht. Wenn wir sprechen, werden die Stimmbänder des Kehlkopfes durch den Luftstrom aus der Lunge in Schwingungen versetzt und erzeugen dadurch ›Grundtöne‹, die im darüberliegenden Bereich von Rachen, Mund und Nase – dem sogenannten ›Stimmtrakt‹ – durch vielfältige Bewegungen von Rachenmuskeln, Zunge, Wangen und Lippen moduliert, das heißt ›geformt‹ werden. Auf diese Weise artikulieren wir die unterschiedlichen Vokale und Konsonanten, bringen wir gezielt und kontrolliert die Einzellaute (Phoneme) unserer jeweiligen Sprache hervor, was natürlich eine entsprechend bewegliche und differenzierte Muskulatur voraussetzt.

In seinem Grundaufbau entspricht dieser menschliche Lautbildungsapparat zwar dem der Affen und anderer Säugetiere, im einzelnen bestehen jedoch einige für das Sprachvermögen bedeutsame Unterschiede. Der Kehlkopf sitzt etwa beim Schimpansen relativ weit oben im Hals, so daß der Kehldeckel über dem sogenannten Gaumensegel liegt und dafür sorgt, daß sich Luft- und Nahrungsweg nicht überkreuzen. Unter dem Gesichtspunkt von Atmung und Ernährung ist das von Vorteil, denn ein Tier kann unter solchen Umständen beispielsweise gleichzeitig atmen und trinken, ohne sich zu verschlucken. Unter dem Gesichtspunkt der Lautbildung ist es dagegen von Nachteil, denn ein zur Stimmodulation geeigneter Rachenraum existiert bei einem solchen anatomischen Aufbau nur in eingeschränktem Maße – die Lautformung bleibt weitgehend auf Mund und Lippen beschränkt. Beim Menschen dagegen wandert der

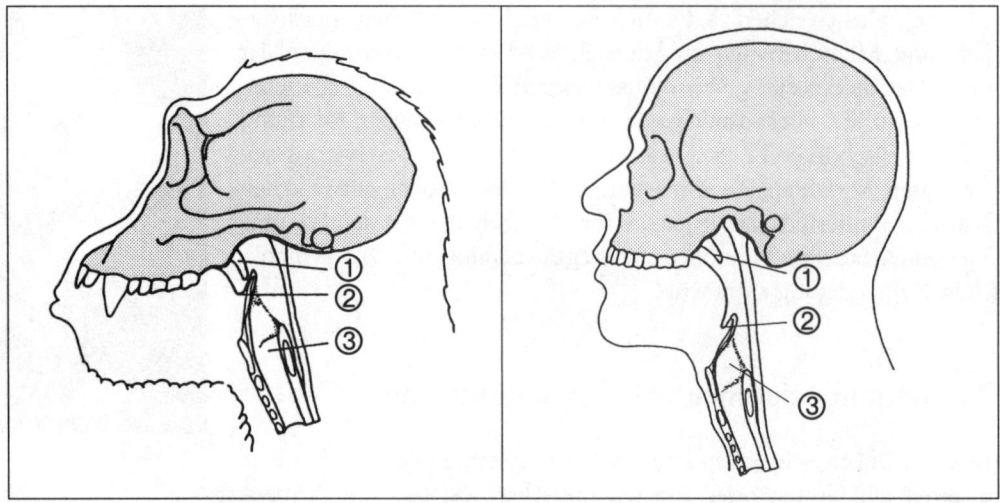

Querschnittszeich-
nungen des Lautbil-
dungstraktes von
Schimpanse (links)
und modernem er-
wachsenem Men-
schen: 1) Gaumen-
segel; 2) Kehldeckel;
3) Kehlkopf mit
Stimmbändern. Auf-
grund der tieferen
Lage des Kehlkopfes
besitzt der Mensch
einen ausgeprägteren
Rachenraum

Kehlkopf, der beim Säugling noch vergleichbar hoch sitzt, ab dem
zweiten Lebensjahr allmählich so weit in den Hals hinunter, daß Kehldeckel und Gaumensegel keine Berührung mehr miteinander haben. Die
Folge: Luft- und Nahrungsweg sind nicht mehr so gut gegeneinander
abgeschirmt, so daß wir uns verschlucken und sogar an einem in den
Kehlkopf geratenen Stück Nahrung ersticken können. Dafür aber hat
sich der Modulationsraum des Rachens und damit die Leistungsfähigkeit des Stimmtrakts erheblich erweitert.

Ganz offensichtlich handelt es sich hier um eine evolutionäre Anpassung, die durch den aufrechten Gang ermöglicht und durch den Selek-
tionsvorteil der Sprache, die durch sie gegebenen besseren Überlebens-
chancen, begünstigt wurde, trotz der Nachteile, die damit hinsichtlich
Atmung und Ernährung entstanden. Man kann daraus schließen, daß
die Lautsprache zu der Zeit, als diese Umgestaltung des Stimmtraktes
begann, bereits ein wichtiger Evolutionsfaktor gewesen sein muß und
daß wir, könnten wir den entwicklungsgeschichtlichen Beginn dieser
anatomischen Veränderungen genauer bestimmen, daraus auch Hinweise auf das wahrscheinliche Alter der artikulierten Sprache gewinnen
würden.

Nun entzieht sich leider, wie schon beim Gehirn der Fall, auch der
Stimmtrakt der Alt- und Frühmenschen jeder direkten Untersuchung
anhand der Fossilien, denn die Muskeln und organischen Gewebe, aus
denen er bestand, sind natürlich vollständig vergangen. Dennoch haben
schon seit über hundert Jahren Forscher mit beträchtlichem Geschick
und ebenso großem Erfindungsreichtum versucht, indirekte Schlüsse
aus den fossilen Skelettresten und besonders den Schädeln zu ziehen. Ein

sehr beliebter Anknüpfungspunkt solcher Bemühungen waren lange
Zeit die sogenannten *Spinae mentales*, kleine Knochenzapfen am Unterkiefer, die den Ansatz bestimmter, für die Zungenbewegung (und damit
auch die Artikulation) wichtiger Muskeln bilden. Schon 1883 folgerte
einer der Begründer der französischen Urgeschichtsforschung, Gabriel
de Mortillet, aus der schwachen Ausbildung dieser Knochenvorsprünge
an einem Neandertaler-Unterkiefer von La Naulette, daß diese Men-
schenform noch nicht habe sprechen können. »Artikulierte Sprache«, so
schrieb er, »kommt durch eine Serie von Zungenbewegungen zustande.
Diese Bewegungen gehen vor allem auf jenen Muskel zurück, der an der
Kinnapophyse ansetzt. Die Tiere, die keine Sprache besitzen, haben auch
keine Kinnapophyse. Wenn nun der Unterkiefer von La Naulette keine
Apophyse besitzt, so folgt daraus, daß der Neandertaler und der Chel-
léen-Mensch [gemeint sind die älteren Menschenformen] keine Sprache
besaßen.«[15]

Mit dem Fortschreiten der Forschung zeigte sich jedoch, daß viele
frühe Hominiden bis zurück zum *Homo erectus* dieses Merkmal sehr
wohl in unterschiedlich ausgeprägter Form aufwiesen – daher galt es
nun oftmals umgekehrt als positiver Beleg einer bereits frühen Sprachfähigkeit, als »der sicherste anatomische Beweis für artikulierte Sprache,
den das Skelett bietet«, wie der amerikanische Anthropologe Ernest
Hooton 1946 schrieb.[16] Heute sind die Fachleute dagegen überwiegend
der Meinung, daß das Vorhandensein oder Fehlen der *Spinae mentales*
nur wenig besagt, denn eine bewegliche Zunge begründet noch kein
Sprachvermögen. Außerdem hat sich gezeigt, daß manche heutige nor-
malsprechende Menschen dieses Merkmal nur in sehr rudimentärer
Form oder gar nicht besitzen.

Eine neue Wissenschaftsdisziplin

Systematischere Versuche, aus den Schädeln der Hominiden Rückschlüsse auf die Anatomie und den Entwicklungsstand ihres Stimmtraktes zu ziehen, sind seit etwa fünfundzwanzig Jahren im Gange und
haben sich zu einer eigenen kleinen Wissenschaftsdisziplin entwickelt,
die den ebenso eindrucksvollen wie komplizierten Namen Paläolaryngologie (von Larynx = Kehlkopf) trägt. Sie macht sich die Tatsache zu-
nutze, daß die Schädelbasis sozusagen die ›Decke‹ des Lautbildungstraktes bildet, an der zahlreiche Muskeln und Sehnen ansetzen, die für sein
Funktionieren wichtig sind. Daher lassen sich aus bestimmten Merkmalen ihrer Gestaltung Aufschlüsse über die Struktur der an ihr ›aufgehäng-
ten‹ Stimmorgane gewinnen. Unter anderem hat man festgestellt, daß

ein hoch im Hals sitzender Kehlkopf wie derjenige des Schimpansen (vgl. S. 71) mit einer weitgehend flachen Schädelbasis korrespondiert, während der tiefsitzende Kehlkopf des modernen erwachsenen Menschen an einer viel stärker gewölbten Schädelbasis verankert ist. Die Paläolaryngologen glauben daher, anhand der Wölbung der Schädelbasis und anderer Einzelheiten ihrer anatomischen Gestaltung feststellen zu können, ob der Stimmtrakt eines Hominiden bereits an sprachliche Funktionen angepaßt war und ob er die für die menschliche Verständigung charakteristischen artikulierten Laute, die Phoneme, hervorzubringen vermochte.

Pioniere auf diesem Forschungsgebiet waren der amerikanische Linguist Philip Lieberman und der Anatom Edmund Crelin. Sie erregten Anfang der siebziger Jahre beträchtliches Aufsehen mit einer Studie, in der sie dem Neandertaler von La Chapelle-aux-Saints aus anatomischen Gründen die Fähigkeit zu vollartikulierter Rede absprachen – ähnlich wie Boule und Anthony sechzig Jahre zuvor aufgrund des Schädel-Innenabgusses (vgl. S. 67 f.). Nach Liebermans und Crelins Analyse ließ die langgestreckte, flache Schädelbasis des Mannes von La Chapelle darauf schließen, daß sein Kehlkopf noch fast genauso hoch im Hals gesessen habe wie derjenige von Schimpansen oder Neugeborenen, daß also der leistungsfähige und charakteristische Stimmtrakt des modernen erwachsenen Menschen noch nicht vorhanden gewesen sei. In einem zweiten Untersuchungsschritt gaben die beiden Forscher die anatomischen und physikalischen Daten des rekonstruierten Neandertaler-Stimmtrakts zusammen mit Vergleichswerten des modernen Menschen und des Schimpansen in einen Computer ein, um herauszufinden, welche Elemente des heutigen menschlichen Lautspektrums dieser Stimmtrakt hätte produzieren können und welche nicht. Ihr spektakuläres Resultat: Der Neandertaler von La Chapelle habe zwar eine Reihe von Konsonanten und auch einige Vokale hervorbringen können, nicht aber konsonantische Laute wie g und k und vor allem nicht die Vokale a, i und u, die in der artikulierten Sprache eine Schlüsselstellung im Hinblick auf Sprachstruktur und -geschwindigkeit einnähmen. Mit diesem »angeborenermaßen beschränkten Lautrepertoire«, so Lieberman und Crelin 1971, habe sich der Neandertaler zwar im Prinzip lautlich verständigen können, aber höchstens mit einem Zehntel der heutigen Sprechgeschwindigkeit und ohne syntaktische Strukturen, die den unseren vergleichbar wären. »Die hypothetische Sprache, die der Neandertaler besessen haben könnte«, so das Fazit der beiden Forscher, »wäre in bedeutsamer Weise ›primitiver‹ gewesen als irgendeine menschliche Sprache. (…) Vollentwickelte ›artikulierte‹ Sprache und Verständigung scheinen vergleichsweise junge Entwicklungen in der Evolution des Menschen ge-

wesen zu sein.«[17] Diese Aussage wirkte provozierend – und so war sie wohl auch gemeint.

Die Ergebnisse, die Crelin, Lieberman und der Anatom Jeffrey T. Laitman sowie der Statistiker Raymond C. Heimbuch seit 1971 an anderen fossilen Schädeln gewonnen haben, relativieren zumindest die im letzten Satz formulierte These beträchtlich. Der Stimmtrakt der *Australopithecinen*, so stellten sie mittlerweile fest, entsprach in etwa dem der heutigen Menschenaffen und dürfte ein vergleichbar beschränktes Lautbildungsvermögen aufgewiesen haben. Der vor rund 300 000 Jahren lebende Steinheim-Mensch (vgl. S. 58) besaß dagegen nach ihren Rekonstruktionen einen Stimmtrakt, der unserem bereits sehr ähnelte und alle wesentlichen Voraussetzungen für ›artikulierte‹ Sprache im modernen Sinn erfüllt haben dürfte. Demnach scheint der erste Schritt in der Umgestaltung des Lautbildungsapparats schon beim *Homo erectus* vor sich gegangen zu sein, dessen verfügbare Schädel leider meist an ihrer Basis so stark zerstört sind (vgl. S. 107 ff.), daß eine Auswertung schwierig ist. Laitman schreibt mit Blick auf einige der frühesten, bis zu eineinhalb Millionen Jahre alten Fossilfunde dieses Typus aus Afrika: »Die Vielfalt an Tönen, die *Homo erectus* erzeugen konnte, überstieg wahrscheinlich bei weitem den begrenzten Fundus an Lauten, die den Australopithecinen zur Verfügung standen. (...) Es scheint, daß *Homo erectus* einen beträchtlichen Schritt in Richtung auf den Erwerb des vollen Spektrums menschlicher Sprachlaute getan hat.«[18]

Lieberman urteilt in der Frage des *Homo erectus* sehr viel zurückhaltender, aber auch er räumte aufgrund der neuen Forschungsergebnisse ein, daß die Sprachfähigkeit vermutlich doch nicht eine so ›junge‹ Errungenschaft in der menschlichen Stammesgeschichte war, wie er und Crelin 1971 angenommen hatten. »Das fossile Material«, hob er 1984 hervor, »ist nicht vereinbar mit der Hypothese einer plötzlichen, koordinierten Neustrukturierung der Schädelbasis und des Unterkiefers«, es

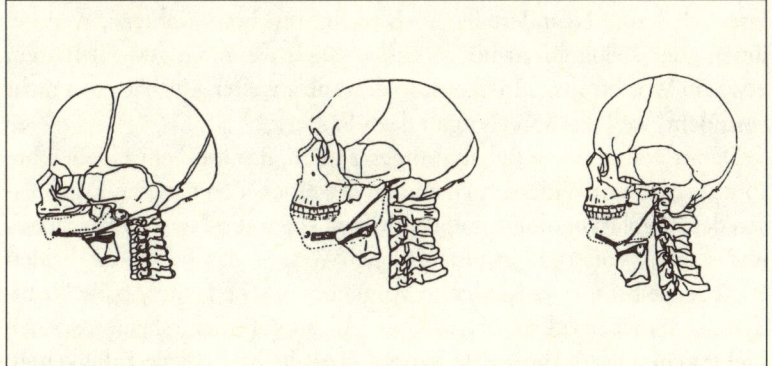

Die Lage des Kehlkopfes beim heutigen neugeborenen (links) und erwachsenen Menschen (rechts) sowie – in hypothetischer Rekonstruktion – beim Neandertaler (Mitte)

deute vielmehr auf eine »graduelle, mosaikartige Evolution im Laufe der letzten 250 000 Jahre« hin[19] – ein zwar nach wie vor eher ›konservatives‹, im Vergleich zu der Studie von 1971 aber doch deutlich modifiziertes Urteil.

Der Neandertaler – ein sprachloses Wesen?

Ähnliche Modifizierungen erbrachten Untersuchungen Laitmans, Crelins und Heimbuchs auch in der Frage des Neandertaler-Stimmtrakts. Sie bestätigten zwar, daß die Schädelbasis des Mannes von La Chapelle »eindeutig außerhalb des Spektrums moderner erwachsener Menschen« lag und sein Stimmtrakt »dem eines [heutigen] zwei- bis vierjährigen Kindes« entsprochen haben müsse – gleichzeitig zeigten sie aber, daß es sich hierbei um einen Extremfall handelte, denn die Schädel mehrerer anderer Neandertaler wichen weit weniger von der modernen Form ab und ließen vermuten, daß ihre Stimmtrakte »wahrscheinlich denen moderner sechs- bis elfjähriger Kinder ähnlich waren«.[20] Das Bild für diesen Altmenschentypus blieb also etwas widersprüchlich – da seine Schädelbasis jedoch in allen Fällen von der des modernen erwachsenen Menschen (wie auch anderer, gleichzeitig oder früher lebender Hominiden) abwich, ordneten die Forscher ihn als einen abgesonderten Seitenast des menschlichen Entwicklungsstammbaums ein, der weniger stark an sprachliche Funktionen angepaßt gewesen sei als der zum modernen Menschen führende Zweig.

In der Öffentlichkeit und in den Medien kümmerte man sich um derartige Feinheiten zumeist wenig. Hier müssen die paläolaryngologischen Ergebnisse seit fünfundzwanzig Jahren zur Untermauerung der Behauptung herhalten, der Neandertaler sei gänzlich »sprachlos geblieben« oder habe »nur ein nasales Grunzen erzeugen« können.[21] Selbst in einem erfolgreichen Sachbuch von 1990 über die Menschwerdung ist zu lesen, daß »die Neandertaler noch nicht sprechen konnten«, weil bei ihnen »der Kehlkopf zu hoch [saß]«; »auch wenn sie gewollt hätten, etwas in Worten auszudrücken«, so der Autor weiter, »sie hätten es nicht vermocht, weil das Sprechorgan dazu fehlte«.[22]

Derart vollmundige Behauptungen stehen, das muß entschieden betont werden, im Widerspruch zu den beschriebenen neueren Ergebnissen der Paläolaryngologie und vergröbern sogar die Thesen Liebermans und Crelins von 1971 in unzulässiger Weise – das haben die beiden Forscher selbst immer wieder hervorgehoben. »Die Frage, ob die Neandertaler sprachen oder nicht, ist keine Alles-oder-Nichts-Frage«, schrieb Lieberman zuletzt 1994. »Sie hatten unzweifelhaft vokale Fähigkeiten, die denen heutiger Menschenaffen weit überlegen waren«, und »sie konnten sich gewiß mit Worten verständigen und in Worten denken. (…) Kurz gesagt, *sie besaßen unzweifelhaft Sprache*, aber wir können feststellen, daß (…) ihr sprachliches Vermögen nicht soweit entwickelt war wie das des modernen *Homo sapiens*«[23] – dies, und nicht mehr, behaupten Lieberman, Crelin und Laitman.

Es bleibt jedoch fraglich, ob ihre These selbst in dieser differenzierten, ›entschärften‹ Form haltbar ist. Sie stieß von Anfang an auf Widerspruch und Einwände aus den unterschiedlichsten Richtungen und unter den verschiedensten Blickwinkeln. In den siebziger Jahren kritisierten gleich mehrere Experten Liebermans und Crelins Stimmtrakt-Rekonstruktion des Neandertalers von La Chapelle als in den Details fehlerhaft, und diese Kritik scheint sich mittlerweile bestätigt zu haben. Es ist nämlich zwischenzeitlich klargeworden, daß die ursprüngliche Zusammensetzung des La-Chapelle-Schädels durch Marcellin Boule (vgl. S. 67) viel zu ›affenähnlich‹ ausgefallen war – der Schädel wurde in den achtziger Jahren neu rekonstruiert und weist nun eine deutlich stärker gewölbte Basis auf. Doch auch, wenn man von solchen möglichen Rekonstruktionsfehlern absieht, bleibt zu fragen, inwieweit besonders Liebermans weitgehende Interpretation der Ergebnisse berechtigt ist: Sechs- bis

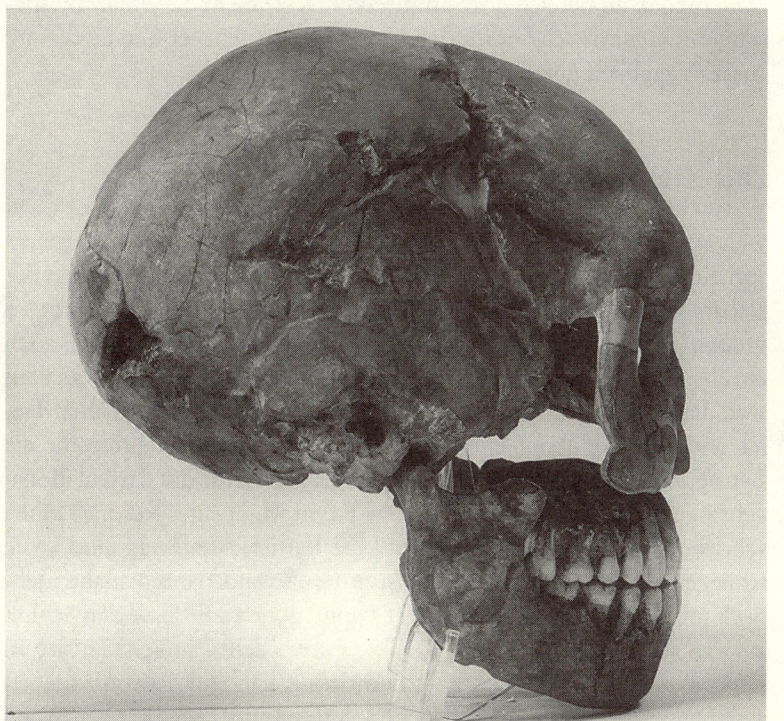

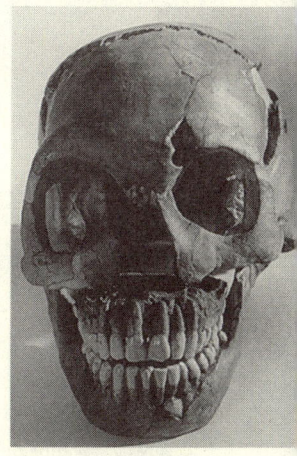

Seiten- (links) und Frontalansicht eines Neandertaler-Schädels (Archiv für Kunst und Geschichte, Berlin)

elfjährige Kinder, mit deren Stimmtrakt derjenige vieler Neandertaler eine Ähnlichkeit gehabt haben soll (vgl. S. 76), sind in ihrem Sprachvermögen ja in keiner Weise eingeschränkt, und mehrere Forscher haben darauf hingewiesen, daß die Vokale a, i und u, denen Lieberman eine nahezu unentbehrliche ›Schlüsselfunktion‹ für einen schnellen, gut verständlichen Sprachfluß zuweist (vgl. S. 74), selbst in einer Reihe heutiger Sprachen nicht vorkommen oder häufig durch andere Vokale (wie e und o) ersetzt werden.

Der holländische Laryngologe Jan Wind schließlich hat die Grundprämisse des ganzen Forschungsansatzes in Zweifel gezogen – die Annahme nämlich, daß nur der moderne menschliche Lautbildungsapparat in der Lage sei, voll artikulierte Sprache hervorzubringen. Würde man einem ansonsten normalen Menschen den Stimmtrakt eines Schimpansen einpflanzen, so Wind im Gedankenexperiment, dann könnte dieser durchaus artikuliert reden. »Die Vokalisationen einer solchen Person wären natürlich etwas unterschieden von normaler Sprache, einige Laute, besonders die Vokale. hätten eine abweichende ›Färbung‹. Die Sprachgeschwindigkeit wäre geringfügig langsamer als bei den meisten anderen Menschen, aber ansonsten würde eine solche Sprache sich kaum von der normalen unterscheiden.«[24] Winds Fazit: »Nicht so sehr Neuerungen im Bereich des Stimmtrakts als vielmehr die Umstrukturierung des Gehirns scheint für den Ursprung sprachlicher Verständigung ausschlaggebend gewesen zu sein.«[25]

Das Zungenbein kommt ins Spiel

Gegen ein eingeschränktes Artikulationsvermögen des Neandertalers spricht auch ein neuerer fossiler Fund aus Israel. Dort wurde 1983 in der Kebara-Höhle am Karmelgebirge ein etwa sechzigtausend Jahre altes, zu großen Teilen erhaltenes Neandertaler-Skelett gefunden, bei dem auch ein kleiner, halbmondförmiger Knochen unterhalb des Schädels erhalten war, das sogenannte ›Zungenbein‹. An diesem zwischen dem Unterkiefer und dem Kehlkopf befindlichen Knochen setzen mehrere für die Bewegung des Kehlkopfes und der Zunge, mithin für das Artikulationsvermögen, wichtige Muskeln an. Das Exemplar aus der Kebara-Höhle, schrieben der israelische Anthropologe Baruch Arensburg und seine Kollegen 1989 in einem Artikel, »ist in Größe und Form beinahe identisch mit dem Zungenbein heutiger Populationen«. Es lasse den Schluß zu, daß auch »der zugehörige Kehlkopf unter dem Zungenbein sich in seiner Position, Form, Beziehung und Größe während der vergangenen sechzigtausend Jahre menschlicher Evolution kaum verändert hat. Wenn

Sechzigtausend Jahre altes Zungenbein eines Neandertalers, das in der Kebara-Höhle in Israel gefunden wurde (Zeichnung: Hans-Peter Uertz, Düsseldorf)

dieser Schluß tatsächlich berechtigt ist«, so Arensburg und seine Kollegen weiter, »dann scheint die morphologische Basis für die menschliche
Sprachfähigkeit während des Mittelpaläolithikums voll entwickelt gewesen zu sein, im Gegensatz zu den Ansichten einiger Forscher. (…) Die
Annahmen über eine nur beschränkte Sprachfähigkeit der Neandertaler,
die sich bisher vorwiegend auf Untersuchungen des Schädelbasisbe-
reichs stützten, würden sich als revisionsbedürftig erweisen.«[26]

Lieberman, Laitman und einige ihrer Kollegen haben zwar versucht,
die Aussagekraft des Kebara-Zungenbeins herunterzuspielen, indem sie
eine eher abstrus anmutende Ähnlichkeit mit dem Zungenbein von
Schweinen konstruierten und – plausibler – hervorhoben, durch die
Form und Größe des fossilen Knochens sei noch nichts über seine
genaue Position im Körper und damit über das Lautbildungsvermögen
ausgesagt. Doch auch wenn letzteres im Kern zutreffen mag, läßt sich
nicht verleugnen, daß immer mehr Befunde und Argumente gegen die
These vom eingeschränkten Lautbildungsvermögen des Neandertalers
sprechen und daß es in jedem Fall unangebracht ist, sie als bewiesene
Tatsache hinzustellen.

Mit den Methoden der Neurologie und der Anatomie, so kann man
zusammenfassend feststellen, läßt sich die Frage nach dem Alter der

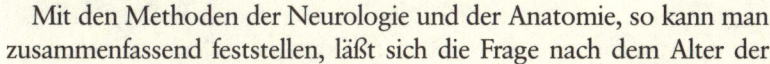

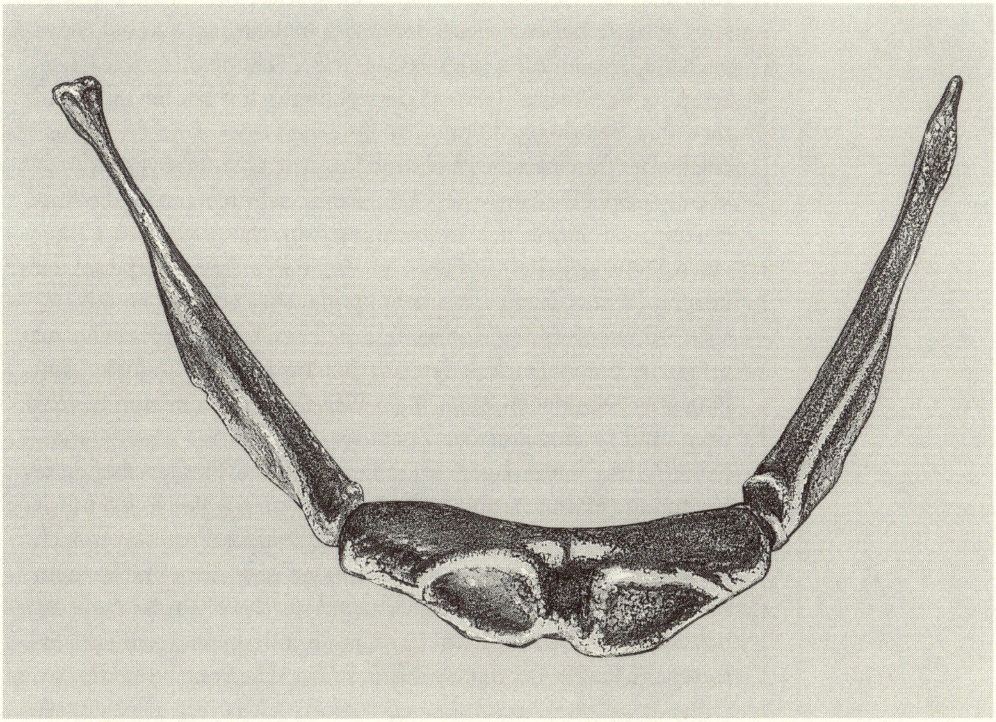

Sprache bis heute nicht mit absoluter Sicherheit beantworten. Einige gewichtige Anhaltspunkte sowohl in der Gehirnentwicklung (vgl. S. 68 ff.) als auch in der Evolution des Lautbildungstraktes (vgl. S. 75) deuten jedoch darauf hin, daß unsere Vorfahren schon vor Jahrhunderttausenden die für die Sprache notwendigen biologischen Voraussetzungen entwickelt hatten, also gesprochen haben *könnten*. Daß sie schon früh gesprochen haben *müssen*, läßt sich von gänzlich anderer Seite her erschließen – aus ihren archäologischen Hinterlassenschaften nämlich, welche eine Reihe technischer Fertigkeiten, kultureller Leistungen und sozialer Verhaltensweisen bezeugen, die ohne eine wie auch immer geartete sprachliche Verständigung kaum denkbar sind.

Exkurs: Sprachversuche mit Menschenaffen

Im Streit um die Einzigartigkeit des menschlichen Sprachvermögens (vgl. S. 34 ff.) hat seit jeher die Frage eine große Rolle gespielt, ob unsere nächsten Verwandten im Tierreich, die Menschenaffen, zum Erlernen einer Sprache in der Lage seien oder nicht. Im Jahre 1661 äußerte beispielsweise der englische Chronist Samuel Pepys nach der Besichtigung eines Pavians (oder Schimpansen) die Überzeugung, daß dieses Tier »schon viel Englisch versteht« und »daß man ihm beibringen könnte, zu sprechen oder Zeichen zu machen«. Der französische Philosoph Julien de la Mettrie vertrat 1747 in einer gegen Descartes gerichteten Streitschrift ebenfalls die Auffassung, daß ein in der Taubstummensprache erfahrener Lehrer einen Menschenaffen sprechen lehren und ihn in einen »perfekten kleinen Gentleman« verwandeln könne. 1925 griff der amerikanische Primatenforscher Robert Yerkes diesen Gedanken wieder auf und schrieb: »Vielleicht kann man [Schimpansen] beibringen, ihre Finger zu gebrauchen, etwa in der Weise, wie es Taubstumme machen, und so eine einfache Zeichensprache ohne Laute zu erlernen.«[27] 1784 hatte dagegen Johann Gottfried Herder ebendiese Hoffnung verworfen und notiert: »Denn ob sie gleich den Inhalt der menschlichen Sprache fassen, so hat noch kein Affe, da er doch immer gestikuliert, sich ein Vermögen erworben, mit seinem Herrn pantomimisch zu sprechen und durch Gebärden menschlich zu diskutieren.«[28] Und im 19. Jahrhundert stellte der Sprachforscher Max Müller mit Nachdruck fest: »Die Sprache ist der Ru-

bicon, welcher das Tier vom Menschen scheidet, welchen kein Tier jemals überschreiten wird. (…) Man versuche es und bringe den intelligentesten Affen in menschliche Pflege und Lehre, er wird nicht sprechen, er wird Tier bleiben, während das roheste Menschenkind (…) frühzeitig dieses Charakteristikum der Menschheit sich aneignen wird.«[29]

Ernsthafte Versuche, diese Gedankenspielereien und Spekulationen im praktischen Experiment zu erproben, wurden erst in unserem Jahrhundert – besonders nach dem Zweiten Weltkrieg – unternommen, und sie schienen zunächst die Zweifel am Sprachlernvermögen der Affen zu bestätigen. So vermochte etwa die Schimpansin Viki trotz intensiver Bemühungen ihrer Pflegeeltern, des amerikanischen Ehepaares Hayes, ihr die englische (Laut-)Sprache beizubringen, nach jahrelangem Training nur die vier Wörter ›mama‹, ›papa‹, ›cup‹ und ›up‹ mühsam hervorzubringen. Die meisten Fachleute zogen aus diesem in den fünfziger Jahren durchgeführten Experiment den Schluß, daß den Affen sowohl die Gehirnorganisation als auch die Stimmorgane zur Artikulation einer Lautsprache fehlten. Alle nachfolgenden Versuche zielten daher, wie schon jahrhundertelang erwogen, auf die Unterrichtung der Tiere in visuellen bzw. gestischen Zeichensprachen ab, und sie verliefen erheblich erfolgreicher.

Seit 1966 machte die von dem amerikanischen Psychologenehepaar Gardner aufgezogene Schimpansin Washoe weltweit Schlagzeilen, die mehr als 160 Zeichen der amerikanischen Taubstummensprache ASL (bei der jeder Begriff durch eine Geste bzw. Handbewegung symbolisiert wird) erlernte und im ›Dialog‹ mit ihren Pflegeeltern und Lehrern sinnvoll und korrekt anwandte. Seit Beginn der siebziger Jahre wurden dann unter Leitung der Gardners und ihres früheren Chefassistenten Roger Fouts weitere Schimpansen, darunter Moja, Lucy und Bruno, in dieser Verständigungstechnik unterrichtet. Bald gab es eine ganze ›Kolonie der sprechenden Schimpansen‹ (so auch der Titel eines damals populären Buches), welche die Öffentlichkeit immer aufs neue in Erstaunen versetzte.

Die Tiere verknüpften nicht nur bis zu vier verschiedene Zeichen zu komplexeren Aussagen, sie bevorzugten nach den Berichten ihrer Betreuer auch bestimmte ›Wortstellungen‹ und machten beispielsweise einen Unterschied zwischen »Lucy kitzeln Roger« und »Roger kitzeln Lucy«, was als Ansatz eines Sinns für Gramma-

Für die Schimpansin Sarah wurde eine künstliche ›Sprache‹ aus farbigen Plastiksymbolen geschaffen. Der abgebildete ›Satz‹ lautet, von oben nach unten gelesen: »Mary nicht geben Schokolade Sarah.«

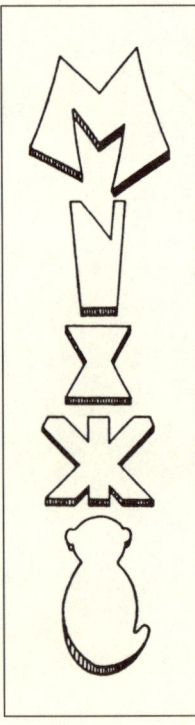

tik und Syntax gedeutet wurde. Vor allem aber erweiterten sie selbständig ihr Zeichen-›Vokabular‹ und handhaben das Gestensystem kreativ, indem sie für bislang ›unbenannte‹ Dinge eigene Symbole erfanden oder bereits bekannte in neuer und sehr origineller Weise kombinierten.

Washoe reihte etwa beim Anblick eines Schwans wiederholt die Zeichen für ›Wasser‹ und ›Vogel‹ aneinander, und in ähnlicher Weise kreierten die Tiere andere Zeichenkombinationen wie ›Stein-Beere‹ für eine Paranuß (Washoe), ›Heiß-Metall‹ für ein Feuerzeug, ›Horchen-Getränk‹ für Alka Seltzer in einem Glas (Moja) oder ›Schrei-Schmerz-Frucht‹ für ein Radieschen nach dem Hineinbeißen (Lucy). Washoe erfaßte offenbar sogar die Mehrdeutigkeit eines Begriffs wie ›schmutzig‹, der ihr im Zusammenhang mit Kot beigebracht worden war – jedenfalls produzierte sie beim Anblick von Makaken-Äffchen mehrfach die Zeichenfolge ›Affe‹ und ›schmutzig‹, und bedachte auch ihren Trainer Roger Fouts verschiedentlich mit den Handsignalen für ›schmutzig‹ und ›Roger‹. Washoe unterrichtete nach Fouts' Angaben auch ihr Adoptivkind Loulis aktiv im Gebrauch der ASL-Zeichen, und selbst eine (allerdings nur sporadische) Verständigung der Tiere untereinander mit Hilfe dieser Zeichen wurde beobachtet.

Die Taubstummensprache war nicht das einzige Kommunikationssystem, das man Schimpansen in den siebziger Jahren beizubringen versuchte. Der Psychologe David Premack erfand ein eigenes Zeichensystem aus farbigen Plastiksymbolen mit ›Wort‹-Bedeutungen, die seine Schimpansin Sarah zu sinnvollen Sequenzen von mehreren Zeichen anzuordnen vermochte. Und Duane Rumbaugh entwickelte eine andere artifizielle ›Sprache‹ aus geometrischen Symbolen (›Yerkish‹), mittels der die Schimpansin Lana über eine Tastatur Wünsche in einen Computer eintippen konnte, die nur bei korrekter ›Formulierung‹ erfüllt wurden. Auch mit einem Gorilla und einem Orang-Utan führte man Sprachexperimente durch.

Diese Projekte genossen allgemeine Anerkennung und Unterstützung in der Fachwelt wie in der Öffentlichkeit, bis Ende der siebziger Jahre der Fall ›Nim‹ die Stimmung umschlagen ließ. Nim war ein junger Schimpanse, mit dem der amerikanische Psychologe Herbert Terrace die experimentellen Erfolge der Gardners nachzuvollziehen versuchte. Doch nach vielversprechenden Anfängen (Nim erlernte über hundert ASL-Zeichen) blieben die Lern-

erfolge des Schimpansen zunehmend hinter den hochgesteckten Erwartungen von Terrace zurück, so daß dieser das Projekt schließlich abbrach. In einem 1979 veröffentlichten Buch und einer Serie von Aufsätzen verwarf er anschließend nahezu alles, was bis dahin über die sprachlichen Leistungen der Menschenaffen gesagt und geschrieben worden war. Im Gegensatz zu kleinen Kindern, so Terrace, seien Nim und die anderen Schimpansen kaum von sich aus sprachlich initiativ geworden, sondern hätten meist nur auf Fragen ihrer Trainer reagiert oder um Futter gebettelt. In sehr vielen Fällen hätten sie lediglich die Zeichen nachgeahmt, welche die Betreuer ihnen vorführten, und eine wirklich spontane und kreative Verwendung dieser Gesten sei nicht zu beobachten gewesen – die vermeintlichen ›Wortkombinationen‹ entpuppten sich bei genauerem Hinsehen als Fehlinterpretationen. Die Zeichensequenzen der Affen seien außerdem weit weniger umfangreich gewesen als die sprachlichen Äußerungen von Kindern selbst in den frühesten Phasen des Sprechenlernens, vor allem aber fänden sich in ihnen keine stichhaltigen Beweise für die Existenz einer grammatikalischen Ordnung, einer Syntax, die das A und O jeder Sprache bilde.

Die Tiere hätten – so das Fazit der Kritik, die alsbald auch von einer großen Zahl anderer Forscher geübt wurde – die von ihnen verwendeten Zeichen gar nicht in ihrer ›Wort‹bedeutung erkannt, sondern lediglich in einem (ihren Betreuern unbewußten) Dressurakt erlernt – sie hätten mithin gar nicht bewußt kommuniziert, sondern lediglich erfolgreiches (weil zu einer Belohnung führendes) Verhalten reproduziert. Insgesamt war dies eine vernichtende Kritik, welche die Zeichen verwendenden Schimpansen auf das Niveau von Zirkustieren und die sie anleitenden und betreuenden Wissenschaftler auf die Ebene unfreiwilliger Dompteure bzw. Dresseure herabstufte.

Entsprechend heftig war die Reaktion der Angegriffenen, und zu Beginn der achtziger Jahre tobte ein ebenso hitzig wie feindselig ausgetragener Streit, in dem letztlich die Kritiker die Oberhand behielten. Obwohl viele ihrer Argumente recht spitzfindig und undifferenziert waren oder auf einer unzulässigen Verallgemeinerung einzelner Fallbeispiele beruhten, hatten sie schnell den ›Mainstream‹ in Forschung und Öffentlichkeit auf ihrer Seite. Dazu trug zweifellos auch ein gewandelter Zeitgeist bei: War man in den ›progressiven‹ siebziger Jahren bereit gewesen, die menschliche

Einzigartigkeit in Frage zu stellen und nach den ›tierischen‹ Wurzeln unseres Verhaltens zu fahnden, so stand nun im Zeichen einer konservativen Trendwende wieder das Bedürfnis im Vordergrund, den Menschen unerreichbar über allen anderen Lebewesen thronen zu sehen – eine Veränderung, die sich auch in anderen Bereichen der anthropologischen Forschung bemerkbar machte (vgl. S. 101). Im Amerika des Ronald Reagan war kein Platz mehr für verhaltenspsychologische Kontinuitätstheorien und sprechende Schimpansen: Die Gelder für diese Art von Forschung versiegten innerhalb kürzester Zeit, und die meisten Projekte wurden eingestellt – Sprachversuche mit Menschenaffen waren ›mega-out‹.

Erst in den letzten Jahren hat sich der so jäh in Verruf geratene Forschungszweig wieder allmählich von den Schlägen zu erholen begonnen. Das ist vor allem das Verdienst der Psychologin Sue Savage-Rumbaugh und des von ihr betreuten Zwergschimpansen (Bonobo) Kanzi. Anfang der achtziger Jahre, als sich die Primatenexperimente auf dem Tiefpunkt ihres Ansehens befanden, hatte

Eine Forscherin verständigt sich mit dem Schimpansen Nim mittels Zeichensprache (Okapia, Frankfurt am Main)

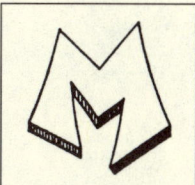

die Forscherin damit begonnen, Kanzis Adoptivmutter Matata in ›Yerkish‹ zu unterrichten, jener Zeichensprache aus abstrakten geometrischen Symbolen (›Lexigrammen‹), die ursprünglich für die Versuche mit der Schimpansin Lana entwickelt worden war (vgl. S. 82). Doch während alle Bemühungen mit Matata nichts fruchteten, erlernte ihr kleiner Adoptivsohn Kanzi, der immer bei ihr war, völlig unbeabsichtigt und gleichsam ›beiläufig‹ die Symbole, die man seiner Mutter vergeblich beizubringen versuchte, und darüber hinaus auch noch viele Worte der (gesprochenen) englischen Sprache. Das war ein deutlicher Hinweis, daß diesen Tieren – ebenso wie dem Menschen – der Spracherwerb in jungen Jahren am leichtesten fällt und daß ihnen Sprachelemente im Kindesalter keineswegs ›eingetrichtert‹ zu werden brauchen, sondern sich gleichsam ›von selbst‹ entwickeln, wenn in der Umwelt nur genügend sprachliche Reize vorhanden sind.

Diese Erkenntnis wirkte sich auch auf die weitere Gestaltung der Arbeit mit Kanzi aus. Während sich die früheren Sprachversuche mit Menschenaffen zum Teil in Laborräumen abspielten, in denen die Trainer den Tieren in stundenlangen Sitzungen durch intensive Übung und Belohnung im Erfolgsfall möglichst viele Zeichen beizubringen und möglichst komplexe Symboläußerungen zu entlocken suchten, fand das Projekt Kanzi größtenteils in einem geräumigen Waldstück im Freien statt. Menschliche Betreuer begleiteten den Zwergschimpansen dort rund um die Uhr bei seinen Streifzügen und bei der Futtersuche, ›unterhielten‹ sich mit ihm mittels Lexigrammen, Gesten und gesprochener Sprache über die täglichen Ereignisse und Absichten und ermutigten ihn, das gleiche zu tun. Eine darüber hinausgehende Unterrichtung fand nicht statt, und auch Belohnungen wurden nicht vergeben – insgesamt also eine entspannt-kommunikative Atmosphäre, die derjenigen ähnelt, in der Kinder Sprache erlernen, und die jede Art von Dressur so gut wie ausschloß.

Als Ergebnis dieser Art von ›zwanglosem Training‹ benutzte Kanzi bald regelmäßig Lexigramme, um sich in bestimmten Situationen spontan verständlich zu machen, und gruppierte sie zum Teil in einer Weise, die sich an die Wortfolge im Englischen anlehnte, zu sinnvollen Zweier- und Dreier-›Sätzen‹. Diese rudimentäre Fähigkeit zum ›Wort‹gebrauch wurde freilich noch bei weitem übertroffen durch sein Vermögen zum *Verstehen* von Sprache, und zwar auch gesprochener Sprache. Sein ›passiver

Wortschatz‹ umfaßt heute nach strengen Kriterien mindestens 150 Begriffe der englischen (Wort)sprache, und er vermag den Satz: ›Geh zum Kühlschrank, und hole eine Orange heraus‹ problemlos von dem Satz: ›Tu die Orange in den Kühlschrank‹ zu unterscheiden. Bei einer im Alter von acht Jahren durchgeführten Testreihe, in der er mit zahlreichen derartigen (ihm zuvor unbekannten) Anweisungen konfrontiert wurde, reagierte er in etwa 80 Prozent der Fälle richtig – bei einem zweijährigen Mädchen, das zu Vergleichszwecken die gleichen Aufgaben lösen sollte, waren es ›nur‹ 64 Prozent.

Kanzis Fähigkeiten entsprechen somit vom kognitiven Niveau her in etwa den früher für Washoe, Lucy oder Sarah in Anspruch genommenen (vgl. S. 81 f.) und können daher wohl auch als eine gewisse Bestätigung und ›Rehabilitierung‹ dieser seit 1980 so oft

abqualifizierten Projekte gelten. Möglich ist dies freilich nur, weil Savage-Rumbaugh – im Gegensatz zu den früheren Versuchsleitern – sämtliche ›Sprachäußerungen‹ und Reaktionen Kanzis sowie den Kontext, in dem sie stattfanden, von Anfang an minutiös dokumentierte und statistisch auswertete. So ist nicht nur der Verdacht der ›Dressur‹ vom Tisch, sondern ebenso der Vorwurf einer bloßen Wiedergabe ausgewählter ›Anekdoten‹ und einer Überschätzung zufälliger Einzelleistungen.

Kein Zweifel: Die ›sprechenden Affen‹ sind nach einem Jahrzehnt des Schweigens wieder da – und mit ihnen die Frage nach den Wurzeln unseres Intellekts. *Kanzi: der Affe an der Schwelle zum menschlichen Geist* lautet denn auch der provokante Titel eines Buches, das Savage-Rumbaugh kürzlich über ihre Arbeit mit dem neuen ›Superstar‹ der Primatenszene veröffentlicht hat.[30]

Kapitel 4

Sprache als kulturell-technologisches Erfordernis

Die Evolution des Menschen war nicht nur ein biologischer, sondern auch ein kultureller Prozeß, denn der Mensch ist nicht einfach nur ein *Natur-*, sondern auch und vor allem ein *Kulturwesen*. Der Begriff ›Kultur‹ umfaßt dabei das gesamte weite Feld der Technologie, geistigen Entfaltung und sozialen Organisation, mittels derer der Mensch schon früh gestaltend auf die Natur und auf seine eigene Entwicklung einwirkte. Kulturelle Faktoren modifizierten dabei auch die biologischen Evolutionsmechanismen.

Die Tiere passen sich in einem langwierigen Prozeß biologisch-genetischer Entwicklung ihrer Umwelt an. Sie entwickeln durch natürliche Auslese eine überlebensgünstige, den Umweltbedingungen optimal entsprechende körperliche Ausstattung, einschließlich spezialisierter Körperorgane wie zum Beispiel Flügel oder Flossen, Hufe oder Krallen, Schnäbel, Reiß- oder Nagezähne usw. Alles, was sie zum Leben und Überleben benötigen, ist ihnen sozusagen von Natur aus mitgegeben – so auch ein Arsenal instinktgebundener Verhaltensprogramme, angeborener und genetisch verankerter Handlungsmuster also, die für ein biologisch erfolgreiches, ›artgerechtes‹ Verhalten der Individuen sorgen. Diese Instinktprogramme werden zwar bei sehr vielen (insbesondere bei den höheren) Tieren bereits in einem nicht geringen Maß durch Erfah-

Ein typischer Faustkeil aus dem Altpaläolithikum

rung und Lernen modifiziert und ergänzt, so daß sich ihr Verhalten relativ variabel gestaltet und keineswegs stereotyp ist, wie wir das ja am Beispiel der Menschenaffen gesehen haben. Allein beim Menschen jedoch hat sich im Laufe seiner Evolutionsgeschichte das bewußt reflektierende, ›intelligente‹ und damit auch selbstbestimmte Denken und Handeln in einem solchen Maße entwickelt, daß es zum *wichtigsten* Verhaltensfaktor wurde und die angeborenen Instinktprogramme in vielerlei Hinsicht in den Hintergrund drängte (wenngleich sie natürlich auch bei uns keineswegs verschwunden, sondern in einigen Bereichen nach wie vor prägend sind, wie jeder Blick in ein beliebiges Handbuch über Verhaltensforschung eindringlich zeigt).

Diese ›intellektuelle Evolution‹ und teilweise Loslösung von genetisch determinierten Verhaltensmustern, die einherging mit der Entwicklung des Großhirns zum eigentlichen spezialisierten Körperorgan, schuf zusammen mit der durch den aufrechten Gang möglich gewordenen Spezialisierung und Ausbildung der Hand als Arbeitsorgan die Voraussetzung dafür, daß sich der Mensch auch im physischen Bereich allmählich von der rein biologischen Ausstattung zu emanzipieren begann. Zunächst noch in sehr bescheidenem, dann in beachtlichem und schließlich in gigantischem Ausmaß ersetzte er körperliche Spezialisierungen und Anpassungen durch künstlich hergestellte und gezielt eingesetzte technische Hilfsmittel.

Die Steingeräte, die vor etwa zweieinhalb Millionen Jahren erstmals auftauchten und bis zum Beginn der Metallverarbeitung vor wenigen Jahrtausenden in immer weiter verbesserter und verfeinerter Form in Gebrauch blieben, sind der früheste – und über mehr als eine Million Jahre hinweg zugleich der einzige – Ausdruck dieser ›technologischen Kultur‹, durch die der Mensch eine Stärke und Anpassungsfähigkeit gewann, wie sie kein Tier besitzt. Das Steinwerkzeug symbolisiert daher zu Recht den Beginn jener umgestaltenden Tätigkeit, durch die sich der Mensch schließlich nach alttestamentarischem Motto »die Erde untertan« machte – mit allen positiven und negativen Folgen, die wir heute kennen.

Ebendieser Aspekt hat seinen Ausdruck in der Konzeption des *Homo faber*, des (Geräte) ›verfertigenden‹ Menschen, gefunden. Der amerikanische Naturforscher und Politiker Benjamin Franklin bezeichnete schon im 18. Jahrhundert den Menschen in diesem Sinne als »a toolmaking animal« (ein ›Werkzeuge herstellendes Tier‹), und Karl Marx stimmte ihm in seinem 1867 erschienenen Hauptwerk *Das Kapital* zu. »Der Gebrauch und die Schöpfung von Arbeitsmitteln, obgleich im Keim schon gewissen Tierarten eigen«, schrieb er dort, »charakterisieren den spezifisch menschlichen Arbeitsprozeß.«[1] Marx' Weggefährte Friedrich

Der amerikanische Naturforscher und Politiker Benjamin Franklin (1706–1790). Kupferstich von 1789 (Archiv für Kunst und Geschichte, Berlin)

Engels kennzeichnete die Werkzeugherstellung ebenfalls als den wesentlichen Unterschied zwischen Mensch und Tier, denn »das Werkzeug bedeutet die spezifisch menschliche Tätigkeit, die umgestaltende Rückwirkung des Menschen auf die Natur, die Produktion«.[2]

Auch in der urgeschichtlichen Archäologie gilt der Mensch bis heute, schon allein aufgrund der Quellenbasis, in erster Linie als *Man the Toolmaker* (so der Titel eines 1949 von dem britischen Prähistoriker Kenneth Oakley veröffentlichten Buches). Die frühmenschlichen Steingeräteindustrien bilden die wichtigste (und über riesige Zeiträume hinweg buchstäblich die einzige) Erkenntnisquelle, aus der die Forschung Aufschlüsse über die urgeschichtliche Kulturentwicklung in Raum und Zeit zu gewinnen versucht.

Dies alles ist für das Thema dieses Buches vor allem deshalb von Bedeutung, weil mit der Loslösung von den rein biologischen Evolutionsmechanismen und mit der Entwicklung der spezifisch menschlichen Kultur zwangsläufig auch die Herausbildung eines neuen, den tierischen Verständigungsmitteln überlegenen Kommunikationssystems einhergehen mußte, eben der Sprache. Denn der kulturelle Prozeß, durch den sich der Mensch nach und nach aus dem Tierreich heraushob, basierte auf der Ansammlung von Wissen, Fertigkeiten und Erfahrungen, die den Einzelindividuen nicht mehr angeboren waren, sondern von ihnen erlernt werden mußten, die also nicht über die Kanäle der genetischen *Vererbung*, sondern auf dem Wege der sozialen *Tradition*, durch Lehren und Lernen, von einer Generation an die nächste weitergegeben wurden. Der »Verlängerung« des menschlichen »anatomischen Körpers« durch den »sozialen Körper« der menschlichen Gemeinschaften entsprach, so der französische Prähistoriker André Leroi-Gourhan, eine »fortschreitende Ablösung der biologischen Instinktausstattung durch das soziale Gedächtnis«.[3]

Dieser Tradierungsmechanismus stellte sehr viel höhere Anforderungen an den Intellekt und an die Kommunikationsmittel, war freilich auch unvergleichlich leistungsfähiger. Er ermöglichte die Ansammlung und Weitergabe von relativ viel Wissen und Fertigkeiten in vergleichsweise kurzen Zeiträumen und machte die Erfahrungen und Erfindungen der einzelnen Individuen, die sonst in der Regel mit ihrem Tod erloschen wären, der ganzen Gemeinschaft und den nachfolgenden Generationen zugänglich und nutzbar. »Die menschlichen Fähigkeiten wurden so von Generation zu Generation durch Unterrichtung in früher erworbenen Fertigkeiten vermehrt«, schrieb 1933 der britische Prähistoriker V. Gordon Childe, und so entstand »eine gemeinschaftliche Tradition, die mehr oder weniger die gesammelte Erfahrung der ganzen Menschheit umfaßte«.[4] Während die biologische Evolution für das Überleben der Art

Der Philosoph und Nationalökonom Karl Marx (1818–1883) und sein langjähriger Weggefährte, der Industrielle und Politiker Friedrich Engels (1820–1895) (Archiv für Kunst und Geschichte, Berlin)

günstige Verhaltensprogramme gleichsam nur ›im Schneckentempo‹ zu entwickeln und weiterzugeben vermag, ermöglicht die kulturelle Evolution mittels der sozialen Tradition die Anhäufung und Verbreitung von Erfahrungswissen sozusagen nach dem ›Schneeballprinzip‹ – wenngleich sich die innere Dynamik dieses Mechanismus erst in den jüngeren Epochen der Menschheitsentwicklung vollständig und mit wachsender Schwungkraft entfaltete.

Gerätegebrauch im Tierreich

Nun ist im Laufe der letzten Jahrzehnte freilich zunehmend deutlich geworden, daß die menschliche Kultur nicht aus dem Nichts heraus entstand, sondern aus Ansätzen ›technologischen‹ und traditionsbildenden Verhaltens hervorging, die sich schon bei manchen Tieren finden. Die menschlichen Fähigkeiten wurzeln ja, das ist seit dem Siegeszug der Evolutionstheorie allgemein anerkannt, letztlich im Tierreich, und daher kann es auch gar nicht verwundern, daß bereits dort vereinzelte Vorformen und Elemente des Verhaltens zu beobachten sind, das wir als ›typisch menschlich‹ ansehen. So ziehen beispielsweise nicht wenige Tiere ›außerkörperliche Hilfsmittel‹ bzw. ›Geräte‹ zur Lösung von Aufgaben heran, für die ihre körperliche Ausstattung nicht ausreicht. Berühmt sind seit Darwins Zeiten die Spechtfinken auf den Galapagos-Inseln, die mit Hilfe kleiner Kakteenstacheln Insektenlarven unter Baumrinden hervorstochern, und bekannt ist ebenfalls seit langem, daß so unterschiedliche Tierarten wie Meerkatzen, Seeotter und Geier Steine benutzen, um Nüsse, Muscheln oder Straußeneier aufzubrechen.

Besonders gut erforscht ist der Gerätegebrauch bei den uns am nächsten verwandten Menschenaffen, und hier wiederum vor allem bei den Schimpansen. Umfangreiche Versuchsreihen, die zu Beginn unseres Jahrhunderts von dem Psychologen Wolfgang Köhler und seit den sechziger Jahren von Emil Menzel mit gefangenen Schimpansen durchgeführt wurden, haben eindrucksvoll bewiesen, daß diese Tiere nicht nur Kisten, Stöcke und andere Gegenstände als Hilfsmittel zum Klettern oder zum Herunterfischen sonst unerreichbarer Nahrungsobjekte benutzen, sondern daß sie diese Hilfsmittel auch zielgerecht zu verändern und zu bearbeiten verstehen – etwa durch Aufeinandertürmen mehrerer Kisten, Ineinanderstecken zweier Schilfrohre oder Zurechtkauen eines Holzstücks. Die Forschungen Jane Goodalls (vgl. S. 43) und anderer Wissenschaftler haben gezeigt, daß solche Art von Gerätegebrauch auch zum gängigen Verhaltensrepertoire freilebender Schimpansen gehört. Diese brechen sich etwa Stöckchen zurecht und befreien sie von störenden

Ohne einen Kaktusstachel als ›technisches Hilfsmittel‹ käme dieser Spechtfink nicht an die begehrten Insektenlarven heran, die sich unter der Baumrinde befinden (Okapia, Frankfurt am Main)

Blättern, um mit ihnen in Termitenhügeln nach den als Leckerbissen begehrten Insekten zu ›fischen‹, oder sie formen aus zerkleinerten Blättern eine Art ›Schwamm‹ zum Aufsaugen und Trinken von Wasser.

Derartige Beobachtungen haben seit den siebziger Jahren eine Reihe von Forschern dazu bewogen, die Unterscheidung des Menschen von den Tieren durch das Kriterium der Werkzeugherstellung ganz in Frage zu stellen und auch viele höhere Tiere als *Toolmaker* (Geräteverfertiger) zu klassifizieren. Solche Stimmen trugen sicherlich wesentlich dazu bei, überholte Dogmen aufzubrechen und die entwicklungsgeschichtlichen Ansatzpunkte für die Evolution unseres Verhaltens stärker ins Bewußtsein zu rücken. Doch sofern sie überhaupt keinen Unterschied mehr zwischen dem tierischen und dem menschlichen Gerätegebrauch gelten ließen, schossen sie übers Ziel hinaus – benutzen die Tiere ihre Hilfsmit-

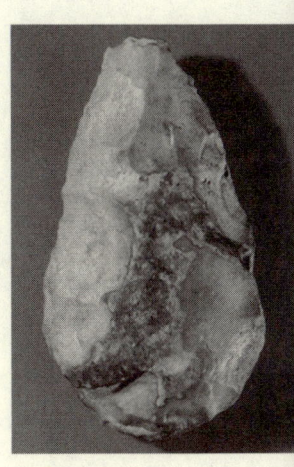

Schimpansen benutzen des öfteren einen ›Schwamm‹ aus zerkleinerten Blättern zum Aufsaugen und Trinken von Wasser (Okapia, Frankfurt am Main)

tel doch eher sporadisch und aus konkreten Bedarfssituationen heraus, während der Mensch regelmäßig und vorausschauend Werkzeuge herstellt, die selbst in ihrer einfachsten Form die tierischen ›Geräte‹ bei weitem an Komplexität übertreffen (vgl. S. 95).

In unserem Zusammenhang ist jedoch vor allem die Tatsache wesentlich, daß auch bei den Tieren diese ›technischen‹ Fertigkeiten größtenteils nicht angeboren sind, sondern erlernt werden müssen und durch soziale Tradition weitergegeben werden. Dies geschieht, da ja keine Sprache existiert, ausschließlich über Vorführung und Nachahmung, also sozusagen mittels ›stummer Unterrichtung‹ – ein Schimpansenkind schaut etwa einem älteren Tier so lange aufmerksam beim Termitenfischen zu, bis es die dazu notwendigen Kniffe und Griffe beherrscht. Auch andere ›Verhaltenstraditionen‹ werden auf diese Weise weitergegeben: Japanische Forscher konnten beispielsweise in den fünfziger und sechziger Jahren miterleben, wie sich die Erfindung einer jungen Makaken-Äffin, Süßkartoffeln vor dem Verzehr mit Wasser abzuwaschen (und sie dadurch bei Verwendung von Meerwasser gleichzeitig zu salzen), durch Imitation innerhalb kurzer Zeit in der Affengruppe ausbreitete – ebenso wie ihr Einfall, Weizenkörner im Wasser von verunreinigenden Sandbeimengungen zu säubern. Nach einem Jahrzehnt hatten viele der anderen Tiere die neuen Techniken übernommen und vermittelten sie als Teil des nunmehr erweiterten Verhaltensrepertoires an ihre Jungen weiter.

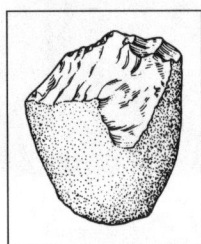
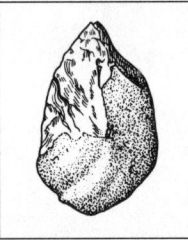

Ein Geröllgerät aus der Olduwai-Schlucht in Tansania ...

Frühe Steingerätekulturen

›Technologie‹ und soziale Überlieferung können also in Ansätzen durchaus bereits im vorsprachlichen Milieu entstehen, und dieser Umstand macht es schwierig, aus den Steinwerkzeugen und anderen technischen Produkten unserer Vorfahren unmittelbare Schlüsse auf ihr Sprachvermögen zu ziehen. Denn wann genau war der Punkt erreicht, an dem die Weitergabe von Fertigkeiten durch Demonstration und Imitation nicht mehr ausreichte und die Sprache als zusätzliches Mittel der Tradierung hinzukommen mußte? Gab es überhaupt einen solchen Punkt? Über diese Fragen wird seit einiger Zeit in der Fachwelt intensiv diskutiert, und die Antworten darauf fallen sehr unterschiedlich aus.

Weitgehend einig ist man sich darüber, daß die Herstellungstechnik der ersten, noch sehr primitiven Steinwerkzeuge – der etwa zweieinhalb bis eineinhalb Millionen Jahre alten ›Geröllgeräte‹ des sogenannten Oldowan (benannt nach der Olduwai-Schlucht in Tansania) – ohne weiteres auf nichtsprachliche Weise tradiert worden sein könnte. Zwar repräsentieren diese Artefakte, die wohl der *Homo habilis*, vielleicht auch die

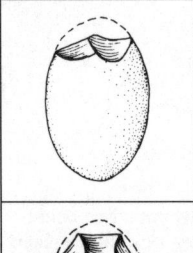
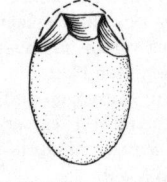

... und die Herstellungsweise derartiger ›Pebble tools‹

Australopithecinen anfertigten, eine erheblich höhere technologische Entwicklungsstufe als etwa die von heutigen Schimpansen bearbeiteten Stöckchen – beispielsweise mußten geeignete Geröllsteine ausgesucht und über teilweise kilometerweite Entfernungen transportiert werden. Die eigentliche Zurichtungstechnik war dagegen äußerst simpel und beschränkte sich darauf, von einem Ende der Gerölle mit Hilfe eines anderen Steins mehrere Abschläge zu entfernen (die möglicherweise ebenfalls als Geräte Verwendung fanden), so daß eine meist recht unregelmäßige Arbeitskante entstand. »Ein einigermaßen verständiger Student kann an einem Nachmittag lernen, diese Art von Werkzeug herzustellen, es ist eine Sache von einer Stunde«, meinte der amerikanische Anthropologe Sherwood L. Washburn dazu. »Es könnte leicht durch Nachahmung gelernt werden. Ich glaube nicht, daß es irgendeinen Gebrauch der Sprache oder etwas Derartiges erfordert.«[5]

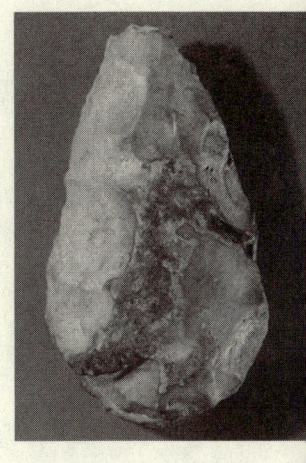

Schon bei der nächsten Stufe der Steingeräteentwicklung, dem in Afrika vor etwa eineinhalb Millionen und in Europa vor ca. 500 000 Jahren beginnenden Acheuléen (benannt nach dem Fundort Saint-Acheul in Frankreich), sieht die Sache dagegen anders aus: Symmetrische und immer sorgfältiger ausgearbeitete, damit auch ästhetisch ansprechendere Werkzeuge von ovaler, tropfen- oder birnenförmiger Gestalt, die berühmten Faustkeile, bestimmten nun in weiten Regionen das Bild. Sie entstanden, indem man von einem Kernstein auf beiden Seiten eine

Ein Faustkeil des entwickelten Acheuléen und – von oben links über oben rechts bis unten rechts – seine Fertigungstechnik

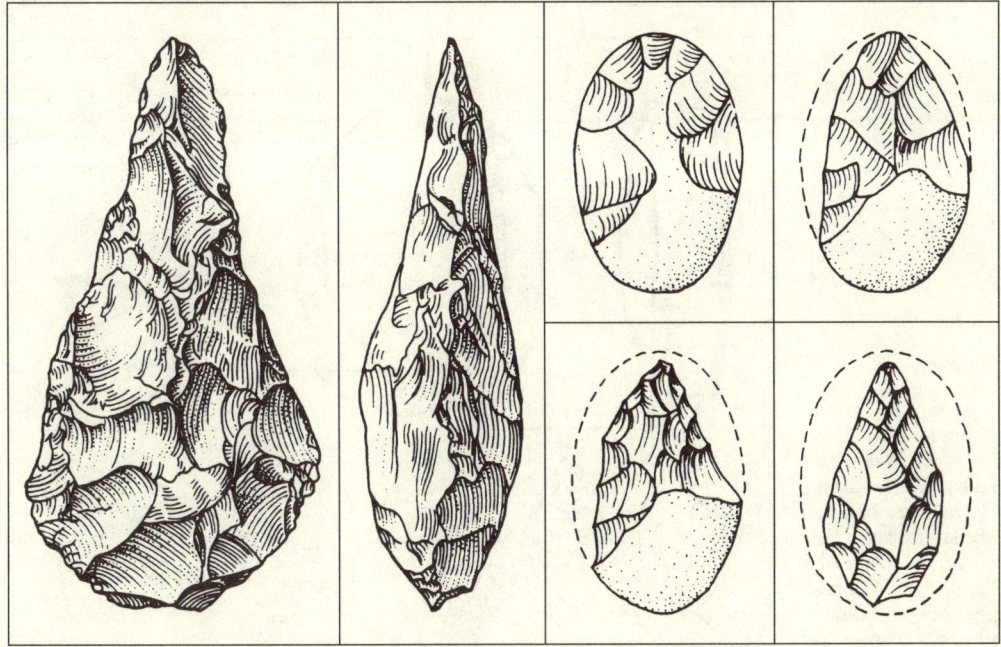

Vielzahl flacher Abschläge entfernte. Nach dem Urteil des amerikanischen Prähistorikers Glynn Isaac lassen sie bereits eine »deutlichere Gestaltung und Kontrolle« erkennen. »Ausgewogene, symmetrische Objekte wie ein Faustkeil«, so Isaac, »sind viel schwerer anzufertigen [als Geröllgeräte], sie erfordern ein stärker zielgerichtetes Handeln, mehr Vorführung und Unterweisung und mehr Übung.«[6] Lassen sich die zu ihrer Herstellung erforderlichen Fähigkeiten »nur durch visuelle Nachahmung weitergeben?« fragt der britische Prähistoriker John A. Gowlett, der sich in jüngerer Zeit intensiv mit diesen und anderen Steingeräten befaßt hat, und seine Antwort fällt negativ aus: »Unsere eigenen Erfahrungen damit legen nahe, daß man Sprache benötigte.«[7]

Dieser Schluß ließe sich dann ebenso für die nachfolgenden Entwicklungsschritte und -stufen der Steingerätetechnologie ziehen, die ein wachsendes Maß an Kenntnissen und Fertigkeiten verlangten. Es war dies zunächst die sehr komplexe Levallois-Technik (benannt nach einem Vorort von Paris), bei der man gezielt Abschläge von vorbestimmter Form und Größe aus präparierten Kernsteinen gewann, was die Fähigkeit voraussetzte, den späteren Abschlag bereits im Kern zu ›sehen‹. Diese Technik begann im späten Acheuléen vor ca. 250 000 Jahren und mündete vor mehr als 100 000 Jahren in die Steingerätekultur des Neandertalers, das Moustérien (benannt nach der Fundstelle Le Moustier in Frankreich), das durch eine reichhaltige Palette unterschiedlicher Abschlaggeräte gekennzeichnet war. In den ›Klingenindustrien‹ des Au-

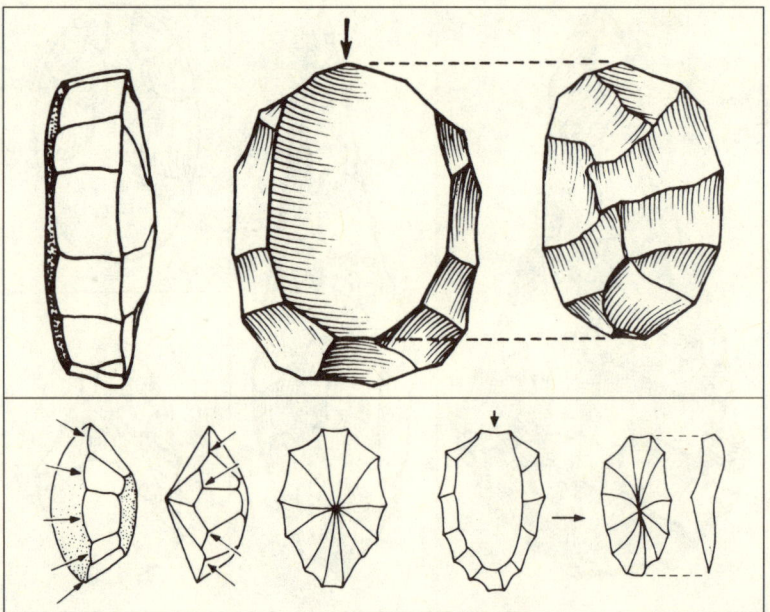

Ein Levallois-Kern mit zugehörigem Abschlag. Die Levallois-Technik ermöglichte die kontrollierte Gewinnung von Abschlägen durch eine spezielle Vorbearbeitung des ›Kern‹steins

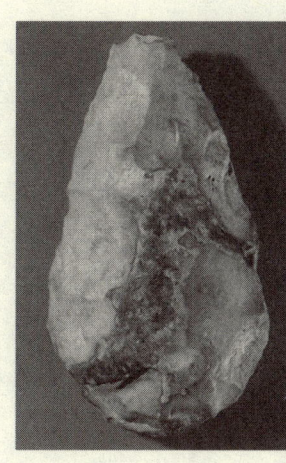

rignacien, Gravettien und Magdalénien schließlich (ebenfalls benannt nach französischen Fundorten), die vor 35 000 bis 12 000 Jahren auf-einanderfolgten und dem frühmodernen Menschen zuzuordnen sind, wurden nach einem sehr ausgeklügelten und rationellen Verfahren se-rienmäßig lange, schmale Klingenabschläge von einer Feuersteinknolle abgetrennt und anschließend zu einer Vielzahl unterschiedlicher Werk-zeugtypen weiterverarbeitet.

Für alle diese immer komplexer werdenden Steingerätekulturen könnte gelten, was der amerikanische Anthropologe A. Irving Hallowell 1960 schrieb: »Werkzeugherstellung wie beim *Homo sapiens* ist ein Vorgang, der Schulung erfordert – erlernt in einem sozialen Umfeld, in dem Sprache vorhanden ist.«[8] Oder was Kenneth Oakley 1956 fest-stellte: »Da die Fertigkeiten des Menschen so sehr auf Ausbildung beruhen, ist es offensichtlich, daß die Sprache solche Tätigkeiten wie die systematische Werkzeugherstellung bedeutend erleichtert hat.«[9]

Die Einschränkung ›könnte‹ ist jedoch erforderlich, denn eine sprach-liche Tradierung der Steingerätetechniken ist natürlich nicht zweifelsfrei nachweisbar und wird gerade in jüngerer Zeit von vielen Forschern wieder in Frage gestellt. Sie weisen darauf hin, daß technisches und handwerkliches Können auch bei heutigen ›Naturvölkern‹ oft nicht mittels sprachlicher Anleitung, sondern durch einfache Vorführung und Nachahmung gelehrt bzw. gelernt werde, und daß dieses Verfahren ja auch bei uns noch viele praktische Ausbildungsgänge bestimme. Dage-

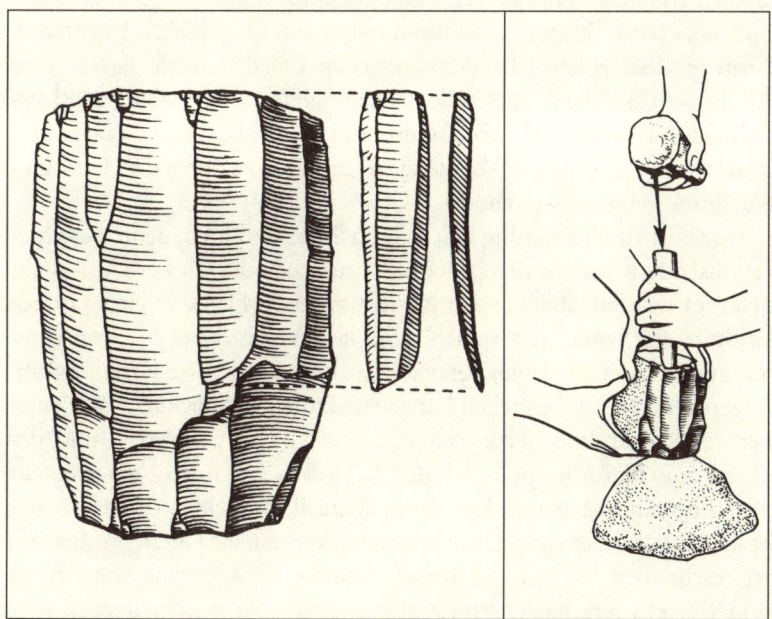

Ein prismatischer Klingenkern des Jungpaläolithikums, von dem sich durch Druck oder durch in-direkten Schlag (mit Hilfe eines Zwi-schenstücks) zahlrei-che langschmale Steinklingen ablösen ließen

gen läßt sich zwar einwenden, daß mündliche Hinweise und Erläuterungen in der Regel trotzdem eine Rolle spielen, doch kann sicherlich nicht von einer absoluten Unentbehrlichkeit der sprachlichen Unterweisung die Rede sein.

›Grammatik der Werkzeugherstellung‹

Die Steingeräte lassen sich aber auch noch aus einem anderen Blickwinkel für die Frage der Sprachentstehung auswerten. Viele Fachleute sehen in ihnen nämlich nicht nur Produkte technischen Könnens, sondern ebenso Zeugnisse für das Formempfinden und den ästhetischen Sinn, für den intellektuellen Entwicklungsstand und die geistigen Fähigkeiten der Frühmenschen, die sie verfertigten. Hochentwickelte Faustkeile etwa, wie sie in Afrika vor ca. 700 000 Jahren hergestellt wurden, weisen nicht nur in der Vorderansicht, sondern ebenso im Längs- und Querschnitt eine nahezu vollkommene Symmetrie auf und besitzen darüber hinaus ein oftmals einheitliches Verhältnis von Länge und Breite. »Dies zeigt uns«, folgert Gowlett, »daß *Homo erectus* vor 700 000 Jahren einen geometrisch exakten Sinn für Proportionen besaß« und daß er schon vor Beginn des Arbeitsprozesses »ein wohldefiniertes geistiges Bild des angestrebten Endprodukts« im Kopf gehabt haben muß,[10] welches er dann Schlag für Schlag aus dem Stein herausarbeitete – ähnlich wie heute ein Bildhauer eine Skulptur. Ein derartiges ›geistiges Bild‹ aber weist durchaus Parallelen mit einem sprachlichen Begriff auf, besitzt es doch ebensolche ›definitorischen‹ Qualitäten wie dieser – eine Ähnlichkeit, auf die der britische Archäologe A. H. Lane-Fox Pitt-Rivers anspielte, als er 1875 schrieb: »Worte sind Ideen, die durch Töne ausgedrückt werden, während Werkzeuge Ideen sind, die durch die Hand zum Ausdruck gebracht werden.«[11]

Doch die Parallelisierung läßt sich noch weiterführen, denn die ›Operationsketten‹, mittels derer etwa ein Faustkeil oder ein Levallois-Gerät gefertigt wurden, ähneln nach Ansicht vieler Fachleute in ihrer Grundstruktur der Syntax der Sprache und lassen sich daher in Form einer ›Grammatik der Werkzeugherstellung‹ analysieren. »Die Handlungsabfolgen beim Geräteherstellen haben strukturelle Ähnlichkeit mit denen bei der Konstruktion eines Satzes«, urteilt etwa Gowlett,[12] und der amerikanische Anthropologe Ralph L. Holloway schrieb 1969 in einem grundlegenden Artikel: »Fast jedes Modell, das einen Sprachprozeß beschreibt, kann ebenso dazu verwendet werden, die Geräteproduktion zu beschreiben.« Wie in der Sprache aus der Verknüpfung von Lauten und Wörtern verschiedenartige Sätze und Satzfolgen entstehen, so werden in der Steingerätetechnologie »Elemente eines Grund›vokabulars‹ von Bewegungsoperationen – Abtrennung von Abschlägen, Drehung, Herstellung einer Schlagfläche usw. – in unterschiedlichen Kombinationen angewandt, um verschiedene Geräte mit verschiedenen Formen und vermutlich auch verschiedenen Verwendungszwecken anzufertigen«. Holloway schloß daraus, daß »Werkzeugherstellung und Sprache derselben kognitiven Struktur entspringen« und daß schon die frühesten gerätefabrizierenden Hominiden »eine kognitive Struktur besaßen, wie sie auch für die Sprache nötig ist, eine Struktur, die mit Sprache harmonisiert«.[13] Die Neurologin Kathleen R. Gibson hat diese Vermutung in jüngerer Zeit bestätigt: »Gerätegebrauch und Sprache teilen eine gemeinsame neurologische Basis und dürften sich zusammen entwickelt haben«, schrieb sie 1988.[14]

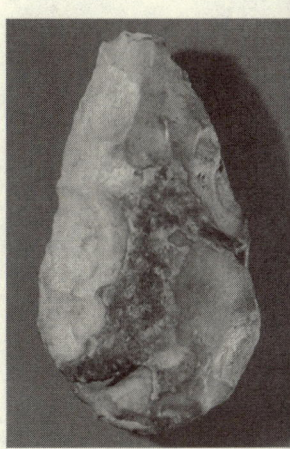

Geht man von diesen Voraussetzungen aus, dann läßt sich aus der beschriebenen schrittweisen Fortentwicklung der Steingerätetechnik mit einer gewissen Wahrscheinlichkeit auf eine ebenso schrittweise Evolution des Sprachvermögens im Laufe der letzten ein bis zwei Millionen Jahre schließen. »Auf dem Wissen über die Techniken von der Pebble-Kultur [Geröllgerätekultur] bis ins Acheuléen [kann man] die Hypothese einer Sprache gründen, die im Grad ihrer Komplexität und im Reichtum ihrer Konzepte deutlich mit den Techniken übereinstimmt«, schrieb der französische Prähistoriker André Leroi-Gourhan schon 1964 und versuchte sich an einer solchen, recht konkret ausgeführten »Paläontologie der Sprache«. Der Typus der *Australopithecinen*, mutmaßte er, »mit seiner einzigen Serie von technischen Gesten [Ausdrucksformen] und einer nur wenig entwickelten Operationskette liefert dann eine Sprache, deren Inhalt den vokalen Signalbestand der Gorillas kaum überschritten haben dürfte (…). Die Archanthropinen [*Homo-erectus*-Formen] mit ihrer doppelten Serie von Gesten und ihren fünf oder sechs Werkzeugformen besaßen mit Sicherheit bereits sehr komplexe Operationsketten, und man wird ihnen eine Sprache unterstellen dürfen, die beträchtlich reicher, aber wahrscheinlich noch auf den Ausdruck konkreter Situationen beschränkt war. (…) Die Sprache der Neandertaler dürfte sich von der Sprache, die wir bei den heutigen Menschen kennen, nicht sonderlich unterschieden haben.«[15] Ein ähnliches Stufenschema entwarf in den fünfziger und sechziger Jahren auch der russische Forscher Viktor V. Bunak.

Heute betrachten die meisten Fachleute derartige Entwürfe und ihre unmittelbare Gleichsetzung von Steingeräteindustrien und sprachlichen Entwicklungsstufen wohl eher mit einem gewissen Amüsement, und in der Tat ist Zurückhaltung gegenüber zu konkreten Schlußfolgerungen auf der Basis unsicherer Prämissen angebracht. Doch bei vielen Archäologen hat sich mittlerweile eine sehr viel grundsätzlichere Skepsis und Ablehnung breitgemacht: Sie sehen den ganzen Ansatz als prinzipiell untauglich an und verneinen die Möglichkeit, aus Steingeräten überhaupt irgend etwas über die sprachlichen Fähigkeiten ihrer Hersteller und Benutzer in Erfahrung zu bringen. Der amerikanische Archäologe Thomas Wynn etwa, derzeit einer der bekanntesten und meistzitierten Experten in Fragen der ›kognitiven‹ Auswertung von Steingeräten, vertritt die Auffassung, daß die Arbeitsabläufe bei der Herstellung solcher Geräte nicht ›hierarchisch‹ gegliedert seien, sondern auf einer Abfolge gleichartiger Arbeitsgänge basierten und insofern eher einer ›Perlenkette‹ (»string of beads«) ähnelten als der hierarchischen Organisation der Sprache mit ihrer Über- und Unterordnung einzelner Elemente. »Werkzeugherstellung und Satzkonstruktion sind gleichermaßen auf Sequenzen aufgebaut«, schreibt er, »aber abgesehen davon bestehen wenig Ähnlichkeiten. Die Sequenzen beim Gerätegebrauch scheinen viel einfacher zu sein.« Daher könne man Steinwerkzeuge auch »nicht als Zeugnis für grammatikalische Regeln irgendwelcher Art werten« und werde aus ihnen keine Aufschlüsse »über den Ursprung und die Evolution der Grammatik« gewinnen.[16] Hingegen lassen sie auch nach seiner Ansicht durchaus allgemeinere Schlüsse auf das intellektuelle Niveau ihrer Hersteller zu. Wynn betrachtet etwa die Geröllgeräte des Oldowan (vgl. S. 94 f.) noch als eine »im wesentlichen affenartige Technologie«, während »die Geometrie der Faustkeile des jüngeren Acheuléen eine Intelligenzstufe voraussetzt, wie sie charakteristisch für moderne Erwachsene ist.« Seine Folgerung: »Die moderne Intelligenz entwickelte sich zwischen 1,5 Millionen und 300 000 Jahren vor heute.« Und: »Die Faustkeilhersteller strukturierten ihre Welt auf eine umfassendere, abstraktere Weise als ihre Vorgänger.«[17]

Manche Forscher lehnen aber auch solche Schlußfolgerungen heute ab und betrachten die Formen und Typen der frühen Steinwerkzeuge mehr als das Ergebnis technischer und materialbedingter Erfordernisse denn als Ausdruck geistiger Konzeptionen und Fähigkeiten. Dies geht bis zu der Behauptung, Faustkeile seien keineswegs das angestrebte Endprodukt eines durchdachten, auf ihre Formung hin ausgerichteten Herstellungsprozesses gewesen, sondern vielmehr ›zufällige‹ Abfallprodukte bei der Gewinnung von Abschlägen, und die Frühmenschen hätten ihre Symmetrie und Schönheit weder beabsichtigt noch als solche erkannt – eine These, die von vielen Experten zu Recht als völlig verfehlt zurückgewiesen worden ist.

Mit derartigen Behauptungen ist deutlich eine Grenzlinie überschritten, die anzeigt, daß nach einer Forschungsperiode, in der man vielleicht bisweilen zuviel in die urgeschichtlichen Artefakte hineininterpretierte, das Pendel nun kräftig in die andere Richtung ausgeschlagen ist und die Fähigkeiten und Leistungen unserer frühen Vorfahren von vielen Forschern unterschätzt, ja bisweilen sogar systematisch heruntergespielt werden. Dies ist nicht nur bei der Interpretation der Steingeräte der Fall, sondern ebenso bei der Beurteilung der allgemeinen Kultur- und Geistesentwicklung in den über zwei Millionen Jahren der Altsteinzeit. Es ist in letzter Zeit Mode geworden, ›wirklich‹ menschliches Wesen und ›wirklich‹ menschliche Kultur erst mit dem Auftauchen des *Homo sapiens sapiens* vor rund 100 000 Jahren (vgl. S. 59) und besonders mit seiner kulturellen Blüteperiode, dem Jungpaläolithikum (jüngere Altsteinzeit) vor 35 000 bis 12 000 Jahren, beginnen zu lassen. Dieser weitverbreitete Trend steht im Zusammenhang mit der derzeit sehr einflußreichen ›Garten-Eden‹-Theorie über den Ursprung der heutigen Menschheit: Ihr zufolge trat, wie erwähnt (vgl. S. 59), der frühmoderne Mensch vor 100 000 Jahren von Afrika aus einen Siegeszug ohnegleichen über die ganze Welt an und verdrängte im Verlauf weniger Jahrzehntausende alle noch existierenden älteren Menschenformen im Konkurrenzkampf ums Überleben vollständig von der Erde. Ein solcher, im wahrsten Sinne des Wortes ›unglaublicher‹ Erfolg verlangt natürlich nach einer Erklärung, und dieser Erklärungsdruck führte zu der Tendenz, die geistigen Fähigkeiten und Leistungen des modernen *Homo sapiens* in strahlendes Licht zu stellen, diejenigen der älteren Menschenformen dagegen in zunehmendes Dunkel zu tauchen bzw. ganz abzuleugnen.

Wie alt ist der menschliche Geist?

In diesem Zusammenhang hat auch die Diskussion um die Sprachentstehung neue Bedeutung und neues Gewicht gewonnen. Fast alle Anhänger der ›Garten-Eden‹-Theorie haben sich in den letzten Jahren der schon vorher von Philip Lieberman (vgl. S. 74 f.) und anderen Forschern vertretenen Auffassung angeschlossen, das Sprachvermögen im ›eigentlichen‹ Sinne sei erst beim *Homo sapiens sapiens* entstanden und somit erst einige zehntausend Jahre alt. Sie sehen in ihm die große neue Errungenschaft, auf die sich die Überlegenheit des modernen Menschen gegenüber seinen Vorgängern gegründet und die es ihm ermöglicht habe, sie im evolutionären Konkurrenzkampf aus dem Rennen zu schlagen. Auch die ›kreative Explosion‹, die vor ca. 35 000 Jahren am Beginn der jüngeren Altsteinzeit stattfand, die sogenannte ›Jungpaläolithische Revolution‹, wird von dieser heute sehr einflußreichen Denkrichtung als ein Resultat des neuentstandenen, leistungsfähigeren Kommunikationsmittels interpretiert und gleichzeitig als Beweis dafür herangezogen, daß die ›echte‹ Wortsprache sich tatsächlich erst zu diesem späten Zeitpunkt herausgebildet habe.

Nun sind die kulturellen Zeugnisse, die uns aus dem Jungpaläolithikum überliefert sind, tatsächlich überaus eindrucksvoll. Ein breites und reichhaltiges Spektrum von Werkzeugen und anderen Gerätschaften aus Stein, Knochen, Geweih und Elfenbein – viele davon aus mehreren Teilen zusammengesetzt – wurde serienmäßig und standardisiert hergestellt. Kleidungsbesatzstücke und Anhänger aus durchbohrten Tierzähnen, Muschelschalen oder Elfenbeinperlen sind häufig und belegen die Sitte des Körperschmucks, der sicherlich eine symbolische Bedeutung hatte und Ausdruck des Selbst- oder Gruppenbewußtseins war. Vor allem aber stammen aus dieser Periode die ersten darstellenden Kunstwerke der Menschheitsgeschichte, kleine Elfenbeinfigürchen von Tieren und Menschen und imposante Höhlenmalereien, in denen erstmals künstlerisches Gestaltungsvermögen und künstlerischer Gestaltungswille machtvoll zum Ausdruck kommen. In diesen Kunstwerken erkennen wir uns spontan wieder, und so gibt es auch keinen Zweifel daran, daß die frühmodernen Menschen, die sie schufen, das gleiche intellektuelle und sprachliche Vermögen besaßen wie heutige Erdenbewohner – daß sie denken, fühlen und sprechen konnten wie wir.

Doch läßt sich umgekehrt daraus schließen – wie es viele Anhänger der ›Garten-Eden‹-Theorie tun –, daß die älteren Menschenformen, von denen wir vergleichbare Kunstwerke nicht kennen, *keinerlei* ›menschliches‹ Denk- und Verhaltensvermögen aufwiesen, daß sie *keinerlei* geistige, kulturelle und entsprechend auch sprachliche Fähigkeiten besaßen, die sich grundsätzlich von denen etwa der Menschenaffen unterschieden? Ist die Folgerung berechtigt, daß es »irreführend ist, im Hinblick auf irgendwelche Hominiden vor dem vollständig modernen Menschen von Kultur zu sprechen«, wie die australischen Forscher Iain Davidson und William Noble 1989 in einem Aufsatz über das »späte Auftreten der reflektierenden Sprache« behaupteten?[18]

Derartige Schlüsse sind *nicht* berechtigt, denn Geist, Kultur und Sprache sind keine ›Alles-oder-Nichts‹-Erscheinungen (vgl. S. 76), die entweder in ihrer höchsten Ausbildung vorhanden sind oder überhaupt nicht – es sind vielmehr in gradueller Abstufung auftretende und sich allmählich, Schritt für Schritt, entfaltende Erscheinungen, wie uns noch heute die Entwicklung jedes Menschenkindes vor Augen führt. Das archäologische Material läßt keinen Zweifel daran, daß das auch in der Urgeschichte so war, denn bereits aus der Zeit des *Homo erectus* sind neben den zum Teil wunderschön gestalteten Faustkeilen und anderen durchaus ansehnlichen Steingeräten eine ganze Reihe weiterer techni-

Die Beherrschung und Nutzung des Feuers war für die Entwicklung des Menschen von enormer Bedeutung (Zeichnung: Adelhelm Dietzel, Dresden)

scher Errungenschaften und Kulturelemente belegt. Sie unterstreichen, daß schon dieser Frühmensch eine charakteristisch ›humane‹ Kultur entwickelt hatte, die weit über das bei Menschenaffen oder auch bei den *Australopithecinen* Übliche hinausging und die ohne ein sprachlich strukturiertes Kommunikationssystem kaum denkbar ist.

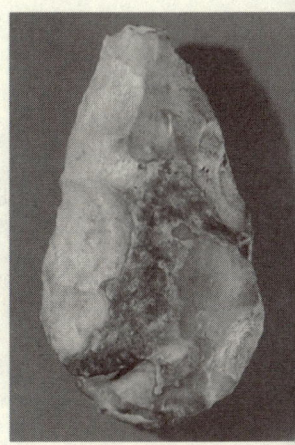

Das ›kulturelle Feuer‹

Eines der bedeutsamsten Elemente dieser Kultur war die regelmäßige und kontrollierte Nutzung des Feuers. Erste, noch unsichere Hinweise darauf finden sich schon in über eine Million Jahre alten afrikanischen Fundstellen, und seit einer halben Million Jahren ist das Feuer dann vielfach und sicher belegt. In Zhoukoudian in China ebenso wie in Vértesszöllös in Ungarn, Bilzingsleben in Thüringen, Terra Amata in Südfrankreich und Torralba in Spanien zeugen Brandschichten, Aschespuren und angekohlte oder verfärbte Artefakte und Steine von seinem offenbar alltäglichen und selbstverständlichen Gebrauch durch den *Homo*

Schon Homo erectus fertigte nicht nur Steinwerkzeuge, sondern auch Geräte aus Knochen und Geweih (Zeichnung: Adelhelm Dietzel, Dresden)

erectus, dem man diese zwischen etwa 500 000 und 250 000 Jahre vor heute datierten Fundstellen zuordnet. Zwar handelte es sich wahrscheinlich noch nicht um selbstentfachtes Feuer, sondern um solches, das durch Blitzschlag oder andere natürliche Ursachen entstanden war und von den Frühmenschen mit Hilfe brennender Zweige an ihre Lagerplätze ›transportiert‹ und dort sorgsam gehütet wurde – dennoch bedeutete es eine Errungenschaft von enormer Tragweite. Das Feuer ermöglichte ein Leben und Überleben auch unter ungünstigen Klimabedingungen, es erhellte die Nacht, bot Schutz vor Raubtieren, eignete sich als Waffe gegen Tiere und erlaubte das Braten und Rösten von Fleisch und Pflanzen und damit die Zubereitung schmackhafterer und bekömmlicherer Nahrung. Es machte den menschlichen Lagerplatz gleichsam zu einer eigenen kleinen Welt, einer Art von ›kulturellem Mikrokosmos‹, innerhalb dessen günstigere und angenehmere Bedingungen herrschten als in der Welt ringsum. So kann das Feuer als das früheste Symbol für die Umformung und Nutzung der Naturkräfte durch den Menschen gelten, und wohl nicht umsonst tritt in der griechischen Mythologie Prometheus, der Bringer des Feuers, zugleich als Stifter der Kultur auf.

Der ›reale‹ Prometheus der menschlichen Entwicklungsgeschichte aber war der *Homo erectus*. Aus seiner Zeit stammen auch die ersten

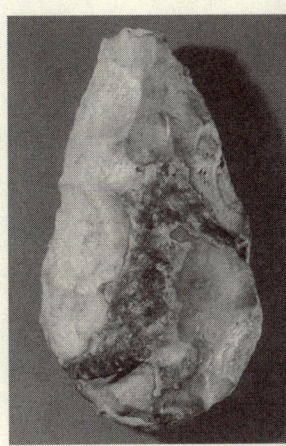

Hinweise auf einfache Behausungen – rundliche oder ovale Grundrisse aus Erde, Steinen oder Knochen, die an den 600 000 bis 300 000 Jahre alten Fundplätzen von Prezletice in der Tschechischen Republik, Terra Amata und Bilzingsleben ausgegraben wurden. Sie hatten jeweils einen Durchmesser von wenigen Metern und werden von den Ausgräbern als Überreste zelt- oder hüttenartiger Konstruktionen gedeutet – der Fund einer eineinhalb Millionen Jahre alten ringförmigen Steinanhäufung in der Olduwai-Schlucht in Tansania läßt es sogar möglich erscheinen, daß die frühesten Spuren hominider Wohnbauten noch weiter zurückreichen. Besonders interessant ist der Fall Bilzingsleben, wo auf einer relativ kleinen Fläche gleich drei solcher Behausungsgrundrisse freigelegt wurden, denen nach der Rekonstruktion des Ausgräbers Dietrich Mania jeweils eine Feuerstelle und mehrere ›Arbeitsplätze‹ vorgelagert waren – letztere bestanden aus Stein- oder Knochen›ambossen‹ mit darum herumliegenden Arbeitsgeräten, Rohmaterialien und Werkabfällen. Trifft diese Rekonstruktion zu, so wäre hier nicht nur ein regelrecht ›strukturierter‹ Lagerplatz, sondern ebenso schon eine einfache Form von ›Arbeitsorganisation‹ belegt.

Daß das technologisch-kulturelle Niveau des *Homo erectus* nicht unterschätzt werden darf, zeigen auch eine Reihe von Knochen-, Geweih- und Elfenbeingeräten, die in Bilzingsleben und andernorts gefunden wurden – oftmals ist in Aufsätzen und Handbüchern fälschlicherweise zu lesen, die Verarbeitung dieser Materialien habe erst im Jungpaläolithikum begonnen. Anhand bestimmter Werkzeugtypen und charakteristischer Abnutzungs- und Gebrauchsspuren an Knochengeräten glaubt Mania für Bilzingsleben außerdem die Bearbeitung von Fellen und Häuten – möglicherweise zur Herstellung von Beuteln, Säcken oder einfachen Kleidungsstücken – erschließen zu können. Auch Holz wurde mit Sicherheit häufig verarbeitet – von den daraus gefertigten Artefakten hat sich freilich kaum irgendwo etwas erhalten. Zu den raren Ausnahmen gehören im Feuer gehärtete Spitzen hölzerner Lanzen für die Jagd, die in rund 300 000 Jahre alten Fundstellen bei Clacton-on-Sea in England und bei Torralba in Spanien geborgen wurden, sowie lange, stangenförmige Holzreste aus Bilzingsleben, Bad Cannstatt und Kärlich in Deutschland, die vielleicht ebenfalls von Lanzen stammen.

Diese technischen Errungenschaften und Hilfsmittel, von denen wir, wie erwähnt, überlieferungsbedingt nur einen kleinen Teil zu fassen bekommen, ermöglichten es dem *Homo erectus* vermutlich erst, aus seiner warmen afrikanischen Heimat und den tropischen Gebieten Südostasiens, in die er nach neuesten Ergebnissen schon vor über eineinhalb Millionen Jahren gelangt war (›Java-Mensch‹), in die nördlichen Breiten Asiens und Europas mit ihren kühleren Temperaturen und ihren stärkeren jahreszeitlichen Klimaschwankungen vorzudringen. »Mit dem Feuer, wetterfesten Unterkünften und Häuten oder anderer Bekleidung zu seiner Verfügung wurde der Mensch frei, sich in jede klimatische Zone auszubreiten«, schrieb Kenneth Oakley schon 1956 und hob die sprachlichen Voraussetzungen dieses Prozesses hervor: Die erwähnten »kulturellen Güter basierten auf dem Werkzeuggebrauch, aber sie wurden erst möglich durch das Vermögen des Menschen, nicht nur konzeptionell zu denken, sondern auch neue Ideen weiterzugeben und auf diese Weise Traditionen zu begründen. Wo die Tradition begrenzt ist, hört die Kultur auf, sich zu entwickeln, und bildet sich vielleicht sogar zurück.«[19]

Daß dies nicht der Fall war, sondern ein allmählicher – wenn auch nach heutigen Begriffen unglaublich langsam sich vollziehender – Fortschritt stattfand, deutet darauf hin, daß *Homo erectus* über eine einfache Form der Sprache verfügte. Und diese Annahme gewinnt an Wahrscheinlichkeit, wenn man eine weitere fundamentale Kulturleistung dieses Frühmenschen in die Betrachtung einbezieht, nämlich die regelmäßige und organisierte Jagd auf Großwild.

Organisierte Jagd und kultisch-rituelle Praktiken

Schon *Homo habilis* und möglicherweise auch die *Australopithecinen* hatten Tiere bis zur Größe von Rindern, Flußpferden und sogar Elefanten mit Steingeräten zerlegt, wie das Material aus afrikanischen Fundstellen beweist, und möglicherweise hatten sie auch schon einzelne kleinere Tiere selbst erbeutet – die meisten Urgeschichtsforscher sind freilich der Meinung, daß bei den frühen Hominiden die Fleischgewinnung aus Kadavern natürlich verendeter oder durch Beutegreifer getöteter Tiere, also die Nutzung von Aas, deutlich im Vordergrund stand. Beim *Homo erectus* änderte sich das – er war den archäologischen Zeugnissen zufolge ein passionierter und erfolgreicher Großwildjäger. In Olorgesailie in Kenia, in Zhoukoudian, Terra Amata, Torralba und Bilzingsleben fanden sich, vermischt mit seinen Steingeräten, die Überreste einer Vielzahl von Tieren – vom Biber oder Fuchs über Rothirsch, Rind, Pferd und Nashorn bis hin zum gewaltigen Waldelefanten. Daß namentlich die größeren unter ihnen systematisch gejagt wurden, zeigen – neben den erwähnten Lanzenfunden (vgl. S. 105) – die verhältnismäßig hohen Stückzahlen. In Bilzingsleben beispielsweise fand man auf einer Fläche von nur 350 Quadratmetern die Überreste von nicht weniger als einunddreißig Elefanten und achtundsechzig Nashörnern, in Torralba die Knochen von insgesamt über fünfzig Elefanten. Solche riesigen Tiere lassen sich am besten im Rahmen einer gemeinschaft-

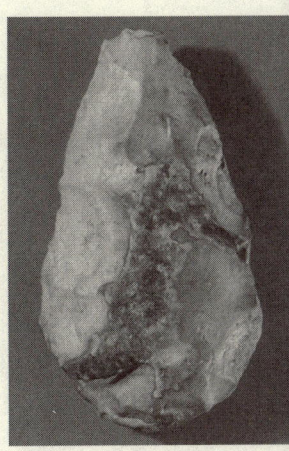

lichen Treibjagd erlegen, bei der natürliche Geländefallen wie Felshänge oder Sümpfe ausgenutzt werden können. Ein kollektives und vielleicht schon arbeitsteilig organisiertes Unternehmen dieser Art ist aber, das leuchtet wohl unmittelbar ein, ohne vorherige Planung und Koordination, ohne Absprachen und Vereinbarungen kaum möglich. Auch das deutet darauf hin, daß *Homo erectus* bereits in irgendeiner Form gesprochen haben muß.

Die bisweilen vorgebrachten Gegenargumente, bei den meisten heutigen Jägern gehe die Jagd stumm vor sich und viele Raubtiere, wie etwa Löwen und Hyänenhunde, jagten ja ebenfalls gemeinschaftlich, ohne dafür eine Sprache zu benötigen, sind nicht stichhaltig. Denn bei allen gemeinsam operierenden Jägern finden selbstverständlich *vor* der Jagd Absprachen statt, auch wenn diese selbst sich (mit Ausnahme bestimmter Treibjagden) in aller Stille vollzieht. Und was die Löwen und Hyänenhunde betrifft, so muß man mit Nachdruck darauf hinweisen, daß der Frühmensch im Gegensatz zu ihnen kein Raubtier mit einem angeborenen Jagdinstinkt und genetisch verankerten Jagdprogrammen war, auch wenn dies immer wieder einmal behauptet wird. Seine Jagd stellte vielmehr eine *kulturelle* Erscheinung dar und erforderte dementsprechend auch kulturelle und technologische Mittel: Lanzen, Feuer und Fallen statt Reißzähne und Krallen, bewußt reflektierte Kooperation, Planung und Koordination mittels Sprache statt genetisch verankerter Jagdprogramme. Ohne diese kulturell-technologischen Mittel wäre es *Homo erectus* niemals möglich gewesen, um ein Vielfaches größere und körperlich überlegene Tiere anzugreifen und zu erlegen, was Raubtieren in der Regel nur selten gelingt.

Neben diesen ›alltäglichen‹ Verhaltensweisen und Leistungen, die ohne eine sprachliche Koordination bzw. Tradierung kaum denkbar sind, kennen wir aus der Zeit des entwickelten *Homo erectus* auch erste, noch undeutliche Hinweise auf ein kultisches und ›symbolisches‹ Verhalten, das ein einzigartiges Merkmal des Menschen darstellt und das mit dem ›Symbolismus‹ der Sprache verwandt ist, daher wohl auch stets mit Sprachlichkeit einhergeht. So zeigten etwa die in Zhoukoudian ausgegrabenen *Homo-erectus*-Schädel durchweg Zerstörungen im Basisbereich, die eine Reihe von Forschern zu der Vermutung veranlaßten, hier sei absichtlich das Hinterhauptsloch, durch das das Rückenmark ins Gehirn eintritt, aufgebrochen worden, um das Hirn des Toten – oder Getöteten – entnehmen und verzehren zu können. Ein solches Öffnen des Schädels und Verspeisen des Gehirns ist aus verschiedenen Kulturen der Neuzeit gut bekannt und steht dort meist im Zusammenhang mit Kopfjagd oder rituellem Kannibalismus, dient also nicht der Stillung eines Nahrungsbedürfnisses, sondern der Aneignung von Kräften und

Gemeinschaftsjagden
auf große und gefähr-
liche Tiere, wie sie
schon Homo erectus
durchführte, waren
ohne sprachliche Ver-
ständigung kaum
denkbar (Zeichnung:
Adelhelm Dietzel,
Dresden)

Fähigkeiten getöteter Feinde oder verstorbener Gruppenmitglieder. Die
Schlußfolgerung, auch für den *Homo erectus* von Zhoukoudian könne
man ähnliche Praktiken und Vorstellungen annehmen, wird zwar von
vielen Forschern abgelehnt, gewinnt aber an Plausibilität durch ähnliche
Befunde, die von anderen Orten her bekannt sind. In Bilzingsleben
wurden beispielsweise zahlreiche, über die gesamte Grabungsfläche
verstreute frühmenschliche Schädelteile gefunden, deren Bruchstellen
nach Meinung des Ausgräbers Mania auf eine absichtliche Zertrümme-
rung schließen lassen. Was immer sich genau hinter solchen Befunden

verbergen mag: Allein die Tatsache, daß vom *Homo erectus* insgesamt deutlich mehr Schädel und Schädelteile als Skelettknochen bekannt sind und daß diese Schädel überwiegend Zerstörungen der einen oder anderen Art aufweisen, läßt aufhorchen und kultisch-rituelle Praktiken als möglich erscheinen.

Hinweise auf derartige Praktiken glaubt Mania in Bilzingsleben auch sonst gefunden zu haben. So entdeckte er dort eine ca. zehn Meter breite, deutlich begrenzte und mit Steinen und Knochenschutt ›gepflasterte‹ Zone, deren Funktion bislang rätselhaft geblieben ist und die er mit »Anfänge(n) rituellen Verhaltens« in Zusammenhang bringen möchte.[20] Ferner stieß man an dem Fundplatz auf einen Hirschschädel, der so bearbeitet ist, daß er als Kopfaufsatz oder Maske gedient haben könnte – völkerkundliche Parallelen hierfür ließen sich zuhauf anführen, und sie stehen zumeist mit kultischen Handlungen, etwa im Rahmen des Schamanismus (vgl. S. 155), im Zusammenhang.

Spuren geistiger Kultur

Eine andere Art von ›symbolischem‹ Verhalten wird möglicherweise durch Stücke roten Ockers und anderer rötlicher Mineralien belegt, die in einer Reihe von Fundstellen aus der Zeit des entwickelten *Homo erectus* zutage kamen. In Terra Amata waren es über siebzig Ockerstücke, die im Bereich eines frühmenschlichen Lagerplatzes (vgl. S. 103) ausgegraben wurden, und an zwei Fundstellen in Indien bzw. der Tschechischen Republik entdeckte man Farbstoffbrocken mit Abnutzungsspuren, die offenbar vom Reiben an einer harten Oberfläche stammten. Im letzteren Fall denkt der Archäologe Robert G. Bednarik, der sich intensiv mit diesen Funden beschäftigt hat, an eine Verwendung »wie eine Kreide« und an »eine intentionelle Farbübertragung auf eine Felsfläche«, das heißt an frühe Kunst.[21] Völkerkundlich sehr häufig belegt ist aber auch die Bemalung des Körpers oder von Kleidern mit farbigen Mineralien, wobei die Motive ganz unterschiedlicher Art sein können: Sie reichen vom Wunsch nach Schutz gegen Sonne und Wind über ein einfaches Schmuckbedürfnis oder eine identifikatorische Funktion bis hin zu komplexen kultisch-religiösen Hintergründen. In Gräbern des Neandertalers und des frühmodernen Menschen wurde verschiedentlich Ocker in Pulverform über den Leichnam gestreut, was sicherlich eine kultische Bedeutung hatte, und eine solche ist als Möglichkeit durchaus auch schon für den *Homo erectus* zu erwägen. Doch welchen Sinn auch immer die Farbstoffe für ihn hatten – ihre Nutzung unterstreicht in jedem Fall sein menschliches Wesen, denn »jede Art des Gebrauchs von

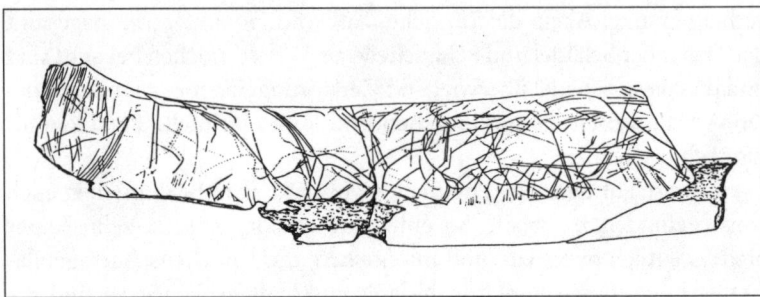

Fragment einer 200 000 Jahre alten, mit Gravierungen versehenen Rinderrippe aus der Höhle Pech de l'Azé in Frankreich

Ein Faustkeil des Acheuléen aus Swanscombe in England, der auf seiner Grifffläche die Versteinerung eines Seeigels aufweist

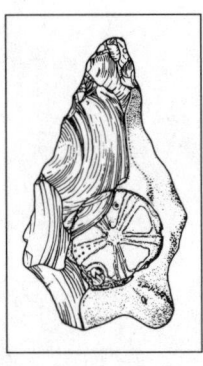

Ocker läßt auf vergleichsweise komplexe kulturelle Praktiken schließen«, wie Bednarik betont.[22]

Schließlich scheinen sogar auf dem Gebiet der Kunst, die nach traditioneller und noch heute gängiger Lehrmeinung erst vor 35 000 Jahren im Jungpaläolithikum begann (vgl. S. 102), mittlerweile erste, noch sehr bescheidene Zeugnisse bis in die Zeit des *Homo erectus* zurückzureichen. So wurden in Bilzingsleben mehrere Tierknochen mit eingravierten Strichfolgen und Linienbündeln bzw. ›geometrischen‹ Figuren ausgegraben, die sich deutlich von unbeabsichtigten Schnittspuren bei der Arbeit unterscheiden (vgl. S. 141). Unabhängig von der Interpretation dieser 300 000 Jahre alten Ritzungen und Gravierungen, auf die wir noch einmal zurückkommen werden, handelt es sich bei ihnen um die bisher ältesten ›graphischen‹ Schöpfungen der Menschheitsgeschichte.

Etwa 100 000 Jahre jünger ist eine in der französischen Höhle Pech de l'Azé gefundene Rinderrippe mit einer Anzahl merkwürdiger, nicht näher interpretierbarer, aber vermutlich absichtlich angebrachter Ritzungen. Dieses Artefakt dürfte bereits dem Nachfolger des *Homo erectus*, dem ›Präsapiens‹-Menschen oder ›Präneandertaler‹ (vgl. S. 58), zuzuordnen sein, ebenso wie zwei bemerkenswerte Acheuléen-Faustkeile, die in Swanscombe und West Tofts, zwei englischen Fundstellen, zutage kamen: Sie wurden so hergestellt, daß ihre Grifflächen durch die Versteinerungen eines Seeigels bzw. einer Muschel, die im Rohmaterial enthalten waren, emblemartig verziert sind.

Diese Handvoll Artefakte mögen auf den ersten Blick bescheiden anmuten, und im Einzelfall läßt sich anzweifeln (und wurde auch angezweifelt), ob man hier wirklich von den Anfängen künstlerischen Gestaltens sprechen kann. Doch insgesamt – und in der Zusammenschau mit den erwähnten Hinweisen auf frühe Farbstoffnutzung und rituelle Praktiken – belegen sie unzweifelhaft die Herausbildung einer ›geistigen Kultur‹ jenseits der unmittelbaren Lebensnotwendigkeiten, wie sie üblicherweise erst dem *Homo sapiens sapiens* zugeschrieben wird. Das Bild vom noch weithin ›kulturlosen‹, nicht über wirkliches Denk- und Gestaltungsvermögen verfügenden Frühmenschen, das alten Vorurteilen entspricht und im Kontext der ›Garten-Eden‹-Theorie wiederbelebt wurde (vgl. S. 101 f.), ist im Lichte dieser Funde und Befunde kaum haltbar – zeugen sie doch in ihrer Gesamtheit von einem bereits erstaunlich hoch entwickelten, zu ästhetischem Empfinden, symbolhafter Gestaltung und kultischem Denken fähigen Geist. Ein solcher Geist aber ist – das legen alle Erkenntnisse der Kognitionspsychologie nahe und wird ja auch für jüngere Zeiten allgemein anerkannt – bei einem sprachlosen Wesen schlechterdings nicht vorstellbar.

So deutet also alles im archäologischen Material darauf hin, daß bereits der *Homo erectus* über eine frühe Form von Sprache verfügt haben muß, und in diese Richtung weist ja auch das rasante Gehirnwachstum (vgl. S. 63 ff.) und das für die Artikulationsfähigkeit wichtige Absinken des Kehlkopfes (vgl. S. 75), das bei ihm stattfand bzw. begann. Stellt man in Rechnung, daß er gleichzeitig als erster unserer Vorfahren ohne jeden Zweifel und unbestritten die Bezeichnung ›Mensch‹ verdient, so läßt sich mit Fug und Recht sagen: Die Sprache ist tatsächlich so alt wie der Mensch selbst; sie gehört zu ihm wie der aufrechte Gang, das entwickelte Gehirn, die geschickte Hand und die technologische, geistige und soziale Kultur – ja, sie hat den Prozeß der Menschwerdung, der Hominisation, in gewissem Sinne erst ermöglicht.

Kapitel 5

Neuere Theorien und Spekulationen zum Sprachursprung

Die zur Zeit so populäre These, die Sprache sei erst vor wenigen zehntausend Jahren entstanden (vgl. S. 101), erweist sich also bei näherem Hinsehen als ein ebenso unhaltbares Konstrukt wie die Behauptung, ›wirkliches‹ menschliches Wesen und ›wirkliche‹ menschliche Kultur habe erst mit dem *Homo sapiens sapiens* – also mit uns – begonnen.

Sicherlich vernünftig und zutreffend ist es hingegen, eine beträchtliche *Höherentwicklung* und *Steigerung* der für den *Homo erectus* keimhaft erschließbaren kulturellen und sprachlichen Fähigkeiten im Verlauf der weiteren Entwicklung hin zum modernen Menschen anzunehmen. Die Kultur des *Homo erectus* war noch sehr einfach, und auch seine Sprache dürfte ebenso undifferenziert und ›roh‹ gewesen sein wie seine Gravierungen und Schnittfolgen auf den Knochen. Sie beruhte mit Sicherheit schon auf der symbolischen Repräsentation von Objekten und Ideen durch ›willkürlich‹ festgelegte, aus artikulierten Lautfolgen bestehende ›Wörter‹, die den Kern jeder Sprache ausmacht (vgl. S. 47). Doch der auf diese Weise gebildete ›Wortschatz‹ war gewiß noch sehr begrenzt, und die Syntax spielte vermutlich nicht annähernd die gleiche Rolle wie bei uns heute. Erst nach einer Entwicklung von mehreren hunderttausend Jahren dürfte aus diesen Anfängen das flexible und fast unbegrenzt

Nach dem Gleichnis der Bibel entstand die Sprachenvielfalt aus der ›Sprachverwirrung‹, mit der Gott die Menschen für den Turmbau zu Babel bestrafte. Der hier abgebildete Kupferstich des ›Turris Babel‹ entstand um 1660 (Archiv für Kunst und Geschichte, Berlin)

leistungsfähige Kommunikationssystem geworden sein, über das wir heute verfügen.

Der amerikanische Linguist Derek Bickerton hat deshalb vor einigen Jahren vorgeschlagen, die mutmaßlich noch unvollkommene Sprache des Frühmenschen als *Protolanguage* zu bezeichnen und dadurch von unserer heutigen Sprache *(Language)* abzusetzen. Eine solche begriffliche Abgrenzung bringt freilich beträchtliche Probleme mit sich, denn an welchem Punkt der Entwicklung und auf welchem Niveau soll man den Übergang von der ›Protosprache‹ zur ›Sprache‹ ansetzen? Bickerton löst dieses Problem sehr rigide, indem er überhaupt keinen allmählichen Übergang, sondern eine unvermittelte Ablösung der einen Form durch die andere annimmt. Seiner Ansicht nach entstand ›Sprache‹ beim modernen Menschen ganz plötzlich durch »eine Veränderung in der inneren Organisation des Gehirns, die durch eine einzige genetische Mutation verursacht wurde. (...) Dieses einzelne genetische Ereignis könnte«, so der Forscher weiter, »ausgereicht haben, um Protosprache in syntaktisch gegliederte Sprache zu verwandeln.«[1] Bickerton vertritt freilich auch die Meinung, daß bei heutigen Kindern keine graduelle Entwicklung der Sprachfähigkeit, sondern ein abrupter Übergang von *Protolanguage* zu *Language* im Alter von ungefähr zwei Jahren stattfinde. Jeder, der selbst das Heranreifen eines Kindes miterlebt hat, weiß jedoch, daß die Entwicklung in der Realität anders, nämlich sehr viel ›gleitender‹ und mit vielen Zwischenstufen, vor sich geht. Dies dürfte entgegen Bickertons Annahme auch für die Herausbildung des Sprachvermögens bei unseren entwicklungsgeschichtlichen Vorfahren gelten, denn fast alle Anhaltspunkte, die wir von ihnen haben – das kontinuierliche Gehirnwachstum (vgl. S. 63 f.), das allmähliche Absinken des Kehlkopfs (vgl. S. 75 f.) und die schrittweise Entfaltung der Kultur (vgl. S. 102 ff.) –, deuten auf eine graduell abgestufte Entwicklung, nicht auf abrupte Vorgänge hin. Daher erscheint es auch wenig sinnvoll, die sicherlich noch vergleichsweise einfache Sprache am Anfang dieses Entwicklungskontinuums mit einem gänzlich anderen Begriff zu belegen als das vollentwickelte System an seinem Ende – auch bei Kindern redet man ja von ›Sprache‹, sobald deren grundlegendstes Strukturmerkmal (die Bezeichnung von Dingen und Ideen durch Worte) gegeben ist.

Über diese prinzipiellen Überlegungen hinaus läßt sich kaum etwas über die Einzelheiten des Sprachentwicklungsprozesses bei unseren urgeschichtlichen Vorfahren sagen. Hervorzuheben ist lediglich, daß – mit Ausnahme der sehr umstrittenen Rekonstruktionen des Lautbildungstraktes (vgl. S. 74 ff.) – nichts dagegen spricht, auch und gerade für den vielgescholtenen Neandertaler ein bereits recht entwickeltes Sprachvermögen anzunehmen. Dieser Altmensch besaß wie erwähnt ein Gehirn, das sich in seinem Aufbau kaum mehr von dem unseren unterschied (vgl. S. 68), jedoch im Durchschnitt etwas größer war (vgl. S. 63 f.). In seiner Blüteperiode, dem Moustérien vor ca. 100 000 bis 35 000 Jahren (vgl. S. 96), verdichten sich die Zeugnisse technologischer und geistiger Differenzierung, erscheint das Geflecht kultureller Errungenschaften, das beim *Homo erectus* noch vergleichsweise bescheiden und ›grobmaschig‹ wirkt, zunehmend vielfältiger, ›engmaschiger‹ und kunstvoller geknüpft. So ist in dieser Periode erstmals die sorgsame Bestattung der Toten in Gräbern, mit Werkzeug-, Speise- und sogar Blumenbeigaben (letztere nachgewiesen anhand von Pollenfunden), belegt. An den Wohn- und Bestattungsplätzen der Neandertaler finden sich darüber hinaus häufig Belege von Ocker und anderen Farbstoffen, und auch durchbohrte Tierknochen und -zähne, die wohl als Schmuckstücke dienten, tauchen nun erstmals auf. Hinweise auf Tier- und Schädelkulte, die man früher gefunden zu haben glaubte, werden zwar heute überwiegend mit Skepsis betrachtet, doch ist an der Neandertaler-Fundstelle Krapina in Kroatien mit einiger Wahrscheinlichkeit ritueller Kannibalismus belegt. Das alles deutet auf eine Ausweitung und Vertiefung jener ›geistig-spirituellen‹ Welt hin, die beim *Homo erectus* ihren Anfang nahm (vgl. S. 107 ff.) und die ohne Sprachlichkeit kaum denkbar ist. Auch der Neandertaler von La Chapelle-aux-Saints in Frankreich, dessen Anatomie gleich mehrfach als Paradebeispiel für ein bestenfalls rudimentäres Sprachvermögen herangezogen wurde (vgl. S. 67 f. und S. 74), war in einer Erdgrube mit einem Rinderschenkel, Feuersteingeräten und Ok-

Vor rund hunderttausend Jahren begann der Mensch damit, seine Toten sorgsam zu bestatten. Hier ein Skelett, gefunden in der Dordogne, Frankreich (Archiv für Kunst und Geschichte, Berlin)

kerstücken als Beigaben beigesetzt worden – nicht eben die Art des Umgangs mit einem Toten, die man bei grunzenden Halbtieren erwarten würde.

Spekulationen und Gedankenspiele

Aus dem Jungpaläolithikum vor 35 000 bis 12 000 Jahren kennen wir dann nicht nur die erwähnten Kunstwerke und andere hochentwickelte Kulturzeugnisse (vgl. S. 102), die keinen Zweifel am voll›modernen‹ Status ihrer Schöpfer lassen, sondern auch eine Vielzahl charakteristischer regionaler Kulturgruppen sowie mehrere unterschiedliche Typen (›Rassen‹) des *Homo sapiens sapiens*. Daraus läßt sich mit einiger Sicherheit schließen, daß in dieser Periode auch schon eine Anzahl unterschiedlicher Sprach- bzw. Dialektgruppen existierten. Ob dies jedoch das Ergebnis eines sprachlichen ›Babylon‹, der Aufspaltung einer zuvor einheitlichen ›Ursprache‹ war, wie es das biblische Gleichnis will (vgl. S. 19), oder ob es schon länger unterschiedliche Sprachzweige gab, darüber läßt sich nur spekulieren.

Wenn man, wie die meisten Anhänger der ›Garten-Eden‹-Theorie, Sprachbesitz lediglich dem modernen Menschen zubilligt (vgl. S. 101) und dessen Herausbildung in einer einzigen Erdregion lokalisiert, von der aus er sich später über die ganze Welt ausgebreitet habe (vgl. S. 59), dann ist die Annahme einer sprachlichen ›Monogenese‹ (der heutigen Theorie zufolge in Afrika) und einer anschließenden Auffächerung im Verlauf der Wanderbewegungen (nach den Zeitvorstellungen der ›Eden‹-Anhänger vor etwa fünfzigtausend Jahren) nahezu unausweichlich. Geht man hingegen von einer Sprachentstehung bereits beim *Homo erectus* aus, wie es in diesem Buch geschieht, dann erscheint angesichts der schon frühen Verbreitung dieses Menschentyps über mehrere Erdteile und riesige geographische Räume (vgl. S. 58) eine ebenfalls frühe Herausbildung unterschiedlicher Sprachzweige – wenn nicht sogar ihre parallele Entstehung (›Polygenese‹) – sehr wahrscheinlich. Folgt man den Vorstellungen des ›multiregionalen‹ Konzepts der menschlichen Evolution (vgl. S. 59), so könnten aus diesen ›frühmenschlichen‹ Sprachzweigen in kontinuierlicher Entwicklung die heutigen Sprachgruppen (vgl. S. 126) hervorgegangen sein; nimmt man hingegen an, daß ein Teil der frühmenschlichen Populationen im Verlauf der jüngeren Evolutionsgeschichte ausstarb oder verdrängt wurde, so wären auch ihre Sprachen mit ihnen von der Bildfläche verschwunden und durch jüngere Sprachzweige ersetzt bzw. überlagert worden. Der Spekulation sind hier also kaum Grenzen gesetzt, doch handelt es

sich wie gesagt um reine Gedankenspiele, die mehr von den evolutions-
theoretischen Vorgaben und Prämissen, mit denen man an die Frage
herangeht, als von konkreten Anhaltspunkten geprägt sind. Da derzeit
die ›Garten-Eden‹-Theorie Hochkonjunktur hat (vgl. S. 59), nehmen
die meisten Forscher auch ein ›monogenetisches‹ Modell der Sprachentstehung an.

Wie die ›Sprache der Eiszeit‹ klang, wird wohl trotz eines gleichnami-
gen Buches, in dem der ›Paläolinguist‹ Richard Fester 1962 bis zum ›Ur-
Wortschatz‹ des paläolithischen Menschen vorzudringen versuchte (vgl.
S. 124 f.), und trotz jüngerer Bemühungen in dieser Richtung niemals zu
erfahren sein. Die Methoden der Vergleichenden Sprachwissenschaft
(vgl. S. 24 f.) stoßen bei derart weit zurückreichenden Zeiträumen an ihre
Grenzen, und außer ihnen existiert in dieser Hinsicht keinerlei Erkenntnisquelle. Ebensowenig besteht die Aussicht, etwas Genaueres über die
Art und Weise zu erfahren, in der die Sprache beim *Homo erectus*
entstand. Über derartige Fragen können wir – ähnlich wie die Philosophen vor zweihundert Jahren – lediglich spekulieren, und dabei wird es
wohl auch in Zukunft bleiben.

Von den Theorien des 18. und 19. Jahrhunderts ist heute nur noch
eine einzige ernsthaft in der Diskussion, nämlich die Gestentheorie (vgl.
S. 24), die besonders von dem amerikanischen Anthropologen Gordon
W. Hewes aufgegriffen und unter Einarbeitung zahlreicher neuerer
Forschungsergebnisse aus der Linguistik, der Primatologie, der Taub-
stummenforschung und anderen Wissenschaftszweigen ›aktualisiert‹
wurde.

Das wohl stärkste Argument für die Gestentheorie ist die Tatsache,
daß bei den Menschenaffen die visuelle Verständigung durch Blicke,
Gesichtsausdrücke und Körpergebärden der differenzierteste und entwickeltste Teil des Kommunikationssystems zu sein scheint (wie auch
die Sprachversuche mit Schimpansen bestätigt haben; vgl. S. 80 ff.),
während das Spektrum der Lautäußerungen offenbar ziemlich stereotyp
und nur wenig variationsfähig ist. Daraus läßt sich mit hoher Wahrscheinlichkeit schließen, daß auch in der Verständigung unserer frühesten Vorfahren die Gestik und Mimik, die ja noch bei uns eine nicht
zu unterschätzende Rolle spielt, von großer Bedeutung gewesen sein
dürfte – ob sie freilich *dominierte*, wie die Anhänger der Gestentheorie
vermuten, bleibt fraglich. Vor allem ist aber festzuhalten, daß eine solche
gestisch-mimische Verständigung erst dann wirklich die Bezeichnung
›Sprache‹ verdient, wenn es sich nicht nur um eine begrenzte Anzahl von
größtenteils angeborenen ›Stimmungssignalen‹ und ›Auslösern‹ handelt, wie bei den Menschenaffen der Fall (vgl. S. 43 f.), sondern um ein
erweiterungsfähiges, ›offenes‹ System von visuellen Symbolen mit be-

Die bedeutende Rolle der Gestik und Mimik bei heutigen Menschenaffen (hier ein Schimpanse beim Imponiergehabe) läßt manche Forscher vermuten, daß auch der menschlichen Lautsprache eine ›Gestensprache‹ vorausging (Okapia, Frankfurt am Main)

grifflicher oder wortähnlicher Bedeutung wie in den modernen Taubstummen- und Zeichensprachen.

Ob ein solches System vor und unabhängig von einer ausgebildeten Lautsprache existieren konnte, erscheint im höchsten Maße zweifelhaft. Selbst wenn man von dieser Annahme ausgeht, bleibt immer noch die Frage bestehen, warum und auf welche Weise eine solche hochentwickelte Gestensprache den ›Kanal‹ gewechselt und sich in eine Lautsprache verwandelt haben sollte, wie das ja dann irgendwann einmal der Fall gewesen sein müßte. Als Antwort auf diese Frage können die Gestentheoretiker nur die etwas konstruiert wirkende ›Mund-Gebärden-Theorie‹ anbieten, der zufolge die ursprünglichen Hand- und Körperbewegungen von zunächst unwillkürlichen Lauten der Sprachorgane begleitet waren, die dann immer bewußter artikuliert wurden, um schließlich Priorität über die Gesten und Gebärden zu gewinnen. Ohne dieser Hypothese ihren diskussionsanregenden Wert absprechen zu wollen, erscheint es da wohl doch einleuchtender, eine von Anfang an vorwiegend lautlich strukturierte und durch Gestik und Mimik unterstützte Sprache der Hominiden anzunehmen – dies um so mehr, als die Lautsprache gegenüber der Gestensprache einige wichtige Vorteile besitzt. Sie ist beispielsweise nicht an einen direkten Blickkontakt und an gute Sichtverhältnisse gebunden, kann daher auch bei Dunkelheit und über Blickhindernisse hinweg verwendet werden – vor allem aber läßt sie die Hände für andere Tätigkeiten frei. Nur in bestimmten Ausnahmesituationen, etwa während ›lautloser‹ Jagdzüge, hätte eine ›stumme‹ Zeichensprache größere Vorteile geboten.

Eine neue und zumindest sehr originelle Theorie des Sprachursprungs stellten in den siebziger Jahren die Soziobiologen Doris und David Jonas auf. Ihrer Ansicht nach entstand die Sprache ursprünglich »nicht als Medium für den Informationsaustausch« im Zusammenhang mit irgendwelchen technologischen oder kulturellen Prozessen, »sondern als Mittel zur arterhaltenden sozialen Bindung« zwischen Mutter und Kind.[2] Sie habe ihren Anfang genommen, als sich die Hominidenmütter angewöhnten, auf das unbewußte Lallen ihrer Kinder zu antworten, und sei erst nachträglich auf andere Lebensbereiche ausgeweitet und für andere Zwecke instrumentalisiert worden. Aus der Versorgung des Nachwuchses erklären die beiden Forscher auch die Dominanz der linken Gehirnhemisphäre bei sprachlichen Funktionen: Die Hominidenmütter hätten nach dem Verschwinden der Fellbehaarung, die ihren Jungen ein Festklammern ermöglichte, die Kinder auf dem Arm tragen müssen, und zwar – wie noch heute – vorzugsweise auf dem *linken* Arm, da die Herztöne beruhigend wirkten. Dadurch sei nur noch die rechte Hand für andere Tätigkeiten frei gewesen. Weil diese aber von der linken Gehirnhälfte kontrolliert wird, habe die linke Hirnrinde eine motorische Überlegenheit entwickelt, die dann auch von der entstehenden Sprache ›genutzt‹ worden sei. Rechtshändigkeit, Sprachentstehung und sprachliche Lateralisation werden hier also als ein einheitlicher, monokausaler Prozeß aus den Umständen und Erfordernissen der Kinderbetreuung erklärt.

So sehr diese Theorie auch auf den ersten Blick durch ihre Originalität besticht und so sympathisch ihr Versuch anmutet, die sonst meist unterschätzte evolutionsgeschichtliche Rolle der Frau hervorzuheben – sie ist (abgesehen von anderen Unstimmigkeiten) zu ausschließlich auf einen einzigen Kausalfaktor fixiert, als daß sie wirklich überzeugen könnte. Bei genauerer Überlegung erscheint es vor allem wenig einsichtig, warum gerade ein schon bei den Menschenaffen hochentwickelter und nahezu optimal geregelter Lebensbereich wie die Betreuung des Nachwuchses ganz ›ohne Not‹ einen derart fundamentalen und weitreichenden Entwicklungsschritt wie die Sprachentstehung ausgelöst haben sollte.

Dieser Einwand läßt sich auch gegen zahlreiche andere, in den letzten Jahren populär gewordene Theorien erheben, welche die Sprachentstehung in erster Linie aus Erfordernissen des Soziallebens – etwa der Intensivierung des Gruppenzusammenhalts oder der Regelung von Rangordnungskämpfen – erklären möchten. Diese Theorien sind nicht zuletzt ein Reflex der zahlreichen neuen Erkenntnisse, die in den letzten fünfundzwanzig Jahren über das Sozialverhalten der Affen und Menschenaffen, über seine Komplexität und Rolle im Leben dieser Tiere

Aus der engen Beziehung zwischen Mutter und Kind – hier ein Pavianweibchen mit seinem Jungen – möchten manche Forscher die Entstehung der Sprache bei unseren Vorfahren erklären (Okapia, Frankfurt am Main)

gewonnen wurden (vgl. S. 43 f.). Der Schluß, daß die Organisation des Zusammenlebens auch bei den Frühmenschen von zentraler Bedeutung gewesen sein dürfte und wahrscheinlich einen Großteil ihrer Zeit und Kräfte in Anspruch nahm, ist sicherlich richtig und sollte Anlaß sein, im frühen Menschen nicht immer nur den Werkzeughersteller und Techniker (vgl. S. 90 f.), sondern verstärkt auch das soziale Wesen zu sehen. Doch lassen sich die Erkenntnisse über das Sozialleben der Affen ebensogut auch als Argument *gegen* die These anführen, die Sprache sei primär zur Regelung dieses Bereichs entstanden – zeigen sie doch eindrucksvoll, daß die (nichtsprachlichen) Laute und gestisch-mimischen Signale, über die diese Tiere verfügen, völlig zur Bewältigung selbst komplizierter gruppendynamischer Prozesse ausreichen (vgl. S. 43 f.). Auf diesem Feld dürfte daher auch bei unseren Vorfahren kaum

Andere Fachleute sehen die Erfordernisse und Bedürfnisse des Gemeinschaftslebens – hier gegenseitige Fellpflege in einer Schimpansengruppe – als den Ursprung der Sprache an (Okapia, Frankfurt am Main)

ein Selektionsdruck in Richtung Sprache entstanden sein, und es erscheint sehr viel naheliegender und einleuchtender, daß es *neue*, unter den anderen Primaten *nicht* existierende Lebensanforderungen, Tätigkeiten und Bedürfnisse waren, die bei ihnen die Entwicklung des neuen Kommunikationsmittels erforderten und in Gang setzten.

Die Sprache, so kann man zusammenfassen, ist dem Menschen weder vom Himmel her zugefallen, noch dürfte sie ein zufälliges Spiel der Natur gewesen sein. Ihre Entstehung war eine Antwort – die spezifisch *menschliche* Antwort – auf die Erfordernisse und Notwendigkeiten einer stetig komplexer werdenden Lebens- und Arbeitsweise, auf die Entwicklung der Technologie, Kultur und Gesellschaft, die als neuartige, im Tierreich nur in Ansätzen vorhandene Erscheinungen auch ein neuartiges und leistungsfähigeres Kommunikationsmittel erforderten. Ob innerhalb der neuen Daseinsform einzelne Bereiche wie etwa die Geräteproduktion, die Nahrungsgewinnung, das Nachdenken über die Welt und das eigene Selbst oder die Organisation des Zusammenlebens in besonderem Maße die Entwicklung der Sprache erforderten und stimulierten, wissen wir nicht und werden wir nach Lage der Dinge wohl auch nie erfahren. Das Wissen, daß sie aus diesem Gesamtkontext heraus entstand und daß dies bereits beim *Homo erectus* geschehen sein dürfte, muß uns genügen – es ist mehr, als sich frühere Forschergenerationen erhoffen durften.

Exkurs: Wie lautete das erste Wort?

Nach den hochfliegenden Hoffnungen des 19. Jahrhunderts, die ›Ursprache des Menschengeschlechts‹ rekonstruieren zu können (vgl. S. 24 f.), hatte sich in der Sprachwissenschaft zu Beginn unseres Jahrhunderts Ernüchterung breitgemacht: Die Auffassung setzte sich durch, daß man mit den Mitteln des Sprachenvergleichs, der komparativen Linguistik, nur die Sprachzustände der letzten sechs- bis siebentausend Jahre erschließen könne, und diese Position wird bis heute von den meisten Linguisten vertreten (vgl. S. 25).

Dies konnte freilich niemals Amateurforscher und wissenschaftliche Außenseiter davon abhalten, sich auf eigene Faust auf die Suche nach ›dem ersten Wort‹ zu begeben, und in jüngerer Zeit glaubt auch eine Minderheit unter den Fachlinguisten wieder,

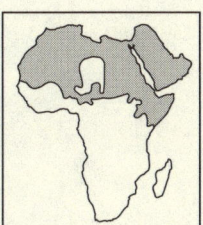

die angenommene zeitliche Grenze für Sprachrekonstruktionen durchbrechen und tiefer in die sprachliche Vergangenheit des Menschen vordringen zu können.

Einen ganz unmittelbaren Zugang zur ›Ursprache‹ suchte seit den dreißiger Jahren der polnische Forscher Roman Stopa: Er belebte die Vorstellung des 19. Jahrhunderts wieder, urtümliche Sprachzustände könnten sich unter ›primitiven‹ Völkern bis in die Gegenwart erhalten haben (vgl. S. 25). Sein besonderes Augenmerk richtete er dabei auf das südliche Afrika: »Der primitivste Zweig der Menschheit in anatomischer und kultureller Hinsicht wird heutzutage von Pygmäenvölkern repräsentiert«, schrieb er 1972, die »so etwas wie ›lebende Überbleibsel‹ des Paläolithikums« darstellten, »lebende Zeugnisse des Daseins und der Sprache des Urmenschen *(Homo fossilis)*«. Stopa weiter: »Wenn es darum geht, wie die Ursprache der Menschheit zu rekonstruieren sei, dann können ihre Sprachen uns ein ausgezeichnetes Bindeglied, eine Brücke zwischen der ›Sprache‹ der Tiere und derjenigen des Menschen liefern.«[3]

Stopa parallelisierte insbesondere die stark durch Schnalzlaute geprägte Sprache der Buschmänner in Südafrika mit den ebenfalls Schnalze enthaltenden Lautäußerungen von Schimpansen und schloß aus diesen Vergleichen, »Pseudo-Wörter der Schimpansen« könnten »die Quelle der ursprünglichen Wortbildung in der Buschmannsprache« gewesen sein.[4] Folglich habe auch die Ursprache der Menschheit viele solcher Schnalzlaute enthalten: ›Wie unsere Vorfahren gestikulierten, schnalzten und schrien‹ lautete der Untertitel eines seiner Bücher.[5]

Es ist unschwer zu erkennen, daß dieser Ansatz von entwicklungsgeschichtlichen Vorstellungen ausgeht, die seit mehr als hundert Jahren überholt sind, und daß er nicht frei von rassistischen Untertönen ist. Er widerspricht darüber hinaus allen Erkenntnissen, welche die moderne Linguistik über die prinzipielle Gleichwertigkeit der heutigen Sprachen gewonnen hat (vgl. S. 25). Die sogenannten *Khoisan*-Idiome der Buschmänner sind zwar sicherlich anders strukturiert als etwa europäische Sprachen, aber sie sind deshalb mitnichten ›primitiver‹, und ihre Schnalzlaute werden von zahlreichen Fachleuten keineswegs als besonders ›urtümliche‹, sondern vielmehr als sehr komplexe – und daher möglicherweise auch erst spät erworbene – phonetische Elemente angesehen.

Einige Forscher glauben, in den Khoisan-Idiomen der südafrikanischen Buschmänner – hier eine Buschmannfamilie am Ufer des Okavango-Flusses – einen besonders archaischen Sprachtypus gefunden zu haben (Bilderdienst Süddeutscher Verlag)

In Deutschland machte in den sechziger bis achtziger Jahren ein gänzlich andersgearteter Ansatz von sich reden, den der Privatgelehrte Richard Fester entwickelt hatte und der auch die Unterstützung einiger Fachwissenschaftler wie des damals bekannten Prähistorikers Herbert Kühn fand. Fester, der sich selbst als ›Paläolinguist‹ bezeichnete, vertrat in einer Reihe vielgelesener und erfolgreicher Bücher die These, es habe »einen allen frühen Menschen (...) gemeinsamen Urwortschatz gegeben, der (...) aus sechs Archetypen bestand« und der »auch heute noch das Fundament jeder Sprache« bilde.[6] Diese sechs ›Archetypen‹ waren ihm zufolge die Lautfolgen BA, KALL, TAL, OS, ACQ und TAG, und er gewann sie, indem er zahllose Sprachen der Gegenwart nach

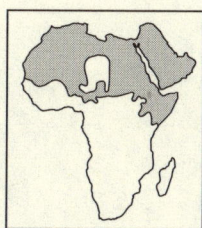

ähnlich lautenden Silben und Morphemen (vgl. S. 47) mit vergleichbarem Sinngehalt durchsah.

Schon im Deutschen steckt nach Fester beispielsweise der ›Archetyp‹ KALL in zahlreichen Wörtern wie ›Kuhle‹, ›Kehle‹, ›Schale‹ oder ›Quell‹, die allesamt etwas Hohles bezeichnen, und dies treffe auch auf alle anderen Sprachen der Welt zu. Das Wort ›Kehle‹ laute etwa auf bengalisch *gala* und auf tibetisch *hole*, der Bauch und die Eingeweide hießen im Griechischen *kolon*, im Samojedischen *coalle* und im Tibetischen *cal*, *gal* bedeute im Hethitischen ›Becher‹, *hol'va* im Finnischen ›Gewölbe‹ und *cul* im Etruskischen ›hohl‹, *kjal* schließlich sei das isländische Wort für den weiblichen Schoß, *gal'tzar* das baskische Wort für ›stillen‹ und *halu* das samojedische Wort für Lust und Begierde. Diese und viele andere vergleichbare Analogien führten Fester zu dem Schluß: »KALL ist jede Vertiefung oder Kuhle, jeder Hohlraum, jede Wölbung und jeder enge Durchlaß«, im übertragenen Sinne aber auch »der mütterliche Leib, die Geburt« und alles, was damit zusammenhänge.[7] Ähnliche Aufschlüsse ließen sich für die anderen sprachlichen ›Archetypen‹ gewinnen, und im Endeffekt lasse sich »unsere sprachliche Gegenwart (…) bis auf geringe noch zu klärende Reste auf diese sechs Archetypen (…) zurückführen«,[8] die schon vor Jahrhunderttausenden die Ursprache der Frühmenschen gebildet hätten.

Die zahlreichen Listen mit Wortvergleichen, durch die Fester seine Theorie untermauerte, wirken zweifellos eindrucksvoll, doch darf das den kritischen Blick nicht verstellen. Bei genauerem Hinsehen bleiben die Lautähnlichkeiten der parallelisierten Wörter vielfach vage, zumal Fester für seine ›Archetypen‹ auch einen Vokal- und Konsonantenaustausch (BO, BU, WA oder PA statt BA), eine Lautumkehrung (AB statt BA) oder eine Silbenverdopplung (BABA, WAWA usw.) ›tolerierte‹. Auch die Bedeutungsähnlichkeiten sind weithin eher diffus und beruhen mehr auf teilweise recht gewagten Assoziationsketten denn auf wirklicher Bedeutungsidentität. Der Verdacht ist daher kaum von der Hand zu weisen, daß sich bei einer genügend großen Zahl von Wörtern und ausreichend ›großzügigen‹ Beurteilungskriterien fast zwangsläufig viele derartige ›Parallelen‹ ergeben, die aber nicht aus einem gemeinsamen Ursprung der verglichenen Wörter, sondern ganz einfach aus dem begrenzten Lautfundus der menschlichen Sprache und dem Zufall resultieren (für einen ähnlichen Sachverhalt beim Vergleich von Schriftzeichen vgl. S. 314 ff.). Hier wäre es auch aufschlußreich zu wissen, wie viele ›Fehlschüsse‹ Festers veröffentlichten ›Treffern‹ gegenüberstanden.

Der Linguist und Paläolaryngologe Philip Lieberman hätte, dies sei nur am Rande bemerkt, sicherlich keine große Freude an Festers sechs ›Archetypen‹, denn fünf von ihnen besitzen als Vokal das ›a‹ – einen Laut, den die Früh- und Altmenschen nach Liebermans (allerdings fragwürdigen) Analysen noch gar nicht auszusprechen vermochten (vgl. S. 74).

Fester war kein Fachlinguist, und kein anerkannter Sprachwissenschaftler hätte wohl seine doch sehr ›unorthodoxen‹ Wortvergleiche unterschrieben. Die Mehrzahl der Vergleichenden Linguisten beschränkte und beschränkt sich darauf, Verwandtschaften zwischen einzelnen der etwa fünftausend heute auf der Welt existierenden Sprachen zu erschließen und in einigen Fällen die ›Stamm‹- oder ›Grundsprachen‹ der auf diese Weise herausgefilterten einzelnen ›Sprachfamilien‹ zu rekonstruieren, so etwa das ›Ur-Indoeuropäische‹ (vgl. S. 24 f.). Darüber hinaus gab es in der komparativen Linguistik aber immer wieder einmal Versuche, Verwandtschaften auch zwischen verschiedenen solcher ›Sprachfamilien‹ nachzuweisen, und diese Versuche sind in jüngerer Zeit zu einer zwar oftmals belächelten, aber doch kaum mehr zu übersehenden ›Untergrund‹strömung innerhalb der Vergleichenden Sprachwissenschaft herangewachsen.

Der bedeutendste dieser Versuche nahm in der früheren Sowjetunion seinen Anfang. 1964 veröffentlichten die russischen Linguisten Wladislaw M. Illitsch-Switytsch und Aaron B. Dolgopolsky unabhängig voneinander Arbeiten, in denen sie sechs der allgemein anerkannten europäischen, asiatischen und afrikanischen Sprachfamilien zu einer gemeinsamen ›Makro‹- oder ›Megafamilie‹ zusammenfaßten, welche die Bezeichnung *nostratisch* erhielt (von lateinisch *noster* = ›unsere Sprache‹). Diese Entwürfe waren von erheblicher Brisanz, weil die hier zu einem gemeinsamen Komplex vereinigten Sprachfamilien im größeren Teil der Alten Welt verbreitet sind und ihre Einzelsprachen heute von drei Vierteln der Menschheit gesprochen werden.

Die beiden Forscher begnügten sich freilich nicht mit der Feststellung bzw. Behauptung der Verwandtschaft – sie machten sich auch an die Rekonstruktion der gemeinsamen ›Stammsprache‹, die diesen sechs Sprachfamilien nach ihren Analysen ursprünglich zugrunde gelegen haben mußte. Illitsch-Switytsch rekonstruierte durch Wortvergleiche nach den klassischen Regeln der Sprachwissenschaft über 350 nostratische Wort›wurzeln‹ und verfaßte sogar ein Gedicht auf nostratisch, bevor er 1966 starb. Dolgopolsky, der in den siebziger Jahren nach Israel emigrierte, baute zusammen mit anderen Forschern das nostratische ›Wörterbuch‹ auf heute über tausend Wurzeln (das heißt Wortstämme) aus.

Im Westen blieben diese Bemühungen aufgrund des Kalten Krieges und der daraus resultierenden Zweiteilung auch der wissenschaftlichen Welt bis vor rund zehn Jahren nahezu unbekannt. In den USA rekonstruierten freilich Joseph H. Greenberg – ein hochangesehener, wenngleich nicht unumstrittener Sprachwissenschaftler – und einige seiner Kollegen eine ähnlich umfassende, nur in Details abweichende ›Eurasiatische Überfamilie‹.

Die Mehrheit der Vergleichenden Linguisten steht diesen Entwürfen vorläufig skeptisch bis ablehnend gegenüber. Sie geben zu bedenken, daß die nostratische (bzw. eurasiatische) ›Makrofamilie‹ fast nur auf der Basis von Wortähnlichkeiten, nicht aber von

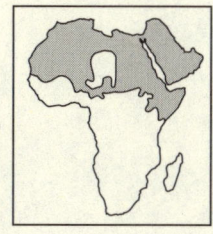

Verbreitungskarte der sogenannten ›nostratischen Makrofamilie‹, die nach Meinung verschiedener Linguisten die folgenden sechs anerkannten Sprachfamilien Eurasiens und Afrikas umfaßt: 1) Altaisch; 2) Afroasiatisch; 3) Indoeuropäisch; 4) Südkaukasisch; 5) Uralisch; 6) Drawidisch

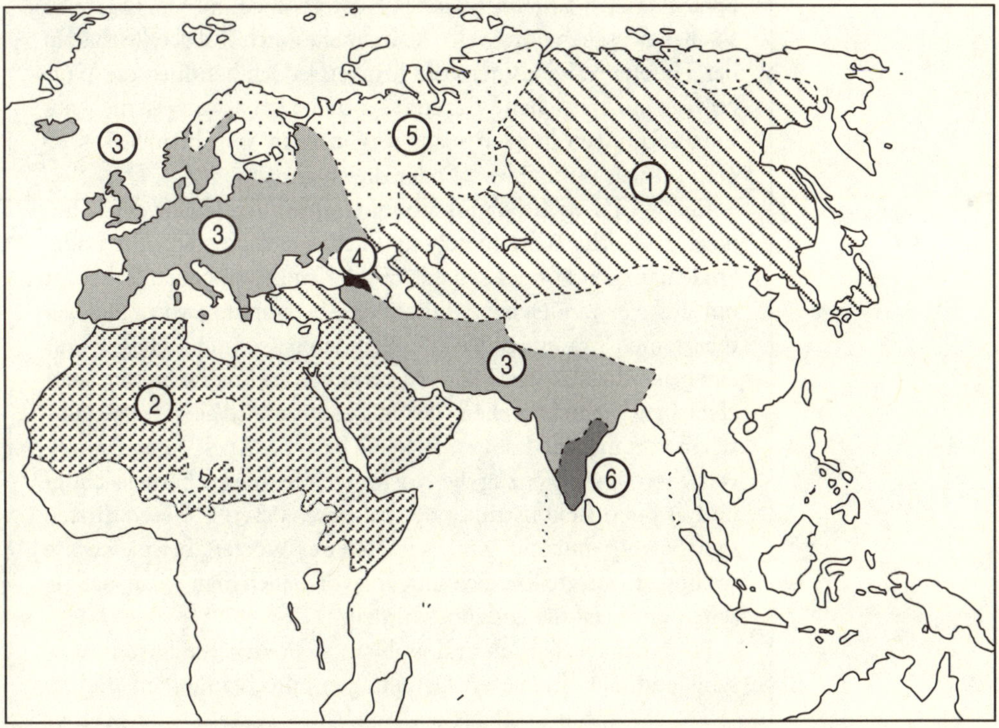

Parallelen in der Grammatik erschlossen wurde, wie es normalerweise wünschenswert ist – die grammatikalischen ›Tiefenstrukturen‹ einer Sprache sind nämlich sehr viel beständiger als ihr Wortschatz, bilden daher auch ein zuverlässigeres Indiz für Verwandtschaften. Die Kritiker weisen ferner darauf hin, daß die bei der
Rekonstruktion des nostratischen ›Wörterbuchs‹ zugrunde gelegten indoeuropäischen und anderen ›stammsprachlichen‹ Wortwurzeln ihrerseits nur rekonstruiert – und daher oftmals umstritten –, in keiner lebenden oder schriftlich überlieferten Sprache
wirklich belegt sind. Es handelt sich beim Nostratischen somit
gleichsam um eine ›Rekonstruktion zweiten Grades‹, die natürlich
noch um ein Vielfaches unsicherer ausfallen muß als diejenige der
Stammsprachen einzelner Sprachfamilien.

Hand in Hand mit diesen grundsätzlichen Einwänden gehen
eine Reihe von Detailkritiken. Die Nostratiker übersähen, so lautet
eine davon, die Unvermeidlichkeit zufälliger Wortentsprechungen,
die um so größer werde, je umfangreicher die Zahl der verglichenen Worte sei. Die Nostratiker erwidern, sie negierten diesen Faktor keineswegs, jedoch seien Wortentsprechungen zwischen sechs
Sprachfamilien (wie im Falle des Nostratischen) im Gegensatz zu
solchen zwischen nur zweien kaum mehr durch Zufall erklärbar. In
der Theorie wahr, kontern die Kritiker, jedoch beruhten die Wurzeln des ›nostratischen Wörterbuchs‹ in der Praxis zumeist nicht auf
Entsprechungen in allen sechs verglichenen Sprachfamilien, sondern oftmals nur in zweien oder dreien von ihnen.

Ein zweiter wichtiger Streitpunkt betrifft den Faktor der Lehnwörter. Gleiche Wortstämme in unterschiedlichen Sprachen oder
Sprachfamilien können, so geben die Kritiker zu bedenken, nicht
nur aus Verwandtschaft – also der Abstammung von einer gemeinsamen Stammsprache – resultieren, sondern ebenso aus
einem Austausch von Wörtern zwischen nichtverwandten Sprachen bzw. Sprachfamilien, der in bestimmten Fällen Verwandtschaft vortäuschen könne, wo keine bestehe. Auch diesen Faktor,
versichern im Gegenzug die Nostratiker, hätten sie berücksichtigt
und in ihren Rekonstruktionen ausgeschlossen – diese stützten
sich bewußt nur auf ganz ›elementare‹ Wörter (beispielsweise
wichtige Körperteilbezeichnungen), von denen man wisse, daß sie
selten oder fast nie entlehnt würden.

Für Nichtspezialisten und wohl auch für viele Linguisten ist es
schwierig, sich in diesen Detailfragen zurechtzufinden, und so

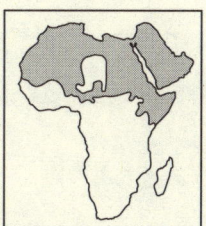

wird die Haltung zum Nostratischen wohl zumindest noch eine Zeitlang weithin Glaubenssache bleiben. Doch wenn man einmal davon ausgeht, daß es eine solche Sprache wirklich gab – wann könnte das der Fall gewesen sein?

Die Nostratiker schließen aus bestimmten Indizien, daß die von ihnen rekonstruierte Sprache gegen Ende der letzten Eiszeit, vor etwa zwölf- bis fünfzehntausend Jahren, gesprochen worden sei. Während dieser Periode existierten aber nach den Erkenntnissen der Archäologie in Eurasien eine Vielzahl markant unterschiedlicher Regionalkulturen, und es erscheint kaum vorstellbar, daß sie alle eine einheitliche Sprache oder auch nur eine Reihe einander sehr ähnlicher Einzelidiome gekannt haben sollten. Wenn man eine solche, über weite Teile Eurasiens verbreitete ›Protosprache‹ annehmen wollte, dann wäre sie nach dem ›Out-of-Africa‹-Modell eher in der Zeit der Einwanderung und Niederlassung des frühmodernen Menschen in Asien und Europa, das heißt vor etwa dreißig- bis vierzigtausend Jahren, zu erwarten (vgl. S. 59).

Sollte das Nostratische tatsächlich vor zwölf- oder fünfzehntausend Jahren existiert haben, dann erscheint die Vermutung sehr viel plausibler, daß es sich zu dieser Zeit um die Regionalsprache eines begrenzten Gebietes gehandelt haben könnte, die sich erst zu einem späteren Zeitpunkt über größere Regionen ausbreitete und dabei in unterschiedliche Dialekte zerfiel. Eine solche Ausbreitung könnte beispielsweise vor acht- bis zehntausend Jahren im Zusammenhang mit der Verbreitung der Landwirtschaft von ihrem nahöstlichen Entstehungszentrum aus (vgl. S. 188) erfolgt sein, wie einige Fachleute annehmen.

Manchen Forschern gehen derartige Studien aber noch nicht weit genug – sie suchen, wie schon einige Gelehrte im 19. Jahrhundert (vgl. S. 24 f.), wieder nach der *einen* und einzigen ›Ursprache der ganzen Menschheit‹, die noch vor der Herausbildung des Nostratischen und anderer vergleichbarer ›Protosprachen‹ in Gebrauch gewesen sein müßte. Wenn mit »hoher Wahrscheinlichkeit ein afrikanischer Ursprung der ganzen Menschheit vor 100 000 Jahren« anzunehmen sei, schrieb 1991 der englische Prähistoriker Colin Renfrew, »ist es dann undenkbar, daß in der heutigen Vielfalt der menschlichen Sprache einige Echos von Worten bewahrt sein könnten, die damals (…) in einer einzigen hypothetischen Ursprache benutzt wurden, welche man ›Proto-Weltsprache‹ nennen könnte?«[9] Joseph H. Greenberg

Familie oder Sprache	Formen	Bedeutung
Nilosaharisch	tok-tek-dik	eins
Kaukasisch (Süd-)	titi, tito	Finger; einzeln
Uralisch	ik-odik-itik	eins
Indoeuropäisch	dik-deik	mit dem Finger zeigen
Japanisch	te	Hand
Inuit	tik	Zeigefinger
Sinotibetisch	tik	eins
Austroasiatisch	ti	Hand, Arm
Indopazifisch	tong-tang-teng	Finger, Hand, Arm
Na-Dene	tek-tiki-tak	eins
Amerindisch	tik	Finger

Die Wortwurzel ›tik‹ kommt nach Angaben des amerikanischen Sprachwissenschaftlers Joseph H. Greenberg in den verschiedensten Sprachen und Sprachfamilien mit ähnlicher Bedeutung vor

glaubte schon in den siebziger Jahren, solche ›Echos‹ gefunden zu haben: Die Wurzel *tik* beispielsweise kommt nach seinen Untersuchungen in Sprachen der verschiedensten Erdregionen und ›Überfamilien‹ vor, und zwar immer für die Begriffe ›Hand, Finger‹ oder das davon abgeleitete Wort ›eins‹.

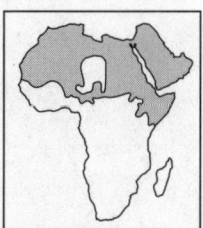

Die einen sehen in solchen sprachlichen Überraschungsfunden verheißungsvolle Vorboten einer zukünftigen Linguistik, der es gelingen könne, auf wissenschaftlicher Grundlage in die dunklen Zeiträume ›vor Babel‹ hineinzuleuchten. Die anderen – derzeit (noch?) die meisten – verweisen solche Hoffnungen hingegen ins Reich der Phantasie. »Man kann anerkennen und einsehen«, schrieb 1973 der Linguist Gerhard Doerfer über den ›Omnikomparativismus‹, »daß eine exakte quantitative Analyse wissenschaftlich zuverlässiger ist als die bloße Wörtersammlung nach der *kling-klang*-Methode. Man kann aber von dieser Tatsache auch wegsehen, und dann sieht man sie eben nicht. (…) Ja, menschlich ungemein sympathisch und verständlich ist sie schon, diese Sammlung vieler Wörter, diese Freude an der bunten Vielfalt – und an dem steten Gleichklang in all der Vielfalt (…). Aber man sollte doch bedenken, daß das nicht *science* ist, sondern *science fiction.*« Und er verglich die rekonstruierte indoeuropäische Stammsprache (vgl. S. 25) mit einer »weite[n] dämmerige[n] Lichtung, in die immerhin von oben her dünne Streifen Lichtes fallen« – »hier mag man nun spielen und sich ergötzen. Dahinter aber beginnt der dunkle Urwald der Glottogonie [Vergleichenden Sprachursprungsforschung], voll lastenden Schweigens, ewiger Dunkelheit und wucherndem Gestrüpp, in dem man sich unentrinnbar verfängt. In diesen dunklen Wald sollten wir nicht hineingehen; denn eben dort, wo der dunkle Wald anfängt, hört alles Wissen auf.«[10]

Teil II

Die Entstehung der Schrift

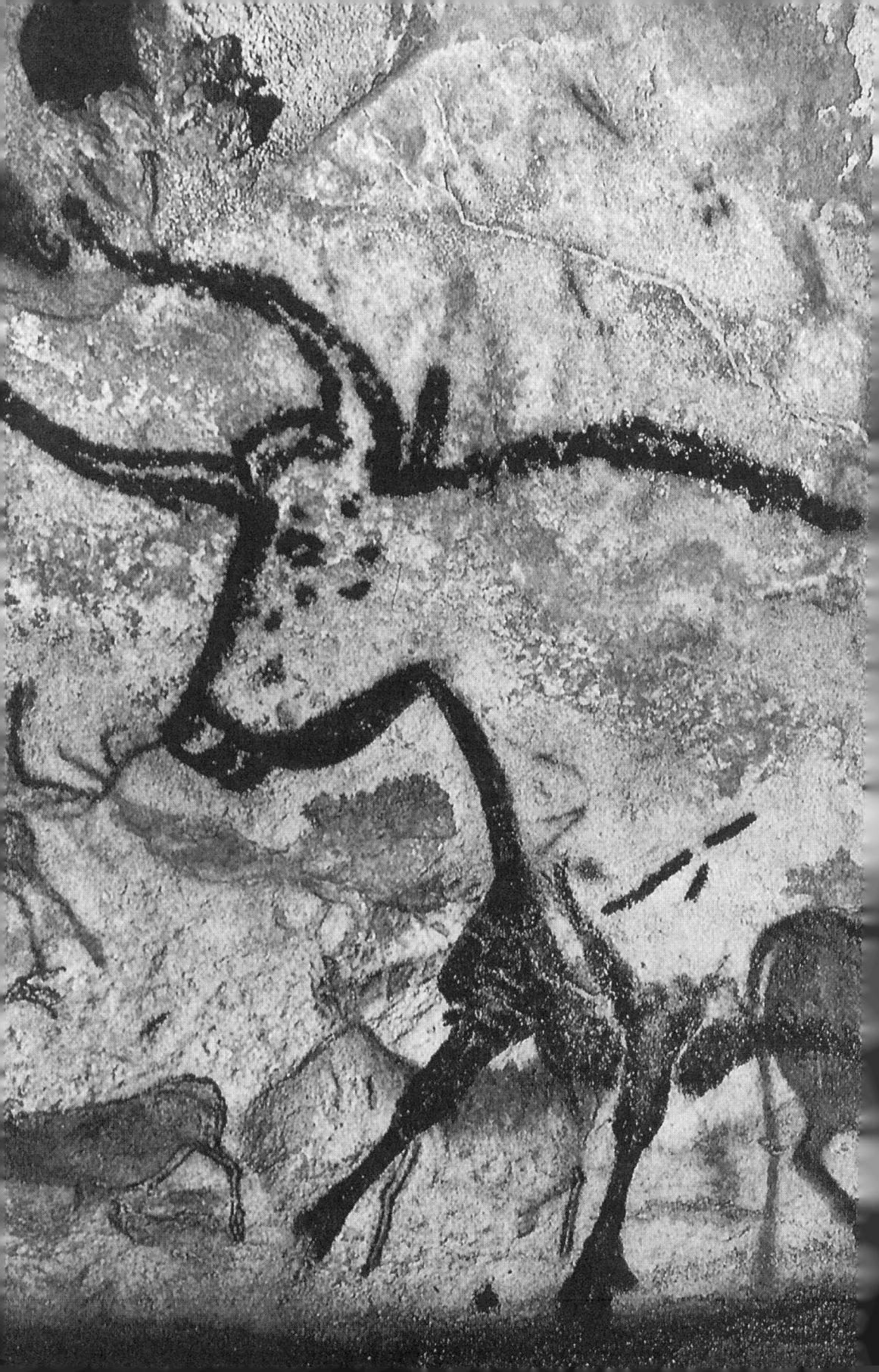

Kapitel 6

Vorstufen und Vorläufer der Schrift

Ist die Sprache so alt wie die Menschheit und ein grundlegender Bestandteil des Menschseins, so gilt dies ganz und gar nicht für das zweite Hauptkommunikationsmittel, dessen wir uns heutzutage in den Industrieländern wie selbstverständlich bedienen: die Schrift. Sie ist erst vor rund fünftausend Jahren erfunden worden und damit vergleichsweise jung. Während des allergrößten Teils seiner Geschichte, über Jahrhunderttausende hinweg, entwickelte und entfaltete sich der Mensch ohne sie, und noch heute kann ein großer Teil der Menschheit nicht lesen und schreiben, kommen viele Kulturen gänzlich ohne dieses komplizierte und von der persönlichen Begegnungsebene abgehobene Kommunikationsmittel aus.

Bis vor rund zehntausend Jahren prägten kleine, nur wenige Dutzend Personen umfassende Jäger- und Sammlergruppen (wie sie heute nur noch in einigen Rückzugsgebieten existieren) das Bild menschlicher Kultur überall auf der Welt, und ihnen folgten einfache Bodenbaukulturen mit Siedlungsgemeinschaften von ebenfalls nur einigen Dutzend, höchstens wenigen hundert Menschen. In beiden Gesellschaftstypen waren die Lebens- und Arbeitszusammenhänge so überschaubar, die sozialen Kontakte so unmittelbar und die wirtschaftlichen Vorgänge so unkompliziert, daß das gesprochene Wort zur Bewältigung der Alltags-

Mehr als fünfzehntausend Jahre alt sind diese Malereien im ›Saal der Stiere‹, Mittelpunkt der Höhle von Lascaux in der Dordogne erfordernisse in der Regel völlig ausreichte. Was man sich mitzuteilen hatte, sagte man im direkten Gespräch (das Problem räumlicher Trennung existierte noch nicht annähernd in dem Maße wie heutzutage); kulturelles Wissen und technisch-handwerkliche Erfahrung wurden ebenfalls unmittelbar durch Wort und Anschauung von Generation zu Generation weitergegeben, und auch Mythen und Erzählungen wurden mündlich rezitiert und lebten im Gedächtnis der Menschen fort, nicht in irgendwelchen Aufzeichnungen.

Unter solchen Verhältnissen kam natürlich den Alten im Rahmen der Gemeinschaften eine besondere Rolle zu: In der modernen Industrie- und Informationsgesellschaft mit ihrem sich alle paar Jahre verdoppelnden, in unzähligen Büchern und auf ebenso zahllosen Mikrochips gespeicherten Wissen werden sie nur allzuleicht von der technisch-wissenschaftlichen Entwicklung überholt und in der Folge oft auch sozial ins Abseits gedrängt. In den schriftlosen, ›aliteralen‹ Gesellschaften dagegen, wo es keine von den Menschen unabhängige Überlieferung gibt, waren und sind sie die Bewahrer des Wissens, die Hüter der kulturellen Tradition – dies spiegelt sich unter anderem in Institutionen wie dem Ältestenrat. Keine Schule erzieht in diesen Gesellschaften die Jugendlichen, und keine Bibliothek belehrt die Heranwachsenden – diese Aufgaben obliegen vielmehr zu einem großen Teil den Ältesten und Erfahrensten. »Jeder Greis, der in Afrika stirbt, ist eine Bibliothek, die verbrennt«, beschrieb der Ethnologe Amadou Hampaté Bâ aus Mali diesen Sachverhalt.[1]

Der gebildete, in einer Welt der Bücher, Zeitungen und Computer aufgewachsene Europäer des 20. Jahrhunderts vermag sich in derartige Verhältnisse kaum hineinzudenken und neigt zu der Annahme, daß Gesellschaften mit ausschließlich oraler (mündlicher) Überlieferung nur eine äußerst simple und dürftige geistige Kultur besitzen könnten. Diese Annahme beruht freilich auf Vorurteilen und Irrtümern, denn die Menschen in den schriftlosen Kulturen besaßen und besitzen ein hervorragend ausgebildetes und geschultes Gedächtnis und verfügen zudem über ein reiches Instrumentarium von Hilfsmitteln und sogenannten ›Mnemotechniken‹ (von griechisch *mneme* = Erinnerung), welche die zuverlässige ›Speicherung‹ von Inhalten im Gedächtnis und ihre mündliche Weitergabe absichern und erleichtern.

Die Anbindung der Texte an einen festen Rhythmus und eine gleichmäßige Sprachmelodie ist ein solches Mittel, ebenso wie die Unterstreichung dieses Rhythmus' durch gleichmäßige Bewegungen, Musik und Tanz oder die Standardisierung des Ausdrucks durch sich wiederholende stereotype Wendungen. »Ein Gedicht ist leichter zu behalten als ein Absatz Prosa; ein Lied ist leichter zu behalten als ein Gedicht«, umriß

der Altphilologe Eric A. Havelock, einer der Wegbereiter der Oralitäts-
und Literalitätsforschung, knapp und anschaulich diesen Zusammenhang.[2] Nicht zufällig besitzt daher ein Großteil des überlieferten Wissens
und des kulturellen Erbes in den oralen Gesellschaften die Form poeti-
scher Erzählungen, Epen oder Lieder. »Elemente der Sprache, die wir
heute als poetisch identifizieren, sind als Hilfsmittel einer auf das Gedächtnis gestützten Tradition erfunden worden«, schreibt der Literatur-
wissenschaftler Heinz Schlaffer.[3]

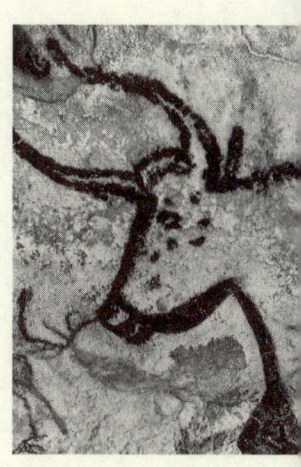

   In einer solch ›poetisch gebundenen‹ Form können auch sehr komplexe, vielschichtige und umfangreiche Inhalte über Generationen hinweg tradiert und bewahrt werden – die Mythen und Epen einiger
schriftloser Kulturen gehören zum Bewundernswertesten und Hervor-
ragendsten, was die menschliche Geistesgeschichte hervorgebracht

Griechische Bronze-
statuette eines
Sängers mit Lyra aus
dem 8. Jahrhundert
v. Chr. (Archiv für
Kunst und Ge-
schichte, Berlin)

hat. In vielen mündlichen Gesellschaften bildete sich für diese ›poetische‹ Überlieferung des kulturellen Erbes sogar eine besondere Gruppe von ›Spezialisten‹ heraus – der Berufsstand der Sänger, Barden oder Aoiden, die von Jugend an die Kunst erlernten, zur Leier, Harfe oder einem anderen Instrument die traditionellen Epen, Erzählungen und Heldenlieder darzubieten und weiterzuentwickeln. Diese Art der Dichtung und des poetischen Gesangs diente der Unterhaltung der Zuhörer, unterrichtete sie aber gleichzeitig über die Vorfahren, über die Ursprünge und die Geschichte ihres Volkes, über die Taten der Götter und Heroen und untermauerte dadurch das gesellschaftliche Werte- und Normengefüge – dies alles auf der Grundlage der Legende und des Mythos.

Seit Ende der zwanziger Jahre revolutionierten der amerikanische Altphilologe Milman Parry und sein Schüler Albert Lord die Homer-Forschung mit ihrer Hypothese, auch der große, selbst zum abendländischen Mythos gewordene griechische Dichter sei keineswegs ein schreibender Poet, sondern ein schriftunkundiger, nur aus dem Gedächtnis und seiner Improvisationsgabe schöpfender Aoide gewesen, der die *Ilias* und die *Odyssee* mit ihren mehr als 27 000 Versen zahllose Male in niemals völlig gleicher Weise zur Leier gesungen habe, bevor er sie um 700 v. Chr. einem Schreiber zur Aufzeichnung in der damals noch jungen griechischen Alphabetschrift (vgl. S. 295 ff.) ›diktierte‹. Parry und Lord stützten sich bei dieser sogenannten ›Oral-poetry-theory‹, welche die Forschung in nachhaltiger Weise beeinflußt hat, ohne bis heute jedoch von allen Fachleuten in vollem Umfang akzeptiert zu werden, vor allem auf eine Textanalyse der an sprachlichen Formeln und Stereotypen reichen homerischen Epen. Sie untermauerten ihre theoretischen Ergebnisse mit Hilfe eingehender Feldforschungen, die sie in den dreißiger Jahren in Serbien durchführten und durch die sie sich eine intime Kenntnis von der Dichtung und Vortragstechnik der damals dort noch tätigen schriftunkundigen Epensänger, der ›Guslaren‹ (so benannt nach dem Instrument, auf dem sie ihre Lieder begleiteten), erwarben.

Die Diskussion ist nach wie vor im Fluß, aber alles deutet darauf hin, daß auch viele der großen Epen anderer Zeiten und Kulturkreise, etwa des alten Orients oder des mittelalterlichen Europa, ursprünglich aus dem Gedächtnis rezitierte und immer wieder variierte, erst später schriftlich aufgezeichnete Werke waren. Allein schon diese herausragenden Beispiele einer ›mündlichen Literatur‹ verdeutlichen eindringlich, daß Schriftlosigkeit keinesfalls mit kultureller Armut und Dürftigkeit gleichgesetzt werden darf. Es kann also nicht darum gehen, die mündlichen Kulturen geringzuschätzen und abzuqualifizieren, wenn man die neuen Möglichkeiten und Perspektiven hervorhebt, welche die Schrift dem

Der griechische Dichter Homer lebte im 8. Jahrhundert v. Chr. (Archiv für Kunst und Geschichte, Berlin)

Menschen eröffnet hat. Daher wird der Begriff ›schriftlose Kulturen‹, der allzuleicht negativ mißverstanden werden kann, heute auch oft vermieden und durch Bezeichnungen wie ›mündliche‹ oder ›Gedächtniskulturen‹ ersetzt, die den andersgearteten Tradierungsmechanismus hervorheben, den diese Gesellschaften anstelle der Schrift besitzen.

Jede Geringschätzung wäre auch deshalb völlig fehl am Platze, weil in den oralen Kulturen zusätzlich zu den beschriebenen mündlichen Überlieferungstechniken eine Fülle von gegenständlichen oder graphischen Ausdrucksmitteln und ›Gedächtnisstützen‹ existieren, die ähnliche Aufgaben erfüllen wie in anderem Milieu die Schrift – sie können daher funktionell als deren Vorstufen und Vorläufer gelten. Es soll im folgenden nicht die ganze Palette dieser Schriftvorstufen in ihrer vollen Breite und Vielfalt dargestellt werden, wie dies in den großen schriftgeschichtlichen Werken zum Teil geschieht. Ziel dieses Kapitels ist es vielmehr, anhand einer Reihe markanter Beispiele zu zeigen, daß auch in ›mündlich‹ organisierten Gesellschaften ein Bedürfnis nach materiellem Ausdruck ideeller Inhalte und nach graphischer Fixierung von Information existieren und zur Entwicklung verschiedenartiger Zeichen- und Symbolsysteme führen kann. Dies war und ist nicht nur in den Gedächtniskulturen der Neuzeit so – wofür die Völker- und die Volkskunde unzählige Beispiele geliefert haben –, sondern gilt auch für unsere weit zurückliegende urgeschichtliche Vergangenheit, aus der nur noch bruchstückhafte archäologische Zeugnisse überliefert sind. Wir wollen im folgenden einige dieser Zeugnisse bis zurück in die älteste Steinzeit betrachten und die Frage stellen, was sie über den frühesten Zeichen- und Symbolgebrauch des Menschen – damit aber auch über die tiefsten Wurzeln der Schrift – mitzuteilen vermögen. Dabei wird sich zeigen, daß der Mensch, so spät er erst die Schrift als das am höchsten entwickelte graphische Kommunikationsmittel ersann (vgl. S.174), offenbar schon von Anbeginn an visuelle und materielle Symbole benutzte und insofern (neben vielen anderen Definitionen, vgl. S. 90 f.) zu Recht auch als »ein zeichenverwendendes Tier« charakterisiert werden kann – dies ein Begriff, den 1912 der britische Archäologe W. M. Flinders Petrie prägte.[4]

Es begann mit dem Kerbstock

Eines der einfachsten und wohl auch frühesten Mittel zur Speicherung von Information ist der sogenannte Kerbstock, ein Stab aus Holz, Knochen oder anderem Material, auf dem Zahlenmengen und andere Daten nach dem Prinzip ›jede Einheit eine Markierung‹ durch eingeschnittene Kerben oder Ritzlinien festgehalten werden. Der Kerbstock ermöglicht es auf diese Weise, auch ohne ein umfassendes Zahlsystem und ohne abstrakten Zahlbegriff – beides existiert in den ›primitiven‹ Kulturen meist nicht oder nur ansatzweise – zu ›zählen‹ und das Gezählte gleichzeitig dauerhaft zu vermerken, ohne daß dazu eine Schrift notwendig wäre. Diese genial einfache Methode der Befriedigung eines fast überall existierenden Alltagsbedürfnisses (denn zu zählen gibt es selbst in den archaischsten Kulturen manches) hatte zur Folge, daß der Kerbstock jahrtausendelang auf allen fünf Kontinenten verbreitet war, daß ihn offenbar viele Völker und Kulturen unabhängig voneinander erfanden und zäh an ihm festhielten – oft sogar noch lange Zeit, nachdem bereits die Schrift Einzug gehalten, in Teilen der Bevölkerung und besonders auf dem Lande aber noch nicht Fuß gefaßt hatte.

Auf Kerbhölzern vermerkten Jägervölker die Menge ihrer Beute, Hirten hielten damit die Zahl ihrer Tiere fest und Eingeborene im Indischen Ozean die Summe der von ihnen geernteten Kokosnüsse, wie bei uns früher Waldarbeiter die Anzahl fertiggestellter Reisigbündel und Weinbergarbeiter die abgelieferte Traubenmenge. Indianische Arbeiter in Los Angeles führten auf Kerbhölzern ›Buch‹ über ihre Arbeitstage und -wochen, ebenso Dienstboten in Südamerika und in Afrika. Bei den Ewe in Westafrika dienten Kerbhölzer als Mittel der Zeitrechnung, bei den Ainu in Japan zur Markierung wichtiger historischer Ereignisse, und die Maori auf Neuseeland führten damit Ahnenregister (jede Kerbe bezeichnete einen Ahnen, das Erlöschen der männlichen Linie wurde durch einen größeren Zwischenraum angedeutet).

In vielen Kulturen fungierten gekerbte Stäbe auch als eine Art Quittung oder Schuldbrief für gelieferte Produkte oder entliehenes Geld – selbst bei uns in Europa spielten sie bis weit ins letzte Jahrhundert eine heute kaum mehr vorstellbare Rolle im täglichen Geschäftsleben, namentlich auf dem Lande. Händler, Bäcker und Wirte hielten für ihre Kunden ein Kerbholz wie späterhin ein Liefer- oder Kreditbuch, woran der noch bei uns gängige Ausdruck ›etwas auf dem Kerbholz haben‹ erinnert. In England verbuchte sogar das Schatzamt vom 12. bis ins 19. Jahrhundert alle Steuerabrechnungen auf kleinen Holzstöckchen, sogenannten *Exchequer tallies*. »Man führt dort Buch wie Robinson Crusoe auf seiner kleinen Insel«, spottete im vorigen Jahrhundert der Schriftsteller Charles Dickens, »indem man Holzstöcke mit Kerben versieht. Eine Unzahl von Buchhaltern und Schreibern wurde geboren und starb, und die amtliche Routine hielt an den Kerbhölzern fest, als seien sie die Grundfeste der Verfassung.«[5] Erst 1826 wurde diese Form der Buchführung offiziell abgeschafft – als man 1834 die alten *Tallies* in einem Ofen des Oberhauses verbrannte, ging das ganze Parlamentsgebäude in Flammen auf!

Der englische Schriftsteller Charles Dickens (1812–1870) (Archiv für Kunst und Geschichte, Berlin)

Wie alt der Gebrauch von Kerbstäben ist und welche Bedeutung sie vor der Erfindung der Schrift besaßen, zeigt auch die Tatsache, daß in China das Schriftzeichen für ›Vertrag‹ noch heute aus einem Zeichen für ›Kerbholz‹ (Stab mit Kerben), einem Zeichen für ›Messer‹ und dem Symbol für ›groß‹ besteht. Ein ›Vertrag‹ ist dort also gleichbedeutend mit einem ›großen Kerbholz‹, das vor der Herausbildung der chinesischen Schrift (vgl. S. 254 ff.) die entsprechenden Funktionen erfüllte. Damit ist auch der Charakter als Schriftvorläufer bzw. Schriftersatz überdeutlich belegt.

Möglicherweise reicht diese Methode der Dokumentation und Informationsspeicherung bis weit in die Urgeschichte zurück – jedenfalls kennt man bereits aus der Altsteinzeit eine große Zahl von Artefakten aus Knochen, Geweih oder Elfenbein, die Kerben oder Linienreihen aufweisen (Holz vergeht im Boden relativ schnell und ist daher nur in Ausnahmefällen archäologisch überliefert). Die ältesten unter ihnen sind gleichzeitig die ersten bekannten ›graphischen‹ Zeugnisse der Menschheitsgeschichte überhaupt: die bereits erwähnten gravierten Knochen aus der über 300 000 Jahre alten *Homo-erectus*-Fundstelle Bilzingsleben in Thüringen, die erst in den beiden letzten Jahrzehnten von dem Ausgräber Dietrich Mania und seinen Mitarbeitern entdeckt wurden (vgl. S. 110). Zu ihnen zählt eine Flachkeule aus dem Spaltstück eines Elefantenschienbeins, auf deren Schmalseite man parallele bzw. fächerartig angeordnete Ritzlinienbündel erkennt – ganz eindeutig absichtlich und sorgfältig angebrachte Gravierungen, die sich deutlich von zufälligen Einritzungen (etwa beim Ablösen des Fleisches von den Knochen) unterscheiden.

Über 200 000 Jahre jünger ist ein Bruchstück eines Mammutstoßzahns von Wyhlen bei Lörrach, das mit einer regelmäßigen Reihe kurzer Schrägkerben versehen ist (Alter maximal 100 000 Jahre). Und vor etwa 40 000 Jahren ritzten Neandertaler eine Anzahl paralleler, gerade und

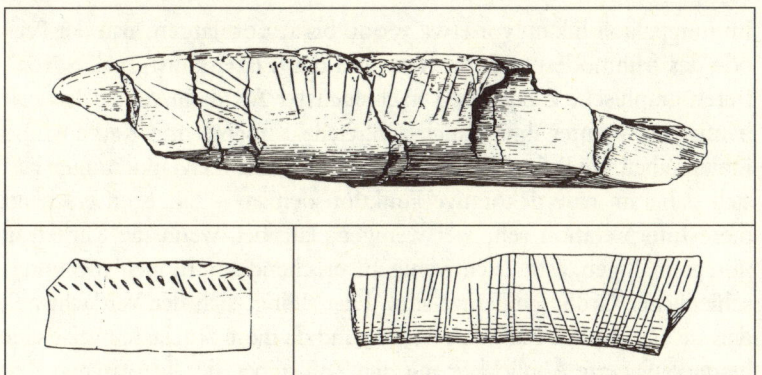

Oben: Flachkeule aus einem Elefantenschienbein mit parallel und fächerartig angeordneten Schnittreihen, ausgegraben an dem über 300 000 Jahre alten Homo-erectus-Fundplatz bei Bilzingsleben in Thüringen. Unten links: Möglicherweise 100 000 Jahre altes Bruchstück eines Mammutstoßzahns mit einer Kerbenreihe, gefunden bei Wyhlen nahe Lörrach. Unten rechts: Etwa 40 000 Jahre alter Knochen mit eingeritzten Linienfolgen aus einem Neandertaler-Grab von La Ferrassie in Frankreich

schräg angeordneter Linien in ein Knochenfragment, das sie einem Toten bei seiner Bestattung an dem ›klassischen‹ Neandertaler-Fundplatz von La Ferrassie in der Dordogne mitgaben. »Vielleicht hatte der Knochen eine Bedeutung und wurde absichtlich neben dem Leichnam niedergelegt«, merkten die Ausgräber D. Capitan und D. Peyrony bei der Publikation des Fundes an.[6]

Die Funktion dieser bemerkenswerten Ritz- bzw. Kerbartefakte aus der Zeit des *Homo erectus* und des Neandertalers (es sind ihrer noch einige mehr bekannt) ist bislang völlig ungeklärt. Zwar zeigen sie äußerlich gewisse Anklänge an die historisch und völkerkundlich bekannten Kerbstäbe, doch wäre es sicherlich reine Spekulation, hinter ihren Linien- und Kerbenfolgen bereits Zählungen oder andere ›Notierungen‹ zu vermuten. Die Ausgräber und Bearbeiter äußerten sich nur sehr vorsichtig über die mögliche Zweckbestimmung dieser Objekte, und in der Tat gibt es eine ganze Reihe anderer Deutungsmöglichkeiten, die mindestens genauso erwägenswert sind. Die Ritzungen könnten beispielsweise der Verzierung und Dekoration gedient haben, sie könnten ebenso – vergleichbar unseren Kritzeleien auf Papier – als spielerischer Zeitvertreib oder Ausdruck einer rhythmischen Bewegung ohne eigentlichen Sinn und Zweck entstanden sein. Vorschnelle Schlußfolgerungen wären hier also unangebracht – die Gravierungen deuten jedoch darauf hin, daß nicht das naturalistische Bild (das aus diesen frühen Perioden noch nicht sicher belegt ist), sondern die abstrakte, ›lineare‹ Komposition das älteste graphische Ausdrucksmittel des Menschen war: »Der Graphismus hat seinen Ursprung nicht in der naiven Darstellung der Wirklichkeit, sondern im Abstrakten«, stellte der Prähistoriker André Leroi-Gourhan schon 1964 fest.[7]

›Rechenstäbe‹ und ›Jagdmarken‹

Im Jungpaläolithikum vor etwa 35 000 bis 12 000 Jahren, also der Periode des frühmodernen Menschen und der ›Eiszeitkunst‹ (vgl. S. 102), treten graphische Zeugnisse verschiedenster Art dann vergleichsweise häufig auf – unter ihnen auch zahlreiche Knochen mit Kerben- und Linienreihen. Im Falle gleichmäßiger, symmetrischer Markierungen läßt sich dabei an eine dekorative Funktion denken – hingegen erscheint diese Interpretation sehr viel weniger plausibel, wenn die Kerben in unregelmäßigen, ästhetisch wenig ansprechenden Gruppen von unterschiedlicher Größe eingeritzt sind. Hier drängt sich der Verdacht auf, daß sie eine andere Funktion hatten, und da diese Stücke teilweise eine bemerkenswerte Ähnlichkeit mit den Zählstäben der historischen Zeit aufweisen, liegt es nahe, sie als deren urgeschichtliche Vorläufer anzusehen.

Diese Interpretation wurde schon im letzten Jahrhundert von zwei Pionieren der Altsteinzeit-Forschung, Édouard Lartet und Henry Christy, in Betracht gezogen, die für solche Stücke eine Deutung als »bâtons de numeration« (Zählstöcke) mit »marques de chasse« (Jagdmarken für erlegte Tiere) vorschlugen. Dem widersprach jedoch ein anderer Wegbereiter der prähistorischen Forschung, Gabriel de Mortillet, der die Kerben und Ritzungen an Gebrauchsgegenständen sehr pragmatisch als eine Art von ›Aufrauhung‹ zur besseren Befestigung an Holzschäften interpretierte.

Seither ist über diese Markierungen immer wieder kontrovers diskutiert worden. Als Zeugnisse eines jungpaläolithischen Zählsystems deuteten sie zu Beginn unseres Jahrhunderts der Franzose Édouard Piette und der Deutsche Max Verworn, nach dem Zweiten Weltkrieg unter anderem die Tschechen Karel Absolon und A. Pokorný sowie der Russe Boris Frolow. Absolon stellte in einem 1957 veröffentlichten Aufsatz eine ganze Reihe von Artefakten aus dem mährischen Jungpaläolithikum mit Kerben und Strichritzungen zusammen, die nach seiner Überzeugung »nicht bloß Ornamente, sondern Zahlbegriffe« waren – unter ihnen ein Wolfsknochen aus der Mammutjägerstation Dolní Věstonice mit fünfundfünfzig ziemlich gleichmäßig aufgereihten und durch eine längere Doppellinie unterteilten Kerben. Absolon klassifizierte diesen Knochen als »Rechenstab«, auf dem die Mammutjäger möglicherweise »Jagdmarken« angebracht hätten, und wies auf die Zahl Fünf mit ihren Multiplikanten hin, die hier wie bei anderen gekerbten Stücken besonders oft vorkomme und daher vielleicht als »Grundzahl« gedient habe.[8] Andere Forscher, zum Beispiel Frolow, glaubten in gleicher Weise eine Häufung anderer Zahlen, etwa der Sieben, auf jungpaläolithischen Artefakten feststellen zu können. Freilich setzten sie dabei die Existenz eines abstrakten Zahlbegriffs voraus, wie er selbst in ungleich jüngeren schriftlosen Kulturen oft noch nicht vorhanden ist (vgl. S. 140).

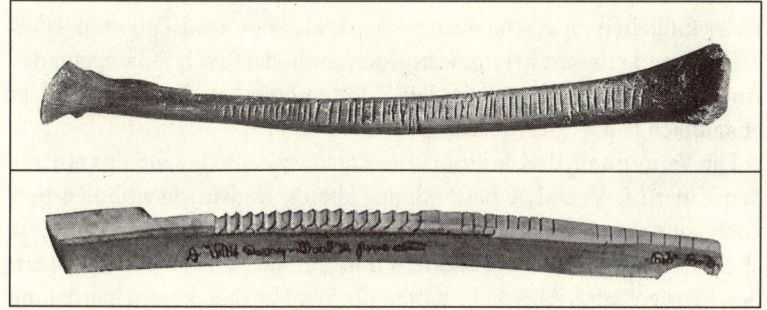

Oben: Wolfsknochen mit einer scharf eingeschnittenen Kerbenreihe aus der rund 25000 Jahre alten Mammutjägerstation von Dolní Věstonice in Mähren. Unten: Englischer Kerbstab (›exchequer tally‹) aus dem 13. Jahrhundert

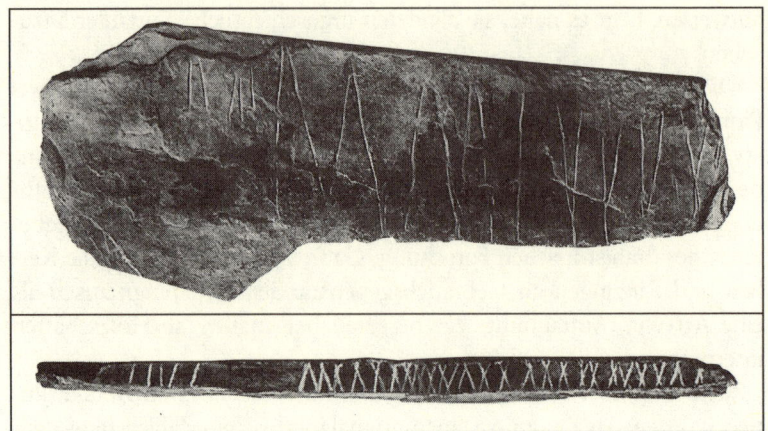

Etwa zwölftausend Jahre alte Schieferplatte aus der Pekárna-Höhle in Mähren, die auf drei Seiten die Zeichen I, Λ, V und X trägt

Absolon präsentierte in seinem Aufsatz darüber hinaus eine auf drei Seiten mit Markierungen versehene Schieferplatte aus dem Magdalénien der Pekárna-Höhle in Mähren als Beispiel dafür, daß man in der jüngeren Altsteinzeit »außer dem einfachen Kerbstrich zuweilen auch andere Zeichen in den Gruppen [findet], besonders ein dem römischen V ähnliches Zeichen, später auch zwei gekreuzte Kerben X und den Punkt«. Im Unterschied zu Verworn, der dies bereits fünfundvierzig Jahre zuvor festgestellt und daraus eine Kontinuität zwischen den jungpaläolithischen Markierungen und dem römischen Zahlensystem konstruiert hatte, hielt sich Absolon aber mit derartigen Schlußfolgerungen zurück. »Ob alle diese ›römischen‹ Zeichen in ihrer langen Zusammenstellung Zahlen ausdrücken sollen«, schrieb er, »oder ob so eine ›römisch‹ mimikrierende Gruppe XX, XXV, XXX zahlenmäßig gar nichts bedeuten soll, das wage ich nicht zu entscheiden.«[9] Tatsächlich kann man allein schon aufgrund der Häufigkeit und Gruppierung der einzelnen Zeichen auf der Schieferplatte von Pekárna definitiv ausschließen, daß sie bereits ›Ziffern‹ vergleichbar den römischen darstellten. Falls hier wirklich eine Notierung und nicht einfach eine Dekoration oder Spielerei vorliegt, wäre es eher denkbar, daß die verschiedenen Markierungen beispielsweise Einheiten unterschiedlicher ›Objektklassen‹ repräsentierten – dies wäre bemerkenswert genug, wäre doch damit die Beschränkung auf das Aneinanderreihen immer gleicher Zählsymbole (vgl. S. 214) schon in erstaunlich früher Zeit durchbrochen.

Die Vermutung, daß das römische Zahlensystem, das anfangs nur aus den Ziffern I, V und X bestand, aus älteren Kerbstocksymbolen hervorgegangen sei (die weltweit diese und ähnliche Formen besitzen), ist aber keineswegs abwegig, sondern unter modernen Zahlenhistorikern durchaus geläufig. Allerdings hätten die Symbole bei dieser Übernahme ihren Charakter und ihre Qualität grundlegend verändert, denn auf den Kerbhölzern bilden sie einfache Zähleinheiten (die Symbole V und X fungieren dort als ›Bündelungszeichen‹, vergleichbar dem Querstrich, mit dem wir eine Abfolge von vier Längsstrichen zu einer Fünfergruppe bündeln), während sie im römischen Zahlensystem echte, ›arithmetische‹ Ziffern darstellen.

Absolon schloß seinen Artikel mit der Feststellung: »Diese Zeichen, Linien, Striche, Grübchen, Kerben gehen den Uranfängen der Schrift voran, und sie haben daher eine entwicklungsgeschichtliche Bedeutung in der Kulturgeschichte.«[10] Andere Wissenschaftler vermochten und vermögen derartigen Hypothesen dagegen kaum mehr als ein Lächeln oder ein Schulterzucken abzugewinnen und lehnen sie, meist ohne eigene Deutungsversuche, als zu spekulativ ab. So urteilte etwa der französische Prähistoriker André Leroi-Gourhan: »Die Vorstellung vom Jäger, der jedesmal gewissenhaft eine Kerbe in seinen kleinen Stab macht, wenn er ein Mammut erlegt hat, ist eher unterhaltsam als plausibel.« Indes räumte er ein: »Was immer der Zweck dieser Objekte ist, ihr Vorkommen während des ganzen Jungpaläolithikums ist ein merkwürdiges Phänomen.«[11]

Mondkalender vor dreißigtausend Jahren?

In jüngerer Zeit haben sich erneut einige Forscher diesem ›merkwürdigen Phänomen‹ gewidmet und sind dabei zu neuartigen und aufsehenerregenden Ergebnissen gelangt. Der wohl wichtigste unter ihnen ist der ehemalige Journalist und Raumfahrtexperte Alexander Marshack. Eine Veröffentlichung über einen mit Kerbengruppen versehenen mesolithischen (mittelsteinzeitlichen) Knochen aus Ishango in Zentralafrika veranlaßte den Amerikaner 1963, seine frühere Tätigkeit aufzugeben und sich ganz dem Studium vorgeschichtlicher Gravierungen, hauptsächlich solcher der jungpaläolithischen ›Eiszeitkunst‹, zuzuwenden. Seine damals noch außergewöhnlichen Methoden – Detailuntersuchungen unter dem binokularen Mikroskop und stark vergrößerte fotografische Ausschnittaufnahmen – fanden in der archäologischen Fachwelt allgemeine Anerkennung. Bis heute heftig umstritten blieben dagegen die Hypothesen, die er im Rahmen seiner Forschungsarbeit entwickelte. Marshack vertritt nämlich die Auffassung, daß die gesamte jungpaläolithische Kunst »time factored art« sei, also zeitliche Sequenzen und Beziehungen wiedergebe, und daß insbesondere viele der mit Kerben und Markierungen versehenen Artefakte und Kleinkunstwerke zeitliche ›Notierungen‹ enthielten. Sie fungierten, so glaubt er, als eine Art steinzeitliche ›Kalender‹, auf denen Mondphasen und Mondmonate verzeichnet waren – derartige Mondkalender bildeten die Grundlage der meisten primitiven Zeitrechnungssysteme, die aus der Geschichte und der Völkerkunde bekannt sind.

Marshacks am häufigsten zitiertes und wiedergegebenes ›Paradebeispiel‹ ist eine schon vor Jahrzehnten im Abri Blanchard in der Dordogne ausgegrabene, rund dreißigtausend Jahre alte längliche Knochenplatte, deren eine Seite ein aus neunundsechzig grübchenartigen Vertiefungen bestehendes schlangenförmiges Muster trägt. Marshack schloß aus seiner mikroskopischen Untersuchung, daß bei der Anbringung der Vertiefungen das Werkzeug bzw. die Einschnittrichtung und -tiefe vierundzwanzigmal gewechselt habe, woraus er folgerte, daß die Markierungen nicht in einem Arbeitsgang, sondern nach und nach im Laufe eines gewissen Zeitraums entstanden seien. Diese ›serielle‹ Anbringung, so seine nächste Arbeitshypothese, könne darauf zurückzuführen sein, daß man eine zeitliche Sequenz aufgezeichnet habe, und zwar den Zyklus des Mondes. Nehme man an, so Marshack, daß jede der Vertiefungen einer Mondnacht entspreche und daß die Notierung in der Mitte links mit der letzten Sichel des abnehmenden Mondes sowie dem darauffolgenden Neumond beginne, um dann Nacht für Nacht auf der Schlangenlinie voranzuschreiten, so ergebe sich ein ganz bestimmtes Muster: Alle Vollmondnächte lägen dann nämlich in den beiden linken Schleifen der Figur, die Neumondnächte (abgesehen von derjenigen am Beginn) dagegen in den rechten, während die Halb- und Viertelmonde sich jeweils auf den Geraden befänden. Die Kerbenfolge wäre demnach als ein sehr

Rund dreißigtausend Jahre alte geglättete Knochenplatte aus dem Abri Blanchard in Frankreich mit schlangenförmigem Muster aus neunundsechzig Vertiefungen, das nach Auffassung des amerikanischen Forschers Alexander Marshack eine Art Mondkalender darstellt. Oben links eine Umzeichnung des Grübchenmusters, oben rechts Marshacks Interpretation in einer Schemazeichnung (offene Kreise = Vollmonde; geschlossene Kreise = Neumonde)

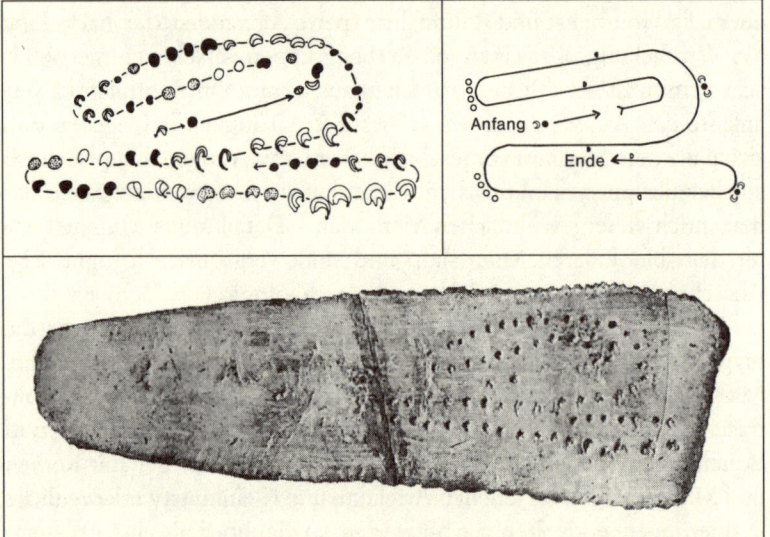

eindrucksvolles graphisches Schema der Phasen des Mondes und seiner damit verbundenen ›Wanderung‹ am Nachthimmel interpretierbar. »Wir hätten eine visuelle, kinästhetische [Bewegung nachvollziehende] und symbolische Darstellung der Zu- und Abnahme, die dem Hersteller an jedem Punkt anzeigte, wo im Mondmonat er sich befand, und das auf nichtarithmetische Weise«, wie Marshack selbst es formulierte.[12] Da ein Mondmonat (von einem Neumond bis zum nächsten) neunundzwanzigeinhalb Tage umfaßt, entsprächen die neunundsechzig Markierungen einem ›Kalender‹ über mehr als zwei Mondmonate (weitere linear angeordnete Kerben an den Kanten und auf der Rückseite des Artefakts nicht mitgerechnet). Dies alles ist wohlgemerkt nur eine spekulative Hypothese, aber immerhin eine sehr anregende und in sich schlüssige. Und wie erwähnt ist dieses Stück nicht das einzige, sondern nur eines unter vielen, bei denen Marshack ähnliche Notierungen gefunden zu haben glaubt.

Sein Interpretationsmodell stieß und stößt freilich, wie schon angedeutet, in der Fachwelt keineswegs auf ungeteilte Zustimmung – eine Reihe von Forschern hat vielmehr ernste Bedenken und Einwände dagegen vorgebracht. So wurde beispielsweise Marshacks Grundprämisse in Frage gestellt, daß eine unterschiedliche Tiefe und Beschaffenheit der Schnittmarkierungen auf einem Artefakt stets auf ihre ungleichzeitige, ›serielle‹ Anbringung im Verlauf eines längeren Zeitraums schließen lasse – derartige unterschiedliche Schnittmerkmale können, so meinen viele Fachleute, auch bei einer Anbringung in einem Arbeitsgang und mit ein und demselben Werkzeug entstehen. Es wurde ferner darauf hingewiesen, daß Marshack bei manchen Stücken erhebliche Argumentations- und Rechenkünste aufbieten muß, um Anzahl und Gruppierung der Markierungen mit den Tagen bzw. Phasen des Mondumlaufs in Übereinstimmung zu bringen. Was speziell die beschriebene Knochenplatte aus dem Abri Blanchard betrifft, so hat kürzlich der in den USA tätige Anthropologe Randall White hervorgehoben, daß sie zu einer ganzen Gruppe ähnlicher, mit gewundenen Punktreihen verzierter Artefakte gehört, die möglicherweise ein natürliches Vorbild nachahmten – die Maserung von (in den Fundstellen der Region vorkommenden) Muschelschalen aus dem Atlantik nämlich.

Trotz solcher Kritiken, Einwände und andersgearteten Deutungsvorschlägen ist Marshacks Arbeit in Ansatz und Methodik nicht ohne Wirkung auf die engere Fachwissenschaft geblieben. Sie hat gezeigt, welche Fülle an Beobachtungen und Aufschlüssen eine detaillierte, minutiöse Analyse von Fundstücken unter dem Mikroskop erbringen kann, und sie hat einen völlig neuen Gesichtspunkt, den der zeitlichen Sequenzierung, in die Analyse der jungpaläolithischen Kunst eingebracht. Marshacks

32 000 Jahre altes Elfenbeinplättchen aus der Geißenklösterle-Höhle bei Blaubeuren nahe Ulm, das ein Halbrelief und Reihen kleiner Kerben zeigt

Modell wird daher heute von den meisten Fachwissenschaftlern als *eine* erwägenswerte Interpretationsmöglichkeit unter anderen anerkannt, und ihm ist es zu verdanken, wenn bei mit Kerbreihen versehenen Artefakten nicht mehr nur an ornamentale Verzierungen oder ›Jagdmarken‹ (vgl. S. 143), sondern auch an zeitliche ›Notierungen‹ gedacht wird.

Ein Beispiel für diesen neuen Blickwinkel ist ein 1979 unter Leitung des Archäologen Joachim Hahn in der Geißenklösterle-Höhle bei Blaubeuren nahe Ulm ausgegrabenes kleines Elfenbeinplättchen. Es zeigt auf der Vorderseite das Halbrelief einer menschenartigen Gestalt mit einer Art Schurz oder Schwanzfortsatz zwischen den Beinen, die wegen ihrer erhobenen Arme auch als ›Adorant‹, das heißt als ›Anbetender‹, bezeichnet wird. An allen vier Seitenkanten und auf der Rückseite trägt das ca. 32 000 Jahre alte Kunstwerk Kerben, und zwar an den beiden Längskanten je dreizehn und an den Schmalkanten sechs bzw. sieben (Summe dreizehn) Einschnitte; auf der Rückseite sind vier Reihen mit je dreizehn, zehn, zwölf und dreizehn kurzen Kerben bzw. Punkten zu erkennen, die am unteren Ende ein kleines Feld frei lassen.

Der Ausgräber Joachim Hahn schreibt zu diesen Markierungen: »Die Anzahl von dreizehn Kerben an den Kanten und im Mittelfeld läßt die Frage aufkommen, ob diese Zahl absichtlich gewählt wurde. Bei einer rein ornamentalen, flächendeckenden Verzierung hätte man das untere Feld leicht noch ausfüllen können.« Und weiter: »Wieweit diese Zeichen aber intentionelle Markierungen, etwa die von zeitlichen Sequenzen in Art eines Kalenders sind, läßt sich nicht entscheiden. Man könnte sich vorstellen, daß die Zahl Dreizehn den Mondzyklen entspricht [das Sonnenjahr umfaßt abwechselnd zwölf oder dreizehn Mondmonate]. Die Figur könnte dann einen Menschen im Zusammenhang mit dem Jahresverlauf oder sogar eine Himmelsgottheit darstellen. Eine solche Deutung ist aber (…) letztlich nur eine von vielen Möglichkeiten.«[13] Hahn bezeichnet im übrigen auch die auf anderen Kleinkunstwerken vorkommenden Kerbzeichen als »zusätzliche, verschlüsselte Botschaft« und »letztlich ein(en) Vorläufer unserer Schrift«.[14]

Von Knotenschnüren und Rosenkränzen

Auch ohne Schrift im eigentlichen Sinn, das dürften diese Beispiele gezeigt haben, sind einfache Arten der ›Buchführung‹ und Informationsspeicherung mit Hilfe von Kerben und ähnlichen Markierungen möglich und historisch wie völkerkundlich in den verschiedensten Varianten belegt. Eine Anwendung solcher Verfahren erscheint aufgrund des archäologischen Materials schon beim altsteinzeitlichen Menschen als möglich oder sogar wahrscheinlich, wenngleich sie hier natürlich kaum je definitiv nachzuweisen sein wird.

Der Vollständigkeit halber sei noch hinzugefügt, daß vergleichbare Arten des Zählens und ›Notierens‹ auch mit anderen Hilfsmitteln durchgeführt werden können, beispielsweise mit Knotenschnüren. Derartige Schnüre sollen in China schon im 3. Jahrtausend v. Chr. in Gebrauch gewesen sein, und in historischer Zeit sind sie weltweit für viele Kulturen belegt. Als berühmtestes und am höchsten entwickeltes Beispiel gelten die peruanischen ›Quipus‹, mit denen die Inka die gesamte Verwaltung in ihrem Großreich, das keine Gebrauchsschrift kannte (vgl. S. 274 ff.), bewältigten. Sie bestanden aus oft verschiedenfarbigen Schnüren, die wie Fransen an einem Hauptstrang befestigt und mit Einfach- und Mehrfachknoten versehen waren, welche die Grundzahlen von eins bis neun darstellten. Durch Anbringung dieser Knoten in unterschiedlicher Höhe ließen sich die Einer-, Zehner-, Hunderter- und Tausenderstellen größerer Zahlen angeben – es handelte sich also bereits um recht komplexe arithmetische Zahlennotierungen, die das Vorhandensein eines umfassenden Zahlensystems voraussetzten. Die Art der gezählten Güter (Getreide, Vieh, Gold usw.) ließ sich durch die Farbe und Anordnung der Schnüre ausdrücken.

Ein anderes historisch und völkerkundlich häufig belegtes Verfahren ist die Zählung und Zahlenspeicherung mit Hilfe von Steinchen, Holzstäbchen, Muscheln oder anderen Objekten, die jeweils eine Einheit der zu zählenden Dinge versinnbildlichen. Aus einem derartigen ›Buchführungssystem‹ ist in Vorderasien die früheste Schrift hervorgegangen (vgl. Kapitel 8).

Durch Knoten, Kügelchen und Kerben lassen sich aber nicht nur Zahlen, Objektmengen oder zeitliche Sequenzen dokumentieren, sie können in einer noch viel umfassenderen Weise als Gedächtnisstütze dienen – wir brauchen nur an den sprichwörtlichen Knoten im Taschentuch oder an den christlichen Rosenkranz zu denken, bei dem ein Kreuz für ein zu betendes ›Glaubensbekenntnis‹, eine große Perle für ein ›Vaterunser‹ und eine kleine Perle für ein ›Ave Maria‹ steht. In den schriftlosen Gesellschaften waren und sind derartige mnemotechnische Hilfsmittel viel stärker verbreitet und vervollkommnet, um die mündliche Überlieferung des kulturellen Erbes zu erleichtern: Gegliederte Zeichenfolgen auf einem Stab etwa helfen, sich der Motive und Strophen eines Liedes zu erinnern, weise alte Männer lassen eine Knotenschnur durch die Hände gleiten, während sie mythische Legenden erzählen oder über die Ahnenfolge des Stammes berichten, und abstrakte Muster und Symbole halten den Rhythmus einer Beschwörungsformel fest.

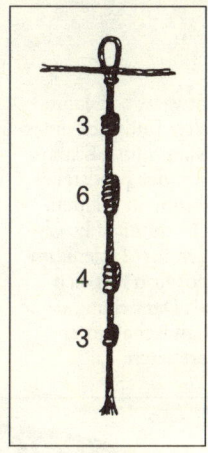

Darstellung der Zahl 3643 auf einem Quipu der Inka

Die Knüpfungsart der Knoten für die Zahlen 1, 3, 5, 7, 9 (von links nach rechts)

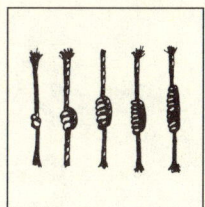

Besonders bekannt geworden sind die ›Botenstäbe‹ in Australien und anderen Teilen der Welt, die mit Hilfe einfacher Kerbengruppen oder eingeschnittener stilisierter Motive den Boten an den Inhalt seiner Nachricht erinnerten und ihm zugleich als eine Art Legitimation dienten. Berühmtheit erlangten auch die australischen ›Tschuringas‹, verzierte länglich-ovale oder rundliche Gegenstände aus Holz bzw. Stein, die im Kult der Ureinwohner dieses Kontinents eine zentrale Rolle spielten. Die hauptsächlich aus konzentrischen Kreisen, Parallel- und Schlangenlinien bestehenden Ritzmuster dieser Objekte wirken auf den außenstehenden Betrachter wie reine Ornamentik, sind aber tatsächlich konventionelle Symbole für bestimmte Örtlichkeiten, Gegenstände, Menschen oder Tiere und geben komplexe mythische Motive und Szenen wieder. Die ›Tschuringas‹ galten daher als magische, gleichsam ›heilige‹ Gegenstände und wurden in Höhlen verwahrt, um nur bei bestimmten kultischen Zeremonien Verwendung zu finden.

Eine eiszeitliche Landschaftsskizze

Etwa 25 000 Jahre altes Endstück eines Mammutstoßzahns von der Fundstelle Pavlov in Mähren. Die unten links ›abgerollte‹ Linienkomposition läßt sich als Darstellung einer Landschaft interpretieren

Ob es Ähnliches auch bereits in den eiszeitlichen Jägerkulturen gab, wissen wir nicht mit Gewißheit – die Beispiele aus der Völkerkunde mahnen uns aber, den möglichen Symbol- und Informationsgehalt der zahlreichen jungpaläolithischen Gravierungen auf Knochen, Geweih oder Elfenbein nicht zu unterschätzen. Selbst hinter abstrakten und rein dekorativ wirkenden Ritzungen können sich, wie im Falle der ›Tschu-

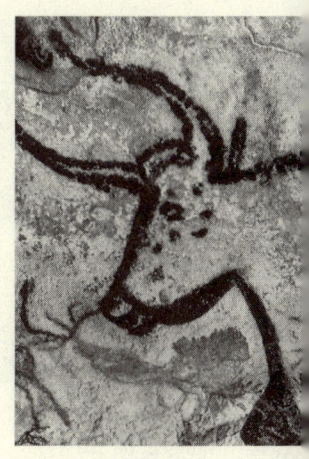

ringas‹, extrem stilisierte, aber doch bedeutungstragende Motive und Darstellungen verbergen. Der tschechische Archäologe Bohuslav Klíma sieht beispielsweise in einer recht komplexen und verwirrenden Linienkomposition auf einem 25 000 Jahre alten Endstück eines Mammutstoßzahns von der Fundstelle Pavlov in Mähren die Skizze oder Kartierung einer Landschaft mit Fluß (wellenartige Linie), Berghängen und -kuppen sowie einer menschlichen Siedlungsstelle (kleiner Doppelkreis in der Mitte). Wenngleich diese Deutung keinesfalls zwingend ist, liegt sie doch angesichts des völkerkundlichen Materials durchaus im Rahmen des Möglichen. Es handelt sich übrigens nicht um die einzige Darstellung aus dem Jungpaläolithikum, für die eine solche Interpretation erwogen wird. Russische Archäologen sehen ebenso in einer Ritzkomposition aus einer fünfzehntausend Jahre alten ukrainischen Fundstelle eine altsteinzeitliche Landschaftsskizze, und ein deutscher Forscher vermutet, daß auf einem jungpaläolithischen Geweihstab aus Frankreich der Grundriß einer Höhle eingraviert ist.

Ganz sicher bedeutungstragend und insofern als Schriftvorläufer einzustufen sind die abstrakten Zeichen und Symbole, die recht häufig allein oder in Verbindung mit Tierdarstellungen auf gravierten Knochen, besonders aber in der Felskunst des Jungpaläolithikums vorkommen. Sie dürften nach heutiger Auffassung in irgendeiner Weise Gedanken, Ideen oder umfassendere Vorstellungskomplexe versinnbildlicht haben, besaßen jedoch sicherlich noch keine wort- oder begriffsähnliche Bedeutung.

Aber auch den in Knochen geritzten, in Elfenbein geschnitzten oder auf Höhlenwände gemalten ›naturalistischen‹ Tierdarstellungen, die das zentrale und bei weitem häufigste Motiv der eiszeitlichen Kunst bilden, schreiben die meisten Prähistoriker heute mehr als eine rein dekorative und schmückende Funktion zu. Der Trend geht immer mehr dahin, auch in ihnen wichtige Ideen- und Informationsträger zu sehen, die Wissen und geistige Konzeptionen wiedergaben und vielleicht auch weiterzuvermitteln halfen.

Was kann beispielsweise vor zwölftausend Jahren Menschen des Magdalénien veranlaßt haben, in einen sogenannten ›Lochstab‹ aus Rentiergeweih, der in der französischen Fundstelle Montgaudier ausgegraben wurde, ein Robbenpärchen zusammen mit einem Fisch, zwei Schlangen (oder Aalen) und drei länglichen Gebilden einzugravieren, die man früher für Harpunen oder Pfeile hielt? Der bereits erwähnte Alexander Marshack untersuchte den Stab unter dem Mikroskop und entdeckte eine Reihe zuvor unbekannter Details: Bei dem Fisch handelt es sich nach seinen Angaben um einen Lachs mit einem Häkchen am Unterkiefer des geöffneten Mauls, wie es für die Männchen während der Laichperiode im Frühjahr typisch ist; die beiden Schlangen zeigen deutlich erkennbare

Einige Beispiele für die Symbolzeichen der französisch-spanischen Höhlenkunst

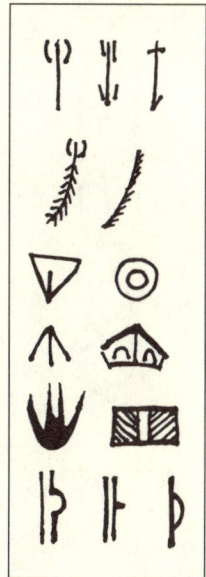

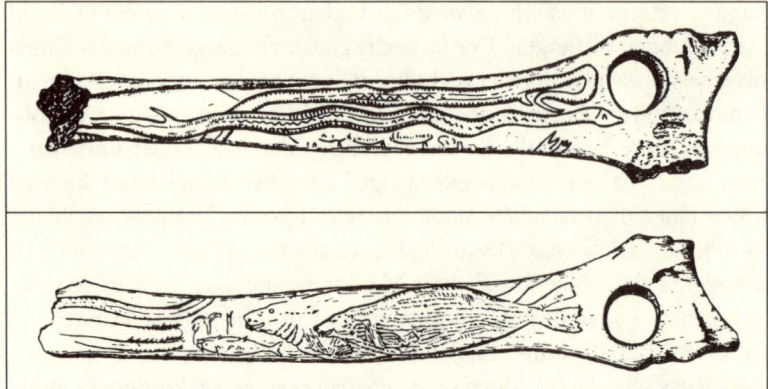

An dem französischen Fundort Montgaudier wurde dieser zwölftausend Jahre alte ›Lochstab‹ aus Rentiergeweih mit Darstellungen verschiedener Tiere und Pflanzen gefunden

Einige Detailzeichnungen, die nach einer mikroskopischen Untersuchung des Artefakts angefertigt wurden (von oben nach unten): Lachskopf; drei pflanzenartige Motive; Blumenknospe; stilisierter Steinbockkopf

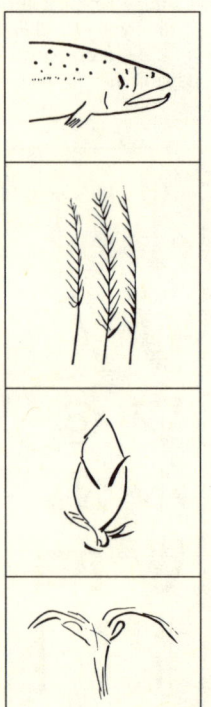

Genitalien und dürften Nattern während der Paarungszeit nach Ende des Winters darstellen; und die drei länglichen Gebilde gleichen eher Gräsern oder Zweigen als Harpunen (die auch in die falsche Richtung zielen würden). Vor allem aber identifizierte Marshack einige sehr viel kleinere Ritzungen, die sich außerdem noch auf dem Stab befinden, als einen stilisierten Steinbockkopf, eine Blumenknospe und einen Pflanzenschößling. Das ganze Ensemble ist seiner Ansicht nach eine bewundernswert detaillierte Darstellung der Tier- und Pflanzenwelt in einer bestimmten Jahreszeit, nämlich im Frühling und Frühsommer, wenn nach der Schneeschmelze die Lachsschwärme zum Laichen die Flüsse hinaufwanderten (gefolgt von Robben), die Schlangen sich häuteten und paarten und bald darauf die Blumen und Gräser zu wachsen und zu blühen begannen. Man könnte die Komposition in diesem Licht gleichsam als eine bildliche ›Ode an den Frühling‹ bezeichnen, und Marshack meint, auf anderen Artefakten noch weitere solcher saisonalen Darstellungen identifizieren zu können – eine andere Ausprägung seiner ›time factored art‹ (vgl. S. 145 f.).

Betrachtet man die Gravur nüchterner unter dem Gesichtspunkt der darin gespeicherten Information, so könnte sie angesichts ihrer Detailgenauigkeit fast als eine Art Demonstrationsobjekt zur Veranschaulichung biologischer Sachverhalte gedient haben. Wenngleich eine solche Sichtweise sicher zu ›modern‹ ist, berührt sie doch einen Aspekt der jungpaläolithischen Kunst, der seit einiger Zeit verstärkt in der Fachwelt diskutiert wird. Der schon zitierte Urgeschichtler Joachim Hahn fand beispielsweise heraus, daß aus Elfenbein geschnitzte kleine Tierfigürchen, die in zwei Höhlen der Schwäbischen Alb entdeckt wurden, auffallend oft gefährliche Tierarten und diese zum Teil in aggressiven Posen zeigen, wobei durch zusätzliche Kerbmarkierungen möglicherweise die Körperachsen und -zentren betont und gewisse anatomische Fakten wiedergegeben werden sollten. »Ein Teil der Figuren«, so schreibt er, sei »nicht nur als Symbol für die Tierart zu sehen, sondern enthält Detailinformationen über aggressive Haltungen und Körperbau, gleichsam wie eine extrem vereinfachte Tierkunde. Die Figuren könnten daher auch als Lehrobjekte im weitesten Sinne verstanden werden, an denen bestimmte Eigenschaften erklärt wurden.«[15] »Wenn man die Figuren als Lehrmittel auffaßt«, so schränkt er an anderer Stelle ein, »dann ist das sicher eine zu sehr von unserer heutigen Welt geprägte Auffassung.« Dennoch: »Das, was wir Kunst nennen, hatte vielleicht auch eine Lehrfunktion.«[16]

Die Rätsel der Bilderhöhlen

Ob diese spezielleren Hypothesen nun zutreffen mögen oder nicht – man geht heute jedenfalls allgemein davon aus, daß die Eiszeitkunst nicht einfach ›l'art pour l'art‹, Kunst um ihrer selbst willen, als Zeitvertreib oder als reiner Schmuck war, sondern daß sie eine darüber hinausgehende bedeutungtragende und ›kommunikative‹ Funktion besaß. Die Auswahl und Gruppierung etwa, in der die verschiedenen Tierarten in den großen französischen und spanischen ›Bilderhöhlen‹ an die Wände gemalt oder in den Fels geritzt wurden, spricht dafür, daß sie eine wichtige Rolle im Rahmen eines – für uns kaum mehr nachvollziehbaren – naturreligiös-magischen Glaubens- und Zeremonialsystems spielten, daß sie zugleich Ausdruck, Symbol und Kristallisationspunkt der damit verbundenen Vorstellungen und Praktiken waren.

André Leroi-Gourhan, von dem die umfassendste Zusammenschau und Analyse des gesamten Materials stammt und nach dessen Auffassung die Eiszeitkunst auf einem fundamentalen Dualismus weiblicher und männlicher Symbole basierte, bezeichnete die Bilder als ›Mythogramme‹, als »symbolische Darstellungen, deren Beziehung zum Sujet nur durch das Wort, die mündliche Erzählung, deutlich wird«. Er schrieb: »Zwar wäre es auf keinen Fall angebracht, derartige Abbildungen aus dem Paläolithikum als Schriftsystem anzusehen, und doch waren sie als Zeichen ideographischen Charakters Beziehungspunkte für die Wieder- und Weitergabe einer mündlichen Tradition.« Sein Fazit: »Die Wandbild-Assemblagen besitzen alle wesentlichen Charakterzüge einer Botschaft, die dem Bedürfnis und den Mitteln des jungpaläolithischen Menschen entsprach, Symbolen einer mündlichen Tradition Gestalt zu geben«[17] – sie müßten demnach ebenfalls in die Ahnenreihe der Schrift gestellt werden.

Um diese vielleicht etwas theoretischen Erwägungen ein wenig zu veranschaulichen, wollen wir uns eine der bekanntesten jungpaläolithi-

Die berühmte
Wisent-Mensch-
Vogel-Szene aus dem
Schacht der Bilder-
höhle von Lascaux

schen Höhlenmalereien etwas genauer ansehen, die berühmte ›Wisent-Mensch-Vogel-Szene‹ aus dem Schacht der Bilderhöhle von Lascaux in der Dordogne. Sie entstand, wie die wunderbaren Tierdarstellungen dieser Höhle, vor etwa sechzehntausend Jahren im Magdalénien und gehört zu den wenigen ›szenischen‹ Kompositionen der Eiszeitkunst. Die Darstellung wird dominiert von einem gewaltigen Wisent, der offenbar durch einen Speer verwundet wurde und dem Blut oder Ge-därme aus dem Hinterleib quellen. Vor seinem gebeugten Kopf sieht man einen zu Boden sinkenden oder bereits dort liegenden Mann mit erigiertem Penis, ausgebreiteten Armen (mit nur vier Fingern an den Händen) und einem merkwürdig vogelartigen Kopf – seine ganze Ge-stalt ist auffallend steif gezeichnet und fast schablonenhaft stark stilisiert. Unter oder neben diesem Mann erkennt man einen Vogel auf einer Art Stange.

Viele Prähistoriker sehen in dieser Szene die Darstellung eines Jagdun-falls, bei dem ein Jäger nach der Verwundung des Wisents von diesem getötet wird. Diese Deutung ist die am unmittelbarsten einleuchtende,

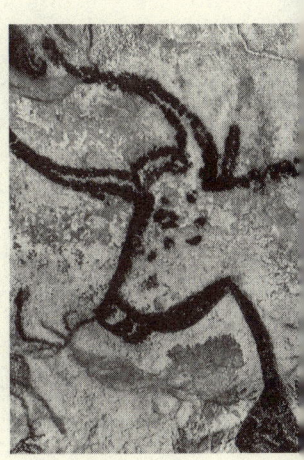

freilich lassen sich der vogelartige Kopf des Mannes und der Vogel auf dem Stab nur schwer in sie einfügen – letzterer wurde beispielsweise als Totemtier des Jägers, als Grabvogel oder allgemein als Symbol des Übergangs vom Erdenleben in die jenseitige Welt interpretiert.

Gerade diese merkwürdigen Details veranlaßten 1953 den Prähistoriker Horst Kirchner zu einer völlig andersartigen Deutung der Szene: Er sah in ihr »die überraschend naturgetreue Darstellung einer geradezu typischen schamanistischen Geisterbeschwörung«, wie sie von neuzeitlichen Jägervölkern her vielfach belegt sei. Vögel etwa spielten in Sibirien eine besondere Rolle als Hilfsgeister oder ›spirituelle Doppelgänger‹ der Schamanen, was in der häufigen Verwendung von Vogelstäben, -kostümen und -masken während der Zeremonien seinen Ausdruck fand, und auch die Tötung von Rindern wurde dort im Zusammenhang mit Opferritualen hin und wieder beobachtet. Kirchner interpretierte die Szene vor diesem Hintergrund folgendermaßen: »Der eine Vogelkopfmaske tragende Schamane ist in die willentlich herbeigeführte Ohnmacht gefallen; sein Leib sinkt zu Boden, indes sich seine Seele auf die jedem Kenner schamanistischer Erscheinungen wohlvertraute Jenseitsfahrt begibt.«[18]

Problematisch an dieser ohne Zweifel faszinierenden ›Lesung‹ ist neben der kaum überzeugenden Interpretation des Wisents als Opfertier vor allem die getreue Übertragung doch sehr spezieller Riten, Vorstellungen und Symbole neuzeitlicher Kulturen in eine immerhin sechzehntausend Jahre zurückliegende Vergangenheit. Nicht zuletzt deshalb lehnen andere Wissenschaftler Kirchners Hypothese ab. Wir brauchen uns hier auf diese Diskussion nicht im einzelnen einzulassen – für uns ist die Feststellung wesentlich, daß diese Szene, die André Leroi-Gourhan einmal als »eine Falle für zu scharfsinnige Prähistoriker« bezeichnete,[19] ganz ohne Zweifel ›eine Geschichte erzählen‹, einen Sachverhalt schildern oder eine Idee wiedergeben will – freilich in einer symbolhaften Bildsprache, die uns heute zum schier unlösbaren Bilderrätsel geworden ist.

Ein ähnlich markantes Beispiel für eine solche symbolisch verschlüsselte ›Botschaft‹ stellt die sogenannte ›Inschrift‹ in der spanischen La-Pasiega-Höhle dar. Diese Felsmalerei zeigt auf ihrer linken Seite einen Komplex aus vier bienenkorbförmigen, von senkrechten Linien flankierten und auf einer Art Plattform ruhenden Gebilden, die einige Forscher als stilisierte Hütten oder Höhleneingänge deuteten. Daneben erkennt man ein Paar Füße (oder Bärentatzen), die nach jüngeren Analogien den Begriff des Gehens bzw. der Bewegung versinnbildlichen könnten. Den rechtsseitigen Abschluß bildet ein großes E-förmiges Zeichen, das oft als eine Art ›Absperrung‹ interpretiert wurde. Unter dem beschriebe-

Symbolhafte Kompo-
sition in der La-
Pasiega-Höhle in
Spanien, die auch als
›Inschrift von La
Pasiega‹ bekanntge-
worden ist

nen Ensemble finden sich schließlich drei längliche Zeichen und ein
runder Fleck, in dem manche Autoren eine Darstellung des Vollmonds
sahen.

Ist die Deutung der einzelnen Bildelemente schon völlig spekulativ
und davon geprägt, wie wir heute derartige Symbole ›suggestiv‹ empfinden, so gilt dies erst recht für die Interpretation der Darstellung im
Ganzen. »Als ich 1913 die Pasiega-Höhle besuchte«, erinnerte sich etwa
der Völkerkundler Karl Weule, »entströmten meinem Munde dieser
Inschrift gegenüber fast reflexartig die deutenden Worte: ›Weiche zurück, Fremdling, denn hier ist heiliges Land‹.«[20] Andere Besucher sahen
in der Darstellung dagegen eher eine Komposition mit ›aufforderndem‹
Charakter, und der Schriftgeschichtler Karoly Földes-Papp glaubte das
Ensemble nach einer eingehenden Analyse der Einzelbestandteile wie
folgt ›übersetzen‹ zu können: »Weder Mensch noch Tier darf die (magischen) Wohnstätten der Geister stören, damit diese ihre Wege, insbesondere bei Vollmond, ungehindert gehen können.«[21]

Schon diese ebenso originellen wie konträren Deutungen belegen
eindrucksvoll, daß es, mit den Worten des italienischen Prähistorikers
Paolo Graziosi, »ein nutzloses Beginnen [ist], für diesen kabbalistischen
[geheimnisvollen] Komplex irgendeine Erklärung finden zu wollen«.[22]
Wir müssen uns also auch hier mit der Einsicht zufriedengeben, daß
diese Bilder und Zeichen für die Jungpaläolithiker aller Wahrscheinlichkeit nach einen tieferen Sinngehalt bargen, den wir aber nicht mehr
entschlüsseln und nachvollziehen können.

Daß es in der Tat nahezu unmöglich ist, die authentische Aussage
einer solchen ›Ideenschrift‹ zu rekonstruieren, wenn man ihre Bildsprache, sozusagen ihren ›symbolischen Code‹, nicht kennt und versteht,
zeigt ein Beispiel aus dem völkerkundlichen Bereich.

Eine indianische Stammeschronik

Die nordamerikanischen Indianer kannten vor der Berührung mit den
Europäern keine Schrift, aber viele von ihnen besaßen teilweise hochentwickelte bildlich-symbolische Aufzeichnungssysteme, mit denen sie auf
Holz, Baumrinde, Leder und anderen Materialien Mitteilungen, Informationen und wichtige Ereignisse fixierten. Als Beispiel mag eine über
siebzig Jahre, vom Winter 1800/01 bis zum Winter 1870/71, reichende
Stammeschronik der Dakota dienen. Bei diesem sogenannten *Winter
count* wurde auf einem Büffelfell in einer Spirale von innen nach außen
jedes Jahr durch das Bildsymbol eines besonders denkwürdigen Ereignisses versinnbildlicht. Obwohl diese Symbole meist nicht abstrakt,
sondern gegenständlich sind und sich Menschen, Tiere und andere
Darstellungselemente ohne weiteres als solche erkennen lassen, bleibt
ihr Bedeutungsgehalt – und damit der eigentliche Bildsinn – dem nicht-
eingeweihten Betrachter verschlossen. Dieser ›Sinn‹ der Symbole mußte
wohl auch bei den Dakota selbst erst durch zusätzliche mündliche
Erläuterungen verständlich gemacht werden – unter anderem deshalb
handelt es sich hierbei noch nicht um eine echte Schrift (vgl. S. 165 ff.).

Bis zu ihr ist der Weg von dieser Vorstufe aus aber bisweilen nicht
mehr weit – das verdeutlicht ein Ausschnitt aus einer Stammesliste der

Auf einem Büffelfell
aufgezeichnete Stam-
meschronik der
Dakota-Indianer
(›Winter count‹), bei
der jedes Jahr durch
das Bildsymbol eines
besonders denkwür-
digen Ereignisses ver-
sinnbildlicht ist

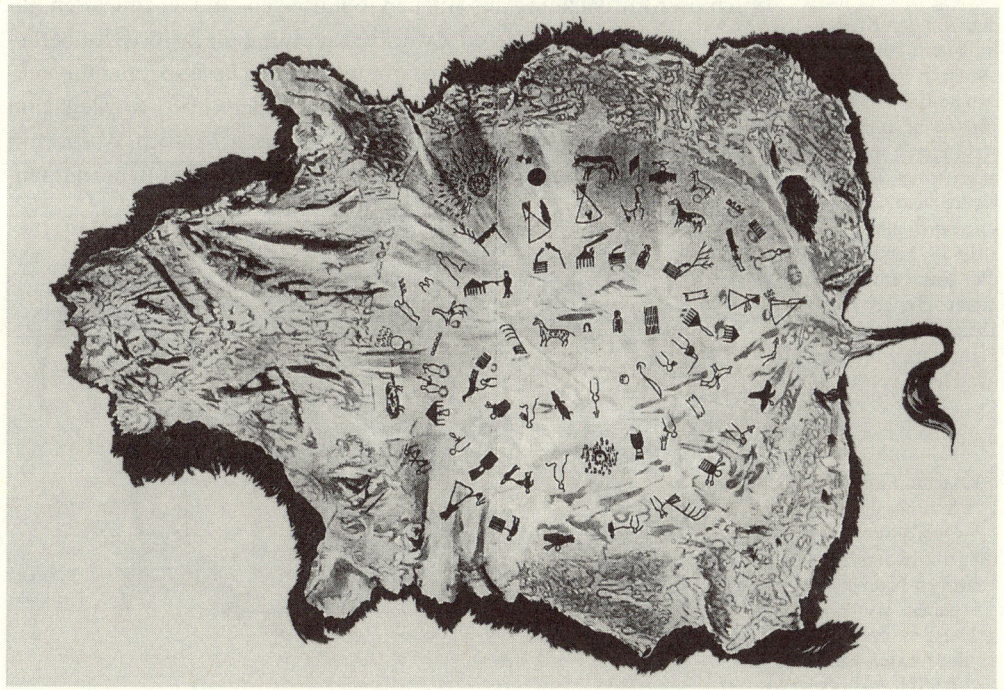

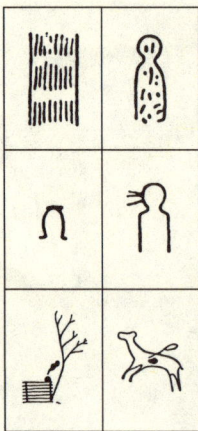

Wiedergabe und ›Entschlüsselung‹ einiger Jahressymbole der auf Seite 157 abgebildeten Dakota-Stammeschronik (von oben links über oben rechts nach unten rechts). 1800/01: Dreißig Dakota wurden von den Krähen-Indianern getötet; 1801/02: Viele starben an den Pocken; 1802/03: Ein Dakota stahl Pferde mit Hufeisen; 1813/14: Eine Keuchhustenepidemie brach aus; 1817/18: Ein Kanadier baute ein Haus aus trockenem Holz; 1824/25: Einem Häuptling wurden alle Pferde getötet

Ausschnitt aus einer Stammesliste der Oglala-Sioux von 1883 mit bilderschriftartigen Namensangaben. Von links: ›Der-Bär-verschont-ihn‹; ›Eisen-Falke‹; ›Rot-Horn-Büffel‹

Oglala-Sioux, die deren Häuptling Big Road 1883 auf Veranlassung eines Indianerbeauftragten der US-Regierung zeichnete. Die Namen der abgebildeten Stammesmitglieder, durch drei rote Streifen in ihren Gesichtern als Unterhäuptlinge gekennzeichnet, wurden darin von Big Road durch Bildsymbole über ihren Köpfen angegeben. In vielen Fällen lassen diese Symbole kaum eine Fehldeutung zu: Das Bild einer rot ausgemalten Krähe etwa steht für ›Rote Krähe‹, ein Büffel mit roten Hörnern bezeichnet ›Rot-Horn-Büffel‹, die Zeichnung eines blauen Falken bedeutet ›Eisen-Falke‹ (Blau steht als Symbol für dieses Metall) usw. Ein komplexerer Name wie ›Der-Bär-verschont-ihn‹ ließ sich freilich auf diese Weise nur schwer wiedergeben und bleibt ohne nähere Erläuterung unverständlich (die Zeichnung stellt einen Bären und eine Anzahl von Spuren dar und soll einen für den Namensträger gefährlichen Vorfall symbolisieren). Hier, wie generell bei abstrakten Inhalten und Begriffen, stößt auch ein ansonsten hochentwickeltes bildliches Aufzeichnungssystem an seine Grenzen und verliert seine leichte und zuverlässige Ausdeutbarkeit.

Entstehung der Schrift aus dem Bilde?

In der älteren Forschung nahm man allgemein an, die Schrift sei in bruchloser Entwicklung aus solchen ›Bildnotizen‹ und ›erzählenden Bildern‹ hervorgegangen, deren Zweckbestimmung im historisch-überliefernden oder religiösen Bereich vermutet wurde. Diese sogenannte ›piktographische Theorie‹ (von Piktographie = Bilderschrift) wurde schon im 18. Jahrhundert von dem britischen Gelehrten William Warburton entwickelt und beherrschte bis vor nicht allzulanger Zeit nahezu unan-

gefochten das Feld. Der Ägyptologe Kurt Sethe begründete sie in den dreißiger Jahren so: »Wir haben die Verwendung des zeichnerischen Bildes bei schriftunkundigen Menschen überall als das gegebene Mittel der Verständigung durch das Auge angetroffen. Daß in ihr tatsächlich die Wurzel für die Entstehung der Schrift zu erkennen ist, geht daraus hervor, daß die Schrift überall, wo sie unbeeinflußt entstanden ist, zuerst in Gestalt einer Bilderschrift auftritt, also einer Schrift, deren Zeichen Bilder wirklicher Dinge sind.«[23] Und der Schrifthistoriker I. J. Gelb formulierte 1980 mit gleichem Tenor: »In primitiven Gesellschaften bilden Zeichen in Form von Bildern das natürlichste Medium der visuellen Kommunikation. Ein Bild oder eine Bildergruppe erfüllt dort in etwa die gleichen Zwecke wie bei uns heute die Schrift. Im Laufe der Zeit entwickeln sich die Bilder in zwei unterschiedliche Richtungen: zum einen in die der bildenden Kunst (...), zum anderen in die der Schrift, in der gezeichnete Formen, ob sie nun ihre bildhafte Gestalt bewahren oder nicht, den Erfordernissen der Kommunikation dienen und letztlich Zeichen für sprachliche Elemente werden.«[24]

Dieses Modell leuchtet so unmittelbar ein, daß jede weitere Untermauerung überflüssig erscheint, und in der Tat mag es für einige der frühen Schriftsysteme zutreffen. Es ist freilich trotz zahlreicher Bemühungen bis heute in keinem einzigen Fall gelungen, eine Entwicklung historischer Schriftzeichen aus prähistorischen Bildvorläufern zweifelsfrei nachzuweisen (vgl. S. 244 f.), und es ist vor allem mittlerweile äußerst fraglich, ob wirklich *alle* Schriftsysteme auf diese Weise entstanden sein müssen, ob es sich also um ein *universell* gültiges Erklärungsmodell handelt. Neben den ›erzählenden‹ Bilddarstellungen und Bildsymbolen darf nämlich die zweite Gruppe von Schriftvorläufern nicht vergessen werden, die wir in diesem Kapitel kennengelernt haben: die von jeder Bildhaftigkeit weit entfernten ›linearen‹ und abstrakten Ritzmarken, Merkknoten und Zählobjekte, die, wie beschrieben, weniger ›narrative‹ als vielmehr ›notative‹ Aufgaben erfüllten und verallgemeinernd mit der Funktion des Zählens in Zusammenhang gebracht werden können (vgl. S. 139 ff.). Auch diese Gruppe muß als möglicher Ausgangspunkt der Schriftentstehung ins Auge gefaßt werden, und tatsächlich haben Forschungen in den letzten zwanzig Jahren ergeben, daß das früheste Schriftsystem der Menschheitsgeschichte – die ›Protokeilschrift‹ Mesopotamiens – aus derartigen Vorläufern hervorging (vgl. Kapitel 8). ›Zählen‹ und ›erzählen‹, narrative Bilder und notative Symbole spielten also offenbar gleichermaßen eine Rolle bei der Herausbildung der Schrift, und man muß von dem Gedanken Abschied nehmen, es gäbe ein weltweit und für alle Kulturen gültiges Erklärungsmuster. Doch auf diese Fragen wird in den folgenden Kapiteln noch mehrfach eingegangen werden.

Exkurs: Schriftsysteme schon in der Steinzeit?

Seitdem die Archäologie vielfältige Zeugnisse prähistorischer Zeichen- und Symbolsysteme ans Tageslicht gebracht hat, glaubten immer wieder Forscher in derartigen Funden Hinweise auf eine Existenz ›echter‹ Wort- oder gar Lautschriften schon in der Steinzeit zu erkennen.

Um die Jahrhundertwende verfocht besonders Édouard Piette, ein verdienstvoller französischer Höhlenforscher, die These von der urgeschichtlichen Schrift. Er sah bereits in jungpaläolithischen Zeichen und Ornamenten regelrechte ›Hieroglyphen‹ einer eiszeitlichen Bilderschrift und betrachtete Ritzungen auf Knochenartefakten dieser Zeit, die vereinzelte Anklänge an spätere Buchstabenformen zeigen, als die frühesten Vorformen der historischen Alphabete – ein Ansatz, der auch heute noch (oder wieder) von einzelnen Forschern vertreten wird (vgl. S. 315).

Am bekanntesten wurde eine größere Zahl verzierter Kieselsteine, die Piette 1887 in der Höhle Mas d'Azil in Frankreich ausgrub. Sie fanden sich in einer rund elftausend Jahre alten Schicht, die dem Übergang von der Eiszeit zur Nacheiszeit und vom Paläolithikum zum Mesolithikum angehörte. Piette deutete diese Kiesel, die mit einer roten Farbe aus Eisenoxyd und Fett oder Harz in den verschiedenartigsten einfachen bis komplexen geometrischen Mustern bemalt waren, als Elemente eines frühen Schriftsystems. Er teilte ihre Symbole in mehrere unterschiedliche Gruppen ein: solche mit ›Zahlenwerten‹, die durch die jeweilige Anzahl an aufgemalten Linien oder Punkten angegeben seien; solche mit ›ideographischer‹ oder bilderschriftlicher Bedeutung, die zum Beispiel für die Idee des ›Sonnengottes‹ oder für konkrete Objekte wie Bäume, Schlangen und ähnliches stünden; und schließlich solche, die ihm aufgrund ihrer Ähnlichkeit mit einzelnen Buchstaben bzw. Zeichen späterer Silben- und Alphabetschriften als deren Vorläufer und Vorbilder, als Bestandteile einer regelrechten ›Lautschrift‹ galten. »Die Höhle von Mas d'Azil erscheint uns«, so schrieb Piette 1896, »wie eine große Schule, wo man lesen, rech-

Jungpaläolithische Knochen aus den französischen Höhlen Gourdan (links) und Rochebertier mit buchstabenähnlichen Ritzungen

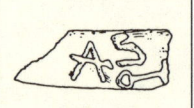

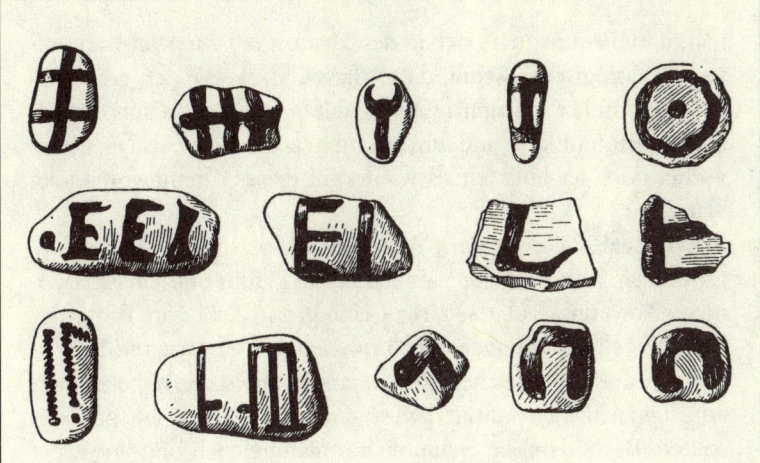

Links und unten:
Geometrisch ver-
zierte Kieselsteine
aus der in Südwest-
frankreich gelegenen
Höhle Mas d'Azil

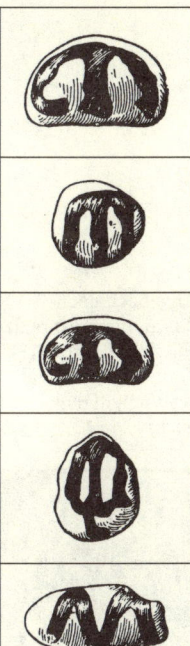

nen, schreiben und die religiösen Symbole des Sonnengottes ken-
nenlernte.«[25]

Seine Phantasie war hier ganz offensichtlich ausgeufert, und so
wurden diese Spekulationen schon damals von den meisten Fachleuten abgelehnt. Der Bedeutung seines Fundes hat dies freilich
keinen Abbruch getan, denn noch heute gehören die Kiesel von
Mas d'Azil zu den wichtigsten der insgesamt spärlichen ›Kunst‹-
Äußerungen am und nach dem Ende der Eiszeit, und bis heute ist
man sich über ihre Interpretation nicht einig. Sie wurden als
künstlerische Erzeugnisse wie als kultisch-magische Objekte gedeutet, man hat sie mit indianischen Spielsteinen ebenso verglichen wie mit den australischen ›Tschuringas‹ (vgl. S. 150). Nur als
Elemente einer echten Wort- oder gar Lautschrift kommen sie
nicht mehr in Betracht, denn dazu fehlen zu offenkundig alle
wesentlichen Schriftkennzeichen, vom Prinzip der Reihung bis hin
zur häufigen Wiederholung von Zeichen.

Aus der auf Ackerbau und Viehzucht basierenden Jungsteinzeit
(vgl. S. 188 f.) liegen dann in mehreren Regionen Europas Funde
vor, die als Zeugnisse prähistorischer Schrift gewertet wurden.
Auf den Balkanraum, der in den letzten Jahren in diesem Zusammenhang besonders oft genannt wird, wird im Nachwort dieses
Buches noch gesondert und ausführlich eingegangen. Zu Beginn
unseres Jahrhunderts war es hingegen der franko-iberische Raum,
der als ›Favorit‹ für den Nachweis einer prähistorischen ›Ur-Schrift‹

galt, und hier ereignete sich in den zwanziger Jahren ein wahrhaf-
ter archäologischer Krimi, die ›Affäre Glozel‹, die den gesamten
Fragenkomplex schlagartig ins Bewußtsein einer breiten Öffentlichkeit katapultierte und ihm ein Interesse sicherte, wie es weder
vorher noch nachher jemals wieder für dieses Thema vorhanden
war.

In Glozel, einem kleinen Weiler unweit von Vichy in Frankreich,
gruben ein junger Bauer namens Emile Fradin und ein Arzt namens Antonin Morlet seit 1924 eine große Zahl von Tontafeln,
Keramikgefäßen, Steinen und Knochen mit eingeritzten Bildern
und schriftartigen Zeichen aus, die zu einer bis dahin unbekannten
jungsteinzeitlichen Kultur, dem sogenannten ›Glozélien‹, gehören
sollten. Besonders die erstaunlich umfangreichen und linear gestalteten ›Inschriften‹, die so gar nicht in die für sie postulierte
frühe Zeitstufe hineinpaßten, sorgten bald dafür, daß Glozel zum
Wallfahrtsort für Fachwissenschaftler, archäologisch interessierte
Laien, Journalisten und Sensationshungrige wurde und bis ans
Ende der zwanziger Jahre nicht mehr aus den Schlagzeilen kam.
Der Ort und seine Funde teilten nicht nur die wissenschaftliche
Welt, sondern weite Teile der französischen Öffentlichkeit in zwei
sich heftig bekämpfende Parteien: Die einen – vorwiegend Archäologen – hielten die ganze Angelegenheit für einen Betrug und
die Funde für zunächst ziemlich stümperhaft, später raffinier-
ter gefertigte Fälschungen; die anderen – unter ihnen ebenfalls
nicht wenige Fachwissenschaftler, aber auch viele an Altertumskunde interessierte Laien und besonders die Presse – waren von
der ›Echtheit‹ der Fundstelle und der Objekte überzeugt und
proklamierten mit Verve, die Kulturgeschichte der Menschheit
müsse aufgrund der Funde von Glozel völlig neu geschrieben
werden.

Salomon Reinach beispielsweise, kein Geringerer als der Leiter
des Museums für Nationale Altertümer in St. Germain bei Paris,
urteilte nach einem Besuch der Fundstelle: »Glozel ist eine Über-
gangsstufe zwischen dem Rentierzeitalter und der Metallzeit. Die
Menschen dieser Epoche kannten, mindestens im Vorland der
Auvergne, ein sehr entwickeltes System von Schrift, deren Alphabet wesentlich früher als die phönizischen Inschriften anzusetzen
ist. Hier sind, fünf Eisenbahnstunden von Paris entfernt, Funde
zutage gekommen, welche die Gelehrten ein Jahrhundert lang in
Atem halten werden.«[26] Und Morlet, der gemeinsam mit Fradin

Angeblich neoli-
thisch, doch dann als
Fälschung enttarnt:
Tontafel aus Glozel
bei Vichy (Frank-
reich)

die Ausgrabungen in Glozel durchführte, schrieb über die kultur-geschichtlichen Konsequenzen: »Die Hauptargumente für den ägäischen Einfluß im Okzident scheinen angesichts der Funde von Glozel nicht haltbar zu sein, und ich frage mich, (…) ob sich die Beziehung zwischen abendländischen und ägäischen Altertümern nicht eher durch eine kulturelle Strömung erklären läßt, die von Nordwesten nach Südosten ging, also von Frankreich nach dem Mittelmeerraum und weiter nach Kleinasien.«[27] Die damals übli-cherweise angenommene kulturelle Strömungsrichtung von Ost nach West (›Ex oriente lux‹ = ›Aus dem Osten [kam] das Licht‹) wurde hier also durch das entgegengesetzte Postulat ›Ex occi-dente lux‹ ersetzt, wie es auch heute immer wieder einmal ge-schieht (vgl. S. 308).

Derartige Überlegungen und Proklamationen erwiesen sich frei-lich als voreilig, denn im Herbst 1927 führte eine Kommission aus anerkannten Facharchäologen verschiedener Länder im Auf-trag des Internationalen Anthropologenkongresses mehrere Tage lang Kontrollgrabungen in Glozel durch und kam dabei zu einem negativen Urteil hinsichtlich des Alters und der Echtheit der Funde. Anfang 1928 wurden dann eine Reihe von Fundstücken behördlicherseits beschlagnahmt und von Gerichtschemikern un-tersucht; dabei stellte sich heraus, daß die angeblich steinzeit-lichen Knochen- und Steinartefakte mit Metallgeräten bearbeitet worden waren und daß die Keramik so schlecht gebrannt war, daß sie bei Einwirkung von Wasser in kurzer Zeit zerfiel, sich also unmöglich jahrtausendelang im feuchten Boden erhalten haben konnte.

Seither gilt die Fälschung der ›Fundstücke‹ von Glozel und ihrer ›Inschriften‹ als fachwissenschaftlich wie gerichtlich bewie-sen, und die Affäre Glozel wird als warnendes Beispiel dafür betrachtet, daß bei allzu ›einzigartigen‹ archäologischen Fund-objekten stets auch der Faktor Betrug als eine zu erwägende Möglichkeit in Betracht gezogen werden muß. Dieser ›offizielle‹ Abschluß des Falles hat jedoch nichts daran geändert, daß die Objekte von Glozel bis in unsere Tage hinein auf manche Ama-teurforscher, die in alten Kulturen vorrangig das mystische Ele-ment suchen, eine beträchtliche Faszination ausüben und immer wieder zum Gegenstand ebenso fleißiger wie phantasievoller Be-arbeitungen und ›Entzifferungen‹ geworden sind, was sich in einer recht umfangreichen Literatur niedergeschlagen hat.

Kapitel 7

Die Schrift – ein machtvolles neues Kommunikationsmittel der Hochkulturen

Die im letzten Kapitel beschriebenen ›notativen‹ Hilfsmittel zur Speicherung von Zahlenmengen und anderen Daten lassen sich mit Sicherheit noch nicht als Schrift im eigentlichen Sinne bezeichnen, wenngleich sie in einigen Handbüchern unter dem Stichwort ›Gegenstandsschrift‹ aufgeführt werden. Schwieriger ist es schon, die zuletzt behandelten bildlich-symbolischen Systeme mit ihrer deutlich größeren thematischen Anwendungsbreite und ihrer höheren Ausdrucksfähigkeit richtig einzuordnen. Sie vermögen, wie wir gesehen haben, auch bereits komplexere Inhalte graphisch wiederzugeben, allerdings nur in visuell darstellender, nicht an eine feste sprachliche Formulierung gebundener Form. Deshalb lassen sich derartige bildlich-symbolische Aufzeichnungen auch niemals exakt ›lesen‹, sondern sie müssen ›gedeutet‹ werden. »Es handelt sich hier nicht«, bemerkt der Schrifthistoriker Hans Jensen, »um schriftliche Fixierung eines gegliederten sprachlichen Ausdrucks, wobei sprachlichen Einheiten schriftliche Einheiten entsprechen, sondern um die Darstellung eines Gedankenkomplexes, der, in Sprache umgesetzt, verschiedene Ausdrucksformen annehmen kann.«[1] Jensen und andere Autoren verwenden deshalb auch die Bezeichnung ›Ideen-‹ oder ›Inhaltsschrift‹. André Leroi-Gourhan, der, wie erwähnt, von ›Mythogrammen‹ spricht (vgl. S. 153), erläutert ihre Funktions-

Teilansicht eines mesopotamischen Tempelturms, einer sogenannten ›Zikkurat‹. Im Milieu der frühen Städte, Tempel und Paläste entwickelte sich die Schrift (Archiv für Kunst und Geschichte, Berlin)

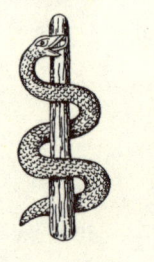

weise und Struktur an einem Beispiel aus unserer eigenen Kultur. Nach seinen Worten »genügt etwa die gemeinsame Darstellung eines Kreuzes, einer Lanze und eines Schilfrohrs, das an seiner Spitze einen Schwamm trägt, um in uns den Gedanken an die Passion Christi hervorzurufen. Die Figur ist jeder phonetisierten mündlichen Notation fremd, sie besitzt dagegen eine Dehnbarkeit, die die Schrift nicht kennt, und umfaßt alle Möglichkeiten der mündlichen Vergegenständlichung von dem Wort ›Passion‹ bis hin zu den umfänglichsten Kommentaren über die christliche Metaphysik.«[2]

Derartige Bildsymbole haben sich gerade im Bereich der Religion und Mystik recht zahlreich bis heute erhalten, wenn man etwa an das Dreieck mit eingeschriebenem Auge und Strahlenkranz als Zeichen Gottes und des Heiligen Geistes, an den Fisch als Symbol für Jesus Christus, an den Davidstern als Inbegriff des Judentums oder an das magische Pentagramm (›Drudenfuß‹) und seine Rolle im Aberglauben denkt. Doch auch aus dem ›weltlichen‹ Bereich ließen sich eine ganze Anzahl ähnlicher Beispiele anführen – begonnen beim Äskulapstab mit der Schlange als Zeichen für Medizin, Arzneimittel und Heilung über den Totenschädel mit gekreuzten Knochen als Symbol für Gefahr und Tod, die Taube als Inbegriff der Sanftheit und des Friedens bis hin zu politischen Identifikationssymbolen wie Hammer und Sichel als Zeichen des Kommunismus und der Arbeitermacht oder Alltagssymbolen wie dem von einem Pfeil durchbohrten Herz als Zeichen der Liebe und Verliebtheit, des Liebesglücks und Liebesleids. In all diesen Fällen handelt es sich nicht um Darstellungen, die einzelne Worte oder Begriffe meinen, sondern um Symbole für umfassendere Ideen und Vorstellungskomplexe – um moderne Relikte jener ›assoziativen‹ Bildersprache also, die viel älter ist als die Schrift und die, wie beschrieben, bis in die Altsteinzeit zurückreicht.

In dieser Bildersprache oder ›Ideenschrift‹ drücken, wie der Schrifthistoriker I. J. Gelb anmerkt, »gezeichnete Formen (…) die Bedeutung direkt, das heißt ohne vermittelnde sprachliche Formen aus«[3] – es handelt sich mithin um Symbole, die, so Leroi-Gourhan, »nicht unmittelbar vom Fluß der gesprochenen Sprache abhängen, sondern eine echte Parallele dazu darstellen«.[4] Sie dienen zwar ähnlichen Zwecken wie die Schrift, nämlich der Fixierung und Wiedergabe von Sachverhalten, Gedanken und Ideen, vermögen solche Inhalte aber nur in formulierungsungebundener, gleichsam ›diffuser‹ Form wiederzugeben, dafür jedoch sehr viel unmittelbarer und eindringlicher als die Schrift. Eine wortlautgetreue Schreibung und Lesung präzise ausformulierter Sätze und Texte ist mit ihnen nicht möglich und auch gar nicht angestrebt – man bezeichnet diese ›ideenschriftlichen‹ Bildkompositionen und Symbole daher auch als ›sprachlich nicht gebunden‹.

Die Schrift im eigentlichen Sinne weist dagegen immer eine enge ›sprachliche Bindung‹ auf, gibt in Sätze gefügte Texte in exakt festgelegtem Wortlaut wieder. Sie leistet dies dank einer gänzlich andersgearteten Struktur: Während in der ›Ideenschrift‹ ein Bild oder Bildsymbol oftmals einen ganzen Gedankenkomplex ausdrückt, dem in der Sprache ein Satz oder mehrere Sätze entsprechen würden, steht in der Schrift jedes Zeichen für ein einzelnes Wort oder einen einzelnen Laut. Und während in den ›erzählenden Bildern‹ »der Gedankengang in der Regel in einem Gesamtbild ausgedrückt« ist, wie Kurt Sethe schreibt,[5] also ein *ganzheitliches* Wiedergabeprinzip vorherrscht, folgt die Schrift dem *syntaktischen* Prinzip und reiht die einzelnen Wort- bzw. Lautzeichen entsprechend ihrer Abfolge in der gesprochenen Sprache aneinander. Der Unterschied zwischen den beiden Verfahrensweisen ist signifikant: Mit dem Übergang zur Schrift war es, so Gelb, »nicht länger nötig, einen Satz wie ›Mann tötete Löwen‹ durch eine Zeichnung wiederzugeben, die einen Mann mit Lanze oder Bogen in der Hand bei der Erlegung des Raubtiers zeigte«, sondern »die drei Worte konnten nun mit Hilfe dreier aufeinanderfolgender Zeichen für ›Mann‹, ›Lanze‹ oder ›Bogen‹ (= ›töten‹) und ›Löwe‹ geschrieben werden«.[6]

Das ›Bild der Stimme‹

Der chinesische Gelehrte Tai T'ung nannte die Schrift wegen dieser getreuen Wiedergabe des gesprochenen Wortes »bildhaft dargestellte Sprache«, und der französische Aufklärer Voltaire schrieb: »Schrift ist das Bild der Stimme. Je mehr es dieser gleicht, desto besser ist es.«[7] Strenggenommen trifft die letztere Definition, wie wir noch sehen werden, zwar erst auf die hochentwickelten, Silben- oder Buchstabenzeichen verwendenden Lautschriften zu, denn nur mit diesen ist es möglich, die Laute der Sprache annähernd getreu in graphische Zeichen umzusetzen und so nicht nur den *Inhalt*, sondern auch den genauen *Klang* einer Mitteilung schriftlich festzuhalten. Man hat sie daher bisweilen als ›Vollschriften‹ bezeichnet.

Auch mit den entwicklungsgeschichtlich älteren Wort- und Begriffsschriften, bei denen ganze Wörter bzw. Begriffe durch jeweils ein eigenes Bildsymbol dargestellt werden, lassen sich aber bereits syntaktisch geordnete und exakt ›lesbare‹ Wortfolgen wiedergeben. Auch solche Schriften sind in diesem Sinne also ›sprachlich gebunden‹, geben Texte in genau festgelegter Formulierung wieder (oder bieten zumindest diese Möglichkeit), wenngleich ihre Zeichen zum Teil nur die Begriffsbedeutung, nicht dagegen den Klang der Wörter festhalten und nur eine Art

Der französische Schriftsteller und Aufklärer Voltaire (1694–1778). Stahlstich aus der Mitte des 19. Jahrhunderts (Archiv für Kunst und Geschichte, Berlin)

Neuzeitliche Symbole ›ideenschriftlichen‹ Charakters

von ›Telegrammstil‹ ohne grammatikalische Feinheiten erlauben (man spricht in diesem Fall auch von ›Partialschriften‹). Auf alle diese Einzelheiten wird in den folgenden Kapiteln noch ausführlicher eingegangen werden. Dabei wird sich auch zeigen, daß die meisten der frühen Schriftsysteme weder reine Begriffs- noch reine Lautschriften, sondern eine Mischung aus beiden waren.

Vorläufig ist festzuhalten: Als ›Schrift‹ lassen sich alle Zeichensysteme definieren, welche es erlauben, die Sprache wort- und formulierungsgetreu – nicht unbedingt aber in ihrer exakten Lautung – graphisch zu fixieren. Diese Fixierung geschieht – analog dem Aufbau der Sprache selbst (vgl. S. 46 f.) – durch die unterschiedliche Kombination und Aneinanderreihung eines begrenzten Vorrats an Schriftzeichen. Der Zeichenbestand kann bei vorwiegenden Wort- und Begriffsschriften mehrere tausend (im extremen Fall der chinesischen Schrift heute annähernd fünfzigtausend) Logogramme bzw. Ideogramme (Wort- oder Begriffszeichen) umfassen, während er sich bei gemischten Wort-Laut-Schriften auf einige hundert Zeichen, bei reinen Silbenschriften auf oft weniger als hundert und bei Buchstabenschriften auf zwanzig bis vierzig Phonogramme (Lautzeichen) reduziert. Diese Zeichen und die Regeln ihrer Anwendung müssen, damit eine Schrift allgemein verwendbar ist, konventionell festgelegt und gesellschaftlich ›genormt‹ sein – eine Ausnahme bilden lediglich Geheimschriften, bei denen gerade nicht erwünscht ist, daß jedermann sie lesen und schreiben kann.

Diese »ganz neue, ja, ganz andersartige Sprache für das Auge«, wie der Philosoph Arthur Schopenhauer die Schrift bezeichnete,[8] hat der menschlichen Kultur zuvor unbekannte, bedeutsame Möglichkeiten eröffnet. »Verba volent, scripta manent« (Die Worte sind flüchtig, das Geschriebene bleibt) lautet ein lateinisches Sprichwort,[9] und damit ist die Hauptleistung der Schrift kurz und prägnant zusammengefaßt: Sie gibt dem Vergänglichen Beständigkeit, »heftet die Sprache fest«, wie es Wilhelm von Humboldt formulierte,[10] vermag die Worte und Gedanken der Menschen aufzubewahren, so daß sie in dieser materiell fixierten Form Raum und Zeit überbrücken können.

Zwar besitzen, wie gezeigt, auch die schriftlosen Gesellschaften hochentwickelte und leistungsfähige Methoden der gesellschaftlichen Überlieferung (vgl. Kapitel 6), doch bleiben diese durch ihre Gebundenheit an das Gedächtnis und die direkte mündliche Rede bzw. Ausdeutung in ihrer Kapazität und Reichweite grundsätzlich beschränkt. Was als Teil des kulturellen Erbes von einer Generation an die nächste weitergegeben wird, unterliegt daher dort einem strengen Auswahl- und Ausleseprozeß entsprechend den sich wandelnden Existenzbedingungen und Bedürfnissen der Gesellschaft. Geistiges Gut, das als nicht oder nicht mehr für

Der Philosoph Arthur Schopenhauer (1788–1860). Gemälde aus der Mitte des 19. Jahrhunderts (Archiv für Kunst und Geschichte, Berlin)

die Gemeinschaft relevant empfunden wird, bleibt von der Überlieferung ausgeschlossen und fällt unvermeidlich dem Vergessen anheim, da nach den Tradierungsmechanismen der Gedächtniskultur jede Unterbrechung in der Kontinuität der Weitergabe gleichbedeutend mit der Auslöschung ist. Man spricht daher auch von einer ›strukturellen Amnesie‹, also einem systembedingten ›Gedächtnisverlust‹ mündlich organisierter Gesellschaften, und die Literalitätsforscher Jack Goody und Ian Watt bezeichneten die Überlieferung in den Gedächtniskulturen als einen »homöostatischen [das Gleichgewicht wahrenden] Prozeß«, bei dem kontinuierlich Neues aufgenommen und dafür Altes ausgeschieden wird.[11]

Indem die Schrift gleichsam zu einer ›Verlängerung des menschlichen Gedächtnisses‹ wird, das Gedächtnis nach einer Formulierung Leroi-Gourhans »exteriorisiert«,[12] also ›auslagert‹, durchbricht sie diese Beschränkungen und Mechanismen und macht individuelles wie gesellschaftliches Wissen in einem Ausmaß speicher- und verwertbar, das unter den Bedingungen der Illiteralität undenkbar wäre. Durch die schier grenzenlose Ausweitung der Kapazität des ›gesellschaftlichen Gedächtnisses‹, des Archivs kollektiver Erfahrung, wirkt sie als kulturell produktive und vorwärtstreibende Kraft ersten Ranges. Dies gilt nicht nur und nicht einmal in erster Linie auf dem Gebiet der Geisteskultur und der schönen Künste, sondern zunächst vor allem in ökonomischer und technologischer Hinsicht, wie wir noch sehen werden (vgl. S. 175 ff.). Auch die exakten Wissenschaften beruhen auf der massenhaften und systematischen Speicherung und Auswertung von Daten, die erst durch die Schrift möglich wurde, und es ist nach den Worten von Goody »kein Zufall, daß wesentliche Entwicklungsschritte dessen, was wir heute ›Wissenschaft‹ nennen, auf die Einführung wichtiger Veränderungen in den Kommunikationsmitteln folgten, in Babylonien (Schrift), im antiken Griechenland (Alphabet) und in Westeuropa (Druck)«.[13]

Prägende Kommunikationsmittel

Goody und eine Reihe anderer Vertreter der seit den sechziger Jahren besonders in Amerika und England zu einer namhaften Disziplin aufgestiegenen Oralitäts- und Literalitätsforschung gehen aber noch einen Schritt weiter. Ihrer Ansicht nach prägen die Kommunikationsmittel und -gewohnheiten nicht nur die Kultur und Technologie einer Gesellschaft, sondern auch das Denken ihrer Menschen. Erst durch die Schrift eingeführte Methoden der Informationsverarbeitung wie das Erstellen von Listen, das Anfertigen von Statistiken usw. brachten nach ihrer

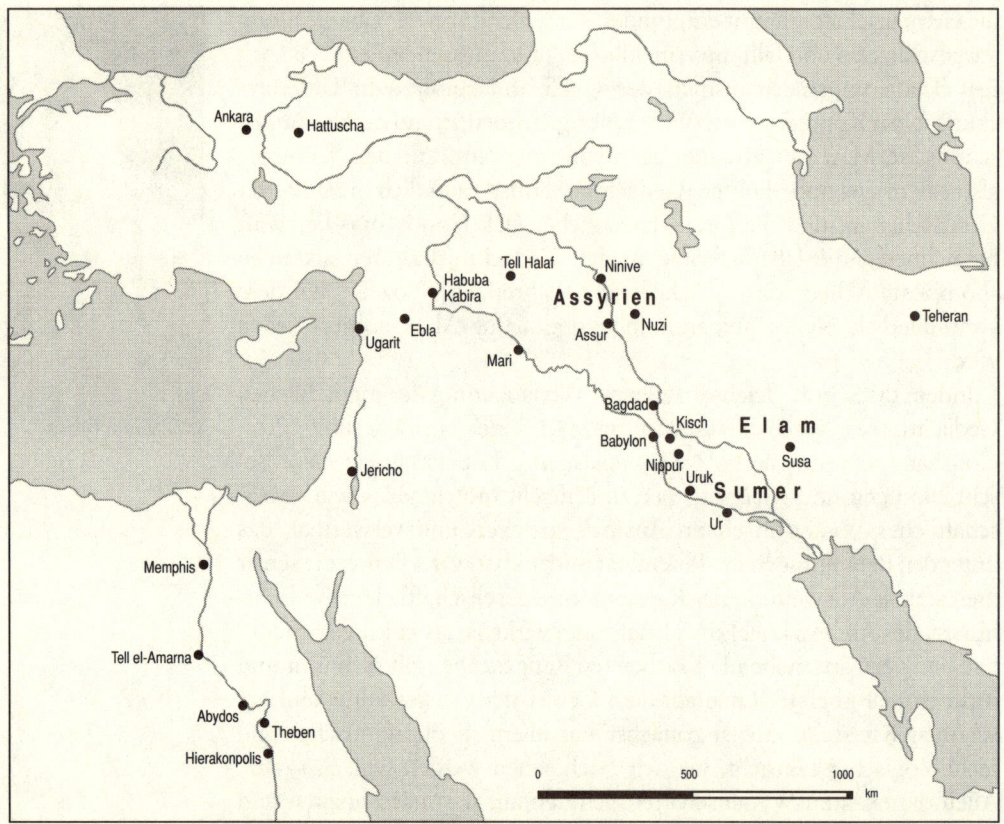

Karte des Vorderen
Orients mit wich-
tigen Fundorten

Theorie überhaupt erst das klassifizierende, kategorielle und analytische
Denken hervor, das für die moderne Industriegesellschaft und frühere
Hochkulturen charakteristisch ist. Das Denken der Menschen in ›nicht-
zivilisierten‹, schriftlosen Kulturen war und ist ihrer Auffassung nach
anders strukturiert. Sie beschreiben es als vorwiegend situationsbezogen
und kontextgebunden, während die Literalität eine Tendenz zur ›Dekon-
textualisierung‹ und zum abstrakt-generalisierenden Denken mit sich
gebracht habe. »»Mündlichkeit‹ oder ›Schriftlichkeit‹ bezeichnen« nach
dieser Theorie, wie es Heinz Schlaffer formulierte, also »nicht bloß
verschiedene Medien, sondern ebenso verschiedene Denkweisen«,[14]
und der Übergang von ersterer zu zweiterer bedeutet nicht nur einen
›technologischen‹, sondern ebenso einen ›kognitiven‹ Wandel.

    Die Aufnahme dieser Thesen in der Fachwelt ist freilich zwiespältig
geblieben. Manche Forscher sehen darin eine Neuauflage längst über-
wunden geglaubter Vorurteile über das ›prälogische‹ Denken der ›Wilden‹ und das ›logische‹ Denken der ›Zivilisierten‹. Andere sehen diese
traditionelle Gegenüberstellung durch den beschriebenen Ansatz hinge-

gen aufgehoben, denn er setze die Unterschiede, wie die Linguistin Birgit Scharlau schreibt, »nicht als a priori gegebene, sondern zeigt sie als gewordene und durch verschiedene Kommunikationstechnologien bedingte«. Damit unterstreiche er, »daß auch ›zivilisatorische‹ Merkmale wie abstraktes Denken, festgelegte Begriffsdefinitionen und eine geschichtliche Konzeption von Vergangenheit weder bestimmten Gesellschaften noch auserwählten Individuen in die Wiege gelegt, sondern mit der Verbreitung von Schrift und Schriftkultur erworben oder zu erwerben sind – und zwar durch alle«.[15]

An dem hier genannten Stichwort ›geschichtliche Konzeption von der Vergangenheit‹ lassen sich die Unterschiede zwischen Schriftlichkeit und Mündlichkeit vielleicht besonders gut verdeutlichen. Früher sprach man den schriftlosen Kulturen pauschal jegliches Geschichtsbewußtsein und jede Geschichtlichkeit ab, ja, es war geradezu von ›geschichtslosen Völkern‹ die Rede. Diese Position beruhte auf Unkenntnis, Überheblichkeit und Vorurteilen, denn natürlich haben auch die mündlichen Kulturen eine Geschichte und ein ›Geschichtsbewußtsein‹, das in einer identitätsstiftenden Überlieferung über die Vergangenheit seinen Ausdruck findet (vgl. S. 138). Freilich ist die zeitliche Tiefe dieser Überlieferung zumeist vergleichsweise beschränkt: Die konkrete Erinnerung reicht oft nur einige Generationen zurück, und da es keine exakten chronologischen oder genealogischen Aufzeichnungen gibt, geht alles Frühere in die Perspektive einer nicht genauer faßbaren mythischen ›Urzeit‹ ein. »Historische Chronologie ist dabei relativ«, schreibt Claudia Klaffke über afrikanische Kulturen: »›Es war einmal‹, ›einst lebte‹ sind ausreichende Zeitangaben. Dem liegt ein grundsätzlich anderes Zeitempfinden zugrunde.«[16]

Erst mit der Schrift kam die exakte historische Chronologie, kamen weit zurückreichende genealogische Listen (zunächst Herrscherlisten, vgl. S. 239) und kam die jahrgenaue Fixierung wichtiger Ereignisse – erst durch sie wurde, kurz gesagt, eine einigermaßen exakte und authentische ›Erfassung des Gewesenen‹ möglich, wie die traditionelle Definition der Geschichtsschreibung lautet. Doch ein anderer Aspekt ist noch wichtiger: Das Vergangene wird in der mündlichen Tradition, wie der Ethnologe Rüdiger Schott schreibt, »je nach den sozialen Verhältnissen der Gegenwart (...) reinterpretiert und natürlich auch inhaltlich verändert.« Und: »Genealogien und andere mündliche Überlieferungen [drükken] vielfach nur eine Rationalisierung oder Beglaubigung heute existierender Beziehungen zwischen sozialen Gruppen [aus] und [löschen] Ereignisse aus dem Gedächtnis (...), die diesem gegenwärtigen Zustand widersprechen.«[17] – »Nicht auf das Zählen der Jahre kommt es an und auch nicht auf die Frage nach der Faktizität vergangenen Geschehens«, schreibt Klaffke über die von ihr untersuchten afrikanischen Kulturen: »Wichtig ist allein die Frage: Was bedeutet das, was damals geschah, für uns heute?«[18]

Dieser ausgeprägt ›normative‹, nach den Bedürfnissen der Gegenwart selektierende und umformende Charakter der Geschichtsüberlieferung bei den schriftlosen Völkern, der natürlich aus den allgemeinen Gesetzmäßigkeiten der mündlichen Überlieferung resultiert (vgl. S. 168 f.), unterscheidet sie grundlegend von der möglichst vollständigen und authentischen Darstellung der Vergangenheit, die wir unter Geschichtsschreibung verstehen. Wohlgemerkt: Auch geschriebene Geschichte ist natürlich *immer* Rekonstruktion und Interpretation, damit stets in einem geringeren oder höheren Maße subjektiv und selektiv, und auch sie besitzt letztlich immer eine Legitimationsfunktion, ja, war über lange Zeiträume hinweg ganz unverhüllt nur die Geschichte der Herrschenden (vgl. S. 271). Doch im Gegensatz zur ›Oral history‹ beruht sie auf Quellen, die von der selektierenden und interpretierenden Erinnerung unabhängig sind, und das ist ein sehr wesentlicher Unterschied. »Literale Gesellschaften können« aufgrund dieses Umstands, wie Goody und Watt betonen, »die Vergangenheit nicht in der gleichen Weise beiseite legen, assimilieren oder umbilden«, wie es in den mündlichen Kulturen üblich ist, denn »ihre Mitglieder sind mit [diesen] dauerhaft aufgezeichneten Darstellungen der Vergangenheit und ihrer Überzeugungen konfrontiert«.[19]

Während in den Gedächtniskulturen einmal Vergessenes für immer verloren und ausgelöscht ist (vgl. S. 169), existieren diese schriftlichen Aufzeichnungen auch dann weiter, wenn sie zeitweise nicht wahrgenommen oder bewußt negiert werden. Daher haben in Schriftkulturen auch solche Gedanken und Ideen die Chance zu überleben und in die Zukunft zu wirken, deren Überlieferung nicht den Bedürfnissen, Interessen und Prioritäten der bestehenden Gesellschaft (oder der in ihr herrschenden Gruppe) entspricht. Dieser Umstand war manchen totalitären Herrschern in der Geschichte ein solches Ärgernis, daß sie ihn (zumeist vergeblich) durch massenhafte Bücherverbrennungen und die Vernichtung ganzer Bibliotheken auszuschalten versuchten. Zugute gekommen ist er dagegen nicht wenigen Wissenschaftlern, Philosophen, Schriftstellern und Politikern, die ›ihrer Zeit voraus‹ waren und deshalb während ihres Lebens unbeachtet und ohne Resonanz blieben, nach dem Tode aber durch ihre Bücher und Manuskripte zu Ruhm und Ehre gelangten und manchmal sogar postum ›die Welt zu verändern‹ vermochten. »Wo die Kommunikation mit den Zeitgenossen gestört ist, bietet die Schrift die Möglichkeit eines Appells an die Nachwelt«, formulieren Aleida und Jan Assmann diesen Sachverhalt.[20]

Tiefgreifende Veränderungen

Die Entstehung der Schrift hat also ohne Zweifel tiefgreifende Veränderungen in der menschlichen Kultur und ihren Funktionsmechanismen
bewirkt. Sie hat sie verursacht, indem sie einen vom Gedächtnis unabhängigen Informationsspeicher schuf und die Verständigung sowie den
geistigen Austausch zwischen den Menschen von der persönlichen
Begegnungsebene unabhängig machte, dadurch auch über große räumliche wie zeitliche Distanzen – buchstäblich ›über die Jahrtausende hinweg‹ – einen Gedanken- und Informationsfluß zwischen dem ›einsamen
Autor‹ und dem ›einsamen Leser‹ ermöglichte. Die Schriftgelehrten und
Literaten der vergangenen fünftausend Jahre wurden denn auch nicht
müde, die Großartigkeit dieses Kommunikationsinstruments in den
höchsten Tönen zu preisen – von den Tempel- und Palastschreibern des
alten Mesopotamien und Ägypten (vgl. Kapitel 11) bis zu den Philosophen und Schriftstellern der Neuzeit. Für Friedrich Schlegel beispielsweise war »der echte Buchstabe (…) allmächtig und der eigentliche
Zauberstab«,[21] und Hermann Hesse schrieb: »Von den vielen Welten,
die der Mensch nicht von der Natur, sondern sich aus dem eigenen Geist
erschaffen hat, ist die Welt der Bücher die größte. (…) Ohne Wort, ohne
Schrift und Bücher gibt es keine Geschichte, gibt es nicht den Begriff der
Menschheit.«[22]

In vielen aliteralen Kulturen und auch in einigen bereits schriftbesitzenden, aber der mündlichen Tradition noch verbundenen Gesellschaften erschien und erscheint den Menschen eine solche ›anonyme‹ Kommunikation und ungezügelt wuchernde Überlieferung, wie die Schrift sie
ermöglicht und begünstigt, dagegen als bedrohliche, wenig erstrebens-
werte Perspektive. Der griechische Philosoph Platon hat diese kritisch-
skeptische Haltung im 4. Jahrhundert v. Chr., in der Periode der vollen
›Verschriftlichung‹ der griechischen Gesellschaft (vgl. S. 302 ff.), auf klassische Weise in seinem Dialog *Phaidros* formuliert. Der ägyptische Pha-
rao Thamus, so läßt Platon dort seinen (nur mündlich lehrenden) Meister Sokrates berichten, habe den Schreibergott Theuth (Thot), als dieser
sich der Erfindung der Schrift rühmte, mit folgenden Worten getadelt:
Die Schrift werde »Vergessenheit in den Seelen derer schaffen, die sie
lernen, durch Vernachlässigung des Gedächtnisses – aus Vertrauen auf
die Schrift werden sie von außen durch fremde Gebilde, nicht von innen
aus Eigenem sich erinnern lassen. (…) Von der Weisheit aber verab-
reichst du den Zöglingen nur den Schein, nicht die Wahrheit; denn
vielkundig geworden ohne Belehrung werden sie einsichtsreich zu sein
scheinen, während sie großenteils einsichtslos sind und schwierig im
Umgang – zu Schein-Weisen geworden statt zu Weisen.« Die geschriebe-

Der Schriftsteller
Hermann Hesse
(1877–1962). Auf-
nahme von 1952
(Archiv für Kunst
und Geschichte,
Berlin)

Der griechische
Philosoph Sokrates
(470–399 v. Chr.).
Antike Skulptur
(Archiv für Kunst
und Geschichte,
Berlin)

nen Worte, so führt Platons Sokrates die harsche Kritik fort, »sprechen wie vernünftige Wesen – doch fragst du, lernbegierig, sie nach etwas, so melden sie immer nur eines und dasselbe. Und jedes Wort, das einmal geschrieben ist, treibt sich in der Welt herum – gleichermaßen bei denen, die es verstehen, wie bei denen, die es in keiner Weise angeht, und es weiß nicht, zu wem es sprechen soll und zu wem nicht.«[23]

Die Vorbehalte, die Platon hier aus der Perspektive eines schreibenden, aber noch mit der mündlichen Tradition vertrauten und ihr nachtrauernden Philosophen zusammenfaßte, geben eine in den schriftlosen und semiliteralen (nur teilweise verschrifteten) Kulturen weithin verbreitete Auffassung wieder. Ihr zufolge ist das geschriebene Wort dem gesprochenen nicht gleichwertig und das schriftlich fixierte Wissen ein unzuverlässiges Blendwerk für den Geist, weshalb die Schrift auch der Lüge und der Täuschung Tür und Tor öffne. »Der Rote Mann (...) fürchtet die Schrift«, wird ein nordamerikanischer Indianerhäuptling aus dem vorigen Jahrhundert zitiert, denn »sie gebiert Irrtum und Streit. Der Große Geist spricht. Wir hören ihn im Donner, im brausenden Sturm, in der mächtigen Woge. Aber er schreibt niemals.«[24] Und in Indien wurden noch lange nach der Verfügbarkeit der Schrift die heiligen Texte auf mündlichem Wege überliefert, denn die Weisen vertraten die Auffassung: »Das aus Büchern erworbene und nicht von einem Lehrer empfangene Wissen hat in einer beratenden Versammlung keine Leuchtkraft, das heißt, es ist nicht wirksam oder fruchtbar.«[25]

Diese Sachverhalte machen deutlich, daß die Schrift nicht überall und unter allen Umständen, sondern nur unter bestimmten gesellschaftlichen Bedingungen benötigt wird, daß sie nur in einem ihr günstigen historisch-sozialen Milieu ihre spezifischen Vorteile und Qualitäten entfalten und der Gesellschaft Nutzen bringen kann. Es ist daher kein Zufall, daß sie erst relativ spät in der Entwicklung der menschlichen Kultur auftauchte, und zwar zu einem Zeitpunkt und gerade dort, wo der wirtschaftlich-gesellschaftliche Rahmen der einfachen Jäger-, Sammler- und Bodenbauerkulturen (vgl. S. 135 f.) durchbrochen wurde und sich weit komplexere gesellschaftliche Organisationsformen herauszubilden begannen.

Dies war vor rund fünftausend Jahren in Mesopotamien und Ägypten der Fall, und die dort entstehenden ersten Hochkulturen brachten auch die früheste Schrift hervor. Ohne diese Erfindung wäre der Übergang zur Hochkultur mit ihrer städtischen Zivilisation kaum denkbar gewesen – in der Tat ist der Zusammenhang zwischen beiden Erscheinungen so eng und unauflöslich, daß in den Kulturwissenschaften die Schrift geradezu als Inbegriff, zumindest aber als ein wichtiges Definitionskriterium der ›Hochkultur‹ und ›Zivilisation‹ gilt. Fast alle städtisch und staatlich organisierten Gesellschaften, die wir kennen, besaßen eine Schrift, wenngleich einige dieser Schriftsysteme bis heute nicht oder nur teilweise entziffert sind (vgl. S. 252 f. und 293). Eine Ausnahme bildete lediglich die Hochkultur der Inka in Peru, die nach heutigem Wissen über keine Gebrauchsschrift verfügte und in der Verwaltung allein mit dem Quipu-Knotenschnursystem zurechtkam (vgl. S. 149) – doch diese Ausnahme bestätigt wohl die Regel.

Den Hauptanstoß für die Schriftentwicklung an der Schwelle zu den Hochkulturen gaben die immer komplizierter werdenden wirtschaftlichen Vorgänge und Verwaltungsaufgaben. Diese hingen zusammen mit den wichtigsten strukturellen Kennzeichen der neuen Gesellschaftsformation: einer stark angewachsenen Bevölkerung, die sich in neu entstandenen Städten – Siedlungen einer bisher nicht gekannten Grö-

Luftaufnahme des freigelegten Stadtzentrums der sumerischen Metropole Ur aus dem späten 3. Jahrtausend v. Chr.

ßenordnung – zusammenballte; der Produktion eines gesteigerten landwirtschaftlichen Überschusses, der unter anderem den Fortschritten in der Bewässerungstechnik zu verdanken war und der den Unterhalt einer größeren Zahl von Spezialisten im Handwerk, in der Verwaltung sowie im religiösen Bereich erlaubte; und der Ausweitung der gesellschaftlichen Arbeitsteilung sowie des inneren und äußeren Handels.

Hand in Hand mit diesen strukturellen sozialökonomischen Umwälzungen gingen eine Reihe weiterer Veränderungen und Neuerungen, die gemeinhin als ebenso typische Merkmale und Errungenschaften der frühen ›Zivilisationen‹ gelten: ein allgemeiner Fortschritt und Aufschwung in vielen Bereichen des Handwerks und der Technik etwa, zum Beispiel die Massenproduktion von Keramik auf der Töpferscheibe; ein unaufhaltsamer Vormarsch der Metallverarbeitung, denn der Beginn der Hochkultur fiel im Nahen Osten ungefähr mit dem Anbruch der Bronzezeit zusammen; eine einzigartige Blüte und Verfeinerung auf allen Gebieten der Kunst und der Ästhetik; und schließlich die Herausbildung einer monumentalen Architektur, wie sie die Welt niemals zuvor gesehen hatte, die Erbauung mächtiger und repräsentativer Tempel, Paläste, Grabmäler und Pyramiden.

Die sumerischen Tempel waren nicht nur Stätten des Kultes und des Gebets, sondern auch Dreh- und Angelpunkte der Wirtschaft und Verwaltung. Hier eine Rekonstruktionszeichnung der Zikkurat des Königs Urnammu in Ur (Ende des 3. Jahrtausends v. Chr.)

Der britische Prähistoriker V. Gordon Childe prägte in den dreißiger Jahren zur Kennzeichnung dieser Veränderungen in ihrer Gesamtheit und wechselseitigen Bedingtheit den Begriff der *Urban revolution*, der ›städtischen Revolution‹, der sich an den neuzeitlichen Begriff der ›industriellen Revolution‹ anlehnte.[26] Diese ›städtische Umwälzung‹, der Übergang zur Hochkultur, war gleichbedeutend mit der Herausbildung staatlicher Organisationsformen (in Gestalt des Stadt- oder des Flächenstaates) und mit dem endgültigen Übergang zur Klassengesellschaft: Tempel mit einer umfangreichen, hierarchisch gegliederten Priesterschaft und ›göttliche‹ oder profane Herrscher an der Spitze einer bürokratischen Staatsverwaltung übten nun die politische, wirtschaftliche und kulturelle Macht aus. Sie standen im Zentrum aller gesellschaftlichen Aktivitäten, sie organisierten und finanzierten öffentliche Unternehmungen, Handel und Handwerk; dafür schöpften sie einen Großteil des gesellschaftlichen Produktionsüberschusses ab, banden einen erheblichen Teil der gesellschaftlichen Arbeitskraft.

Gerne ließen sich die mesopotamischen Könige und ägyptischen Pharaonen bei segensreichen Taten wie der Grundsteinlegung für einen Tempel oder der Eröffnung eines neuen Bewässerungskanals darstellen und verewigen – ihr eigener Luxus kam jedoch auch nicht zu kurz, wie das archäologische Fundmaterial aus Wohnstätten und Gräbern und die zeitgenössischen Darstellungen selbst beweisen. Die ›Standarte von Ur‹ etwa, ein Mosaik aus den berühmten Königsgräbern von Ur in Sumer, zeigt in einer Szene den König, von Dienern umsorgt und von Musikanten unterhalten, beim Feiern mit seinen Höflingen, während darunter Diener und Untertanen Kriegsbeute, Vieh und Verpflegung herbeischaffen. Jahr für Jahr hatten die Bauern einen Teil ihrer Ernte an den König oder an die Priesterschaft abzuliefern, und aus den so gefüllten Vorratskammern und Magazinen wurde das Heer der Beamten und Priester, der Handwerker, Künstler und öffentlichen Arbeiter bezahlt, kamen die Güter für den Außenhandel. Es waren mächtige und nahezu perfekt durchorganisierte Bürokratien, die den gesellschaftlichen Reichtum vereinnahmten, verwalteten und umverteilten, wobei selbstverständlich auch ihr eigener Vorteil eine gewichtige Rolle spielte.

Sumerische ›Beterstatuetten‹ aus der ersten Hälfte des 3. Jahrtausends v. Chr. (Archiv für Kunst und Geschichte, Berlin)

Von der Notwendigkeit der Schrift

Dieses völlig neue gesellschaftliche Milieu, diese wirtschaftlichen und administrativen Aufgaben in einer vorher nicht gekannten Größenordnung stellten natürlich an die dafür zuständigen Körperschaften und Organe ganz erhebliche neuartige Anforderungen. Um einen geregelten

Handel und geregelte Steuerabgaben sowie Löhne sicherzustellen, galt
es etwa, ein einheitliches System von Maßen und Gewichten festzulegen
und staatlich zu überwachen. Und wo genau gewogen und gemessen
wurde, wo riesige Gütermengen die Besitzer wechselten, gelagert und
umverteilt wurden, da entstand natürlich auch das Bedürfnis nach leistungsfähigen und differenzierten Methoden der Aufzeichnung, der
Buchführung und der Statistik.

Kurz gesagt, die wirtschaftlichen Notwendigkeiten verlangten nach
einer Schrift. Und die komplexer gewordenen Gesellschaften benötigten
das neue Aufzeichnungs- und Kommunikationsmittel auch noch aus
anderen Gründen. Handlungsanweisungen und Befehle innerhalb der
Verwaltungshierarchie mußten auch ohne persönlichen Kontakt der Beteiligten präzise und zuverlässig von oben nach unten weitergegeben
werden können, und ebenso waren Berichte und Informationen von unten nach oben zu übermitteln, wobei beides in möglichst dauerhafter,
›archivierbarer‹ Form geschehen sollte. Um ihre Herrschaft zu legitimie-
ren, mußten die Priesterherrscher und Könige überdies Wissen über die

Die ›Friedensseite‹
der ›Standarte von
Ur‹, eines Mosaiks
aus dem Königsfried-
hof von Ur, Mitte des
3. Jahrtausends v. Chr.
(Archiv für Kunst
und Geschichte,
Berlin)

Vergangenheit und ihre Vorgänger besitzen und ihre eigenen Taten und Verdienste aufzeichnen lassen – hierzu war eine Geschichtsschreibung erforderlich, die über das in mündlichen Kulturen Übliche hinausging (vgl. S. 171 f.). Ebenso wuchs das Bedürfnis, die für das Wohl der Menschen so wichtige Kommunikation mit den Göttern in unvergänglicher, die Zeiten überdauernder Form zu vollziehen. Und schließlich hatten sich unter der Ägide der Tempel und Paläste Ansätze zu neuen Techniken wie der Feldvermessung und zu Wissenschaften wie der Geometrie, der Astronomie und der Medizin herausgebildet, die ohne die Schrift nicht hätten weiterentwickelt werden können.

Es war also möglicherweise ein ganzer Komplex von Bedürfnissen und Erfordernissen, aus dem das neue Kommunikationsmittel hervorging. In Mesopotamien, wo die Schrift nach heutigem Wissen zuerst auftauchte, standen aber ganz eindeutig die wirtschaftlich-administrativen Gesichtspunkte im Vordergrund – und die Schriftentstehung knüpfte dort an ein älteres, vor-schriftliches ›Buchführungssystem‹ an, das weit in die Prähistorie zurückreichte.

Kapitel 8

Von der Zählmarke zum Zahlentäfelchen – frühe ›Buchführung‹ in Vorderasien

In sehr vielen vorgeschichtlichen Siedlungen Vorderasiens fanden sich seit Jahrzehnten bei Ausgrabungen merkwürdige, nur wenige Zentimeter große Tongegenstände in verschiedenen, immer wiederkehrenden geometrischen Formen wie etwa Kugel, Kegel, Scheibe und Zylinder. Lange Zeit wurden diese sogenannten ›Tonmarken‹ (englisch *Tokens*) nicht für besonders wichtig gehalten und kaum registriert. In den letzten zwanzig Jahren haben sie jedoch in der Fachwelt erhebliches Aufsehen verursacht, nachdem einige Forscher die (mittlerweile nahezu gesicherte) Theorie aufstellten, es handle sich bei ihnen um Zeugnisse eines frühen Buchführungs- und Dokumentationssystems, das der Schrift um Jahrtausende vorausging und entscheidend zu ihrer Herausbildung beitrug.

Bevor wir uns der ›eigentlichen‹ Schrift Mesopotamiens und Vorderasiens zuwenden, soll daher zunächst die Entwicklungsgeschichte dieses Dokumentationssystems nachgezeichnet werden. Seine Entdeckung gehört zu den faszinierendsten Resultaten archäologischer Forschung in den letzten Jahrzehnten und kann den großen Schriftentzifferungen des vergangenen Jahrhunderts an Bedeutung durchaus gleichgestellt werden.

Tonmarken aus Susa im Iran, zweite Hälfte des 4. Jahrtausends v. Chr. Oberste Reihe: Grundformen. Zweite Reihe von oben: Mit Strich- und Punktmarkierungen versehene Stücke. Dritte und vierte Reihe: Jeweils identische Typen ohne und mit Durchbohrung. Fünfte und sechste Reihe: Weitere mit Ritzungen versehene und ›naturalistische‹ Typen

Ovale Tonhülle aus
Nuzi in Mesopota-
mien, in der sich bei
der Auffindung ›acht-
undvierzig kleine
Steine‹ befanden

Einen ersten Hinweis auf die Existenz eines solchen Buchführungssy-
stems, und zwar in vergleichsweise junger, historischer Zeit, entdeckte
1958 der amerikanische Altorientalist und Archäologe A. Leo Oppenheim. Ein eiförmiger, hohler Tonball, der während der zwanziger Jahre in
den Siedlungsschichten der antiken Stadt Nuzi im Nordirak gefunden
worden war und der aus der Mitte des 2. Jahrtausends v. Chr. stammte,
erregte seine Aufmerksamkeit. Der Tonball trug einen achtzeiligen Keil-
schrifttext, in dem von »Steinen für Schafe und Ziegen« die Rede war
und in dem dann eine Aufzählung von Mutterschafen, Lämmern, Wid-
dern usw. folgte, insgesamt achtundvierzig Tiere. Nach einer dem Fund-
stück beigefügten Notiz hatte es bei der Ausgrabung »achtundvierzig
kleine Steine« enthalten, die jedoch verlorengegangen waren und über
deren Aussehen keine Nachricht vorlag. Oppenheim kam der Gedanke,
daß diese achtundvierzig Steinchen die auf der Tonhülle aufgezählten
achtundvierzig Tiere symbolisieren sollten, und er zog den Schluß: »Wir
müssen es hier mit einer Art von operativem Hilfsmittel für bürokratische Zwecke zu tun haben, das spezifischen Gebrauch von Kieselsteinchen als Zählmittel, Merkhilfe oder etwas derartigem machte.«[1]

Daß er damit auf der richtigen Spur war, ließ eine Anekdote vermuten,
die ihm ein Besucher der Nuzi-Grabung von 1928/29 erzählte: Ein
einheimischer Expeditionsbediensteter hatte damals auf dem Markt
lebende Hühner eingekauft, die ihm bei der Rückkehr versehentlich mit
solchen durcheinandergerieten, die bei den Grabungsunterkünften gehalten wurden. Da der Einkäufer nur mangelhaft zählen konnte, schien
die Abrechnung einen Augenblick lang gefährdet zu sein. Doch dann
präsentierte der Mann eine Anzahl von Steinchen, die er eingesteckt
hatte – für jedes gekaufte Huhn eines – und legte damit Rechenschaft
über das von ihm mitgebrachte Federvieh ab. Diese Anekdote bewies,
daß die Methode, mittels Steinchen zu ›zählen‹ und Mengen festzuhalten, im Orient bis in unsere Zeit hinein praktiziert wurde, ähnlich wie in
Europa die Dokumentation mit Hilfe des Kerbstocks (vgl. S. 140). Es war
also keineswegs abwegig, Vergleichbares für das 2. Jahrtausend v. Chr.
anzunehmen – doch wie konnte das damalige Verfahren genau funktioniert haben?

Die einfachste Erklärung lautete, so Oppenheim, daß der eiförmige
Tonball mit den Steinchen im Inneren als »Hilfsmittel diente, um die
Übergabe von Tieren an schriftunkundige Schafhirten zu kontrollieren«
und beide Seiten – die Hirten wie die mit dem Transfer betrauten
Beamten – »vor Betrug oder Irrtum zu schützen«. Freilich wären in diesem Fall, so der Forscher weiter, »auffällige Unterschiede in der Gestalt
oder Größe der Steinchen zu erwarten gewesen, um die Art, das Alter,
das Geschlecht und andere wirtschaftlich bedeutsame Merkmale der

Tiere festzuhalten.« Von derartigen Unterschieden war aber in der Fund-
notiz über die verlorengegangenen Steinchen nicht die Rede – sie waren
offenbar »gleichartig und fungierten lediglich als Zähleinheiten«, hätten
daher, so Oppenheim, bei der beschriebenen Anwendung nur eine »sehr
uneffektive Art der Kontrolle« zugelassen.[2]

Eine Gruppe keilschriftlicher Wirtschaftstexte aus Nuzi lenkte die
Überlegungen des Forschers in eine andere Richtung. Diese Texte erwähnten im Zusammenhang mit der Aufzählung von Tieren immer
wieder die »Deponierung«, »Entfernung« und »Übertragung« von Steinen. »Diese Schafe sind bei [folgt Personenname], die betreffenden
Steine wurden nicht deponiert«, hieß es dort etwa. Oder: »Ein Schaf,
gehörend dem [Personenname], der dazu gehörige Stein wurde nicht
herausgenommen.«[3] Aus diesen Notizen schloß Oppenheim, daß man
im Palast von Nuzi eine fortlaufende Statistik über die Zahl und Zusammensetzung der königlichen Herden geführt hatte, indem man kleine
Steinchen – von denen jedes ein Tier repräsentierte – in unterschiedlichen Behältern oder Gefäßen deponierte, unterteilt nach Männchen
und Weibchen, Jung- und Alttieren der einzelnen Arten. Starb ein Tier,
so entfernte man sein Steinchen, wurde eines geboren, so kam ein Stein
im Behälter für ›Jungtiere‹ hinzu, um später in den Behälter für ›ausge-
wachsene Tiere‹ oder ›Muttertiere‹ überzuwechseln usw. »Auf diese
Weise«, so der Forscher, »wurde die zahlenmäßige Verteilung der Tiere
innerhalb der Herde ohne jede schriftliche Aufzeichnung ständig dokumentiert«, und zwar »wesentlich besser und effektiver«, als es mit Hilfe
der Schrift möglich gewesen wäre – ermöglichte das Zählsteinchensy-
stem doch ein schnelleres Erfassen der häufigen Veränderungen mit
geringerem Aufwand.[4] Die in Nuzi gefundene Tonhülle, so schloß
Oppenheim seine scharfsinnige Argumentation, diente vermutlich als
eine Art von Transportbehälter, in dem die zu den achtundvierzig Tieren
gehörenden Steinchen aus einer Verwaltungsabteilung in eine andere
gesandt wurden, ergänzt durch einen schriftlichen Hinweis, welchen
Kategorien die Tiere angehörten, das heißt, wie viele Steinchen in
welchen Behältern zu deponieren seien.

Ein ausgefeiltes Buchführungssystem

Diese, 1959 in einem Aufsatz veröffentlichten Hypothesen waren angesichts des spärlichen Materials, das ihnen zugrunde lag, zweifellos gewagt, doch sie konnten sich auf handfeste Analogien stützen. Oppenheim hatte sein Modell der Buchführung im Palast von Nuzi nämlich
anhand völkerkundlicher Berichte über ein derartiges Dokumentations-

system im westafrikanischen Königreich Dahomey (heute Benin) während des 18. Jahrhunderts entwickelt. Die dortige Geburtenstatistik wurde nach der Beschreibung des Wirtschaftshistorikers Karl Polanyi wie folgt durchgeführt: »Im Palast befanden sich, unter der Aufsicht einer Beamtin, dreizehn Kästen, die jeweils in zwei Fächer unterteilt waren, nämlich für männliche bzw. weibliche Personen. Jedesmal, wenn ein Dorf- oder Distriktvorsteher dem König eine Geburt meldete, wurde ein Kieselstein in das dem Geschlecht des Kindes entsprechende Fach gelegt. Am Ende jedes Jahres wurden alle Kiesel um einen Kasten weiterbefördert, wodurch der erste Kasten leer wurde und wieder für die Feststellung der Geburten im kommenden Jahr verwendet werden konnte. Die Kiesel aus der dreizehnten Kiste wurden weggeworfen, da jene Kinder, die das vierzehnte Lebensjahr erreicht hatten, als Erwachsene galten und in der Jahreszählung der Erwachsenen berücksichtigt wurden.«[5]

Auch die Todesfälle wurden auf solche Weise registriert, wobei man die Steinchen an Krankheiten verstorbener Personen in einem roten Sack, diejenigen im Krieg getöteter Männer in einem schwarzen Sack deponierte. Das Buchführungssystem wurde bis hinab in die unteren Verwaltungsebenen praktiziert: Die Dorfvorsteher etwa erfaßten jeden Bewohner ihrer Siedlung statistisch, indem sie einen Kiesel für ihn in einen Sack taten, der das Symbol des Dorfes trug.

Zur Zählung des Viehbestandes verwendete man in Dahomey sowohl Muscheln als auch Steine, die – nach Tierarten getrennt – in Säcken verwahrt wurden. Ein auf jedem Sack angebrachtes Zeichen zeigte an, welche Tierart in ihm dokumentiert war: Ein Horn stand für Rinder, ein Bart symbolisierte Ziegen, Unkraut und eine Zunge bezeichneten Schafe usw. Auf der Grundlage der so geführten Statistiken wurden die Steuerabgaben fürs Vieh berechnet.

Diese ausgefeilte Buchführung mit Hilfe von Zählsteinchen glich in dem afrikanischen Königreich das Fehlen einer Schrift als Verwaltungsmittel aus und zeigt – ähnlich wie das Quipu-System der Inka (vgl. S. 149) –, daß komplexere Verwaltungsstrukturen in Ausnahmefällen auch in aliteralen Gesellschaften möglich sind. Im Vorderasien des 2. Jahrtausends v. Chr. hingegen war die Schrift bereits seit langem bekannt, und das von Oppenheim für Nuzi vermutete Buchführungssystem diente nach Ansicht des Forschers lediglich zur Ergänzung der sonst üblichen keilschriftlichen Verwaltungsaufzeichnungen in einem begrenzten Bereich. Doch kurze Zeit nach Oppenheims Veröffentlichung fanden sich Hinweise darauf, daß die Buchführung mittels Zählobjekten auch in Vorderasien älter war als die Schrift und daß sie offenbar doch etwas anders funktioniert hatte, als es das Beispiel Dahomeys vermuten ließ.

Mitte der sechziger Jahre wurde der Chefkonservator der altorientalischen Abteilung des Louvre, Pierre Amiet, auf eine Reihe tönerner
›Hüllen‹ aufmerksam, die kleine geometrische Tonobjekte enthielten.
Diese Hüllen, die seit Beginn unseres Jahrhunderts bei Ausgrabungen in
der antiken Stadt Susa im Westen des Iran gefunden worden waren,
stammten aus der zweiten Hälfte des 4. Jahrtausends v. Chr. – den
letzten Jahrhunderten vor dem Auftauchen der Schrift in Susa. Amiet
wies diesen *Bulles sphériques*, diesen ›kugelförmigen Bullen‹ (von lateinisch *bulla* = Blase) in einem 1966 veröffentlichten Artikel eine ähnliche
Funktion zu wie Oppenheim dem Exemplar aus Nuzi. Er interpretierte
sie als Behälter mit Zählmarken, als Teil einer »sehr archaischen Buchführung« im Rahmen wirtschaftlicher Transaktionen. Die in ihnen enthaltenen tönernen Objekte waren jedoch nicht, wie Oppenheim für die
Steinchen aus Nuzi angenommen hatte, gleichförmig, sondern von ganz
unterschiedlicher geometrischer Gestalt (vgl. S. 183). Amiet vermutete
daher, daß sie »verschiedenen Güterarten entsprachen«[6] – daß mit anderen Worten jede Marke allein durch ihre Form eine bestimmte Objekt-
klasse repräsentierte, ohne daß dazu weitere Kennzeichnungen notwendig waren.

Systematisch und im großen Stil ging schließlich in den siebziger
Jahren die französisch-amerikanische Archäologin Denise Schmandt-
Besserat den Spuren des merkwürdigen prähistorischen Registratursy-
stems nach. Für eine Forschungsarbeit über die früheste Verwendung
von Ton im Vorderen Orient sichtete sie seit 1969 überall auf der Welt die
entsprechenden Museumsbestände und stieß dabei schon im Fundgut
von Siedlungen des achten und der folgenden vorchristlichen Jahrtausende immer wieder auf die zentimetergroßen geometrischen Tonmarken. »Bald verwirrten mich diese von mir *Tokens* genannten Objekte«,
schreibt Schmandt-Besserat rückblickend, »denn wohin ich auch reise,
sie waren überall zu finden – im Irak und im Iran, in Syrien, in der Türkei
und Israel. (...) Ich befragte die Archäologen wegen der Tonmarken und
erfuhr, daß alle, die frühe Siedlungsplätze ausgegraben hatten, sie in
beträchtlicher Menge in ihren Schnitten antrafen. Keiner wußte jedoch,
was sie darstellten.«[7] Sie wurden in den Fundlisten meist unter ›Verschie-
denes‹ geführt oder als Amulette, Spielsteine und ähnliches interpretiert.

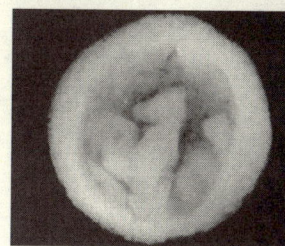

Röntgenaufnahme
einer Tonhülle mit
geometrischen Zähl-
marken im Inneren

Diese Erklärungen überzeugten die junge Forscherin nicht: »Wenn sie
so weit verbreitet waren, überlegte ich, dann mußten sie eine nützliche
Funktion gehabt haben. Ich stellte fest, daß die Tonmarken oft sorgfältig
gefertigt waren und daß sie die ersten tönernen Objekte waren, die man
im Feuer gehärtet hatte. Die Tatsache, daß die Menschen einen solchen
Aufwand mit ihrer Herstellung trieben, bestärkte mich in der Annahme,
daß sie von Bedeutung waren. (...) Aber wozu dienten sie?«[8] Bei der

Beantwortung dieser Frage kamen Schmandt-Besserat die oben erwähnten Veröffentlichungen Oppenheims und Amiets zu Hilfe: »Ich erinnere mich lebhaft«, schreibt sie, »wie sich 1970 plötzlich zwei Teile des Puzzles in meinem Kopf zusammenfügten. Zur Vorbereitung einer Vorlesung holte ich Amiets Artikel von 1966 aus meinen Unterlagen, den ich nicht mehr in der Hand gehabt hatte, seit ich die Tonmarken untersuchte. Ich traute meinen Augen nicht, als ich die kleinen tönernen Kegel, Kugeln und Tetraeder sah, die in dem Aufsatz abgebildet waren. Instinktiv wehrte ich mich gegen den Gedanken, daß diese Objekte aus Susa irgend etwas mit den [sehr viel älteren] Tonmarken zu tun haben könnten, die man in jungsteinzeitlichen Siedlungen ausgegraben hatte. Schließlich waren die Zählmarken aus Susa in Tonhüllen eingeschlossen, während die jungsteinzeitlichen Exemplare lose gefunden wurden, und vor allem waren die Objekte durch Jahrtausende voneinander getrennt. Dennoch war ich fasziniert genug, um am nächsten Tag die Ausgrabungsberichte verschiedener Fundorte des 4., 5. und 6. Jahrtausends v. Chr. durchzusehen, und dabei faßte ich die Möglichkeit ins Auge, daß Tonmarken ohne Unterbrechung zwischen 8000 und 3000 v. Chr. in Gebrauch gewesen sein könnten.«[9]

Güterzählung mit Tonmarken

Dies war der Beginn eines seit nunmehr fünfundzwanzig Jahren laufenden Forschungsprojekts, das beträchtliches Aufsehen in der Fachwelt verursachte und der Kommunikationswissenschaft neue Perspektiven eröffnet hat. 1977 veröffentlichte Schmandt-Besserat ihren ersten Aufsatz, in dem sie schon die ältesten Tonmarken als frühe Belege jener Buchführungsmethode interpretierte, deren spätere und verfeinerte Form Amiet und Oppenheim in Susa bzw. Nuzi entdeckt hatten. Seither hat sie ihre Theorie in einer langen Reihe von Arbeiten Schritt für Schritt erhärtet, konkretisiert und modifiziert – ein 1992 erschienenes, zusammenfassendes Werk stützt sich auf die Analyse von über achttausend Tonmarken aus 116 Fundorten, welche die Forscherin in fünfzehn Ländern untersucht hat. Ihre Arbeit wurde zu Beginn vielfach kritisiert und belächelt, erfuhr seither aber stetig wachsende Anerkennung und Unterstützung. Über Details ihrer Theorie wird nach wie vor gestritten (vgl. S. 214 ff.), doch der Kern ist heute weithin akzeptiert: die Erkenntnis nämlich, daß die Schrift im Vorderen Orient aus einer Jahrtausende währenden Entwicklung der Datenspeicherung und Buchführung mit Hilfe von Tonmarken hervorging – einem Entwicklungsprozeß, von dem vor dreißig Jahren noch niemand etwas ahnte.

Dieser Prozeß begann etwa um 8000 v. Chr., in der Frühphase menschlicher Seßhaftigkeit, als in einigen der ersten Siedlungen Syriens und des Irans auch die frühesten Tonmarken auftraten. Nach der Theorie Schmandt-Besserats könnten sie aus dem in vielen Kulturen verbreiteten Brauch hervorgegangen sein, mit Kieselsteinchen zu zählen (vgl. S. 149), weshalb sie in der Literatur auch manchmal als *Calculi* bezeichnet werden (von lateinisch *calculus* = Stein, mit der übertragenen Bedeutung ›Zählstein‹; daher unser Wort ›kalkulieren‹). Gegenüber einfachen Steinchen hätten die von Hand geformten Tonmarken den Vorteil gehabt, in verschiedenen Größen und Formen herstellbar zu sein – vergleichbar etwa den Chips in heutigen Spielbanken – und dadurch verschiedene Kategorien gezählter Objekte unterscheidbar zu machen, wie dies schon Amiet vermutet hatte (vgl. S. 185).

Nach Schmandt-Besserat existierten von Anfang an zehn geometrische Grundformen (Kugel, runde Scheibe, Kegel, Pyramide bzw. Tetraeder, Ovoid, Zylinder bzw. Stäbchen, Dreieck, Rechteck, T-Form und Tierkopf-Formen), die sich durch Variationen in zahlreiche Untertypen gliederten, sowie mindestens zwei Größenklassen von weniger als einem bis zu mehreren Zentimetern. Diese Typen traten nahezu gleichartig in einem weiten geographischen Raum auf, der den Iran und Irak sowie Syrien, Palästina und die Türkei umfaßte. Sie blieben über mehrere Jahrtausende hinweg praktisch unverändert: Noch in den Tonhüllen des späten 4. Jahrtausends, deren ›buchhalterische‹ Funktion heute unstrittig ist, finden sich einige der Tonmarken-Grundformen, die schon vier bis fünf Jahrtausende zuvor gebräuchlich waren. Diese Sachverhalte dürften kaum auf einem Zufall beruhen. Sie sprechen eindeutig gegen die frühere Auffassung, daß es sich bei den *Tokens* lediglich um Schmuckobjekte, Amulette, Spielsteine oder dergleichen gehandelt habe, und für ihre Deutung als Symbolobjekte im Rahmen eines weiträumig ›genormten‹ und stabilen Systems zur Versinnbildlichung und Dokumentation von Zahlenmengen, Güterklassen oder Werten. Schmandt-Besserat spricht in diesem Zusammenhang geradezu von einer *Lingua franca*, einem Sprach- und Ländergrenzen überschreitenden System für den gesamten Nahen Osten.

Die konkrete symbolische Bedeutung der einzelnen Tonmarkenformen und ihre genaue Handhabungsweise ist heute natürlich nur schwer zu rekonstruieren. Nach Schmandt-Besserats Auffassung standen »die unterschiedlichen Formen und Markierungen für besondere wirtschaftliche Einheiten wie ›ein Scheffel Getreide‹, ›ein Krug Öl‹, ›ein Gefäß Bier‹ oder ›ein Vlies Wolle‹.« – »Die *Tokens* wurden«, so die Forscherin weiter, »in einer Eins-zu-eins-Zuordnung benutzt, und ihre Hauptfunktion war es, die wenigen Güter des täglichen Lebens, die aufgezeichnet oder gezählt werden mußten, in leicht zu handhabende und zu speichernde Zählsymbole zu übersetzen.«[10]

Die Fundumstände der bisher ausgegrabenen Tonmarken geben – soweit überhaupt bekannt – leider keine eindeutigen Hinweise darauf, was genau mit ihnen gezählt oder dokumentiert worden sein könnte und zu welchem Zweck. In einigen Siedlungen entdeckte man nur eine Handvoll der Objekte, in anderen dagegen Hunderte, und in Jarmo im Irak waren es gar um die zweitausend Exemplare, so daß Schmandt-Besserat diese frühe neolithische Siedlung scherzhaft zur »*Token*-Hauptstadt der Welt« ernannte.[11] Manchmal kamen die Tonmarken einzeln zutage, manchmal in kleineren oder größeren Gruppen – oft lagen sie über die ganze Siedlungsfläche verstreut, gelegentlich konzentrierten sie sich aber auch in bestimmten Bereichen, darunter mehrfach in Speichern und Wirtschaftsräumen von Häusern.

Von besonderem Interesse ist ein 1986 veröffentlichter Befund aus der irakischen Siedlung Tell Abada (5. Jahrtausend v. Chr.), wo in einem einzigen Gebäude (und nur dort) neunzig Tonmarken unterschiedlicher Form zutage kamen, die in Gruppen von vier bis sechzehn Exemplaren in Keramikgefäßen untergebracht waren. Möglicherweise versuchte man auf diese Weise – wie später mit Hilfe der Tonhüllen – bestimmte Gruppen von *Tokens* beisammenzuhalten, und vielleicht geschah das damals schon öfter, freilich in Behältern oder Beuteln aus organischem Material wie Holz, Stoff oder Leder, die für uns nicht mehr nachweisbar sind. Wie dem auch sei, der Befund von Tell Abada unterstützt die Auffassung, daß es sich schon bei den frühen, lose aufgefundenen Tonmarken um Vorläufer derjenigen in den Tonhüllen des 4. Jahrtausends handelte und daß beide wohl ähnliche Funktionen hatten.

Bemerkenswert ist die Tatsache, daß die Herausbildung des Tonmarkensystems zeitlich mit dem vor etwa zehntausend Jahren begonnenen Übergang von der Jagd und Sammelwirtschaft zu Ackerbau und Viehzucht zusammenfiel. Dieser Übergang zur produzierenden und seßhaften Lebensweise des Neolithikums (Jungsteinzeit) war die erste große ökonomische Umwälzung in der Menschheitsgeschichte. Der Prähistoriker V. Gordon Childe prägte für sie den berühmt gewordenen Begriff ›Neolithische Revolution‹.[12] Diese Revolution vollzog sich zunächst in einem Gebiet Vorderasiens, das einen weiten sichelförmigen Bogen von Palästina und dem Libanon über Syrien und die südöstliche Türkei bis zum Nordirak und zum westlichen Iran (Zagrosgebirge) beschreibt und das als der ›Fruchtbare Halbmond‹ bezeichnet wird. Gerade hier fanden sich auch die meisten der frühen Tonmarken. »Es bestehen wenig Zweifel«, so folgert Denise Schmandt-Besserat, »daß das Bedürfnis nach Dokumentation [mittels der *Tokens*] mit bestimmten Aspekten der

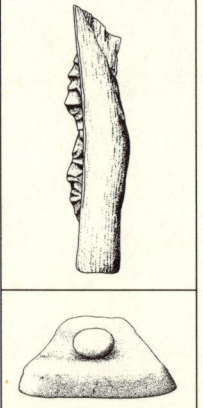

Erntemesser mit Feuersteinklingen (oben) und Steinmühlen zum Zermahlen von Getreide (unten) markierten im Vorderen Orient den Übergang zum Ackerbau

menschlichen Anpassung an die Nahrungsproduktion in dieser Gegend zusammenhing.«[13] Als Beispiel führt sie die frühneolithische Siedlung Mureybet in Syrien an, wo um 8000 v. Chr. die ersten Tonmarken zusammen mit Speichersilos und den frühesten Nachweisen für Akkerbau auftauchen, nachdem die Bewohner zuvor als Jäger und Wildgetreidesammler gelebt hatten und offenbar ohne *Tokens* ausgekommen waren.

In der Tat bedeutete der Schritt vom Jäger und Sammler zum Ackerbauer und Viehzüchter (der allerdings über einige Zwischenstufen verlief und sich über eine längere Zeitperiode hinzog) eine tiefgreifende Veränderung für die Menschen. Er brachte völlig neuartige Aufgaben wie auch gänzlich neue Möglichkeiten mit sich. Die neolithische Wirtschaftsweise erlaubte nicht nur eine Vorratshaltung in größerem Ausmaß, sie beruhte geradezu darauf, denn was in einigen Monaten auf den Feldern angebaut wurde, mußte ein ganzes Jahr lang zum Leben reichen. Aussaat und Verbrauch mußten vorausgeplant, die Ernteerträge registriert, gespeichert und eingeteilt werden in Saatgetreide fürs nächste Jahr, Futter fürs Vieh, Nahrung für die Menschen und eine Reserve für andere Zwecke oder für schlechte Zeiten – dies alles oftmals nicht nur in einzelnen Familien, sondern gemeinschaftlich im ganzen Dorf. Der Viehbestand war zu zählen und zu kontrollieren, die Schlachtrate mußte kalkuliert werden, möglicherweise hat man auch bereits den Ertrag der Tiere an Milch oder Wolle festgehalten.

Die jungsteinzeitliche Wirtschaft war darüber hinaus bereits in bescheidenem Maße ›akkumulativ‹, das heißt, sie ermöglichte die Produktion eines gewissen Überschusses, der im Nah- und Fernhandel gegen Güter und Rohstoffe verschiedener Art ausgetauscht werden konnte, und eine bescheidene Anhäufung von Besitztümern. Einen Teil dieses Überschusses konsumierte man vielleicht auch bei großen örtlichen oder regionalen Festen, für die Lebensmittel und andere Güter in organisierten Sammelaktionen zusammengetragen wurden, wie aus der Völkerkunde vielfach bekannt. Zudem erforderten besondere Gemeinschaftsaufgaben wie die Errichtung religiöser Bauten und die Unterhaltung von Priestern oder Häuptlingen im Laufe der weiteren Entwicklung immer größere Investitionen.

Alle diese Aspekte der neuen Lebens- und Wirtschaftsweise könnten ein Bedürfnis nach ›Buchführung‹ und Fixierung von Gütermengen hervorgebracht haben, dem man mit Hilfe des Dokumentationssystems der Tonmarken genügte – doch wissen wir über die Einzelheiten bis heute nichts Sicheres. Auch Schmandt-Besserat kann nur vermuten, daß »die Speicherung gemeinschaftlicher Ressourcen ein Hauptstimulus für die Entwicklung des *Token*-Systems« war.[14]

Das System wird vielschichtiger

Die Tonmarken blieben über viertausend Jahre lang nahezu unverändert, doch im Verlauf des 4. Jahrtausends v. Chr. wurde das System erheblich vielschichtiger und komplexer. Einige neue Grundtypen von *Tokens* kamen hinzu, darunter paraboloide (zuckerhutartige) Formen und naturalistische kleine Nachbildungen von Gefäßen und anderen Gegenständen. Vor allem aber weisen viele der Tonmarken seit der Mitte des 4. Jahrtausends zusätzliche Oberflächenmarkierungen wie eingeritzte Striche und Linienfolgen, eingravierte Punkte und ähnliches auf, die bis dahin in deutlich geringerem Maße aufgetreten waren. Die Zahl der von Schmandt-Besserat unterschiedenen Tonmarken-Hauptformen erhöht sich dadurch für diese Zeit auf sechzehn, die der Untertypen auf fast fünfhundert – eine Vielfalt, die nach Ansicht der Forscherin darauf schließen läßt, »daß eine höhere Zahl von Produkten mit größerer Genauigkeit gezählt wurde«.[15] Ursache dieser Entwicklung war nach ihrer Theorie das Aufblühen des Handwerks und Gewerbes in den größeren Städten. Während die bis dahin üblichen ›einfachen‹ Tonmarken vorwiegend zur Zählung der wichtigsten landwirtschaftlichen Güter gedient hätten, »verkörperten die komplexen Tonmarken«, so Schmandt-Besserat, »typische Erzeugnisse der städtischen Handwerksbetriebe wie Textilien, Kleidungsstücke, Gefäße und Werkzeuge; zubereitete Nahrungsmittel wie Öl, Brot, Kuchen und Zuchtenten; und Luxusgüter wie Parfüm, Metall und Schmuck.«[16]

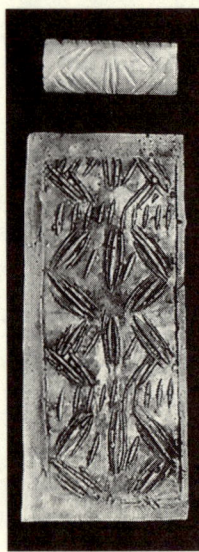

Rollsiegel mit Abrollung aus der Wende vom 4. zum 3. Jahrtausend v. Chr.

Von Bedeutung ist weiter, daß zahlreiche dieser ›komplexen Tonmarken‹ eine Durchbohrung aufweisen, so als seien sie an einer Schnur befestigt gewesen. Früher schloß man daraus bisweilen, daß sie als Schmuckstücke oder Amulette gedient hätten, die um den Hals oder um das Handgelenk getragen worden seien. Dagegen spricht allerdings, daß die Durchbohrungen kaum Abnutzungs- und Abriebspuren erkennen lassen, wie das in diesem Fall zu erwarten wäre. Schmandt-Besserat vermutet statt dessen, daß mit einer durch die Löcher gezogenen Schnur mehrere *Tokens*, die zu einer bestimmten Zählung gehörten, zusammengebunden und zu einer Art ›Akte‹ gebündelt wurden, ehe sie ins Archiv wanderten.

Für diese Hypothese spricht auch die Tatsache, daß ungefähr zur gleichen Zeit, also um 3500 v. Chr., an denselben Orten die ersten Tonhüllen mit *Tokens* auftauchten, deren Zweck es offenkundig ebenfalls war, die zur Dokumentation eines bestimmten Wirtschaftsvorgangs nötigen Zählmarken beieinanderzuhalten. Etwa zweihundert dieser runden oder ovalen, meist fünf bis sieben Zentimeter großen Tonbälle, in die mit den Fingern ein kleiner Hohlraum gebohrt wurde, sind bisher

dokumentiert und ausgewertet. Den Inhalt kennt man bislang nur von
rund drei Dutzend unter ihnen. Sie enthielten unterschiedlich viele (im
Durchschnitt neun) Tonmarken verschiedener Form, und zwar meist der
kleineren und einfacheren Typen. Die Deponierung in den anschließend
verschlossenen ›Bullen‹ verhinderte jede nachträgliche Manipulation an
diesen Tonmarken.

Auf der Außenseite der Hüllen ließen sich darüber hinaus bequem die
Abdrücke eines oder mehrerer ›Rollsiegel‹ anbringen – kleiner Steinzy-
linder mit negativ eingeschnittenen szenischen, figürlichen oder ornamentalen Motiven, die beim Abrollen auf feuchtem Ton ein erhabenes
Relief ergaben. Solche Rollsiegel kamen ebenfalls während des 4. Jahrtausends in Vorderasien in Gebrauch und dienten Privatleuten wie Verwaltungsbeamten als persönliche oder dienstliche ›Markenzeichen‹ zur
Beurkundung, Autorisierung und Versiegelung aller möglichen Dokumente und Objekte. Tatsächlich tragen auch die meisten der Tonhüllen
Abdrücke eines, manchmal sogar zweier oder dreier Rollsiegel. Die
eingeschlossenen Marken wurden durch diese ›Versiegelung‹ zuverlässig
gesichert, beglaubigt und mit der Person des Siegelinhabers in Verbindung gebracht. Möglicherweise wurden aber auch schon Vertragsab-
schlüsse, deren Gegenstand man mit Hilfe der *Tokens* dokumentierte,
im wahrsten Sinne des Wortes ›besiegelt‹, indem beide Vertragsparteien
ihre Siegelzylinder auf dem entsprechenden Tonball abrollten – eine Art
frühe Vorform des heute üblichen Unterschriftzeremoniells.

Was für Geschäfte könnten auf diese Weise dokumentiert, was für
Zählungen oder Buchungen fixiert worden sein? Der Spekulation sind
hier kaum Grenzen gesetzt, denn es gibt viele plausible Möglichkeiten.
Pierre Amiet vermutete 1966, als er die Aufmerksamkeit der Fachwelt
zum erstenmal auf die Tonhüllen aus Susa lenkte (vgl. S. 185), es habe
sich bei ihnen um eine Art von »Lieferscheinen« oder »Frachtbriefen«
gehandelt, die Transporte von Textilprodukten und anderen Gütern aus

Gesiegelte Tonhülle
aus Susa mit den
darin enthaltenen
Tonmarken (spätes
4. Jahrtausend v. Chr.)

Tonhülle aus Susa mit Abdruckmarkierungen der enthaltenen Tonmarken auf der Oberfläche (spätes 4. Jahrtausend v. Chr.)

der Provinz in die Hauptstadt begleiteten und Art sowie Stückzahl der Waren belegten. Auf diese Weise hätte man Diebstählen vorgebeugt und die ›Abrechnung‹ erleichtert. In ähnlicher Weise könnten die Tonhüllen und *Tokens* auch bei der Abwicklung des Fernhandels oder der ›Rechnungslegung‹ und Kontrolle der Hirten, die das Vieh der Tempel sowie reicher Privatleute hüteten, verwendet worden sein. Eine solche Funktion hat ja Oppenheim bereits 1959 für die Tonhülle aus Nuzi diskutiert, dann allerdings zugunsten seines ›Dahomey-Modells‹ verworfen (vgl. S. 182 f.) – eine neuere Untersuchung ergab aber, daß die Nuzi-Hülle in der Tat eine Viehübergabe an einen Hirten dokumentiert haben könnte. Auch zur Beurkundung von Vertragsgeschäften wie Getreideanleihen, Landverkäufen und ähnlichem wären die Tonhüllen mit ihren *Tokens* ein taugliches Mittel gewesen.

Zeugnisse einer herrschenden Klasse?

Ebenfalls nicht gesichert ist bis heute, welcher Personenkreis sich dieses Mittels bediente. Amiet wertete die weite Verbreitung der Tonhüllen und -marken sowie die Tatsache, daß sie mancherorts in Privathäusern gefunden wurden, als Hinweis auf ihre Verwendung im Rahmen eines »privaten Managementsystems«, »einer Art ›Internationale‹ von Händlern eher denn einer zentralisierten Verwaltung«.[17] Schmandt-Besserat bestreitet dagegen, daß das Buchführungssystem eine nennenswerte Rolle im Fernhandel spielte, da mit ihm jeweils nur kleine Gütermengen dokumentiert worden seien, die darüber hinaus überwiegend lokale Produkte umfaßten. Ihrer Auffassung nach waren die *Tokens* und Hüllen in erster Linie ein Instrument der immer mächtiger werdenden Tempelverwaltungen, die sie zur Registrierung der ursprünglich freiwilligen Opfer und Gaben des Volkes an die Götter verwendeten, aus denen in dieser Zeit vielleicht schon pflichtmäßige und erzwungene Steuerabgaben geworden waren. Zur Untermauerung weist sie vor allem auf den Befund der südmesopotamischen Metropole Uruk hin, wo rund achthundert *Tokens* und fünfundzwanzig Tonhüllen ausgegraben wurden, fast durchweg in (allerdings umgelagerten) Schuttschichten des zentralen Tempelbezirks (zur Problematik der Situation in Uruk vgl. S. 199 f.). Aber auch die Tatsache, daß an mehreren Fundorten Vorderasiens *token*ähnliche Kugeln – freilich zumeist nicht aus Ton, sondern aus weißem oder rotem Stein – als Beigaben in außergewöhnlich reichen Gräbern gefunden wurden, deutet die Forscherin im Sinne ihrer Vermutung.

Die steinernen *Tokens* hätten, so Schmandt-Besserat, »mächtigen Administratoren« als »Statussymbole« gedient[18] und seien ihnen als solche nach dem Tod ins Grab mitgegeben worden, ähnlich wie Jahrtausende später in Peru hohe Inka-Beamten mit ihren Quipu-Schnüren (vgl. S. 149) bestattet wurden. »Die Kunst des Zählens dürfte in prähistorischer Zeit dieselbe Rolle gespielt haben wie die Lese- und Schreibkundigkeit in historischer Zeit. Folglich werden die Individuen, die in der Vorgeschichte mit der Tätigkeit des Zählens betraut waren, das gleiche Prestige genossen haben wie die Schreiber der geschichtlichen Ära«, mutmaßt sie[19] und verweist in diesem Zusammenhang auf Titel wie ›Herr der Steine‹ und ›Herr der tönernen Steine‹, die in jüngeren mesopotamischen Beamtenlisten aufgeführt sind.

Träfen diese Vermutungen zu, so verfügten wir mit den Tonhüllen und ›komplexen Tonmarken‹ über ein einmaliges archäologisches Zeugnis für die Herausbildung einer Bürokratie und ihre Etablierung als herrschende Klasse. Die Meinungen hierüber gehen freilich, wie erwähnt, in der Fachwelt auseinander. Als gesichert gelten kann jedoch, daß die plötzliche Erweiterung und Perfektionierung des *Token*-Systems um die Mitte des 4. Jahrtausends mit der in dieser Zeit begonnenen ›städtischen Revolution‹ (vgl. S. 177) in Zusammenhang gestanden haben muß, daß sie ein Reflex der damit verbundenen ökonomisch-sozialen Umwälzungen und eine erste Antwort auf die neuen Anforderungen an Verwaltung, Buchführung und Dokumentation war.

Diese Antwort blieb freilich eine nur vorübergehende und kurzzeitige, denn das Tonmarkensystem – erwachsen aus den Erfordernissen und Bedürfnissen der neolithischen Wirtschaft und Gesellschaft – erwies sich auf die Dauer als zu beschränkt, zu eng und zu schwerfällig für das ›Management‹ der sich herausbildenden und rasch expandierenden Stadtstaaten. So lösten in raschem Zeittakt weitere Modifizierungen

Szenische Darstellung der Speicherung von Gütern auf Siegelabdrücken aus Susa. Der vermehrte Güterumschlag am Ende des 4. Jahrtausends förderte die Entwicklung leistungsfähiger Aufzeichnungssysteme

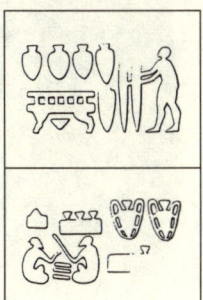

und Verbesserungen einander ab, die immer mehr in Richtung Schrift tendierten, ohne daß dies irgend jemand erkannt oder gar bewußt angestrebt hätte.

Einer der größten Nachteile der Tonhüllen bestand darin, daß die in ihnen eingeschlossenen *Tokens* – und damit die gespeicherte Information – nach dem Verschließen der Hülle nicht mehr sichtbar und jederzeit zugänglich waren, daß man zu ihrer Überprüfung das Behältnis vielmehr öffnen und die ›Versiegelung‹ zerstören mußte. Hier ließ sich leicht Abhilfe schaffen, indem man vor dem Verschließen des Tonballs charakteristische Abdrücke der darin befindlichen Marken (oder entsprechende mit einem Griffel bzw. den Fingern hergestellte Markierungen) auf seinem Außenmantel anbrachte – etwa ein kleines tiefes Loch für eine Kugel, ein größeres und flacheres für eine Scheibe, eine spitz zulaufende Kerbe für einen Kegel, eine längliche für einen Zylinder usw.

Insgesamt neunzehn der rund zweihundert bekannten Tonhüllen tragen solche Abdrücke oder Markierungen als ›Inhaltsangabe‹, die von ihrer Funktion her der Aufschrift auf der Tonhülle von Nuzi (vgl. S. 182) entsprechen. Bei einer Hülle aus Habuba Kabira in Syrien passen die im Inneren gefundenen ovalen *Tokens* noch exakt in die Löcher auf der Außenseite; bei einem Exemplar aus Susa klebten zwei längliche Tonmarken bei der Ausgrabung sogar noch auf der Hülle.

Denise Schmandt-Besserat bezeichnet diese Neuerung, welche die dreidimensionalen Symbole in graphische Zeichen umwandelte und es dadurch »erlaubte, jederzeit die Anzahl und Art der *Tokens* ohne Öffnen der Bulle ›abzulesen‹«, als »das entscheidende Verbindungsglied zwischen dem archaischen dreidimensionalen Dokumentationssystem und der Schrift.«[20] Denn nachdem die Tonhüllen auf diese Weise von reinen Behältnissen zum eigentlichen Informationsträger avanciert waren,

Tontafeln mit Zahl-
zeichen aus Godin
Tepe (links) und Susa
(rechts) im Iran
(spätes 4. Jahrtausend
v. Chr.)

konnte man auf die Marken im Inneren – und damit auch den Hohlraum – natürlich verzichten und sich auf die graphischen Symbole und
Markierungen beschränken, für die ein massives Stück Ton als Träger
genügte. So entstanden die sogenannten ›Zahlentafeln‹ (englisch *numerical tablets* oder *impressed tablets*), teilweise noch rundliche Tontäfelchen von wenigen Zentimetern Größe, welche die gleichen eingetieften
Markierungen (und oft Siegelabdrücke) zeigen wie zuvor bereits einige
der Hüllen.

Die Geburt der Schrift

Die Tatsache, daß wir von einem Dutzend Fundorten Mesopotamiens
und des Iran nicht weniger als 240 solcher ›Zahlentäfelchen‹ kennen,
während nur neunzehn der insgesamt zweihundert bekannten Tonhüllen *Token*-Abdrücke aufweisen, könnte dabei ein Hinweis sein, daß die
›Markierung‹ der Hüllen nur eine kurzzeitige Übergangstechnik war und
durch die Entwicklung der Täfelchen schnell überflüssig wurde, nachdem der Weg der zweidimensionalen ›graphischen‹ Repräsentation erst
einmal eingeschlagen war. Bald ging man dazu über, den eingetieften
Markierungen auf den Täfelchen kleine, mit einem spitzen Griffel in den
feuchten Ton gezeichnete Bildsymbole beizufügen, die ergänzende Angaben über Güter, Personen und anderes festhielten. Damit war der
letzte, entscheidende Schritt zu einer gänzlich neuen Form der Informationsspeicherung und -weitergabe getan: der Schrift. Und bei ihrer Herausbildung hatten keineswegs ›erzählende Bilder‹ oder geheiligte Symbole Pate gestanden, wie man früher allgemein annahm (vgl. S. 158 f.),
sondern vielmehr das schlichte Bestreben, wirtschaftliche Daten möglichst effektiv und unbegrenzt speichern zu können.

Die Entwicklung, die hier idealtypisch, sozusagen in ihrem ›logischen‹
Ablauf, nach den Ergebnissen Schmandt-Besserats, Amiets und anderer
Forscher skizziert wurde, ist leider bis heute an keinem mesopotamischen Fundort in ihrer exakten zeitlichen Abfolge, also in Form einer
›archäologisch-stratigraphischen Sequenz‹ belegt. Vielmehr treten in der
Spät-Uruk-Zeit, ab etwa 3200 v. Chr., in mehreren Fällen ›komplexe
Tonmarken‹, Tonhüllen mit und ohne Markierungen und frühe ›Zahlentäfelchen‹ in den gleichen Grabungshorizonten und Zusammenhängen
auf – sie wurden also offenbar gleichzeitig nebeneinander verwendet,
möglicherweise für unterschiedliche Aufgabenbereiche. Eine solche
›Überlappung‹ und Parallelität widerspricht keineswegs der Annahme,
daß die eine Form früher entstand als die andere und daß eine sich aus
der anderen entwickelte. Es wird indes nicht leicht sein, dafür den

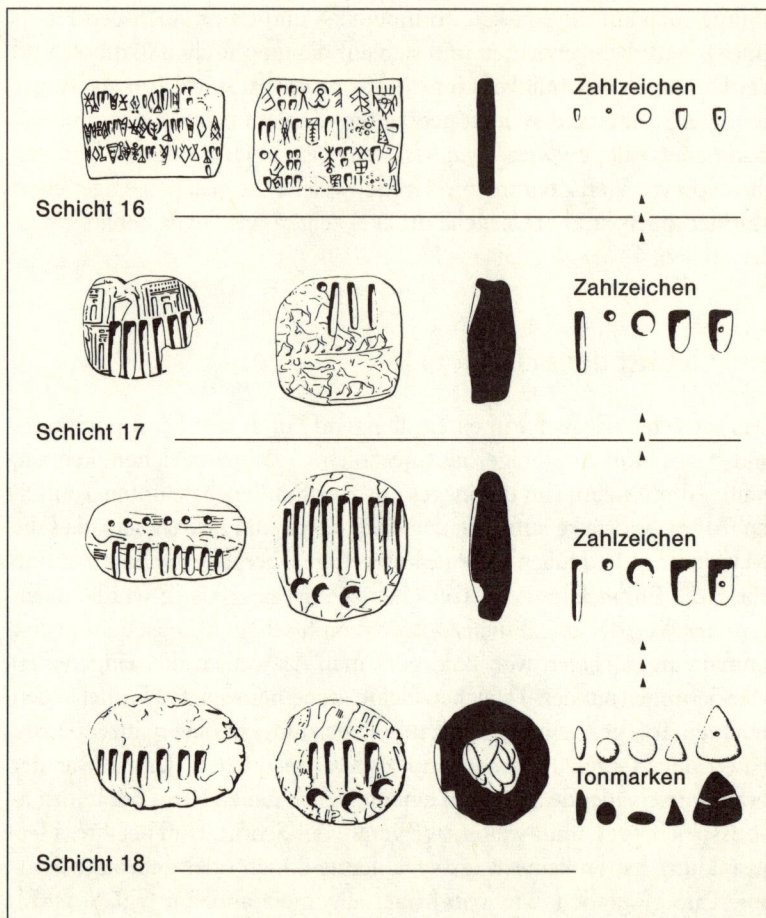

Archäologische
Abfolge von Ton-
hüllen, Zahlentäfel-
chen und Tontafeln
mit früher (protoela-
mischer) Schrift in
den Schichten des
späten 4. Jahr-
tausends v. Chr. von
Susa (dritte Spalte:
Querschnitt)

exakten Nachweis zu erbringen, denn Objekttypen, die im Abstand von
nur wenigen Jahren oder Jahrzehnten aufeinanderfolgten, sind nur unter
günstigen Umständen und mit einigem Glück im archäologischen Material zeitlich voneinander zu trennen.

Im Iran ist man diesem Ziel in neuerer Zeit einige Schritte näher
gekommen, und zwar in Susa, der östlich des Zweistromlandes (im
heutigen Südwesten des Iran) gelegenen Hauptstadt Elams. Von hier
stammt die in Vorderasien bisher reichste Ausbeute an Tonhüllen und

Zahlentäfelchen, die meisten davon aus älteren Ausgrabungen stammend. Jüngere Grabungen, die der französische Archäologe Alain Le Brun in den siebziger Jahren dort durchführte und deren Ergebnisse er gemeinsam mit seinem Kollegen François Vallat veröffentlichte, haben bestätigt, daß in Susa die Tonhüllen ohne und mit Markierungen und die frühesten ›Zahlentäfelchen‹ einander in sehr kurzem Zeitabstand folgten oder eine Zeitlang gemeinsam auftraten. »Exemplare aller drei [Typen] wurden in Susa im gleichen archäologischen Horizont, im gleichen Raum, auf demselben Fußboden gefunden«, schreibt Vallat[21] – ja, Tonhüllen und frühe Zahlentäfelchen tragen in einer Reihe von Fällen sogar Abdrücke ein und desselben Rollsiegels. Dennoch scheinen in Schicht 18 (älter als ca. 3200 v. Chr.), wo dies der Fall ist, die Tonhüllen früher aufzutreten als die Täfelchen, und in der darauffolgenden Schicht Susa 17 (ca. 3200 bis 3000 v. Chr.) verschwinden die Hüllen dann. Die Buchführung wurde nun offenbar ganz auf die ›Zahlentäfelchen‹ umgestellt, die sich auch durch ihre rechteckige Form deutlicher von den Hüllen absetzen als die noch ziemlich rundlichen oder ovalen Exemplare der vorangegangenen Schicht 18.

Die Tonhüllen wie die Tafeln und die in sie eingetieften Markierungen sind im übrigen nahezu identisch mit den zur gleichen Zeit in Mesopotamien gebräuchlichen, wie überhaupt das Fundmaterial der Schichten Susa 18 und 17 einen großen Einfluß der westlichen Nachbarkultur erkennen läßt. Dieser Einfluß scheint kurz darauf, mit dem Beginn der Schicht 16 (um 3000 v. Chr.), zurückgegangen zu sein. In ihr finden sich auf den Tontafeln neben den ›Zahlen‹-Markierungen erstmals auch kleine eingeritzte Schriftzeichen, die kaum Ähnlichkeit mit den kurz zuvor im Zweistromland entwickelten (vgl. S. 199 ff.) besitzen, wenngleich die Idee des Schreibens wahrscheinlich von dort übernommen wurde. Es handelt sich um Ideogramme der sogenannten protoelamischen Schrift, die hauptsächlich für wirtschaftliche und administrative Aufzeichnungen verwendet wurde. Da sie bis heute weitgehend unentziffert geblieben ist und noch während des 3. Jahrtausends v. Chr. von der mesopotamischen Keilschrift verdrängt wurde, soll hier nicht ausführlicher auf sie eingegangen werden. Festzuhalten bleibt, daß die Entwicklungsreihe von den Tonhüllen über die ›Zahlentäfelchen‹ zur Schrift, die für Mesopotamien bislang nur vermutet werden kann, in Susa als archäologisch-stratigraphische Abfolge gesichert ist.

Kapitel 9

Die Entstehung und Entwicklung der mesopotamischen Keilschrift

D ie frühesten Schriftzeugnisse des Zweistromlandes und wahrscheinlich der gesamten Menschheitsgeschichte förderten seit 1928 deutsche Archäologen in der mesopotamischen Stadt Uruk (heute Warka) am unteren Euphrat zutage. Fast fünftausend Tontafeln und Tafelfragmente mit Schriftzeichen, die die Urform der späteren Keilschrift darstellen, konnten dort in zahlreichen bis heute andauernden Grabungskampagnen geborgen werden. Sie stammen fast durchweg aus den ›archaischen‹ Schichten des späten 4. und frühen 3. Jahrtausends v. Chr. im Zentrum der Stadt, im sogenannten Eanna-Kultbezirk, wo auf einer Fläche von rund 350 mal 200 Metern die Reste mehrerer eindrucksvoller Monumentalbauten dieser Zeit freigelegt wurden. Nach dieser Schichtzugehörigkeit wird die frühe Schrift ebenfalls als ›archaisch‹ bezeichnet.

Leider fanden sich die Tafeln nicht am Ort ihrer ursprünglichen Benutzung oder Aufbewahrung, nicht ›in situ‹, sondern ›sekundär‹ oder sogar ›tertiär‹ verlagert in mächtigen Schuttschichten. Sie waren offenbar nach einer unbekannten Zeitspanne der Verwendung und Archivierung zunächst zusammen mit anderem Abfall wie Keramikscherben, Tonverschlüssen und Tierknochen auf große Schutthalden gewandert, um sodann – nach einem wiederum unbekannten Zeitraum –, eingebettet in

Sitzstatuette des sumerischen Stadtfürsten Gudea von Lagasch mit Keilinschrift aus dem späten 3. Jahrtausend v. Chr.) (Archiv für Kunst und Geschichte, Berlin)

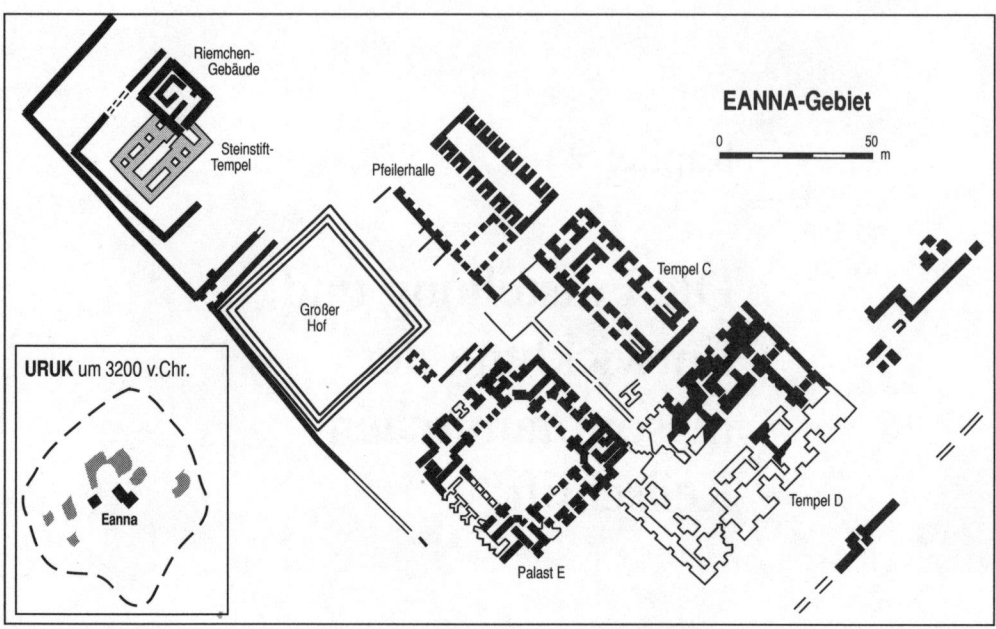

Riemchen-
Gebäude

Steinstift-
Tempel

Pfeilerhalle

EANNA-Gebiet

0   50
                      m

Tempel C

Großer
Hof

URUK um 3200 v.Chr.

Eanna

Tempel D

Palast E

Lage des Eanna-Kult-
bezirks im Zentrum
von Uruk (oben
rechts) und Plan der
dort ausgegrabenen
Gebäude (spätes
4. Jahrtausend
v. Chr.).
Quelle: Seminar für
Vorderasiatische
Altertumskunde,
FU Berlin

den übrigen Schutt, zwischen Mauerstümpfen und Ruinen verfallener
Gebäude abgelagert zu werden. Mit Hilfe dieser Schuttmassen glich man
vermutlich Geländeunebenheiten aus und schuf einen glatten Grund für
nachfolgende Neubauten.

Wegen dieser ungünstigen Fundbedingungen ist es nur unzureichend
möglich, die Tafeln mit bestimmten einzelnen Bauschichten zu verknüpfen und damit ihr exaktes Alter zu bestimmen. Die ältesten unter ihnen
mit der frühesten Schriftform dürften der archaischen Schicht IVa angehören oder vorausgehen und in die Zeit um etwa 3100 v. Chr. zu datieren
sein; die zahlreicheren etwas jüngeren Tafeln der zweiten Schriftstufe
(die sich nochmals in mehrere Unterstufen einteilen läßt) sind den
verschiedenen Bauphasen der archaischen Schicht III zuzuordnen und
damit vermutlich in der Periode um und kurz nach 3000 v. Chr. gefertigt
und beschriftet worden.

Uruk war zu dieser Zeit eine bedeutende, blühende Stadt mit mindestens zweieinhalb Quadratkilometern Siedlungsfläche und vielleicht
zwanzigtausend Einwohnern – ein Musterbeispiel für die oben skizzierte
›städtische Revolution‹ (vgl. S. 177) und ein Zentrum (wahrscheinlich
sogar *das* Zentrum) der frühen mesopotamischen Hochkultur. So kann
es kaum verwundern, daß gerade dort – und bisher *nur* dort – die
ältesten Schriftzeugnisse in großer Zahl gefunden wurden, und die
Möglichkeit ist nicht von der Hand zu weisen, daß vielleicht tatsächlich
in Uruk, dem Erech der Bibel, die Wiege der Schrift stand. Als erwiesen

kann dies einstweilen jedoch nicht gelten, denn bisher hat man kaum anderswo im Zweistromland Siedlungsschichten größeren Ausmaßes aus der fraglichen Periode ausgegraben, so daß wenig Gelegenheit bestand, entsprechende Funde zu machen. Eine einzige Tafel der ersten Schriftstufe (Uruk IV), bemerkenswerterweise aus Stein, wurde außerhalb Uruks entdeckt, rund zweihundert Kilometer weiter nördlich, in Kisch, in der Gegend des späteren Babylon.

Schon die zweite Schriftstufe ist dann aber an mehreren Orten belegt, vor allem in Djemdet Nasr nordöstlich von Kisch, wo britische Archäologen bereits in den zwanziger Jahren über zweihundert Schrifttafeln aus der Zeit um 3000 bis 2900 v. Chr. ausgruben, die denen der Stufe III aus Uruk fast genau entsprechen. Spätestens in dieser Zeit, nach dem genannten Fundort als ›Djemdet-Nasr-Periode‹ bezeichnet, war also die archaische Schrift im südlichen Mesopotamien, das nach seinen damaligen Bewohnern auch Sumer genannt wird, weiträumig verbreitet und vielerorts in Gebrauch – für die davorliegende Spät-Uruk-Zeit (bis 3000 v. Chr.) wissen wir es noch nicht.

Daß hier Ausgrabungen jederzeit zu neuen Ergebnissen führen können, hat sich erst kürzlich gezeigt. 1984 nämlich stieß man fast achthundert Kilometer nordwestlich von Uruk und weit abseits des sumerischen Kerngebietes, in Tell Brak in Ostsyrien, auf zwei Tontäfelchen dieser Zeitperiode mit jeweils einem ›Zahl‹-Zeichen und einer ergänzenden kleinen Tierskizze, die sich stilistisch deutlich von den frühesten Schriftbelegen aus Uruk unterscheiden. Weiteres Material bleibt abzuwarten, bevor eine Bewertung und Einordnung dieser bislang isolierten Fundstücke möglich ist.

Die Tempel und öffentlichen Bauten in Uruk waren prächtig geschmückt. Hier Wandfragmente mit einem Mosaik aus unterschiedlich gefärbten Stein- und Tonstiften

Die Schriftzeichen der archaischen Tafeln aus Uruk und Djemdet Nasr besitzen insgesamt noch einen ziemlich bildhaften (piktographischen) Charakter. Zum Teil handelt es sich um ›naturalistische‹ kleine Skizzen von deutlich erkennbaren menschlichen Körperteilen, Tieren, Pflanzen und anderen Objekten, teilweise aber auch um stärker stilisierte oder völlig abstrakte Darstellungen und Motive. Der deutsche Altorientalist Adam Falkenstein, der 1936 einen Teil (620 Exemplare) der bis dahin in Uruk geborgenen Schrifttafeln mitsamt einer ersten Auswertung veröffentlichte und damit die Grundlage für alle weiteren Analysen schuf, unterschied an die neunhundert auf diesen Tafeln vorkommende Schriftzeichen und veranschlagte ihre Gesamtzahl auf etwa zweitausend. Diese Schätzung hat sich jedoch als zu hoch erwiesen. Seit den siebziger Jahren werden alle fast fünftausend mittlerweile in Uruk ausgegrabenen archaischen Tafeln an der Freien Universität Berlin im Rahmen eines großangelegten Forschungsprojektes neu bearbeitet. Zu dem Wissenschaftlerteam unter Leitung des Altorientalisten Hans J. Nissen gehören bzw. gehörten die Sumerologen Robert K. Englund und Margret W. Green. Sie erstellten eine Liste von fast achthundert bekannten Schriftzeichen – ihre Gesamtzahl wird heute auf nurmehr etwa zwölfhundert veranschlagt.

Diese Schriftzeichen stehen jeweils für bestimmte Worte oder Begriffe und werden daher Logogramme (Wortzeichen) bzw. Ideogramme (Begriffszeichen) genannt – die Schrift ist also logographisch bzw. ideographisch strukturiert. Dabei geben die Symbole vorwiegend oder ausschließlich die inhaltliche (semantische) Bedeutung, nicht dagegen den Klang der aufgezeichneten Worte wieder – die Sprachinhalte sind also auf nichtphonetische Weise in Schrift umgesetzt. Infolgedessen kann die authentische Lautung der Zeichen in archaischer Zeit kaum mehr zuverlässig rekonstruiert werden: Die Texte lassen sich im günstigsten Fall »zwar verstehen, aber nicht lesen«,[1] wie Falkenstein schon 1936 feststellte. In der Tat muß sich die Forschung bis heute mit rein mutmaßlichen, aus der späteren Keilschrift abgeleiteten Lesungen behelfen.

Eine derartige Trennung von Wortinhalt und Wortklang mag uns, die wir an eine lautlich gebundene (phonetische) Schrift gewöhnt sind, auf den ersten Blick verwirrend und schwer vorstellbar erscheinen. Wir können sie uns aber wenigstens ein Stückweit veranschaulichen, wenn wir beispielsweise die arabischen Ziffern betrachten, die ebenfalls ideographischen Charakter besitzen. Die Ziffer ›5‹ etwa wird auf dem halben Erdball in völlig identischer Weise geschrieben und verstanden, ihre deutsche Aussprache lautet aber ›fünf‹, die englische dagegen ›five‹, die französische ›cinq‹ usw. – erst in der Umschrift mit Buchstaben ist die jeweilige Lautung eindeutig festgelegt. In ähnlicher Weise können die archaischen Schriftzeichen, welche die Worte und Begriffe vorwiegend nach ihrem Bedeutungsinhalt, nicht nach ihrer Aussprache fixierten, ganz unterschiedlich – und in verschiedenen Sprachen – gelesen worden sein. Noch in der entwickelten Keilschrift der folgenden Jahrtausende gebrauchte man etwa für das Wort ›König‹ überall in Vorderasien das gleiche Ideogramm – seine Lesung lautete aber sumerisch *lugal*, akkadisch *šarru*, kassitisch *nula*, hurritisch *iwri*, hethitisch *ḫaššu* und urartäisch *ereli* (die Forschung ist über diese Zeichenlesungen der späteren Zeit durch silbische Schreibungen sowie überlieferte Wort- und Übersetzungslisten gut unterrichtet).

Wegen dieser Trennung von Begriffsinhalt und Wortklang im ideographischen Schriftsystem ist auch bis heute nicht eindeutig feststellbar, welche Sprache hinter den archaischen Texten Südmesopotamiens stand, das heißt, welches Volk die früheste Schrift schuf und benutzte: »Dem Entzifferer, der die Lautwerte der einzelnen Zeichen nicht erschließen kann, bleibt die sprachliche Zugehörigkeit verborgen«, stellte wiederum der schon einmal zitierte Falkenstein fest.[2] Spätestens ab der Mitte des 3. Jahrtausends v. Chr. sind aber die Sumerer als die Träger der südmesopotamischen Hochkultur und ihrer Schrift nachgewiesen, und da die Entwicklung bis dahin weitgehend bruchlos verlief, neigen die meisten Forscher dazu, ihnen auch schon die frühesten Schriftzeugnisse zuzuschreiben – sie werden daher auch als ›früh‹- oder ›protosumerisch‹ bezeichnet. Völlig abgesichert ist diese Zuordnung aber, wie gesagt, nicht (zu einigen schwachen Indizien in den Texten selbst vgl. S. 223), und deshalb sollen im folgenden vorwiegend die neutraleren Bezeichnungen ›archaisch‹ oder ›protokeilschriftlich‹ verwendet werden.

Das Keilschriftzeichen für ›König‹ in seiner klassischen neuassyrischen Form des 7. Jahrhunderts v. Chr.

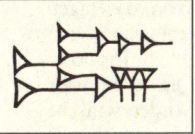

Vom Bild zum Keilschriftzeichen

Der letztgenannte Begriff trifft insofern den Kern der Sache, als die archaische Schrift den Ausgangspunkt für die Entwicklung der Keilschrift bildete, selbst aber zu Anfang noch recht weit von dieser entfernt war. Während der Stufe IV wurden die Schriftzeichen noch mit einem spitzen Griffel in die feuchte Oberfläche des Tons (den man anschließend an der Sonne trocknete, nur in Ausnahmefällen brannte) eingeritzt bzw. gezeichnet, was ihnen ihr stark bildhaftes, ›skizzenartiges‹ Aussehen verlieh. Lediglich die Zahlzeichen tiefte man nach dem alten, inzwischen jedoch verfeinerten und standardisierten Verfahren mit einem abgerundeten Griffel als runde oder ovale Markierungen in den Ton ein. Doch schon in der folgenden Stufe III begann man, diese Technik auch bei den Schriftzeichen selbst anzuwenden: Sie wurden nun mit einem gröberen,

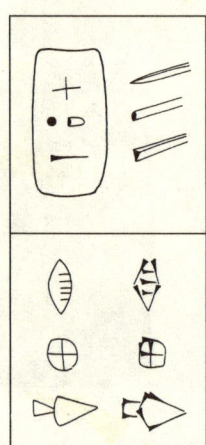

Verschiedene Griffel-
formen (oben) und
ihre Auswirkungen
auf die Gestaltung
der Schriftzeichen
(unten). Die Zeichen-
formen links stam-
men aus der Zeit um
3100, diejenigen
rechts aus der Peri-
ode um 3000 v. Chr.
Quelle: Seminar für
Vorderasiatische
Altertumskunde,
FU Berlin

im Querschnitt dreieckigen Griffel schräg ins Material eingedrückt, so
daß sie stilisierter wirkten und sich allmählich in jene Ansammlungen länglicher, keilförmiger Vertiefungen aufzulösen begannen, die der
Schrift in ihrer weiteren Ausbildung den Namen ›Keilschrift‹ einbrach-
ten. Zusammen mit Rationalisierungen in der Schreibtechnik und Ver-
einfachungen des Zeichenbestandes führte diese Änderung allmählich
weg von der aufwendig-bildhaften und hin zu einer stilisierten und
einfacher zu handhabenden Schrift. »Die Technik der Zeichenherstel-
lung entwickelte sich vom Zeichnen zum Schreiben weiter, wie die
Zeichen selbst sich von Bildern in Schriftzeichen zu verwandeln begannen«, beschreibt Margret W. Green diese Entwicklung.[3] Freilich vollzogen sich in der jüngeren archaischen Schriftstufe nur die ersten Anfänge
dieses Umwandlungsprozesses, der dann im Verlauf des 3. Jahrtausends
die ›typische‹ Keilschrift hervorbrachte – daher ist der Begriff ›protokeilschriftlich‹ durchaus mit Geschick gewählt.

Schon Falkenstein hatte in den dreißiger Jahren mit der Entzifferung
einzelner Schriftzeichen und der inhaltlichen Interpretation der Texte
begonnen. Seine Hauptarbeitsmethode bestand darin, den archaischen
Zeichen durch formalen Vergleich solche der späteren, entwickelten
Keilschrift zuzuordnen, als deren ›Urformen‹ sie in Frage kamen – die
Lesungen und Lautungen der schon seit langem entzifferten Keilschriftzeichen konnten dann versuchsweise auf ihre mutmaßlichen Vorläufer in
den Uruk-Texten übertragen werden. »Uns [sagen] vorläufig nur solche
Zeichen etwas, die auf Grund ihrer bildhaften Form deutbar sind, oder
solche, die mit einem späteren Keilschriftzeichen verknüpft werden
können«, schrieb Falkenstein in seiner Publikation von 1936.[4] Ein Hindernis bei diesem Verfahren bildete jedoch der Umstand, daß ihm nur
relativ wenige Tafeln der (bereits teilweise stilisierten) Schriftstufe III
vorlagen. Der größte Teil seines Materials gehörte der noch sehr bildhaften und damit von der späteren Keilschrift weiter entfernten Stufe IV an,
was die Zuordnungsmöglichkeiten erheblich einschränkte.

In dieser Hinsicht haben sich seither günstigere Verhältnisse ergeben,
denn unter den heute verfügbaren Tafeln und Fragmenten überwiegen
diejenigen der jüngeren Schriftstufe. Einen Glücksfall für die Entzifferung bedeutet überdies die Tatsache, daß eine spezielle Textgattung, die
in Falkensteins Material nur spärlich vertreten war, mittlerweile durch
fast sechshundert Tafelfragmente (das entspricht rund 15 Prozent des
Gesamtbestandes) belegt ist, die sogenannten ›Lexikalischen Listen‹
nämlich. Es handelt sich um Tontafeln, auf denen in meist fünfzig bis
hundert gleichmäßig angeordneten Kästchen bzw. Feldern Schriftzeichen für bestimmte Sachgebiete zusammengestellt und aufgelistet sind,
beispielsweise für Pflanzen- und Tierarten, Rohstoffe und daraus gefer-

tigte Erzeugnisse, Ortsnamen, Beamten- und Berufsbezeichnungen und ähnliches.

Man bezeichnet diese Listen, die oft in mehreren gleichartigen Exemplaren aus derselben Zeitperiode vorliegen, auch als ›Schultexte‹, denn sie dürften eine wichtige Rolle bei der Ausbildung in den mesopotamischen Schreibschulen gespielt haben. Durch ihre Abschrift lernten die Schüler und angehenden Schreiber wahrscheinlich systematisch den Gesamtbestand aller Schriftzeichen kennen und übten sich in ihrem Gebrauch (vgl. S. 263). Gleichzeitig trugen diese thematisch gegliederten tönernen ›Wörterbücher‹ auch zur begrifflichen Ordnung der Natur- und Kulturerscheinungen und zur Vereinheitlichung des Schriftwesens bei.

In unserem Zusammenhang ist nun besonders wichtig, daß diese ›Lexikalischen Listen‹ anscheinend das ganze 3. Jahrtausend hindurch von Generation zu Generation kopiert wurden, und zwar Kästchen für Kästchen in inhaltlich unveränderter Weise. Selbst im Alltagsgebrauch längst unüblich gewordene Schriftzeichen schrieb man dabei traditionsgetreu ab – nur die Zeichenformen wurden entsprechend der mittlerweile gebräuchlichen Keilschrifttechnik modernisiert. Dieser Umstand eröffnet der heutigen Forschung die günstige Möglichkeit, die Schriftzeichen der archaischen Listen und diejenigen ihrer jüngeren keilschriftlichen Gegenstücke durch Positionsvergleich, das heißt aufgrund ihres identischen Standorts innerhalb der Liste, einander zuzuordnen. In der Tat ist es dem Wissenschaftlerteam um Nissen, Green und Englund auf diesem Wege (und mit Hilfe modernster Computertechnologie) gelungen, über 70 Prozent der bekannten Uruk-Schriftzeichen zu ›identifizieren‹ und in ihrer Bedeutung zu ›entziffern‹, wobei ihre Aussprache bzw. Lesung wie erwähnt unsicher bleibt. Auf diese Weise wurden die Voraussetzungen geschaffen, um auch bei der inhaltlichen Analyse der Texte ein großes Stück voranzukommen.

Nüchterne Anfänge

Diese Texte bestehen mit Ausnahme der ›Lexikalischen Listen‹ ausschließlich aus Wirtschafts- und Verwaltungsaufzeichnungen, die somit rund 85 Prozent des gesamten Tafelbestandes ausmachen. Gefunden wurden sie, wie erwähnt, fast durchweg im Zentralgebiet von Uruk, dem Eanna-Kultbezirk mit seinen großen Tempeln und öffentlichen Bauten. Leider ist es wegen der Auffindung der Schrifttafeln in umgelagertem Schutt (vgl. S. 199 f.) nicht erwiesen, daß sie ursprünglich dort auch hergestellt, verwendet und verwahrt wurden. Ebenso muß ihre fast ausschließliche Herkunft aus dem Eanna-Gebiet nicht bedeuten, daß die archaische Schrift nur dort und nirgends sonst in Uruk benutzt wurde, denn Schichten aus dieser Zeit sind bislang noch kaum anderswo im Stadtgebiet, etwa in den Wohnbezirken, ausgegraben. Dennoch lassen allein schon der Inhalt der Texte und die in ihnen aufgelisteten, teilweise recht großen Gütermengen kaum einen Zweifel daran, daß sie der ›Tempelwirtschaft‹ entstammen, einer aus dem Sumer des 3. Jahrtausends v. Chr. wohlbekannten Institution (vgl. S. 176 f.). Sie bezeugen damit eindrucksvoll das Heranwachsen einer ökonomisch-bürokratischen Großorganisation, wie sie die Welt zuvor nicht gesehen hatte (für die Anfänge vgl. S. 193).

Es handelt sich bei den Texten um Abrechnungen über die Einnahmen oder Ausgaben bestimmter Güter wie Vieh, Getreide und Textilien, um Vermerke über die Herdenhaltung und über Stückzahlen von Tieren, um Listen über die Zuteilung von Lebensmittelrationen an Arbeitskräfte oder ihre Vorgesetzten, um Aufzeichnungen über Feldflächen, Ernteerträge und dergleichen mehr. Ein ausgesprochen sprödes und prosaisches Material also, das durch keinerlei ›schöngeistige‹ Einsprengsel aufgelokkert wird, denn »auch die intensive Beschäftigung mit den archaischen Tafeln aus Uruk in den letzten Jahren« hat, wie Nissen feststellt, »keinen Text erkennen lassen, der eindeutig einen religiösen, historischen oder

Ausschnitt aus der ›Lexikalischen Liste‹ der Beamte und Berufsnamen in drei verschiedenen Abschriften aus dem Beginn, der Mitte und dem Ende des 3. Jahrtausends v. Chr. Quelle: Seminar für Vorderasiatische Altertumskunde, FU Berlin

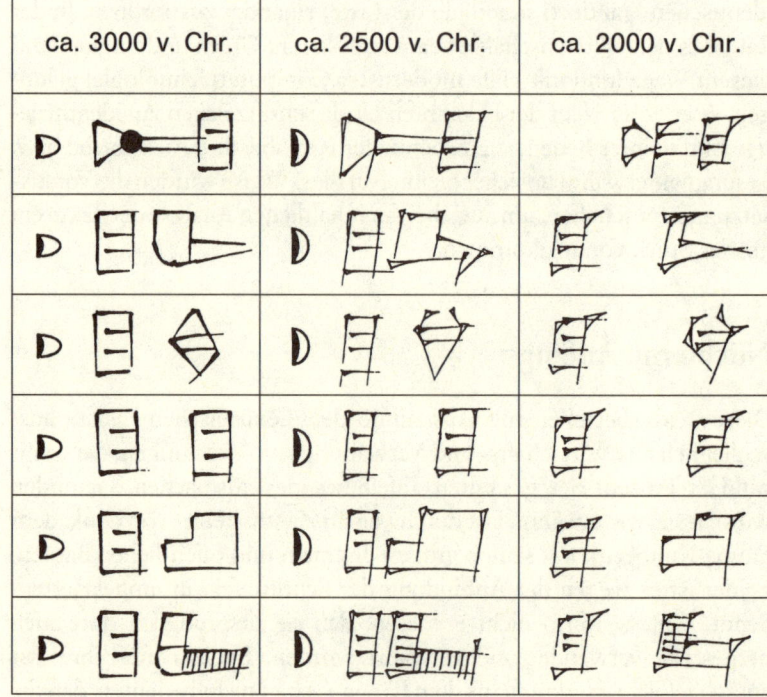

| ca. 3000 v. Chr. | ca. 2500 v. Chr. | ca. 2000 v. Chr. |

literarischen Inhalt hätte.«[5] Das kann nach seinem Urteil »bei der Gesamtmenge [der Tafelfunde] kein Zufall sein, sondern bedeutet, daß
derartige Inhalte nicht aufgeschrieben wurden.«[6]

Diese Feststellung ist von beträchtlichem Gewicht, denn sie besagt,
daß gerade jene Textgattungen, die in vielen Abhandlungen als die
eigentliche ›Bestimmung‹ und ›Ursprungsquelle‹ der Schrift bezeichnet
werden, während der ersten Jahrhunderte des Schriftgebrauchs in Mesopotamien noch gar nicht existent waren. Mythen und epische Erzählungen wurden offenbar ebenso wie die Huldigungen der Götter und
Herrscher, wie Gebete, Gesetze, Lieder und alles andere, was wir unter
›Literatur‹ im engeren Sinne verstehen (und aus späteren Keilschrifttex-
ten dann gut kennen), noch vollständig der mündlichen Tradition, dem
gesprochenen Wort anvertraut, nicht der Schrift. Die ersten Schriftzeugnisse Mesopotamiens (und der Menschheitsgeschichte) sollten also
keine Ereignisse berichten, Botschaften verkünden oder Götter gnädig
stimmen – sie sollten, wie ihre Tonmarken-Vorläufer, nüchterne Daten
erfassen und für Zwecke der Wirtschaftsverwaltung speichern.

Das neue Medium wurde mit anderen Worten in seinen Anfängen
noch nicht als kommunikatives Ausdrucksmittel, sondern – ebenso wie
das ältere Buchführungssystem, aus dem es hervorgegangen war –
ausschließlich als internes Memorierungs- und Datenspeicherungsin-
strument im Rahmen einer immer komplexer werdenden Verwaltung
genutzt. »Als Motiv für die Entstehung der [mesopotamischen] Schrift«,
schrieb schon Falkenstein 1936, »ist das Streben erkennbar, Erinnerungszeichen für das Gedächtnis zu schaffen, um den angewachsenen Ge-
schäftsgang überschauen und regeln zu können. Der Gedanke, das
neugeschaffene Instrument zur Verewigung historischer Ereignisse zu
benutzen, ist jahrhundertelang nicht aufgetaucht.«[7] Ganz ähnlichlau-
tend bestätigen Nissen und seine Mitarbeiter heute, nach einem halben
Jahrhundert weiterer Forschungsarbeit, »daß die Schriftentstehung [in
Mesopotamien] direkt aus den Erfordernissen einer expandierenden
Ökonomie und des mit ihr wachsenden Verwaltungsapparates resul-
tierte, da man in steigendem Maße auf Gedächtnisstützen zur Dokumentation und Überwachung aller möglichen Transaktionen angewiesen war.«[8]

Damit ist die frühere Theorie, alle Schriften hätten sich aus dem
Bestreben entwickelt, historische Ereignisse zu überliefern oder religiöse
Ideen zu verewigen (vgl. S. 158 f.), für das erste große Schriftsystem der
Menschheitsgeschichte widerlegt. Auch wenn der Sprachwissenschaftler Harald Haarmann vor einigen Jahren versucht hat, diese Theorie als
universales Erklärungsmodell wiederzubeleben, indem er hervorhob,
daß in Sumer »praktisch das gesamte gesellschaftliche Leben (…) im

Zeichen der Verehrung des Stadtgottes« stand, so daß sich »auch für die praktischen Bedürfnisse der sumerischen Buchführung ein religiöser Hintergrund« ergab,[9] paßt sie für den mesopotamischen Befund einfach nicht. Die dortigen frühen Schrifttafeln hatten, trotz ihrer Verwendung in einem theokratischen Staatswesen, eben nicht Gebete, Anrufungen der Götter oder andere Manifestationen religiösen Gedankenguts zum Inhalt, sondern waren einfache Aktenvermerke, Abrechnungen und Güterlisten, also Verwaltungsdokumente, keine religiösen Texte.

Dieser Charakter prägte auch den Aufbau und die Gestaltung der Dokumente. Ähnlich wie sich in der modernen Buchhaltung die Einträge auf Zahlennotierungen und wenige erläuternde Stichworte (›wg. XY‹) beschränken, faßten sich auch die mesopotamischen Verwaltungsbediensteten und Schreiber bei ihren Notizen und Abrechnungen möglichst kurz. Die einzelnen Eintragungen beginnen gewöhnlich mit einer Mengenangabe (wiedergegeben durch die entsprechend ihrem numerischen Wert geordneten Zahlzeichen) und vermerken dann mit einem oder mehreren Schriftzeichen die notierten Güter bzw. Leistungen sowie die Namen und Titel der beteiligten Personen und Institutionen – manche Tafeln enthalten zudem Zeit- und Ortsangaben. In der ältesten Stufe, Uruk IV, machen Täfelchen mit nur einer solchen ›Eintragung‹ und wenigen Schriftzeichen fast die Hälfte des Materials aus, in der jüngeren Stufe Uruk III verschwinden sie dann fast völlig. An ihre Stelle treten nun größere und komplexere Tafeln, die durch waage- und senkrechte Ritzlinien in eine Anzahl von Kolumnen und Fächer aufgeteilt sind, von denen jedes eine eigene Eintragung enthält. Oft sind die auf der Tafelvorderseite einzeln notierten Gütermengen auf der Rückseite zu einer Gesamtsumme addiert, wie etwa bei dem auf Seite 210 abgebildeten Täfelchen, auf dem Schafe nach den Kategorien erwachsene/junge und weibliche/männliche Tiere erfaßt sind. Die Anzahl der Schriftzeichen und Informationseinheiten pro Tafel (wie auch pro Notierung) steigt also im Verlauf der Entwicklung des Schriftsystems, und auch die formale Gestaltung der Tafeln ist in der jüngeren Stufe Uruk III im allgemeinen ausgeklügelter und stärker standardisiert als in der Stufe Uruk IV. Doch muß dies nach Nissen nicht bedeuten, daß »die tatsächlichen Vorgänge komplexer wurden« – es kann auch auf eine zugleich differenziertere wie formalisiertere »Art des Festhaltens« zurückzuführen sein.[10]

Dabei machte man offenbar lange Zeit gar nicht den Versuch, die »Erinnerungszeichen für das Gedächtnis« (vgl. S. 207) in ein geordnetes sprachliches Gefüge einzubetten – die Schriftzeichen wurden vielmehr ohne feste Abfolge oder Berücksichtigung der Wortstellung über die Tafeln und Fächer verteilt. Grammatikalische Elemente, welche die Be-

Einfache und komplexe protokeilschriftliche Tontafeln aus der Zeit um 3100 bis 2900 v. Chr., die in Uruk und an anderen mesopotamischen Fundorten ausgegraben wurden. Quelle: Seminar für Vorderasiatische Altertumskunde, FU Berlin

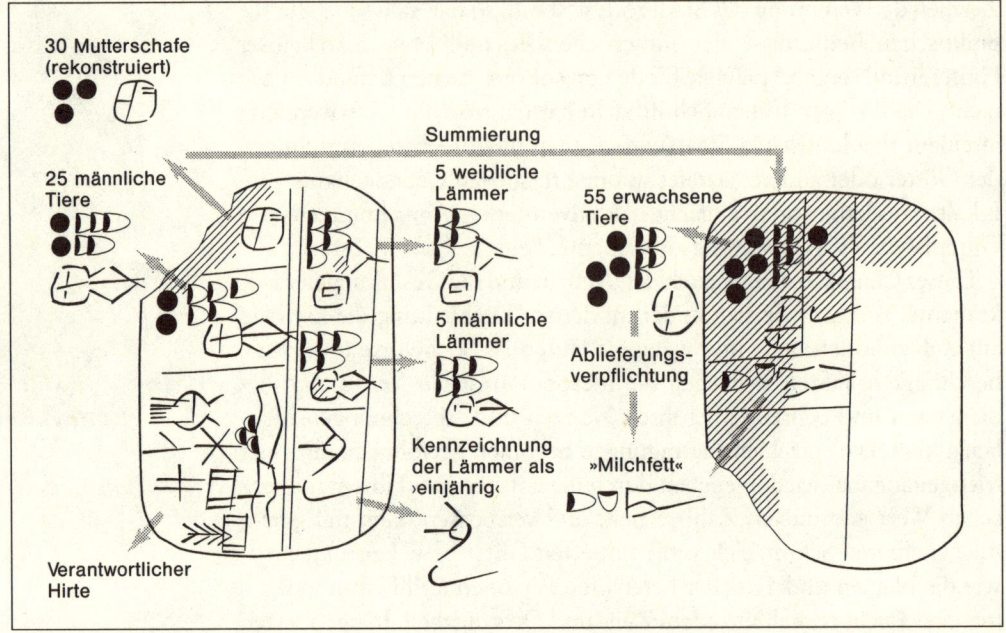

30 Mutterschafe
(rekonstruiert)

Summierung

25 männliche
Tiere

5 weibliche
Lämmer

55 erwachsene
Tiere

5 männliche
Lämmer

Ablieferungs-
verpflichtung

Kennzeichnung
der Lämmer als
›einjährig‹

»Milchfett«

Verantwortlicher
Hirte

Archaische Schrift-
tafel, auf der Schafe
nach den Kategorien
›weibliche/männliche‹
und ›junge/erwach-
sene‹ Tiere erfaßt
und gezählt sind.
Quelle: Seminar für
Vorderasiatische
Altertumskunde,
FU Berlin

ziehung der Wörter zueinander klären und ein satzartiges Gefüge her-
stellen könnten, sind in der Regel nicht erkennbar. »Finite Verben (Verben, die an den grammatikalischen Zusammenhang angepaßt sind, so
daß klar ist, auf welches Substantiv sie sich beziehen, welche Zeitform
gemeint ist und so weiter) fehlen ebenso wie Präpositionen oder jegliche
Elemente, die zur Darstellung syntaktischer Ketten notwendig wären«,
schreibt Nissen. »Statt dessen finden wir eine jede Redundanz [Weit-
schweifigkeit] vermeidende Beschränkung auf die Mitteilung verbin-
dungslos nebeneinandergestellter Fakten. Dabei wird in hohem Maße
das übliche Wissen des Lesers einbezogen, da Dinge, die als allgemein
bekannt vorausgesetzt werden konnten, nicht mit aufgeschrieben wurden.«[11] Die frühen Schrifttafeln ähneln daher, so seine Mitarbeiter Peter
Damerow und Robert K. Englund, »eher einer Lochkarte, einem Liefer-
schein, einem Abrechnungsformular, einer Bilanz oder einem ähnlichen
formalisierten Datenträger als einem geschriebenen Text im modernen
Sinne.«[12]

Ein Beispiel für die Schwierigkeiten, die dieses Verfahren bei der
heutigen Entschlüsselung der Texte mit sich bringt, gibt das unten rechts
abgebildete Tafelfragment. Die darauf befindlichen Schriftzeichen vermerken eine Transaktion, deren Gegenstand ›zwei‹ ›Schaf(e)‹ waren und
an der der ›Tempel‹ der ›Göttin Inanna‹ beteiligt war – es bleibt aber
offen, ob die beiden Tiere dorthin geliefert oder ob sie von dorther

bezogen wurden. Wahrscheinlich war der Sachverhalt für die damit befaßten Personen ohnehin klar. Ähnlich bruchstückhaft sind auch die Notierungen auf anderen Tafeln.

Es ist leicht einzusehen, daß sich eine derart unentwickelte, rudimentäre und rohe ›Partialschrift‹ (vgl. S. 168) kaum zur Aufzeichnung komplexerer literarischer Inhalte geeignet hätte. Andererseits gaben ihre Zeichen keineswegs mehr nur allgemeine Sachverhalte und Konzeptionen in symbolischer, formulierungsungebundener Form wieder, wie in der ›Ideenschrift‹ der Fall, sondern standen nach dem Prinzip ›ein Zeichen = ein Wort‹ (vgl. S. 167) für ganz bestimmte sprachliche Begriffe, wurden daher sicher auch in einheitlicher Formulierung ›gelesen‹. Es handelte sich somit zweifellos bereits um echte Schrift im Sinne der auf Seite 168 gegebenen Definition – nur eben um eine noch sehr bruchstückhafte, auf die Wiedergabe sprachlicher ›Formulierungskerne‹ beschränkte *Écriture nucléaire*, die freilich ohne Schwierigkeiten ausbaufähig war, wie ihre weitere Entwicklung bewies (vgl. S. 221 ff.).

Ein eigenartiges Zahlensystem

Interessante und aufschlußreiche Resultate für die Mathematikgeschichte hat eine Analyse der in den archaischen Texten benutzten Zahlzeichen erbracht. Schon in den siebziger Jahren stellten der russische Sumerologe Aisik Vaiman und der schwedische Mathematiker Jöran Friberg fest, daß diese Zahlzeichen mit unterschiedlicher Bedeutung verwendet wurden und offenbar mehreren verschiedenen Zahlen- bzw. Maßsystemen angehörten. Seit 1983 werten der Mathematiker Peter Damerow und der Sumerologe Robert K. Englund im Rahmen des von Hans J. Nissen geleiteten Forschungsprojekts systematisch und mit Hilfe der elektronischen Datenverarbeitung die Zahlzeichen der Tafeln aus Uruk aus. Sie konnten dabei die Ergebnisse Vaimans und Fribergs bestätigen, konkretisieren und ausbauen.

Damerow und Englund unterscheiden rund sechzig verschiedene Zahlzeichen und ordnen sie fünf grundlegenden Zahlen- und Maßsyste-

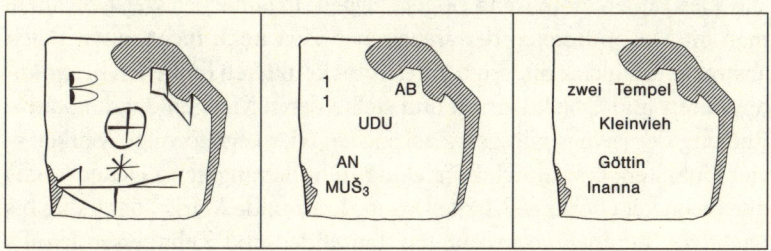

Fragment eines archaischen Wirtschaftstextes, der die ›stichwortartige‹ Natur der Notierungen verdeutlicht. Quelle: Seminar für Vorderasiatische Altertumskunde, FU Berlin

men zu. Diese lassen sich ihrerseits in fünfzehn Untersysteme mit jeweils spezifischen Anwendungsbereichen einteilen – etwa zur Zählung von ›diskreten‹, das heißt in Einheiten gegliederten, Objekten, zur Fixierung von Getreidemengen mittels Hohlmaßen, zur Angabe von Feldflächen oder für kalendarische Notierungen. Zum Teil sind die in diesen Systemen verwendeten Zahlzeichen unterschiedlich gestaltet und damit kaum untereinander zu verwechseln, teilweise wurden aber auch die gleichen Zeichen mit ganz verschiedenem Zahlenwert verwendet. So bezeichnet in dem am häufigsten angewandten (auf der Zahl 60 beruhenden) Sexagesimalsystem eine mit dem abgerundeten Griffel schräg in den Ton gedrückte kleine kegelförmige Vertiefung den Zahlenwert 1, eine senkrecht eingedrückte kreisförmige Eintiefung den Wert 10 und eine große kegelförmige Marke den Wert 60 – es gibt dann noch weitere Zeichen für 600, 3600 und 36 000. Begegnet das kleine kreisrunde Zahlzeichen dagegen auf einer Notierung von Getreidemaßen im sogenannten ›ŠE-System‹ (der Name ist von dem Zeichen für ›Korn‹ abgeleitet), dann steht es nicht für den zehnfachen, sondern nur für den sechsfachen Wert der kleinen kegelförmigen Marke, und das nächsthöhere Zeichen ist kein großer Kegel, sondern eine große kreisrunde Vertiefung.

Es soll hier nicht weiter auf diese ziemlich verwickelte Materie eingegangen werden – wesentlich ist die Schlußfolgerung, die Damerow und Englund aus all dem ziehen: daß nämlich ein abstrakter Zahlbegriff, der unabhängig von der Art des Gezählten gegolten hätte und ebensogut für Krüge Bier wie für Scheffel Getreide oder Flächeneinheiten Land hätte verwendet werden können, damals noch nicht existierte bzw. sich gerade erst herausbildete. Quantität und Qualität der gezählten Objekte bzw. Mengen waren, ähnlich wie in vielen aliteralen Kulturen (vgl. S. 140), noch eng miteinander verbunden, die Ablösung des Zahlbegriffs vom Zählobjekt hatte eben erst begonnen. Für uns ist das auf den ersten Blick nur schwer nachvollziehbar, doch auch in unserer eigenen Kultur existierten bis vor nicht allzulanger Zeit auf bestimmte Güterarten beschränkte Mengenmaße, wie die bisweilen noch heute benutzten – allerdings veralteten – Begriffe ›ein Schock Eier‹ (= sechzig Stück) oder ›ein Ries Papier‹ (= tausend Bogen) zeigen. In ähnlicher Weise rechnete man im Mesopotamien der archaischen Zeit noch nicht mit wirklich abstrakten Zahlen, sondern hantierte mit konkreten Einheiten bestimmter Güter- und Objektklassen und stellte deren Mengen durch additive Reihung der jeweils gültigen Zahlzeichen (vier kegelförmige Marken = vier Einheiten) bzw. durch Bündelung zu höherrangigen Zeichen (sechs oder zehn kegelförmige Marken = eine kreisrunde Marke) dar – dies bis hinauf zu Summen von mehreren Tausenden und Zehntausenden. Es

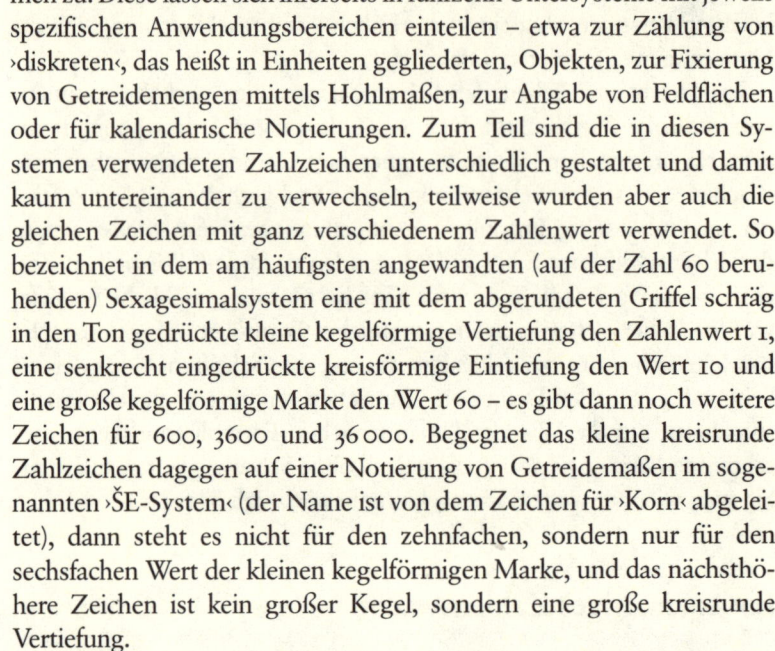

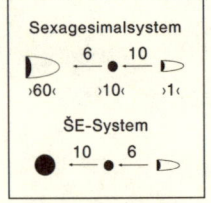

Zahlzeichen der archaischen Schrift und ihre Unterschiede je nach Anwendungsbereich. Quelle: Seminar für Vorderasiatische Altertumskunde, FU Berlin

war nach Damerow und Englund ein »eigenartige(s) symbolische(s) System für die Kodifizierung quantitativer Informationen, zu dem es keine Parallele in der späteren Entwicklung der Arithmetik gibt.«[13]

Erst im Laufe des 3. Jahrtausends bildete sich in Mesopotamien ein kontextunabhängiger Zahlbegriff heraus, was seinen Niederschlag in dem Verschwinden der vielen unterschiedlichen Spezialsysteme fand. Gegen Ende jenes Jahrtausends wurden dann auch die bis dahin beibehaltenen archaischen Zahlzeichenformen wie Kerben, Löcher usw. aufgegeben und durch ›keilschriftliche‹, aus einzelnen keilförmigen Strichen zusammengesetzte Zeichen ersetzt.

Diese Ergebnisse führen uns noch einmal zurück zu dem Tonmarken- und Tonhüllen-System, das der frühesten Schrift vorausging. Wie beschrieben, entwickelten sich die archaischen Zahlzeichen wahrscheinlich ursprünglich über die Zwischenstufe der ›Zahlentäfelchen‹ aus den (echten oder imitierten) Abdrücken von *Tokens*, wie sie sich auf der Außenseite einiger Tonhüllen finden (vgl. S. 194 f.), und bildeten deren verfeinerte und standardisierte Nachfolger. Denise Schmandt-Besserat stellte daher schon 1977 die These auf, daß die Bedeutung der Zahlzeichen auch Rückschlüsse auf die Bedeutung der Tonmarken, aus denen sie hervorgingen, gewissermaßen ihre ›Lesung‹, zulasse. Da man die Zahlzeichen zu dieser Zeit noch für Darstellungen abstrakter Zahlen hielt, setzte Schmandt-Besserat auch die ihnen entsprechenden *Token*-Formen wie Kugel, Kegel, Scheibe usw. mit Zahlenwerten des Sexagesimalsystems gleich. Ein kleiner Tonkegel hätte demzufolge, entsprechend der kleinen kegelförmigen Vertiefung auf den Schrifttafeln, den Zahlenwert ›1‹ symbolisiert, eine kleine Tonkugel analog der kreisrunden Eintiefung den Wert ›10‹ usw. Eine Reihe anderer Forscher haben diese Deutung übernommen und vertreten sie bis heute.

Schmandt-Besserat hingegen korrigierte ihre Auffassung zu Beginn der achtziger Jahre, als die ersten Ergebnisse über die Kontextgebundenheit der archaischen Zahlzeichen bekannt wurden. Sie vertrat seither die Meinung, daß die Tonmarken – wie nahezu alle Zählsysteme in schriftlosen Kulturen – streng objektgebunden gewesen und in Form eines *Concrete counting* (Zählen mit Hilfe von Symbolen für genau bestimmte Gegenstände) gehandhabt worden seien. »Alle in Tonhüllen eingeschlossenen *Tokens* sind Einheiten zur Zählung bestimmter Güter[arten]«, schrieb sie 1980, wobei »die Form der Marken die Art der betreffenden Güter anzeigte und ihre Menge durch die Anzahl der repräsentierten Einheiten ausgedrückt wurde.« In Anlehnung an Fribergs Studien über die archaischen Zahlzeichen- und Maßsysteme (vgl. S. 211) wagte sie auch konkretere Interpretationsvorschläge: »Die Kugel und der Kegel ähneln eingedrückten Zeichen, die für Getreidemaße wie Scheffel und Viertelscheffel stehen, während die Zylinder und die Scheiben mit Zeichen für Einheiten der Viehzählung korrespondieren, die am besten mit ›ein Tier‹ und ›eine Herde‹ (wahrscheinlich ›zehn Köpfe‹) wiederzugeben sind. (...) Wie Kieselsteine wurden die Tonmarken in einer Beziehung 1 : 1 benutzt; drei Tiere und drei Scheffel Getreide wurden durch drei Zylinder und drei Kugeln wiedergegeben.«[14] Daneben habe es allerdings auch bereits die Technik der Bündelung zu höherrangigen Symbolen gegeben: ›dreiunddreißig Tiere‹ etwa seien nicht durch dreiunddreißig Zylinder versinnbildlicht worden, sondern durch drei Scheiben (= dreißig Tiere) und drei Zylinder (= drei Tiere), wie sie in einer Tonhülle aus Susa gefunden wurden – also durch nur sechs anstelle von dreiunddreißig *Tokens*.

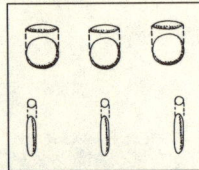

Mengenangabe ›Dreiunddreißig Tiere‹ im vorschriftlichen Tonmarken-System nach den Interpretationen Schmandt-Besserats. Die Tokens in der oberen Reihe sollen danach jeweils zehn Tiere, die in der unteren jeweils ein Tier symbolisieren

Diese Merkmale des Tonmarken-Systems – die Kennzeichnung der verschiedenartigen Zählgüter und die Möglichkeit der numerischen Bündelung – stellten nach Schmandt-Besserat einen bedeutsamen Fortschritt gegenüber den paläolithischen ›Kerbstäben‹ dar, die stets nur gleichartige Zählmarken aneinandergereiht und die Möglichkeiten der Zählgutkennzeichnung und der Bündelung nicht gekannt hätten (vgl. dazu aber S. 144!). Ein weiterer Fortschritt habe sich dann mit dem Übergang zur Schrift vollzogen, indem nun die quantitative und die qualitative Information voneinander getrennt worden seien. Letztere sei auf die Schriftzeichen übergegangen, mit denen von nun an die Art der gezählten Güter angegeben wurde; dadurch hätten die Zahlzeichen ihre strenge Objektbindung verloren und sich in abstrakte, für Zählungen jeglicher Art verwendbare Zahlenangaben verwandelt – ein Prozeß, der freilich, wie gezeigt, in der Realität einen langen Zeitraum in Anspruch nahm (vgl. S. 212 f.).

Die beschriebenen Hypothesen der Forscherin sind denn auch, trotz ihrer eindrucksvollen Stringenz und inneren Stimmigkeit, nicht ohne Widerspruch geblieben. Schmandt-Besserats konkrete Zahlzeichenlesungen und die korrespondierenden *Token*-Deutungen (›ein Tier‹, ›zehn Tiere‹, ›ein Scheffel Getreide‹ usw.) werden von den meisten anderen Fachleuten skeptisch beurteilt oder abgelehnt, und Damerow und Englund, die selbst intensiv an einer Interpretation der Tonmarken mit Hilfe der Zahlzeichen arbeiten, haben auf verschiedene grundsätzliche Probleme hingewiesen, die einer einfachen ›rückwirkenden‹ Bedeutungsübertragung im Wege stehen. »Vergleicht man die Notierungen [auf markierten Tonhüllen und frühen Zahlentäfelchen] verschiedener Fundorte miteinander«, so schreiben sie, dann »zeigt sich, daß es weder für die Form der Zeichen noch für die Art ihrer Schreibung, noch für die Anordnung bereits geographisch übergreifende Konventionen gegeben hat«,[15] die einen sicheren Anschluß an die (genormten) Zahlzeichen der archaischen Periode erlauben würden. Eine Reihe von Zahlentafeln weist überdies trotz »großer Ähnlichkeit mit späteren Zahlnotierungen

(…) strukturelle Abweichungen zu allen bekannten Zähl- und Maßeinheitensystemen« auf,[16] beispielsweise ungewöhnliche Bündelungsregeln beim Übergang zur nächsthöheren Zahleneinheit (vgl. S. 212). Dies nährt den Verdacht, daß die damaligen Zeichen trotz aller formalen Ähnlichkeit noch anders gehandhabt wurden (und möglicherweise auch andere Werte besaßen) als diejenigen der archaischen Schrifttafeln, so daß sich eine einfache Bedeutungsübertragung verbietet. Der Teufel steckt also auch hier, wie so oft, im Detail, und die Forschung ist von einer endgültigen Klärung noch weit entfernt.

Tonmarken als Vorbild für Schriftzeichen?

Nach Schmandt-Besserats Theorie gingen freilich nicht nur die archaischen Zahl-, sondern auch eine Reihe von Schriftzeichen unmittelbar aus älteren Tonmarken-Formen hervor. Zur Begründung dieser These, die Amiet bereits 1966 angedeutet hatte, ohne sie jedoch näher auszuführen (vgl. S. 185), verweist die Forscherin unter anderem auf die Tatsache, daß ein Teil der archaischen Ideogramme im Verhältnis zu den Dingen und Objekten, die sie symbolisierten, merkwürdig abstrakt waren. Schon Adam Falkenstein hatte 1936 festgestellt, daß neben den bildhaften kleinen ›Skizzen‹ von Tieren, Pflanzen und anderen Objekten eine große Zahl von Zeichen existierte, deren »bildmäßige Grundlage dunkel bleibt«. Er nannte als Beispiel das aus einem Kreis mit eingeschriebenem Kreuz bestehende Ideogramm für ›Schaf‹, »bei dem wenigstens ich nicht die geringste bildmäßige Beziehung zwischen dem Zeichen und dem Tier erkennen kann«.[17]

Schmandt-Besserat präsentierte hier einen Lösungsvorschlag, indem sie auf einen Tonmarkentyp hinwies, der dem ›Schaf‹-Zeichen fast genau entspricht, und ähnliche *Token*-›Doppelgänger‹ auch für andere abstrakte Schriftzeichen wie etwa diejenigen für ›Öl‹, ›Kleidung‹ oder ›Metall‹ identifizierte. Insgesamt listete sie über fünfzig solcher Entsprechungen zwischen ›komplexen Tonmarken‹ und archaischen Schriftzeichen auf. Diese Entsprechungen beruhen ihrer Ansicht nach nicht auf einem Zufall. Sie lassen vielmehr den Schluß zu, daß die betreffenden Ideogramme »nicht wirkliche Bilder oder Darstellungen der Objekte selbst sind, wie man es erwarten könnte«, sondern graphische Umsetzungen der vorher zu ihrer Symbolisierung verwendeten Tonmarken, die daher ebenfalls bereits die Bedeutung ›Schaf‹, ›Öl‹ usw. gehabt hätten. Durch eine solche zeichnerische Nachahmung dreidimensionaler Vorbilder »konnte das neu entwickelte Schriftsystem«, so Schmandt-Besserat weiter, »aus einem Arsenal an bereits weithin verwendeten Symbolen

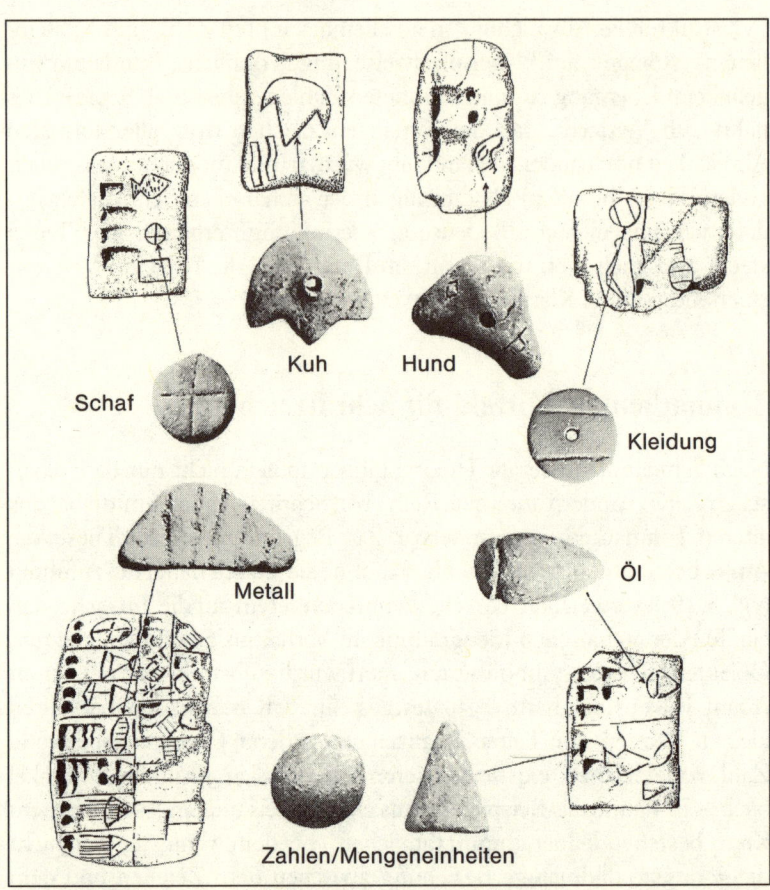

Entsprechungen von
Tonmarken-Formen
und Schriftzeichen
der archaischen Texte
nach Schmandt-
Besserat

des *Token*-Dokumentationssystems schöpfen, indem es nur eine zweite
Abstraktionsstufe hinzufügte«.[18]

   Dies könnte nicht nur die merkwürdige Verwendung abstrakter Zeichen für konkrete Dinge wie ›Schaf‹, ›Kleidung‹ usw. einleuchtend erklären – es würde auch den Umstand verständlicher machen, daß das
archaische Zeichensystem von Anfang an in vollentwickelter und standardisierter Form auftritt. Aus diesem Sachverhalt hatten früher viele
Forscher geschlossen, daß der archaischen Schriftstufe ein bislang unbekannt gebliebenes Experimental- und Entwicklungsstadium der Schrift
vorausgegangen sein müsse. Mit der Entdeckung des Tonmarken-Systems als ›konzeptionellem Vorläufer‹ der Ideographie wird diese Annahme überflüssig. Freilich kommt der zahlenmäßig begrenzte Formen-
bestand der *Tokens* nur als Vorbild für einen kleinen Teil der wohl über
tausend archaischen Schriftzeichen in Frage. Nachdem durch Übernahme von Tonmarken-Symbolen ein ›Grundbestand‹ an (vorwie-

gend abstrakten) Ideogrammen entstanden war, wurde dieser nach Schmandt-Besserats Modell gezielt durch zusätzliche, unabhängig entwickelte und nicht im *Token*-System wurzelnde Zeichen erweitert, die folgerichtig vorwiegend bildhaften Charakter hatten. Entgegen der früheren ›piktographischen Theorie‹ (vgl. S. 158 f.) hätten diese kleinen Bildskizzen also nicht den Ursprung der Schrift gebildet, sondern wären eine nachträgliche, sekundäre Entwicklung gewesen.

Auch diese Ableitung einzelner archaischer Schriftzeichen aus ›komplexen Tonmarken‹ ist aber nicht ohne Kritik geblieben. Skeptiker wiesen darauf hin, daß manche der Zeichenentsprechungen schon rein formal fragwürdig seien, daß einige auf nur einem oder wenigen Belegen basierten und daß Schmandt-Besserat beispielsweise Tonmarken, die ausschließlich in Susa gefunden wurden, mit Schriftzeichen aus Uruk gleichgesetzt habe. Hans J. Nissen hat – bei aller Aufgeschlossenheit – den kritischen Einwand vorgebracht, daß das Symbol für ›Schaf‹, das auf den Uruk-Tafeln zu den am häufigsten verwendeten zählt, unter den Tonmarken nur vergleichsweise selten vorkommt, seltener jedenfalls, als man dies bei einer maßgeblich auf der Ziegen- und Schafzucht basierenden Ökonomie erwarten würde. Andererseits ist gerade in diesem Fall die Ähnlichkeit zwischen Schriftzeichen und Tonmarke derart frappierend, daß sich eine Bedeutungsgleichheit geradezu aufdrängt.

Muß bei solchen Korrespondenzen aber stets die *Token*-Form dem Schriftzeichen vorausgegangen sein und ihm als Vorbild gedient haben, oder ist nicht auch in manchen Fällen die umgekehrte Beziehung denkbar? Dies hängt natürlich wesentlich von dem zeitlichen Verhältnis zwischen ›komplexen Tonmarken‹ und früher Schrift ab, und gerade dieses Verhältnis wurde in den letzten Jahren von mehreren Fachleuten kritisch hinterfragt. Sie zweifelten dabei Schmandt-Besserats Auffassung an, daß die ›Komplex-*Tokens*‹ ihre Blütezeit um die Mitte des 4. Jahrtausends v. Chr. gehabt hätten (vgl. S. 190) und nach der Erfindung der Schrift relativ rasch verschwunden seien, da ihre Funktion – die Dokumentation der zahlreichen städtischen Gewerbe- und Handwerksgüter – nun von dem neuen Aufzeichnungssystem übernommen worden sei. Der Altorientalist Joan Oates wies demgegenüber auf das Vorkommen ›komplexer Tonmarken‹ in Tell Brak in Syrien noch während des 3. Jahrtausends v. Chr. hin, und auch nach Ansicht von Piotr Michalowski »kann kein Zweifel daran bestehen, daß viele von ihnen mit den ersten Schrifttäfelchen gleichzeitig oder sogar jünger als diese waren«.[19]

Schmandt-Besserat hat bei der Analyse des Materials aus Uruk selbst eingeräumt, daß dort »komplexe Tonmarken ein halbes Jahrhundert lang neben der frühen Schrift weiterexistierten«, was nicht verwunderlich sei, »da die neue Technologie die altüberkommenen Zählmarken

schwerlich auf einen Schlag verdrängen konnte«.[20] Angesichts dieses
Nebeneinanders bestehe aber die Möglichkeit, so Michalowski, daß
aufgrund eines »Rückkoppelungseffektes (...) bestimmte Tonmarken in
der Form von [bereits existierenden] Schriftzeichen angefertigt wurden
und daß diese Vervielfachung der Symbole eine Begleiterscheinung des
Experimentierens mit dem ersten Schriftsystem war«. Er weist in diesem
Zusammenhang darauf hin, daß Schmandt-Besserat unter den 812 Tonmarken, die in Uruk gefunden wurden, nicht weniger als 241 verschiedene Einzeltypen unterscheidet, und stellt die Frage, wie sich dieser
Sachverhalt erklären lasse: »Ein Zeichensystem muß, per Definition, sich
wiederholende Elemente aufweisen – hier hingegen scheinen wir ein
System mit zu vielen singulären Einheiten zu haben«.[21]

Damit sind einige bislang ungeklärte Probleme angesprochen, und
ihrer gibt es noch mehr: Das gesamte Schicksal des Tonmarken-Systems
nach der Wende zum 3. Jahrtausend v. Chr. ist beispielsweise weitgehend
unbekannt. Einige Indizien wie *Token*-Funde aus dem 2. Jahrtausend
v. Chr., die Nuzi-Hülle aus der Zeit um 1500 v. Chr. (vgl. S. 182), die
Erwähnung von ›Steinchen‹ in Keilschrifttafeln aus Nuzi (vgl. S. 183) und
Beamtentitel wie ›Herr der tönernen Steine‹ (vgl. S. 193) deuten zwar
darauf hin, daß die Buchführung mittels Zählmarken mit der Etablierung
der Schrift nicht völlig verschwand, doch welchen Stellenwert sie danach
noch hatte und in welcher Weise sie vor sich ging, darüber wissen wir –
trotz Oppenheims Spekulationen (vgl. S. 183) – so gut wie nichts.

Doch das sind Marginalien angesichts des gewaltigen Wissensfort-
schritts, der in den letzten dreißig Jahren auf diesem Gebiet erzielt wurde. War bis in die sechziger Jahre der Ursprung der mesopotamischen
Schrift noch in fast vollständiges Dunkel gehüllt, so wissen wir heute
darüber mehr als bei irgendeinem anderen Schriftsystem. Zu verdanken
ist dies in erster Linie dem Scharfsinn und der geduldigen Forschungsarbeit Schmandt-Besserats und ihrer Vorgänger Amiet und Oppenheim. In
welchem Maße auch immer zukünftige Forschungen ihre Hypothesen
bestätigen oder modifizieren werden – als äußerst fruchtbarer und im
besten Sinne des Wortes ›provozierender‹ Ansatz haben sie sich schon
jetzt erwiesen.

Erfindung oder Entwicklung?

Machen wir an dieser Stelle einen Augenblick halt und wenden wir uns
einer grundsätzlichen Frage zu, die sich aus den oben skizzierten Zusammenhängen ergibt. Kann man, so lautet sie, angesichts der beschriebenen Vor- und Entstehungsgeschichte der Schrift in Mesopotamien heute

überhaupt noch von einer ›Schrifterfindung‹ sprechen, die zu einem bestimmten Zeitpunkt und an einem bestimmten Ort von bestimmten Individuen gemacht wurde? Wäre es nicht zutreffender, die Schriftentstehung im Vorderen Orient als einen kontinuierlichen, kumulativen ›Entwicklungsprozeß‹ über viele Generationen hinweg zu kennzeichnen, von denen jede den bereits vorhandenen Dokumentationstechniken neue hinzufügte, bis schließlich aus diesen gemeinsamen und langwierigen Bemühungen die Schrift als Endresultat hervorging?

Wie immer, wenn es um das Problem von Kontinuität und Diskontinuität geht (das uns ja nun schon des öfteren begegnet ist), divergieren auch hier die Meinungen und Akzentsetzungen unter den Fachleuten erheblich. Der Assyriologe und Schrifthistoriker I. J. Gelb fragte schon 1958: »Wurde die Schrift wirklich richtig erfunden? Oder, anders ausgedrückt, gibt es so etwas wie ›Erfindung‹?« und bekundete seine Skepsis gegenüber diesem Begriff: Man könne »beobachten, daß die sogenannten ›Erfindungen‹ nur Verbesserungen schon bekannter Dinge sind. Weder die Schrift oder das Geld, noch die Funkentelegraphie oder die Dampfmaschine wurden durch einen einzigen Menschen zu einer bestimmten Zeit in einer bestimmten Gegend erfunden. Ihre Geschichte und Vorgeschichte sind so lang wie die Geschichte der Kultur selbst.«[22]

Gelb scheint bei dieser Stellungnahme die jüngeren Forschungsergebnisse geradezu vorausgeahnt zu haben – jedenfalls nimmt sie in bemerkenswerter Weise vorweg, was Schmandt-Besserat 1992, über dreißig Jahre später, als Fazit ihrer Arbeit zum gleichen Thema schrieb: »Die Schrift war keine Erfindung aus dem Nichts, sondern das letzte Glied einer langen Kette von Erfindungen, die aus sozialökonomischen und kognitiven Veränderungen resultierten« – sie war »das Ergebnis einer jahrtausendelangen Erfahrung im Umgang mit Zeichen«.[23]

Gelb fuhr in seiner zitierten Stellungnahme allerdings wie folgt fort: »Bei allen großen kulturellen Errungenschaften müssen wir aber mit dem entscheidenden Eingreifen eines genialen Menschen rechnen, der entweder mit einer geheiligten Tradition brechen oder etwas, das andere nur spekulativ erwogen, in die Tat umsetzen konnte. Leider kennen wir keinen der genialen Menschen, die für die wichtigsten Fortschritte in der Schriftentwicklung verantwortlich sind.«[24] Langwierige Wegbereitung einer Erfindung, allmähliches Reifen ihrer Vorbedingungen und plötzliche Verwirklichung in einem individuellen Schöpfungsakt bildeten für ihn also keinen Widerspruch. Und in der Tat sind wohl auch heute noch die meisten Forscher davon überzeugt, daß es in Mesopotamien (wie in den anderen frühen Hochkulturen) letztlich Einzelindividuen – vielleicht Verwaltungsbeamte – waren, die die vorgefundenen Entwicklungselemente der Schrift bündelten und zu einem neuen System ausformten, die also sozusagen aus den von Generationen gesponnenen Entwicklungsfäden den Knoten der Schrift knüpften.

Für den amerikanischen Sumerologen Marvin A. Powell etwa, der Schmandt-Besserats Theorie im Grundsatz zustimmt, besteht dennoch kein Zweifel daran, daß letztlich eine individuelle Erfindung das mesopotamische Schriftsystem hervorbrachte, »sicherlich kein Komitee und keine langsame Anhäufung von Zeichen um Zeichen von Generation zu Generation«. »Es gibt«, so schreibt er, »in der Schriftgeschichte kein einziges Beispiel für die gemeinschaftlich-evolutionäre Erfindung einer Schrift. Individuen erfinden – die Gemeinschaft der Benutzer modifiziert, paßt an, bearbeitet, verfeinert, fügt hinzu und nimmt weg, aber sie erfindet nicht.«[25]

Will man diese von vielen Fachleuten geteilte Ansicht mit dem in Übereinstimmung bringen, was wir über das Tonmarken- und Tonhüllen-System wissen, dann erscheint die Vermutung am plausibelsten, daß die ›Idee‹ der graphisch-symbolischen Repräsentation (und nach Schmandt-Besserat auch ein kleiner ›Grundstock‹ an Zeichenformen) allmählich und auf dem geschilderten Wege aus dem *Token*-System erwuchs, während die ›Umsetzung‹ dieser Idee in ein ganzes Schriftsystem und die Schaffung seines Zeichenbestandes ein einmaliger und bewußt vorgenommener Akt war. Welche Planmäßigkeit und Systematik er vermutlich erforderte, lassen die umfangreichen ›Lexikalischen Listen‹ erahnen, die ja schon aus der ältesten Schriftstufe belegt sind (vgl. S. 204 f.) – möglicherweise spielten sie, wie Nissen erwogen hat, sogar selbst eine Rolle bei der Schaffung des Zeicheninventars. Wie dem auch sei – der oder die ›Schrifterfinder‹ hätten nach diesem Modell an der älteren Tradition angeknüpft, sie weiterentwickelt und auf eine neue Stufe gehoben. Ihre Genialität hätte darin bestanden, daß sie die neuen Möglichkeiten erkannten und realisierten, die dem historisch gewachsenen und überlieferten System der Tonmarken und symbolischen Markierungen innewohnten, und daß sie zugleich seine Beschränkungen durchbrachen. In jedem Fall muß es, wie Nissen betont, »für alle Interessierten wie eine Offenbarung gekommen sein, als jemand die Idee einer Schrift ersann – egal, ob dieser Schritt in der bloßen Umwandlung dreier Dimensionen in zwei bestand oder ob er unabhängig ausgeführt wurde. Es muß sofort offensichtlich gewesen sein, daß dieses System die umfassende Antwort auf all die Probleme bildete, für die man zuvor einzeln Lösungen gesucht hatte, und daß es bei Aufgaben zu helfen imstande war, an die man sich zuvor nicht hätte heranwagen können. Es sollte daher nicht überraschen, daß wir die Schrift auf ihrer frühesten Stufe bereits in Form eines gebrauchsfertigen Systems vorfinden.«[26]

Das phonetische Prinzip

Im 3. Jahrtausend v. Chr. durchlief dieses Schriftsystem dann einen weiteren rasanten Entwicklungs- und Vervollkommnungsprozeß. Die formale Seite haben wir bereits kurz angedeutet: Die schon in der archaischen Schriftstufe Uruk III begonnene Auflösung der bildhaften Schriftzeichen in Ansammlungen keilförmiger Vertiefungen (vgl. S. 204) schritt rasch weiter voran, so daß bereits um die Mitte des 3. Jahrtausends von den ursprünglichen Zeichenformen kaum mehr etwas zu erkennen war. Dieser Abstraktions- und Vereinfachungsprozeß setzte sich auch in den folgenden zwei Jahrtausenden fort, bis hin zur neuassyrischen Keilschrift um 700 v. Chr., deren Zeichen so »zierlich wie des Vogels Tritt im Schnee« waren.[27]

Zu einem innerhalb der Fachwelt noch strittigen Zeitpunkt während des 3. oder 2. Jahrtausends v. Chr. wurden die Zeichen aus Gründen der Bequemlichkeit beim Schreiben um 90 Grad entgegen dem Uhrzeigersinn gedreht. ›Standen‹ sie zuvor aufrecht, wie es ihrer ursprünglichen Bildgestalt entsprach, so ›lagen‹ sie seither waagerecht, was man wegen der ohnehin fortschreitenden Abstraktion offenbar nicht als störend empfand. Im Verlauf der zweiten Hälfte des 3. Jahrtausends wich überdies die Beschriftung der Tafeln in Feldern bzw. Fächern allmählich der Schreibung von Zeilen, die wie bei unserer Schrift von links nach rechts gelesen wurden. In ihnen waren die anfangs noch recht zwanglos verteilten Zeichen (vgl. S. 209) entsprechend der Reihenfolge der Worte und Laute in der gesprochenen Sprache angeordnet.

Diese Entwicklung und Ausreifung der äußeren Schriftform ging Hand in Hand mit einer Veränderung ihrer inneren Struktur, wobei beide Komponenten sich wechselseitig beeinflußten. Eine Schrift, bei der jedes Wort durch ein eigenes Bildzeichen repräsentiert wird (wie in den archaischen Texten der Fall) hat den Nachteil, daß eine große Anzahl von Zeichen benötigt wird und trotzdem die Ausdrucksfähigkeit beschränkt bleibt, da sich viele Worte und Begriffe nicht oder nur schwer durch bildhafte Symbole ausdrücken lassen.

Nun gibt es bereits innerhalb der Ideographie bzw. Wortschrift einige Möglichkeiten, den Ausdrucksspielraum zu erweitern, ohne die Zeichenzahl ins Grenzenlose ausufern zu lassen, und diese Möglichkeiten wurden auch bereits in der frühen mesopotamischen Schrift genutzt. So kann ein Zeichen nicht nur zur Schreibung des unmittelbar dargestellten Gegenstandes bzw. Wortes dienen, sondern auch zum Ausdruck sinngemäß verwandter Begriffe: In der frühmesopotamischen Schrift bezeichnet etwa das Zeichen für ›Fuß‹ gleichzeitig die mit diesem Körperteil verbundenen Tätigkeiten ›gehen‹ und ›stehen‹, und das Zeichen für

Im 3./2. Jahrtausend v. Chr. erfolgte eine Drehung der Keilschriftzeichen. Oben die ursprüngliche Orientierung, unten die Lage nach Drehung um 90 Grad. Quelle: Seminar für Vorderasiatische Altertumskunde, FU Berlin

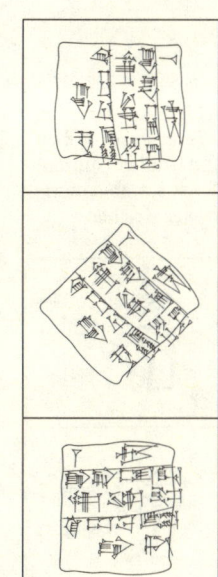

ca. 3200	ca. 3000	ca. 2500	ca. 1800	ca. 700	Bedeutung
					Himmel Gott
					Gebirge
					Kopf
					Mund
					Wasser
					Vogel
					Fisch
					Rind

Entwicklung einiger mesopotamischer Schriftzeichen vom späten 4. bis ins 1. Jahrtausend v. Chr.

Schreibung der Wörter ›essen‹ (oben) und ›trinken‹ (unten) durch Kombination zweier Zeichen

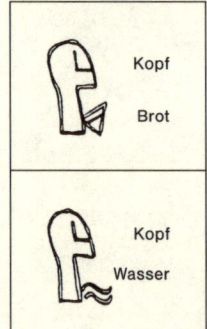

Kopf

Brot

Kopf

Wasser

›Pflug‹ steht ebenso für die Begriffe ›Pflüger‹ und ›pflügen‹ – mit jeweils verschiedenen lautlichen Lesungen wohlgemerkt. In ähnlicher Weise wurde das Bild eines Sterns, das ursprünglich für diesen stand, zum Schriftzeichen für die Begriffe ›Himmel‹ und ›Gottheit‹, das Bild der Sonne zum Zeichen für ›Tag‹ und ›weiß‹.

Neben dieser Methode der Bedeutungsübertragung wurde von Anfang an auch die der Zeichenkombination angewandt, um auf möglichst ökonomische Weise das Ausdrucksvermögen der Schrift zu steigern. So schrieb man beispielsweise das Wort ›essen‹ durch eine Kombination der Zeichen für ›Kopf‹ und ›Brot‹, wohingegen die Zusammenstellung von ›Kopf‹ und ›Wasser‹ gleichbedeutend mit ›trinken‹ war. Auch diese Methoden zur Erweiterung der Ausdrucksfähigkeit (die sich in fast allen bekannten Wortschriftsystemen finden) stoßen aber rasch an ihre Grenzen, wenn es etwa um die Schreibung von Orts- und Personennamen oder um grammatikalische Bildungselemente geht. Um diese Grenzen zu durchbrechen, mußte das ideographische, ›semantische‹ Schriftprinzip, das nur auf den Wortbedeutungen beruhte, durch das phonetische

Prinzip ergänzt und teilweise ersetzt werden, das die Lautungen der geschriebenen Wörter wiedergibt.

Es läßt sich nicht mit Sicherheit sagen, wann dieser Phonetisierungsprozeß, in dessen Verlauf viele Zeichen von ihrer ursprünglichen, durch die Abstraktion ja ohnehin verwischten Bildbedeutung gelöst und statt dessen mit bestimmten Lautwerten identifiziert wurden, in der mesopotamischen Schrift begann. Adam Falkenstein und andere Forscher glaubten, einen ersten Beleg dafür auf einigen Schrifttafeln aus Djemdet Nasr bzw. der Stufe Uruk III erkennen zu können: Dort sei in einem *en-lil-ti* (etwa: ›Enlil erhält am Leben‹) lautenden Personennamen das bildlich schwer auszudrückende Wort ›Leben‹ (sumerisch *ti* bzw. *til*) durch das bedeutungsmäßig völlig fremde, aber sumerisch ebenfalls *ti* gelesene Zeichen für ›Pfeil‹ geschrieben worden. Diesen Sachverhalt wertete Falkenstein übrigens auch als Beweis dafür, daß auf den Tafeln dieser Schriftstufe bereits sumerische Sprache vorliegen müsse (vgl. S. 203), denn nur in dieser sind die beiden Wörter gleichlautend (homonym). Nach Ansicht anderer Forscher ist dieses Beispiel dagegen nicht stichhaltig, da es auf einem Lesefehler beruhe. Dennoch vermuten die meisten Fachleute, daß phonetische Elemente und Übertragungen in einem beschränkten Maße wohl schon in den archaischen Texten vorkommen, wenngleich bis heute der definitive Nachweis dafür fehlt.

Um die Mitte des 3. Jahrtausends war die Phonetisierung der sumerischen Schrift in jedem Fall weitgehend vollzogen. Dabei wurden nicht nur schwierig zu schreibende Wörter durch die Zeichen leichter darstellbarer, gleich oder ähnlich klingender Wörter wiedergegeben, wie sich etwa im Deutschen das Bild der ›Bank‹, auf die wir uns setzen, auch für den Begriff der ›Bank‹, der wir unser Geld anvertrauen, oder das Bild der Kornähre für das Wort ›Ehre‹ verwenden ließe. Aus dieser als ›Rebus-Verfahren‹ bezeichneten Lautübertragung gingen vielmehr in der Folge eine Anzahl regelmäßig verwendeter, festgelegter Silbenzeichen für Lautfolgen (wie etwa *ba, bi, ab, ib* usw.) hervor. Die Sumerer nutzten die dadurch geschaffene Möglichkeit der silbischen, phonetischen Schreibung aufgrund bestimmter Eigenheiten ihrer Sprache jedoch nur in begrenztem Maße. Die Silbenzeichen dienten ihnen vorwiegend zur Fixierung von Namen und grammatikalischen Elementen, während sie die Wortstämme in der Regel weiterhin mit Logogrammen schrieben. Dennoch trug diese teilweise Phonetisierung der Schrift, ihre Umformung in eine gemischte Wort-Laut-Schrift, schon bei den Sumerern dazu bei, den Zeichenbestand erheblich zu reduzieren: Wird er für die archaischen Texte heute auf etwa zwölfhundert geschätzt (vgl. S. 202), so umfaßte er am Ende des 3. Jahrtausends nur noch rund fünfhundert Zeichen.

Die berühmte Gesetzesstele des babylonischen Königs Hammurapi (links) aus dem 18. Jahrhundert v. Chr. zeigt im oberen Teil (rechts) den Herrscher vor dem Gott der Gerechtigkeit. Darunter ist in Keilschrift der 282 Paragraphen umfassende Gesetzeskodex eingemeißelt (Archiv für Kunst und Geschichte, Berlin)

Stärkeren Gebrauch von der lautlichen, silbischen Schreibweise machten in der zweiten Hälfte des 3. Jahrtausends die in der Gegend des späteren Babylon ansässigen Akkader und seit dem frühen 2. Jahrtausend die ebenfalls akkadisch sprechenden Babylonier im Süden und Assyrer im Norden Mesopotamiens. Sie verdrängten die Sumerer als politische Kraft und wohl auch als eigenständiges Volk, pflegten deren kulturelle Errungenschaften aber weiter und wurden so zu ihren Erben und Nachfolgern in Mesopotamien. In diesem Rahmen tradierten sie auch das Sumerische, das als gesprochene Sprache wahrscheinlich zu Beginn des 2. Jahrtausends ausstarb, als religiös-literarische Schriftsprache bis ins 1. Jahrtausend v. Chr., ähnlich wie das im mittelalterlichen und frühneuzeitlichen Europa mit dem Lateinischen geschah.

Sie verwendeten die Keilschrift aber zugleich auch zur Schreibung ihrer eigenen, völlig anders strukturierten Sprache und hoben dabei das phonetische Element stark hervor. Zu einer reinen Silbenschrift wurde jedoch auch diese ›babylonisch-assyrische Keilschrift‹ der zwei Jahrtausende vor der Zeitwende nicht. Sie blieb im Prinzip ein gemischtes Wort-Silben-System, denn viele Zeichen behielten neben ihren silbischen auch noch ihre logographischen Werte, und Ideogramme dienten insbesondere als Hinweisgeber für das Textverständnis, als sogenannte Determinative (Deutzeichen). Letztere waren vor allem deshalb nötig, weil viele Zeichen eine ganze Reihe verschiedener Lesungen besaßen, so daß es sich nach wie vor um ein ziemlich verwickeltes und schwierig zu beherrschendes Schriftsystem handelte. Immerhin aber ließ sich bei vorwiegend silbischer Schreibweise ein normaler Text der altbabylonischen Zeit (erste Hälfte des 2. Jahrtausends v. Chr.) schon mit etwa hundert bis hundertfünfzig Silbenzeichen und einigen Dutzend Wortzeichen bequem und gut aufzeichnen, obgleich der Gesamtzeichenbestand während der ganzen Verwendungszeit der mesopotamischen Keilschrift mehrere hundert Zeichen umfaßte.

Die Entwicklung zum universellen Ausdrucksmittel

Der Hauptwert der Phonetisierung lag jedoch in einer vergrößerten Ausdrucks- und Leistungsfähigkeit der Schrift, in ihrer erhöhten Flexibilität und Differenziertheit. Sie ermöglichte es nunmehr, die gesprochene Sprache zumindest annähernd getreu aufzuzeichnen, wie es in dem sumerischen Sprichwort zum Ausdruck kommt: »Ein Schreiber, dessen Hand es mit dem Mund aufnehmen kann, ist tatsächlich ein Schreiber.«[28] Damit erst wurde die Schrift zur ›Vollschrift‹ (vgl. S. 167), damit erst waren auch die Voraussetzungen gegeben, sie über ihre anfängliche Funktion als ausschließlich wirtschaftlich-administratives Memorierungsinstrument hinaus in ein viel- und schließlich allseitiges Überlieferungs- und Ausdrucksmittel zu verwandeln.

Einen ersten Schritt in diese Richtung stellten kurze Bau- und Weihinschriften mesopotamischer Könige dar, die seit etwa 2700 v. Chr. belegt sind und die sich in der zweiten Jahrtausendhälfte allmählich zu längeren Berichten über ihre Regierungs- und insbesondere Bautätigkeit entwickelten – sie können als die Anfänge einer ›Geschichtsschreibung‹ im Zweistromland bezeichnet werden. Auch erste ›literarische‹ Schriftzeugnisse wie Aufzeichnungen von Mythen, Hymnen und Sprichwörtern reichen nach heutigem Erkenntnisstand bis in die Periode um 2600 oder 2700 v. Chr. zurück – aus der Zeit davor liegen bislang keine entsprechenden Dokumente vor. Sie sind wohl auch kaum zu erwarten, denn die Entwicklung des Schriftsystems selbst deutet darauf hin, daß man in den ersten Jahrhunderten seiner Existenz offenbar keinen großen Wert darauf legte, es für die Niederschrift komplizierterer literarischer oder ähnlicher Texte tauglich zu machen, die damals vermutlich noch ausschließlich mündlich tradiert wurden (vgl. S. 207).

In der zweiten Hälfte des 3. Jahrtausends nahmen solche Texte dann aber an Häufigkeit und Komplexität zu, schrieb man auch längere religiöse und literarische Werke sowie erste Gesetzessammlungen nieder. Und spätestens mit Beginn des 2. Jahrtausends wurde die Keilschrift zum allgegenwärtigen und unentbehrlichen Hilfsmittel der Religion wie des Herrscherkults, der ›Geschichtsschreibung‹ wie der Kodifizierung des Rechts. Man verwendete sie seither ebenso selbstverständlich für alltägliche offizielle oder private Aufzeichnungen wie für Werke der Dichtung und der entstehenden Wissenschaften (etwa Astronomie,

Fragment einer Keilschrifttafel aus der Bibliothek des Königs Assurbanipal in Ninive (7. Jahrhundert v. Chr.), auf der Teile des »Gilgamesch-Epos« niedergeschrieben sind (Archiv für Kunst und Geschichte, Berlin)

Mathematik, Medizin) oder Pseudowissenschaften (z. B. Astrologie, Vorzeichenkunde und Magie).

Einige der bedeutendsten Zeugnisse der menschlichen Kulturgeschichte wurden mit Hilfe der Keilschrift geschaffen – so etwa der 282 Paragraphen umfassende Gesetzeskodex des Hammurapi von Babylon aus dem 18. Jahrhundert v. Chr. oder das berühmte, in einer akkadischen Fassung aus dem späten 2. bzw. frühen 1. Jahrtausend v. Chr. überlieferte *Gilgamesch-Epos*, das aber auf sehr viel ältere sumerische Vorläufer zurückgeht. Mit der Entwicklung der Schrift und der Schriftkultur wurde es bald auch üblich, das auf diese Weise fixierte Wissen in Zentren der Bildung und Gelehrsamkeit systematisch zu sammeln und zu speichern – das bezeugen eine Reihe von Archiven und ›Bibliotheken‹, die in Vorderasien bereits vom 3. Jahrtausend v. Chr. an nachgewiesen sind. Als bekanntestes Beispiel gilt die Bibliothek des assyrischen Königs Assurbanipal in Ninive aus dem 7. Jahrhundert v. Chr., unter deren

Keilschrifttafel-Archiv im königlichen Palast von Ebla in Syrien, wie es sich während der Ausgrabung den Archäologen darbot. Die Tafeln waren ursprünglich, nach Themengruppen geordnet, auf Regalen gestapelt

mehreren tausend Keilschrifttafeln sich auch die erwähnte Fassung des *Gilgamesch-Epos* befand.

Nicht nur thematisch, auch geographisch weitete sich der Verwendungsbereich der Keilschrift seit dem späten 3. Jahrtausend v. Chr. erheblich aus. Etwa zu dieser Zeit wurde sie von den Elamitern im westlichen Iran übernommen, die dafür ihr eigenes Schriftsystem (vgl. S. 197) wieder aufgaben, im 2. Jahrtausend dann von weiteren Völkern, etwa den Hurritern im nördlichen Mesopotamien und den Hethitern in Anatolien. Diese Völker benutzten die Keilschrift meist zur Schreibung ihrer eigenen Sprachen und formten sie dementsprechend um.

In der zweiten Hälfte des 2. Jahrtausends v. Chr. diente Akkadisch außerdem als Verkehrs- und Diplomatiesprache des gesamten Vorderen Orients – sogar die ägyptischen Pharaonen wickelten ihre außenpolitische Korrespondenz auf Keilschrifttafeln in akkadischer Sprache ab, wie ein in Tell el-Amarna in Ägypten gefundenes Archiv aus dem 14. Jahrhundert v. Chr. beweist. Um die Wende zum 1. Jahrtausend und in dessen Verlauf erwuchs der Keilschrift dann allerdings in der Buchstabenschrift, die an der östlichen Mittelmeerküste entstanden war (vgl.

Kap. 12), ein ernsthafter und langfristig überlegener Konkurrent. Aramäische Stämme brachten ihr von den Phöniziern übernommenes, auf Papyrus oder Leder geschriebenes Alphabet nach Mesopotamien mit, als sie sich dort ausbreiteten, und drängten die Keilschrift allmählich zurück. Diese Entwicklung vollendete sich, als Mesopotamien mit dem Ende des Neubabylonischen Reiches 539 v. Chr. die Unabhängigkeit verlor und Teil des Altpersischen Reiches wurde, wo ›Reichsaramäisch‹ unter dem Königshaus der Achämeniden Amtssprache war (von den in drei Keilschriftsprachen abgefaßten Inschriften dieser Perserkönige nahm übrigens zu Beginn des 19. Jahrhunderts die lange Entzifferungsgeschichte der Keilschrift ihren Ausgang, die besonders mit den Namen Georg Friedrich Grotefend und Henry C. Rawlinson verbunden ist). In den letzten Jahrhunderten vor der Zeitwende nur noch in wenigen Städten und Tempeln Südmesopotamiens in Gebrauch, wurde die Keilschrift schließlich zu einer reinen Spezialschrift der Priester und Astronomen, bevor sie endgültig verschwand – der späteste bekannte keilschriftliche Text ist eine Tafel mit astronomischen Aufzeichnungen aus dem Jahr 74/75 n. Chr.

Kapitel 10

›Heilige Zeichen‹ – die ägyptische Hieroglyphenschrift und ihre Ableger

Waren die Anfänge der Schrift in Mesopotamien äußerst nüchterner Natur, so trat sie in der zweiten großen Hochkultur des alten Orients, in Ägypten, von Anbeginn an in sehr viel eindrucksvollerem Rahmen in Erscheinung.

Zu den ersten bekannten Schriftzeugnissen zählen dort mit Reliefdarstellungen verzierte Schiefertafeln zum Verreiben von Schminke, sogenannte Paletten, und ebenfalls verzierte Köpfe von Prunkkeulen, die die Taten von Göttern und Königen preisen und damit dem religiösen wie dem Herrscherkult dienten, ja der ›Geschichtsschreibung‹ im weitesten Sinne zuzurechnen sind. Sie wurden Ende des letzten Jahrhunderts im Horus-Tempel von Hierakonpolis, der vorgeschichtlichen Hauptstadt Oberägyptens, ausgegraben und stammen aus den Jahrzehnten vor und nach 3000 v. Chr., sind also wahrscheinlich etwas jünger als die frühesten mesopotamischen Schriftfunde (vgl. S. 199 ff.).

Diese Zeitperiode bezeichnet man traditionell auch als ›Reichseinigungszeit‹, denn in ihr wurden nach der antiken Überlieferung die zuvor unabhängigen Reiche Oberägypten (im Süden, das heißt im Niltal) und Unterägypten (im Norden, das heißt im Deltagebiet) zu einem einheitlichen Staat zusammengeschlossen, und zwar durch gewaltsame Unterwerfung des Nordens durch den Süden.

Die Rückseite der Narmer-Palette aus der ägyptischen Reichseinigungszeit um 3000 v. Chr. (Bildarchiv Foto Marburg)

Heute weiß man, daß diese ›Vereinigung der beiden Länder‹, welche die alten Ägypter selbst als die Geburt ihres Reiches und den Beginn ihrer Geschichte ansahen, wohl bereits in der letzten Phase der Vorgeschichte (um 3200 v. Chr.) vollzogen wurde – die Reichseinheit war jedoch in den folgenden zweihundert Jahren offenbar immer wieder durch regionale Aufstände und ›separatistische‹ Tendenzen bedroht. Die gewaltsame Niederschlagung einer solchen ›Rebellion‹ und die Verteidigung (oder Wiederherstellung?) der Einheit scheint auf der bekanntesten Prunktafel aus Hierakonpolis, der über 60 Zentimeter hohen sogenannten ›Narmer-Palette‹, dargestellt zu sein.

Die eine Seite dieser Tafel wird beherrscht von der im Relief herausgearbeiteten mächtigen Figur eines Königs mit der Weißen Krone Oberägyptens, der einen vor ihm knienden Feind am Schopfe hält und mit der Keule zum Schlag ausholt. Darunter sieht man zwei kleinere, fliehende oder gestürzte Gegner. Im oberen Teil der anderen Tafelseite feiert derselbe Herrscher seinen Sieg mit einem Triumphzug. Dabei trägt er die Rote Krone Unterägyptens als Zeichen seiner Herrschaft auch über diesen Landesteil. Begleitet von zwei (nur halb so groß dargestellten) Würdenträgern schreitet er hinter vier (noch kleineren) Standartenträgern auf zwei Reihen enthaupteter, am Boden liegender Feinde zu, deren Köpfe zwischen den Beinen liegen. In der Tafelmitte sieht man ein traditionelles Motiv, zwei sogenannte ›Schlangenhalspanther‹ (oder -löwen), zwischen deren verschlungenen Hälsen sich eine napfförmige Vertiefung zum Verreiben der Schminke befindet. Die beiden Wesen werden von zwei Wärtern an der Leine gehalten und damit ›gebändigt‹ – wohl ein Symbol der Einheit und Befriedung. Ganz unten auf dieser Seite greift ein Stier als Symbol des Königs eine mit Zinnen bewehrte Stadt an und zerstört sie.

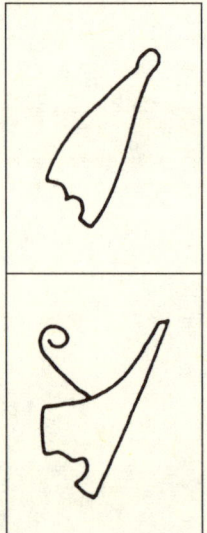

Die ›Weiße Krone‹ Oberägyptens (oben) und die ›Rote Krone‹ Unterägyptens

Bis hierher haben wir es mit einer rein darstellenden bzw. symbolischen Bildersprache zu tun, wie sie aus der ägyptischen Vorgeschichte ebenso wie aus der historischen Zeit gut bekannt ist. Den Verfertigern der Palette reichte diese Bildersprache aber offenbar nicht mehr aus. Sie wollten exakter festhalten, wer über wen gesiegt hatte, und ›schrieben‹ deshalb über und neben die abgebildeten Personen deren Namen oder Titel. Dazu verwendeten sie unscheinbare kleine Bildzeichen, die für genau festgelegte Begriffe und Laute der Sprache standen – die ersten Hieroglyphen (›Heilige Kerben‹), wie die altägyptischen Schriftzeichen nach ihrer griechischen Bezeichnung bis heute genannt werden. Obwohl man schon seit längerem weiß, was diese ›Beischriften‹ auf der Narmer-Palette in etwa bedeuten, das heißt ihren allgemeinen Sinn versteht, bleibt ihre genaue ›Lesung‹ bis heute vielfach umstritten – insbesondere sind sich die Fachleute bei manchen der Zeichen nicht einig darüber, ob

Die Vorderseite der
Narmer-Palette
(Bildarchiv Foto
Marburg)

sie noch ausschließlich als ideographische Begriffszeichen oder schon als
phonetische Rebus- bzw. Lautzeichen zu lesen sind.

Ein Beispiel dafür ist der Thronname des siegreichen Königs, der auf
der Palette insgesamt dreimal erscheint: einmal neben dem schreitenden
Herrscher selbst, außerdem auf beiden Seiten ganz oben zwischen den
gehörnten Köpfen der Himmelsgöttin Hathor in einem die Palastfassade
symbolisierenden Rechteck. Er besteht aus dem Bild eines Welses (ägyp-

tisch *nar*) und dem eines Meißels (ägyptisch *mer*) und läßt sich daher *Narmer* lesen. Umstritten ist aber, ob die Zeichen hier tatsächlich bereits völlig unabhängig von ihrer Bildbedeutung als rein lautliche Rebuszeichen (vgl. S. 223) verwendet wurden – ähnlich, wie wenn wir im Deutschen das Wort ›Urlaub‹ mit den Bildern einer Uhr und eines Laubblattes ›schreiben‹ würden. Sollte doch noch ihr Bildwert ausschlaggebend gewesen sein, so könnte der Name des Königs in übertragener Bedeutung etwa ›Stechender Wels‹ gelautet haben. Ebensogut wäre es möglich, daß eine der beiden Namenshieroglyphen ideographisch, die andere dagegen lautlich zu lesen ist – beispielsweise könnte der Meißel (*mer*) als Rebuszeichen für das gleichlautende Wort ›schmerzhaft‹ bzw. ›schlimm‹ stehen und der König ›Schlimmer Wels‹ geheißen haben, wie manche Ägyptologen vermuten. Spätere historische Quellen helfen nicht bei der Entscheidung dieser Frage, denn ein König Narmer ist in den überlieferten ägyptischen Herrscherlisten nicht verzeichnet, so daß seine Identität bis heute nicht eindeutig geklärt werden konnte. Früher identifizierte man ihn oft mit dem legendären Menes, der in den antiken Quellen als Begründer des ägyptischen Einheitsreiches und der 1. Dynastie genannt ist. Heute betrachtet man ihn dagegen eher als den unmittelbaren Vorgänger des Menes und letzten in einer Reihe ›prädynastischer‹ Könige, die bereits über große Teile Ägyptens herrschten (vgl. S. 232) und die von der modernen Ägyptologie in einer ›O. Dynastie‹ zusammengefaßt werden.

Ähnliche Schwierigkeiten wie beim Königsnamen bestehen auch in der exakten Lesung der anderen Namens- und Titelbeischriften auf der Palette. Neben dem Kopf des von Narmer niedergeschlagenen und vor ihm knienden Feindes (wahrscheinlich dem Häuptling der besiegten Region) finden sich beispielsweise die Bildzeichen einer Harpune und eines Rechtecks mit stilisierten Wellen; sie wurden einerseits ideographisch als ›Harpunengau‹, andererseits aber auch als Rebusschreibung eines Namens (etwa *washi*) gedeutet.

Wie stark zu dieser Zeit Schrift und Bild bzw. ›Ideenschrift‹ (vgl. S. 165 ff.) noch miteinander verknüpft waren, verdeutlicht die rechts über der Unterwerfungsszene befindliche Bildkomposition, die von einigen Forschern geradezu als ›Schriftgemälde‹ bezeichnet wurde. Sie zeigt das ovale Hieroglyphenzeichen für ›Land‹, das hier zusätzlich mit einem Kopf versehen ist und aus dessen Rücken Papyrusstauden (die Symbolpflanzen Unterägyptens) wachsen. Auf letzteren thront der falkengestaltige Gott Horus, die Verkörperung des Königs, und hält das ›Papyrus-Land‹-Zeichen an einem mit dessen Kopf verbundenen Strick fest. Der englische Ägyptologe Alan H. Gardiner hat diese Szene 1927 als bilderschriftliche Fixierung eines ganzen Satzes gedeutet und wie folgt ›über-

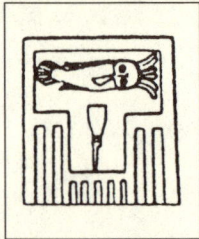

Schreibung des Königsnamens mit den Zeichen für Wels (ägyptisch ›nar‹) und für Meißel (ägyptisch ›mer‹)

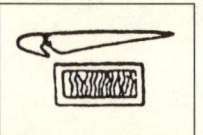

Bildzeichen einer Harpune und eines Rechtecks mit stilisierten Wellen = Harpunengau

setzt‹: »Der Falkengott Horus bringt [dem König] Gefangene aus dem Papyrusland [dem Delta].«[1] Das Ensemble wäre dabei, trotz der Einbeziehung eines mutmaßlichen Schriftzeichens (nämlich der Hieroglyphe für ›Land‹), noch völlig dem symbolischen, ›ganzheitlichen‹ Darstellungskonzept der ›Ideenschrift‹ verpflichtet, nicht dem ›syntaktischen‹ Gliederungsprinzip der Schrift (vgl. S. 167). Als ›Lesung‹ der ganzen Palettenseite wurde in jüngerer Zeit vorgeschlagen: »Gott Horus führte dem König Narmer unterägyptisches Fremdland als Beute zu; der König schlug den Harpunengau und seine Städte.«[2] Dabei wären, wie Siegfried Schott 1950 bemerkte, »lediglich die Worte ›Narmer‹ und ›Harpunengau‹ mit Hieroglyphen geschrieben [wenn man von dem Zeichen für ›Land‹ absieht]. Der Rest des Satzes wäre abgebildet.«[3] Auf andere Weise ließen sich handlungs- und satzmäßige Bezüge bei dem unvollkommenen Entwicklungsstand der Schrift zu dieser Zeit wohl auch noch nicht darstellen.

Daß es neben solchen ›ideenschriftlich‹ anmutenden Bild-Schrift-Verschmelzungen (die sich auch noch auf späteren ägyptischen Denkmälern finden) auf der Narmer-Palette tatsächlich auch rein phonetische Schreibungen gab, zeigt das Beispiel des Würdenträgers, der dem König in dem Triumphzug auf der anderen Tafelseite vorangeht. Die Hieroglyphenzeichen eines Seils und eines Brotlaibes über seinem Kopf würden, ideographisch gedeutet, kaum einen Sinn ergeben, sondern stehen hier allein wegen ihrer Lautung: Sie geben in zweiteiliger Rebusschreibweise seinen Titel (*thati* oder *tschati* = ›Wesir‹) an und sind damit schon echte Phonogramme. Auf ähnliche Weise steht das von einem Rechteck umgebene Bildzeichen eines Netzschwimmers (Lautwert *djeba*) ganz links in der Szene offenbar für das gleichlautende Wort *djebat* (›Sakristei‹, ›Ankleidehaus‹ oder ähnliches), wobei das Rechteck wohl den Gebäudeumriß andeuten soll.

Ein vergleichbares Nebeneinander von archaischer Bildsymbolik und bereits recht entwickelter Hieroglyphenschreibweise findet sich auch bei den anderen erwähnten Denkmälern aus der ägyptischen Frühzeit. Auf einer Prunkkeule aus Hierakonpolis ist der durch das Bild eines Skorpions bezeichnete König ›Skorpion‹ oder Sereq, wahrscheinlich ein Vorgänger Narmers, bei einer landwirtschaftlichen Zeremonie (Einweihung eines Kanals?) dargestellt. Seinem Namen ist dabei als ›Königszeichen‹ eine Rosette beigefügt, die sich auch auf der Narmer-Palette findet: Sie kennzeichnet dort den hinter dem König abgebildeten Sandalenträger als ›königlichen Diener‹ oder ähnliches. Wohl ebenfalls aus der Zeit Skorpions stammt die sogenannte ›Städte-Palette‹, von der leider nur ein Fragment erhalten ist. Auf ihr werden die Mauern von sieben befestigten Städten, deren Namen durch Hieroglyphenzeichen in ihrem Inneren

Hieroglyphenzeichen eines Seils und eines Brotlaibes = ›Wesir‹

Bildzeichen eines Netzschwimmers (ägyptisch ›djeba‹), das wahrscheinlich für das gleichlautende Wort ›Sakristei‹ steht

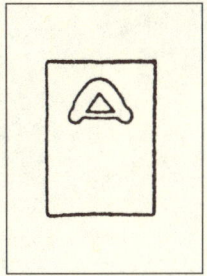

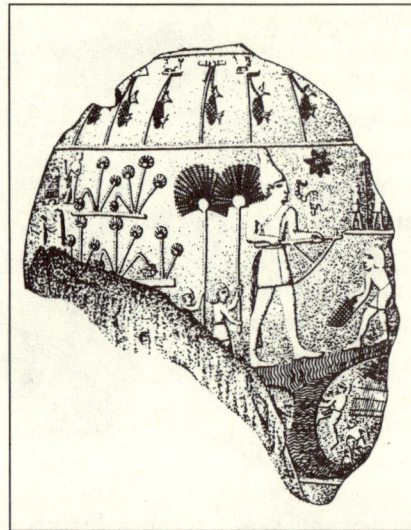 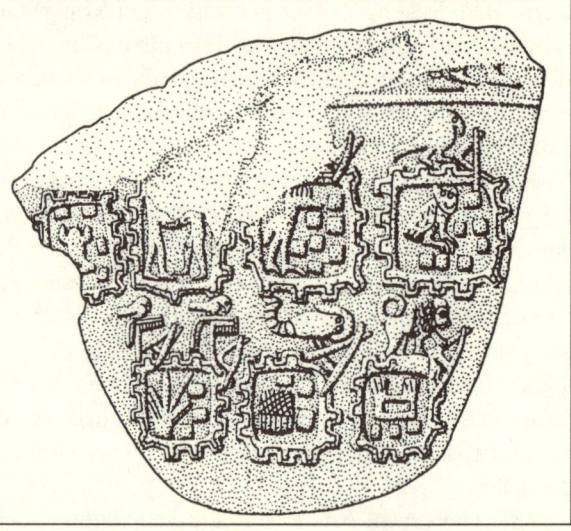

Die Prunkkeule des Königs ›Skorpion‹ (links) und die sogenannte ›Städte-Palette‹ aus der Reichseinigungszeit

angegeben sind, von ebenso vielen bildlichen oder hieroglyphischen Symbolen (darunter auch einem Skorpion) ›zerhackt‹, das heißt zerstört. Dieses Motiv ist nicht nur deshalb von Interesse, weil es – ebenso wie die Darstellungen der Narmer-Palette – auf die kriegerischen Vorgänge während der prädynastischen Zeit hinweist (vgl. S. 232), sondern ebenso, weil die Hieroglyphen hier nicht als einfache Schriftzeichen, sondern als aktive, handelnde ›Mächte‹ dargestellt sind.

Zwei Wege der Schriftentwicklung?

In der älteren Forschung wurde die Andersartigkeit dieser frühen Schriftdenkmäler Ägyptens gegenüber denjenigen Mesopotamiens stark hervorgehoben. Manche Gelehrte sahen darin geradezu einen Beleg für eine besondere altägyptische Geisteshaltung, die eher den ›höheren‹ und sakralen denn den alltäglichen und profanen Dingen zugewandt gewesen sei. So unterstrich der Ägyptologe Alexander Scharff 1941, daß »beide Schriften, der Veranlagung der beiden Völker entsprechend, ganz verschiedenen Zwecken dienen sollten, indem nämlich die Keilschrift (…) von vornherein in erster Linie auf wirtschaftliche Texte (Rechnungen, Quittungen, Listen usw.) eingestellt war, während die ägyptische Schrift von Anbeginn an religiösen und historischen Mitteilungen diente«.[4] Sein Fachkollege Hellmut Brunner schrieb 1965: »Es ist geistesgeschichtlich von hoher Bedeutung, daß die Schrift am Nil nicht aus technischen oder wirtschaftlichen Bedürfnissen, sondern aus einer gewandelten geistigen Struktur entstanden ist. Wir können diesen offenbar neu erwachten Sinn für die Einmaligkeit von Menschen und Ereignissen wohl in einem etwas erweiterten Begriff einen historischen Sinn nennen.«[5] Und auch in einem 1968 erschienenen Standardwerk des Prähistorikers Hermann Müller-Karpe heißt es: »In Ägypten erwuchs die Erfindung der Schrift aus dem neuen Geschichtsbewußtsein, das in der Zeit um 3000 v. Chr. mit der Gründung des Einheitsreiches und des Königtums zusammenhing, und gab ihrerseits ihm den adäquaten Ausdruck.«[6]

Sieht man einmal davon ab, daß in diesen Zitaten die Tendenz anklingt, den vorgeschichtlichen Völkern ›Geschichtslosigkeit‹ zu unterstellen (vgl. dazu S. 171 ff.), so wäre man versucht, aus dem Sachverhalt selbst zwei grundsätzlich verschiedene Wege der Schriftentstehung zu rekonstruieren: einerseits den hauptsächlich wirtschaftlich motivierten und auf Zwecke der Buchführung bzw. Datenspeicherung gerichteten Weg, den wir in Mesopotamien kennengelernt haben (vgl. Kap. 9), und andererseits einen stärker ›historisch‹ oder religiös begründeten, aus den Bedürfnissen der berichtenden Überlieferung oder der Verehrung überirdischer Mächte erwachsenen Weg, wie er für Ägypten und andere frühe Hochkulturen (zum Beispiel diejenigen Altchinas und Altamerikas, vgl. dazu S. 254 und 274) kennzeichnend gewesen zu sein scheint. Der erste Weg ließe sich funktionell an die vorgeschichtlichen ›Zählkerben‹, Zählsteinchen und ›Zählmarken‹ anschließen (vgl. S. 139 ff.), deren letztere ja tatsächlich als Ursprung der mesopotamischen Schrift nachgewiesen sind (vgl. Kap. 8); den zweiten könnte man dagegen eher mit den ›erzählenden Bildern‹ und ›ideenschriftlichen‹ Kompositionen der Prähistorie (vgl. S. 151 ff.) verknüpfen – auf die Frage einer konkreten Ableitung der Hieroglyphen aus solchen Wurzeln wird nachher noch näher eingegangen (vgl. S. 242 ff.).

›Zählen‹ und ›erzählen‹ – diese beiden Grundmotive für die Entwicklung von Aufzeichnungssystemen, denen wir ja schon in der Vorgeschichte begegnet sind (vgl. S. 159), ließen sich aus diesem Blickwinkel also bis in die Frühzeit der Schrift weiterverfolgen: aus ersterem wäre die mesopotamische ›Registraturschrift‹, aus zweiterem die ›Überlieferungs‹- bzw. ›Sakralschrift‹ Altägyptens und anderer Kulturen hervorgegangen. Dabei wäre als Besonderheit der frühen ägyptischen Schriftdenkmäler hervorzuheben, daß sie oftmals an unzugänglichen Stellen in Tempeln oder Gräbern aufbewahrt bzw. angebracht wurden, daß ihre Texte also wohl gar nicht (von Menschen) gelesen, sondern nur ›verewigt‹ werden sollten – »dazu genügte es, daß sie vorhanden waren; ob sie auch gesehen werden konnten, war zweitrangig«, wie die Ägyptologin Adelheid Schlott schreibt.[7]

Dieses Modell der ›zwei Wege‹ in der Schriftentwicklung ist in sich schlüssig und besitzt sicherlich auch einen gewissen Erkenntniswert. Freilich wird eine so saubere Trennung der beiden funktionalen Schriftursprünge, wie sie hier ›idealtypisch‹ vorgenommen wurde, wohl nur teilweise den historischen Realitäten gerecht – zumindest, was Ägypten betrifft. Denn aus dem Land am Nil sind neben der Narmer-Palette und den erwähnten anderen ›monumentalen‹ Schriftdenkmälern eine Vielzahl ebenso alter Schriftzeugnisse aus dem Bereich der Verwaltung und Wirtschaft bekannt, die lediglich in der Literatur sehr viel seltener erwähnt und abgebildet werden, da sie unscheinbarer und weniger spektakulär sind. Legt man der Betrachtung *diese* Schriftzeugnisse zugrunde, dann war der frühe Schriftgebrauch am Nil möglicherweise gar nicht so verschieden von dem im Zweistromland, wie oben angenommen.

Es handelt sich bei diesen Zeugnissen hauptsächlich um kurze Tinten- oder Ritzinschriften auf Keramikgefäßen und um Abdrücke schrifttragender Rollsiegel (vgl. S. 191) auf den Tonverschlüssen dieser Gefäße oder anderer Behältnisse. Die ältesten Belege stammen – wie im Falle der steinernen Schriftdenkmäler (vgl. S. 231 ff.) – aus der Zeit der Könige Skorpion bis Narmer und stellen Steuervermerke dar. Beispielsweise zeigt die Tintenaufschrift eines Gefäßes, das auf dem Friedhof von Tarchan gefunden wurde, den Königsnamen ›Skorpion‹ eingeschrieben in ein Rechteck, das wohl die Palastfassade symbolisieren soll, und auf dem der Königsfalke Horus thront. Rechts daneben befindet sich eine Pflanze als Zeichen für ›Oberägypten‹, darunter ein Ensemble von drei Strichen als Kürzel für ›Öl‹. Die Aufschrift besagt im ganzen, daß das Gefäß Öl als Steuerabgabe aus Oberägypten für König Skorpion enthielt, und ähnliche Steuervermerke sind aus der Frühzeit in großer Zahl bekannt.

Steuervermerk auf einem Gefäß aus dem Friedhof von Tarchan

Die Verwendung von Rollsiegeln, in die zunächst nur der Königsname, später auch Beamtennamen und -titel eingeschnitten waren, brachte eine ›Rationalisierung‹ des Kennzeichnungsverfahrens mit sich. Man brauchte die Personenbezeichnungen nun nicht mehr von Hand zu schreiben, sondern nur noch das Siegel auf dem feuchten Ton abzurollen. Außerdem war die ›Beglaubigung‹ der gekennzeichneten Objekte und Güter mit Hilfe der Siegel wirksamer möglich, da der Siegelgebrauch gut zu kontrollieren war.

Mit Beginn der 1. Dynastie (kurz nach 3000 v. Chr.) wurde anstelle der Gefäßaufschriften das Verfahren üblich, an den Behältnissen mit Steuerabgaben sogenannte ›Jahres‹- oder ›Annalentäfelchen‹ aus Elfenbein oder Hartholz zu befestigen, auf denen nicht nur der Königsname, sondern auch eine genaue Jahresbezeichnung hieroglyphisch notiert war. Dabei führte man aber noch keine numerische Jahreszählung durch, sondern ›benannte‹ die Jahre – ähnlich wie in den *Winter counts* der nordamerikanischen Indianer (vgl. S. 157 f.) – nach wichtigen Ereignissen, die in ihnen stattgefunden hatten (zum Beispiel: ›König Aha schlägt das Land Nubien‹). Diese Täfelchen wurden offenbar gesammelt und bildeten eine der Grundlagen der ›Königsannalen‹, fortlaufender Herrscherlisten, die für die Regierungsjahre jedes Königs die kennzeichnendsten Geschehnisse festhielten und ein Kernstück der altägyptischen Geschichtsschreibung bildeten.

Fast alle der genannten Schriftbelege wurden in Gräbern der königlichen Familie oder hoher Beamter gefunden, standen also mit dem herrschaftlichen Totenkult in Verbindung. Dennoch sind sie ganz sicher in erster Linie als administrative Dokumente zu werten – als Zeugnisse einer Verwaltung, welche die Schrift von Anbeginn an dazu benutzte, um Steuerabgaben und andere Güter mit Eigentums-, Verantwortlichkeits- und Herkunftsvermerken zu versehen und sie durch den Königsnamen bzw. die Jahresangabe zu datieren. Daß solche Verwaltungsnotizen fast nur in Gräbern erhalten geblieben sind, läßt keinesfalls darauf schließen, daß sie nur dort Verwendung fanden – die Gebräuche im Grabkult spiegeln hier vielmehr mit Sicherheit die Gebräuche im täglichen Leben. »Gesiegelte Vorratskrüge werden an die großen Gräber geliefert, als wären sie Paläste mit Bedarf für die Lebenden«, schreibt der Ägyptologe Peter Kaplony dazu,[8] der diese Schriftzeugnisse umfassend ausgewertet und publiziert hat: »Die versiegelten Gegenstände [enthielten] Produkte des täglichen Lebens«, die »den Verstorbenen für sein Leben im Jenseits ausrüsten [sollten]. Der Bestand des Grabes spiegelt also wider, wie der Haushalt eines vornehmen Mannes im Diesseits versehen und versorgt gewesen ist.«[9] Und bei dieser Versorgung spielten, wie die Funde zeigen,

›Annalentäfelchen‹ mit der hieroglyphischen Jahresbezeichnung »König Aha schlägt das Land Nubien«

die an den König gelieferten Steuern eine zentrale Rolle, die nicht nur dem Unterhalt seiner Familie und des engeren Hofstaats, sondern auch der immer zahlreicher werdenden Beamtenschaft dienten – im Leben wie im Tode.

Wesentliches ist für immer verloren

Die Schrift wurde also offenbar auch in Ägypten von Anbeginn an im Verwaltungsalltag benutzt – warum aber sind dann aus der Frühzeit keine umfangreicheren Wirtschafts- und Verwaltungstexte bekannt, die mit den mesopotamischen Buchführungs- und Abrechnungslisten (vgl. S. 205 ff.) vergleichbar wären? Das Fehlen solcher Dokumente im Fundmaterial bedeutet – das muß mit Nachdruck betont werden – keineswegs zwangsläufig, daß sie nicht existierten: es kann auch mit den Eigenarten der archäologischen Fundüberlieferung zusammenhängen. Denn die Schriftzeugnisse des Zweistromlandes haben nur deshalb in der erwähnten Fülle bis auf den heutigen Tag überdauert, weil sie aus einem haltbaren Material – nämlich Ton – bestehen, und das gleiche gilt auch für die ägyptischen Inschriften auf Stein, Ton, Elfenbein oder Hartholz. Die Verwaltungstexte der ägyptischen Frühzeit könnten dagegen bereits auf dem für die spätere Zeit typischen Papyrus (vgl. S. 250) oder einem anderen vergänglichen Material geschrieben worden sein und hätten dann nur unter außergewöhnlichen Umständen eine Chance gehabt, die fünf Jahrtausende bis heute zu überdauern.

Spätestens in der 1. Dynastie, das heißt kurz nach 3000 v. Chr., kannte man den Papyrus als gängigen Beschreibstoff. Das ist nicht nur durch den Umstand belegt, daß die Papyrusrolle und das zu ihrer Beschriftung verwendete typische Schreibgerät (vgl. S. 250) von Anfang an als Hieroglyphenzeichen erscheinen, sondern auch durch den Fund einer – leider unbeschriebenen – Rolle dieses Materials in einem Grab der 1. Dynastie. Schon zuvor wurden wahrscheinlich auch andere vergängliche Materialien für Dokumentationszwecke verwendet – darauf deutet jedenfalls das Hieroglyphenzeichen für ›Jahr‹, das eine Palmblattrippe darstellt, auf der man wohl ursprünglich durch Kerben die Anzahl der Herrscherjahre vermerkte (vielleicht dienten Palmblätter auch als regelrechter Beschreibstoff). Weitere Indizien in dieser Richtung sind der Umstand, daß das ägyptische Wort für ›Annalen‹ etymologisch ›Menge von Zweigen‹ bedeutet sowie die Tatsache, daß noch in historischer Zeit Bilddarstellungen die Götter Seschat und Thot beim Notieren der Jahreszahlen des Pharaos auf den Blättern des heiligen Isched-Baumes zeigen.

Die Götter Atum
(links), Seschat und
Thot (rechts, mit
einer Palmblattrippe
in der Hand) schrei-
ben den Namen von
König Ramses II. auf
die Blätter eines
Baumes. Ägyptisches
Wandrelief aus dem
13. Jahrhundert v. Chr.

11./10.

Es ist also durchaus möglich, daß die altägyptischen Verwaltungsbediensteten schon zu Zeiten Narmers und Skorpions umfangreichere
Akten auf Papyrus oder ähnlichen pflanzlichen Beschreibstoffen führten,
von denen aber wegen ihrer Vergänglichkeit nichts erhalten geblieben
ist. Die ältesten uns bekannten Papyri mit administrativen Aufzeichnungen stammen zwar erst aus der 5. Dynastie (25. Jahrhundert v. Chr.), doch
sie stellen vermutlich nur einen verschwindend geringen Überrest des
damals nach Schätzungen bereits tausendfach umfangreicheren Gesamtbestandes an Akten dieser Art dar und zeugen nach dem Urteil der
Fachleute in ihrer ganzen Machart von einer langen Erfahrung in der
Anfertigung derartiger Unterlagen.

Die These vom vornehmlich ›historischen‹ Ursprung der ägyptischen
Schrift (vgl. S. 236 f.) und ihrem angeblich zunächst nur geringen Gebrauch für ›profane‹ Zwecke steht angesichts all dessen wohl doch eher
auf schwachen Beinen – es erscheint auch kaum glaubhaft, daß ein so
entwickelter und komplexer Staat, wie er sich um 3000 v. Chr. in
Ägypten herausbildete, ohne das organisatorische Hilfsmittel Schrift im
Bereich der Verwaltung und Wirtschaft ausgekommen sein soll. In der
jüngeren ägyptologischen Forschung hat sich denn in dieser Frage auch

ein Meinungswechsel vollzogen, indem man nunmehr stärker die praktischen Funktionen des neugeschaffenen Kommunikationsmittels betont. »Die Erfindung der Schrift zu Beginn der Frühzeit ist ein Mittel, um die Umwelt zu organisieren, zu differenzieren«, schreibt etwa Kaplony. »Die königlichen Amtsstellen entstehen vor unseren Augen. (...) [Sie] erhalten ihre Aufgaben nach Plan; ihre Leistung wird kontrolliert. All dies geschieht mit Hilfe der Schrift.«[10] Und in einem Aufsatz seines Fachkollegen Wolfgang Schenkel heißt es ähnlich lautend, die ägyptische Schrift habe schon in ihrer Entstehungszeit als »Hilfsmittel für die Durchführung einer ordnungsgemäßen Verwaltung« gedient, »mit anderen Worten: Die Geschichte der Anwendung der Hieroglyphenschrift bestätigt ihren Ursprung aus den Bedürfnissen des Alltags.«[11]

Damit ist der früher konstruierte krasse Gegensatz zwischen dem Schriftgebrauch am Nil und im Zweistromland (vgl. S. 236 f.) wohl hinfällig. Was als Unterschied bestehen bleibt, ist die Tatsache, daß die Schrift in Ägypten von Anfang an nicht *nur* der Wirtschaftsverwaltung diente, sondern ebenso dem Götter- und Herrscherkult und der historischen Überlieferung – sie entsprang dort also möglicherweise vielfältigeren Bedürfnissen, wobei derzeit nicht zu entscheiden ist, welches davon das primäre und für die Schriftentstehung ausschlaggebende war. Auch in Ägypten dauerte es aber einige hundert Jahre (bis in die 4. Dynastie im 26. Jahrhundert v. Chr.), bis längere und komplexe Texte entstanden und sich die Keime einer regelrechten ›Literatur‹ herausbildeten.

Symbole aus der Vorgeschichte?

Ebenso wie die ursprüngliche Funktion der altägyptischen Schrift ist auch der Modus ihrer Entstehung, die Art und Weise, in der sie sich herausbildete bzw. geschaffen wurde, bis heute umstritten. Lange Zeit galten die Hieroglyphen als das Paradebeispiel einer Entstehung der Schrift aus dem Bilde, wie sie die ›piktographische Theorie‹ (vgl. S. 158 f.) annahm. Nach dieser Theorie, die etwa der Ägyptologe Kurt Sethe in einem 1939 postum erschienenen Buch mit dem programmatischen Titel *Vom Bilde zum Buchstaben* vertrat, entwickelte sich »aus dem ursprünglichen Gebrauch des Bildes zur Verständigung« ganz allmählich eine »reine Begriffsschrift« (›Piktographie‹) ohne lautliche Elemente, die sich durch Anwendung des Rebusverfahrens (vgl. S. 223 und 234) schließlich in eine Lautschrift umwandelte.[12] Die Hieroglyphen in ihrer ausgeprägten Bildhaftigkeit und mit ihren vereinzelten Reminiszenzen an ›ideenschriftliche‹ Darstellungsprinzipien (vgl. S. 234 f.) schienen der ideale Beleg für dieses Modell zu sein. Zwar traten sie, wie beschrieben, schon

Die ausgeprägte Bildhaftigkeit der Hieroglyphen und ihre häufige Kombination mit Bilddarstellungen (hier in einem Siegesrelief aus Medinet Habu bei Theben) ließen die Forschung lange Zeit vermuten, sie seien aus einer vorgeschichtlichen ›Bilderschrift‹ hervorgegangen (Archiv für Kunst und Geschichte, Berlin)

auf den frühesten Denkmälern großenteils als phonetische Schriftzeichen in Erscheinung (vgl. S. 235) – gerade das aber bewies, so die Anhänger der ›piktographischen Theorie‹, daß sie das Produkt eines langen, weit ins 4. Jahrtausend zurückreichenden Entwicklungs- und Vervollkommnungsprozesses gewesen sein mußten, dessen frühe Stufen der Forschung lediglich verborgen geblieben waren.

Diese Theorie war lange Zeit weithin anerkannt – doch seit den vierziger Jahren stieß sie zunehmend auf Ablehnung, und die Konzeption einer plötzlichen, unvermittelten Schriftentstehung im historischen Kontext der Reichseinigungszeit (vgl. S. 231 f.) setzte sich für Jahrzehnte durch. »Was nun das System [der Hieroglyphenschrift] angeht«, faßte 1965 der Ägyptologe Hellmut Brunner diese Position zusammen, »so sei (...) mit Entschiedenheit festgestellt, daß es sich nicht aus einer

Die Hieroglyphen –
hier eine in Stein ge-
meißelte Weih-
inschrift aus dem
20. Jahrhundert
v. Chr. – hatten stets
auch einen hohen
künstlerischen und
ästhetischen Wert
(Archiv für Kunst
und Geschichte,
Berlin)

Bilderschrift entwickelt hat. Nicht Ideen, sondern von vornherein Wörter werden festgehalten, es werden also Phoneme geschrieben, eben
Sprache«.[13] »Man wird sich jetzt sagen müssen«, so formulierte schon
1941 Alexander Scharff die Konsequenz aus der neuen Sichtweise, »daß
ein einzelner kluger Kopf der Meneszeit – oder vielleicht mehrere? – hier
ein künstliches System von Wort-, Mehrkonsonanten- und sogar Einkonsonantenzeichen erdacht und in praktischen Gebrauch gebracht
hat, das im großen und ganzen rund dreieinhalb Jahrtausende Bestand
hatte«.[14]

Erst in jüngerer Zeit sind wieder einige Forscher von dieser Konzeption abgerückt, haben erneut den Gedanken an eine allmähliche, kumu-
lative Entwicklung der ägyptischen Schrift über einen längeren Zeitraum
hinweg aufgegriffen und sich in unterschiedlicher Weise auf die Suche
nach möglichen prädynastischen Vorstufen und Vorläufern gemacht.
Die Fachwelt vertritt in dieser Frage also heute keine einheitliche Auffassung: »Die altägyptischen Hieroglyphen tauchen allmählich aus dem
Zwielicht der Vorgeschichte empor oder treten als das Produkt eines
›Schrifterfinders‹ um 3000 v. Chr. schlagartig in Erscheinung, je nachdem, welche Einstellung man zu den Dingen hat«, formuliert Wolfhart
Westendorf die divergierenden Standpunkte.[15]

Tatsächlich erscheint die Faktenlage widersprüchlich: Einerseits konnte
beispielsweise Scharff nachweisen, daß die in den frühen Hieroglyphen
dargestellten Werkzeuge, Waffen, Geräte und sonstigen Gegenstände
von ihrem Typus und ihrer Gestalt her den kurz vor Beginn der 1. Dynastie gebräuchlichen, nicht dagegen denen der älteren Vorgeschichte
entsprechen; er schloß daraus auf eine Schrifterfindung um 3000 v. Chr.
Andererseits haben Westendorf und, in jüngerer Zeit, William S. Arnett
auf eine Reihe von Hieroglyphenmotiven hingewiesen, die sich als
Symbole bereits in der Gefäßmalerei, in Keramikritzungen (sogenannten
›Topfmarken‹) und anderem Fundgut des 4. Jahrtausends v. Chr. finden,
zum Teil bereits eindeutig mit dem späteren Sinngehalt.

Dieser scheinbare Widerspruch läßt sich auflösen, wenn man davon
ausgeht, daß im Rahmen der vorgeschichtlichen Symbolik und ›Ideenschrift‹ bereits ein gewisser Schatz an konventionellen, bedeutungstragenden Motiven entstanden war, die man bei der Schaffung der Hieroglyphenschrift um 3000 v. Chr. in das neue System übernahm. Erst dabei
wurden sie in echte, Wörter oder Laute verkörpernde Schriftzeichen
umgewandelt – ähnlich, wie dies in Mesopotamien bei der Übernahme
einer Reihe von Tonmarkenmotiven in die archaische Schrift der Fall
gewesen sein dürfte (vgl. S. 215 f.). »Einige Hieroglyphen tragen ihren
Sinn länger als ihren Schriftcharakter, insofern sie diese Bedeutung als
Symbole schon in unbestimmter Vorzeit, vor der Erfindung der Schrift,

als Götterbilder oder Idole erlangten«, schrieb Siegfried Schott 1950 in diesem Sinne,[16] und auch Arnett spricht vom »Übergang (...) zu einem Schriftsystem, in dem vorher bereits bekannten Symbolen Lautwerte und ideographische Bedeutungen beigelegt wurden«.[17] Ein solches Modell würde sowohl den Elementen der Kontinuität als auch denjenigen der Diskontinuität Rechnung tragen, die beide zweifellos vorhanden waren.

Die skizzierte Problematik ist eng verknüpft mit der Frage, ob die Herausbildung der ägyptischen Schrift selbständig erfolgte (was anzunehmen ist, wenn man sie aus älteren vorgeschichtlichen Wurzeln ableitet), oder ob sie etwa unter dem Einfluß der ja vermutlich etwas älteren protosumerischen – oder auch der protoelamischen – Schrift entstand (vgl. S. 197 und S. 200). Ein solcher äußerer Anstoß wurde früher im Zeichen des Diffusionismus, einer Theorie, die ähnliche Kulturerscheinungen in unterschiedlichen Regionen generell durch die Ausbreitung von einem Zentrum aus erklärte, ganz selbstverständlich vorausgesetzt – nicht nur für die ägyptische, sondern zum Beispiel auch für die chinesische und die sogenannte Indus-Schrift (vgl. S. 252 f.). Dies gipfelte in der Annahme, eine fremde ›dynastische Rasse‹ sei am Ende des 4. Jahrtausends ins Niltal eingewandert und habe dort die Schrift und die anderen Neuerungen der Hochkultur eingeführt. Derart extreme Positionen vertritt heute kaum mehr ein ernstzunehmender Forscher. Auch der Gedanke, die ägyptische Schrift könnte unmittelbar aus der mesopotamischen abgeleitet, gleichsam ›importiert‹ worden sein, steht heute nicht mehr zur Debatte – dazu sind die Unterschiede in der Struktur der beiden Schriften viel zu groß, gar nicht zu reden von ihren völlig verschiedenen Zeichenformen.

Sehr naheliegend ist dagegen die Vermutung, daß sich mit den engen wirtschaftlichen und kulturellen Kontakten, die nachweislich seit dem späten 4. Jahrtausend v. Chr. zwischen den verschiedenen Regionen des Nahen und Mittleren Ostens bestanden, auch die ›Idee‹ des Schreibens, der graphischen Aufzeichnung von Sprache, verbreitete und daß sie ihren Einfluß auf die bis dahin schriftlosen Kulturen ausübte. Wie stark und vor allem welcher Art genau dieser Einfluß war, wissen wir aber bis heute nicht und werden wir wohl auch nie definitiv erfahren. Konkrete Merkmale der frühen Hieroglyphenschrift, die eine unmittelbare Beeinflussung durch die Protokeilschrift Mesopotamiens belegen würden, konnten bislang nicht festgestellt werden – bei genauerer Betrachtung stechen eher die Unterschiede ins Auge, beispielsweise der Umstand, daß die ägyptische Schrift zu Beginn des 3. Jahrtausends v. Chr. offenbar sehr viel stärker phonetisiert war als die mesopotamische (vgl. S. 202 und 235). Gemeinsamkeiten wie etwa das Rebusprinzip (vgl. S. 223) und die gemischte Verwendung von Wort-, Laut- und Deutzeichen (vgl. S. 225) sind den meisten frühen Schriftsystemen gemeinsam und zu allgemein, als daß sie eine direkte Beeinflussung belegen könnten. Diese Parallelen zeugen eher davon, daß unabhängig voneinander ähnliche Lösungen für gleiche Grundprobleme gefunden wurden.

Eine bildhafte, aber keine ›Bilderschrift‹

Soviel zur Entstehung der Hieroglyphenschrift, deren Ursprünge bis heute weit weniger erhellt werden konnten als die der mesopotamischen Schrift. Was ihre Struktur betrifft, so handelte es sich – wie schon mehrfach hervorgehoben (vgl. S. 235) – keineswegs um eine ›Bilderschrift‹ im Sinne reiner Piktographie oder Ideographie, wo jeder Begriff durch ein eigenes Bildzeichen symbolisiert würde. Solche Bild- und Begriffszeichen (Piktogramme bzw. Ideogramme), bei denen die bildliche Darstellung direkt das gemeinte Objekt oder Wort bezeichnet, existierten zwar in größerer Zahl und blieben während der ganzen dreitausendjährigen Geschichte der Hieroglyphenschrift in Gebrauch – freilich nur als eine unter mehreren Zeichenarten. Viele der um die tausend klassischen Hieroglyphen fungierten demgegenüber trotz ihrer ausgesprochen bildhaften Gestalt vorwiegend als Lautzeichen (Phonogramme) – die Erkenntnis dieser Tatsache eröffnete Anfang des 19. Jahrhunderts dem Franzosen François Champollion den Weg zur Entzifferung der Hieroglyphenschrift.

Dem französischen Ägyptologen François Champollion (1790–1832) gelang die Entzifferung der Hieroglyphenschrift (Foto: Archiv für Kunst und Geschichte, Berlin). Dabei stand die Lesung der Namen Ptolemaios und Kleopatra am Anfang

Die meisten dieser Lautzeichen, die sich aus der Rebusschreibweise von Wörtern (vgl. S. 234 f.) entwickelt hatten, standen für Verbindungen von zwei oder drei Konsonanten. Die alten Ägypter besaßen aber auch schon sogenannte Einkonsonantenzeichen für die vierundzwanzig wichtigsten Einzellaute ihrer Sprache, mit denen sich Wörter regelrecht ›buchstabieren‹ ließen. Theoretisch hätte sich daraus eine hieroglyphische Buchstabenschrift entwickeln können. Dies war aber nicht der Fall – die Ägypter beschränkten sich im wesentlichen darauf, fremde Eigennamen und anders nur schwer schreibbare Wörter auf diese Weise zu ›buchstabieren‹. Champollions Entzifferung der Hieroglyphen ging bezeichnenderweise von zwei auf diese Weise wiedergegebenen Namen – nämlich Ptolemaios und Kleopatra – aus.

Die meisten Wörter wurden durch Kombination von Begriffs- und/oder Ein-, Zwei- bzw. Dreikonsonantenzeichen geschrieben, wobei man die Vokale der gesprochenen Sprache nicht aufzeichnete, die Wörter also auf ihr Konsonantengerippe reduzierte. Dieses Verfahren bringt bei der Anwendung des Rebusprinzips Vorteile, denn die Zahl der ähnlich lautenden Wörter, der Homonyme, erhöht sich dabei zwangsläufig um ein Vielfaches. Man kann also in sehr ökonomischer Weise ein und dasselbe Zeichen für Wörter verwenden, die bei Fixierung auch der Vokale unterschiedlich geschrieben werden müßten: Im Deutschen ließe sich auf diese Weise zum Beispiel die Konsonantenfolge ›hs‹ zur Schreibung so unterschiedlicher Wörter wie ›Haus‹, ›Hose‹, ›Hase‹, ›heiß‹ oder ›Haß‹ benutzen. Was dem Schreiber die Arbeit erleichtert, kann für den Leser jedoch umgekehrt zu einer Erschwernis führen, denn es läßt sich oftmals nicht sofort oder gar nicht erkennen, welches der in Frage kommenden ›konsonantischen Homonyme‹ im konkreten Fall das richtige, welche ›Lesung‹ also gemeint ist.

Um hier Klarheit zu schaffen, wurde es in der Hieroglyphenschrift bald üblich, vielen auf diese Weise geschriebenen Wörtern ein Ideo-

Den Schlüssel für Champollions Entzifferung bildete der berühmte ›Stein von Rosette‹, ein Dekret aus dem 2. Jahrhundert v. Chr., das in drei Schriftsystemen abgefaßt war: Der obere Teil trug Hieroglyphen, der mittlere demotische und der untere griechische Buchstabenschrift (Archiv für Kunst und Geschichte, Berlin)

Küken	Brotlaib	Riegel	gedrehter Flachs
w	t	s	ḥ

Eule	Mund	Wasser
m	r	n

Gesicht	Milch-krug	Gans	Schwalbe
ḥr	mj	sa	wr

Skara-bäus	Henkel-kreuz	Herz und Luft-röhre
ḫpr	ꜥnḫ	nfr

Einige Beispiele ägyptischer Hieroglyphen mit ihrer ursprünglichen Bildbedeutung und ihrem annähernden Lautwert. Oben: Einkonsonantenzeichen; unten links: Zweikonsonantenzeichen; unten rechts: Dreikonsonantenzeichen

Nofretete oder Nafteta? Büste der Gemahlin König Echnatons aus dem 14. Jahrhundert v. Chr. (Archiv für Kunst und Geschichte, Berlin)

gramm (Begriffszeichen) als ›stumme‹, nicht mitzusprechende Lesehilfe beizugeben. Dieses ›Determinativ‹ oder Deutzeichen ordnete die Zeichengruppe einem bestimmten Begriffsbereich (zum Beispiel ›Tiere‹, ›Länder‹, ›Tätigkeiten‹) zu und identifizierte dadurch das im jeweiligen Kontext gemeinte Wort. Da diese Determinative am Wortende standen, fungierten sie gleichzeitig als eine Art von ›Trennungszeichen‹ in der ansonsten ohne Wortabstände und Interpunktion geschriebenen Schrift.

Für die altägyptischen Schreiber, die ihre Sprache ja von Kindesbeinen an beherrschten, dürfte es dank dieser Lesehilfen kein Problem gewesen sein, die Wörter rasch und sicher zu erkennen und die fehlenden Vokale im Geist in das Konsonantengeripppe einzufügen. Ihnen dürfte die Vokallosigkeit der Schrift also ebensowenig Schwierigkeiten bereitet haben wie einem modernen Araber die Lektüre eines ebenfalls ohne Vokale geschriebenen und ›unpunktierten‹ Textes in seiner Landessprache (vgl. S. 284 und 297) oder uns selbst das Verständnis einer vorwiegend konsonantisch abgekürzten Zeitungsannonce (›Whg. m. Ztrlhzg. u. Grg. bldmglchst z. verm.‹).

Die moderne Ägyptologie hingegen weiß aufgrund der vokallosen Schreibweise bis heute meist nicht genau, wie die einzelnen Wörter im alten Ägypten ausgesprochen wurden. Sie hat sich durch indirekt erschlossene oder rein konventionelle Vokaleinfügungen beholfen und so eine Art von ›künstlichem Altägyptisch‹ geschaffen, das mit der seinerzeit wirklich am Nil gesprochenen Sprache vermutlich nicht viel Ähnlichkeit hat. So könnte die uns unter dem Namen Nofretete bekannte Königin tatsächlich eher Nafteta geheißen haben, und das ist keineswegs ein extremes Beispiel.

Monumentaler und alltäglicher Schriftgebrauch

Die nach den beschriebenen Prinzipien aufgebaute Hieroglyphenschrift hatte neben ihrer Funktion als Informationsträger stets auch einen hohen dekorativen, künstlerischen und symbolischen Wert. Sie diente dementsprechend vorwiegend als ›Monumentalschrift‹ auf Denkmälern, in Tempeln und Gräbern – zur Anbringung von Texten an exponierten Stellen also, die repräsentativ wirken sollten und ›der Ewigkeit geweiht‹ waren. Die Zeichen konnten dabei ebensogut in Stein gemeißelt wie in Holz geschnitten oder mit dem Pinsel (oft in vielen Farben und zusammen mit prächtigen Bildern) auf die unterschiedlichsten Materialien gemalt sein. In jedem Fall war die hieroglyphische Schreibweise relativ aufwendig und zu unrationell für die Schreibung längerer und alltäglicher Texte.

Aus und neben den Hieroglyphen entwickelte sich daher schon um 3000 v. Chr. eine leichter zu handhabende Gebrauchs- oder Kursivschrift, das sogenannte ›Hieratische‹ (griechisch; etwa: ›Priesterschrift‹), das im wirtschaftlichen Bereich, in den Verwaltungsstellen des Staates und der Tempel sowie bei literarischen Texten, Briefen usw. Verwen-

Darstellung der Papyrusernte auf einem altägyptischen Relief. Die Arbeiter ziehen die Pflanzenstengel aus dem schlammigen Boden und transportieren sie in Bündeln zu den Trockenplätzen

Entwicklung einiger Hieroglyphen und der aus ihnen abgeleiteten hieratischen und demotischen Zeichen im Verlauf von nahezu drei Jahrtausenden (2900–100 v. Chr.)

Hieroglyphen					Hieroglyphische Buchschrift	Hieratisch			Demotisch
2900 bis 2800	2700 bis 2600	2000 bis 1800	ca. 1500	500 bis 100	ca. 1500	ca. 1900	ca. 1300 / 1000	ca. 200	400 bis 100

dung fand. Obwohl aus der Hieroglyphenschrift hervorgegangen und im Zeichenbestand und der Struktur prinzipiell mit ihr identisch, war die hieratische Schrift soweit stilisiert und vereinfacht, daß sie sich erheblich flüssiger und schneller schreiben ließ – man könnte als Vergleich etwa das Verhältnis zwischen der modernen Druck- und Schreibschrift heranziehen. Geschrieben wurde sie zunächst in senkrechten, seit Beginn des 2. Jahrtausends v. Chr. dann in waagerechten Zeilen von rechts nach links – bei den Hieroglyphen wählte man die Schreibrichtung dagegen freier, und zwar meist nach ästhetischen, aber auch nach praktischen Gesichtspunkten.

Als typisches Schreibgerät dienten eine Palette mit getrockneter Masse von schwarzer und roter Tinte, die aus Ruß bzw. Ocker und *Gummi arabicum* bestand und mit Wasser angelöst werden mußte, ein Napf, der das benötigte Wasser enthielt, und ein Binsenstengel, der an einem Ende zu einem Pinsel zerfasert war und gewöhnlich in einem Holzbehälter aufbewahrt wurde. Den häufigsten Beschreibstoff bildete der schon erwähnte Papyrus (vgl. S. 240), von dem sich unser Wort ›Papier‹ ableitet. Er wurde hergestellt, indem man das Mark der damals besonders im Nildelta massenhaft vorkommenden Papyrusstaude in Streifen schnitt, diese in zwei Lagen kreuzweise übereinanderlegte und so lange klopfte bzw. preßte, bis sie sich fest miteinander verbunden

hatten. Die auf diese Weise gewonnenen Blätter wurden dann getrock-
net, poliert und zu einer langen gerollten Bahn zusammengeklebt – der
auf den ägyptischen Schreiberdarstellungen wiedergegebenen typischen Papyrusrolle. Auf das Problem der Vergänglichkeit dieses Materials und seine Konsequenzen für die Archäologie wurde bereits hingewiesen (vgl. S. 240 f.).

Die altägyptische Schrift vermochte sich länger als die mesopotamische zu behaupten und allen Einflüssen der in den Nachbarregionen
entstandenen Buchstabenschriften zu trotzen. Im 7. Jahrhundert v. Chr.
bildete sich sogar noch einmal eine neue, noch etwas handlichere Kursive, das sogenannte ›Demotische‹ (griechisch; etwa: ›Volksschrift‹) heraus und verdrängte das Hieratische als Gebrauchsschrift bei den Alltags-
und Verwaltungstexten (nicht aber im religiösen Bereich). Auch als
Ägypten seit 525 v. Chr. nacheinander unter persische, griechische und
römische Herrschaft geriet, hielt sich neben der aramäischen bzw. griechischen Verwaltungssprache und -schrift unter den Einheimischen
weiterhin das Demotische, und die Hieroglyphenschrift lebte zumindest
in den Tempeln fort, wo sie sich freilich immer mehr zu einer lebensfer-
nen, künstlich verkomplizierten und ungezügelt wuchernden Geheim-
schrift der Priester entwickelte. Erst als sich nach der Zeitwende das
Christentum in Ägypten ausbreitete und mit der altehrwürdigen ›heid-
nischen‹ Religion auch die Reste der unter den Pharaonen erblühten
Kultur vernichtete, hatte die Stunde der ›Heiligen Zeichen‹ endgültig
geschlagen: Seit dem 3. Jahrhundert n. Chr. löste das koptische Alphabet, das aus vierundzwanzig griechischen Buchstaben und sieben Zusatzzeichen aus dem Demotischen bestand, die früheren Schriftsysteme
ab. Damit hatte die Buchstabenschrift auch in dem Land am Nil die
Oberhand gewonnen. Der letzte bekannte hieroglyphische Text datiert
aus dem Jahre 394 n. Chr., der letzte demotische aus dem Jahre 452.

Exkurs: Die Entwicklung der Schrift in Mittel- und Ostasien

Neben der mesopotamischen und der ägyptischen Hochkultur
zählen zwei frühe asiatische Zivilisationen, nämlich diejenige des
Indus-Gebietes (seit Mitte des 3. Jahrtausends v. Chr.) und die
chinesische (seit dem 2. Jahrtausend v. Chr.), zu den ältesten
Schriftkulturen der Menschheitsgeschichte.

Siegel der Indus-
Kultur mit Tier-
darstellungen und
Schriftzeichen

Die sogenannte Indus-Kultur (auch Harappa-Kultur genannt),
die sich von etwa 2500 bis 1600 v. Chr. über ein riesiges Gebiet des
jetzigen Pakistan und Indien mit dem Flußtal des Indus als Zentrum erstreckte, ist bis heute in mancherlei Hinsicht rätselhaft
geblieben. Unter den rund tausend bekannten Fundplätzen sind
die Städte Mohenjo-Daro und Harappa am besten untersucht. Sie
können sich in Größe und Ausstattung ohne weiteres mit den
Zentren Mesopotamiens und Ägyptens messen und zeugen mit
ihrem regelmäßig angelegten Straßennetz, mit großzügigen Zie-
gelbauten und einem für damalige Zeiten einzigartigen Kanalisa-
tionssystem von einer hochentwickelten städtischen Kultur und
Planung. Gleichzeitig fehlen aber bislang alle eindeutigen Hinweise auf die Existenz großer Tempel oder Herrscherpaläste wie
in den anderen frühen Hochkulturen, damit auf die gesellschaftlichen Institutionen, die eine solche Planungs- und Organisations-
leistung hätten vollbringen können. Bis heute wissen wir zudem
nicht mit Sicherheit, wer die Träger der Indus-Zivilisation waren
und warum und auf welche Weise sie nach weniger als einem Jahrtausend der Blüte noch vor 1500 v. Chr. wieder unterging.

Ebenso rätselhaft wie die Kultur selbst blieb bis heute auch ihre
Schrift, die sogenannte ›Indus-Schrift‹, die manchmal auch als
›protoindisch‹ bezeichnet wird. Sie ist in einer Anzahl von Kera-
mik-Graffiti, vor allem aber auf rund dreitausend zumeist steinernen Siegeln überliefert, in die neben Darstellungen von Tieren
kurze Inschriften aus in der Regel nur vier bis sechs (im Höchst-
fall siebzehn) teils bildhaft, teils linear wirkenden Zeichen eingeschnitten sind. Sollten in dieser Schrift auch längere Texte geschrieben worden sein (was als wahrscheinlich gilt), so geschah
dies vermutlich auf vergänglichen Materialien.

Bei den Siegelinschriften dürfte es sich vermutlich in der Haupt-
sache um die Eigennamen und eventuell weitere Attribute der
Besitzer handeln, was zusammen mit der Kürze der Zeichenfolgen und der Unsicherheit über die dahinterstehende Sprache ein
schwieriges Hindernis für die Entzifferung darstellt. An vielversprechenden bis abwegigen Versuchen dazu hat es nicht gefehlt,
keiner von ihnen war aber bislang so überzeugend, daß er in der
Fachwelt unumstrittene Anerkennung gefunden hätte – die Indus-
Schrift gehört daher bis heute zu den unentzifferten Schriftsystemen. Mit hoher Wahrscheinlichkeit läßt sich aufgrund der Zahl
von mehreren hundert Zeichen (die meisten Experten zählen

etwas über vierhundert, mit Varianten bis zu siebenhundert) nur sagen, daß es sich weder um eine reine Wort-, noch um eine reine Silben- oder gar Buchstabenschrift, sondern vermutlich um eine gemischte Wort-Laut-Schrift handelte, wie wir sie auch in Mesopotamien und Ägypten kennengelernt haben. Geschrieben wurde vermutlich von rechts nach links oder von Zeile zu Zeile wechselläufig.

Die Indus-Schrift starb zusammen mit der sie tragenden Kultur vor 1500 v. Chr. aus. Mehr als ein Jahrtausend trennt sie von den ›historischen‹ altindischen Lautschriften wie der Kharoschthi- und der Brāhmī-Schrift, die ab etwa der Mitte des 1. Jahrtausends v. Chr. belegt sind. Sie hatten nach heute vorherrschender Meinung keine Verbindung mit der Indus-Schrift, sondern wurden durch die Buchstabensysteme des Vorderen Orients angeregt (vgl. Kap. 12).

Eine historisch ungleich bedeutsamere Rolle spielte die seit dem 2. Jahrtausend v. Chr. belegte Schrift der chinesischen Hochkultur, die sich im Rahmen dieser großen Weltzivilisation über fast vier Jahrtausende hinweg bis in die Gegenwart kontinuierlich und ohne wesentliche Brüche fortentwickelte und die damit die älteste (und gleichzeitig altertümlichste) heute noch existierende Schrift ist.

Ihre Anfänge sind bislang weitgehend in Dunkel gehüllt. Auf neolithischer Keramik finden sich schon seit dem 6. Jahrtausend v. Chr. geritzte und gemalte Zeichen, die immer einmal wieder als die ältesten Schriftzeichen Chinas, ja der ganzen Welt bezeichnet wurden. Sie scheinen jedoch – ähnlich wie vorgeschichtliche ›Topfmarken‹ in anderen Regionen der Erde (vgl. dazu das Nachwort dieses Buches) – eher in den Bereich der abstrakten Symbolik und der ›Ideenschrift‹ zu gehören denn in den der Schrift; in ihrer einfachen, linearen Gestalt sind sie überdies zu verschieden von den recht bildhaften frühesten Schriftzeichen der ›historischen‹ Zeit, um als deren Vorläufer gelten zu können. Eine Ausnahme machen hier neuerdings mehrere Zeichen auf einer 1990 ausgegrabenen Scherbe aus Dinggong bei Jinan, die zu Recht als kleine Sensation gewertet werden, da sie deutlich komplexer gestaltet sind als ihre Vorgänger und sich offenbar auch an spätere Schriftzeichen anschließen lassen – die Scherbe datiert ins späte Neolithikum und ist vermutlich jünger als 2500 v. Chr.

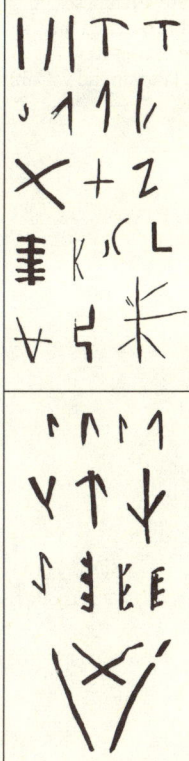

Ritzzeichen auf neolithischer Keramik aus China (5. Jahrtausend v. Chr.)

Auf einem Schild-
krötenpanzer einge-
ritzte altchinesische
Schriftzeichen aus
der Shang-Zeit
(2. Jahrtausend v. Chr.)

Die frühesten umfangreicheren, ›klassischen‹ Zeugnisse der chinesischen Schrift stammen aus der Shang-Dynastie (16. bis 11. Jahrhundert v. Chr.), der chinesischen Überlieferung zufolge die zweite Dynastie nach dem legendären Xia-Königreich (21. bis 16. Jahrhundert). Die shangzeitlichen Inschriften fanden sich eingraviert in Zehntausende von Tierknochen und Schildkrötenpanzer, auf die man bei Ausgrabungen im Gebiet der Shang-Hauptstadt Anyang (in der heutigen Provinz Henan, etwa fünfhundert Kilometer südlich von Peking) stieß – sie enthielten vermutlich an die Ahnengeister gerichtete Orakelfragen. Nach der Beschriftung der Knochen wurden diese von Priestern bzw. Wahrsagern erhitzt, so daß im Bereich vorher angebrachter Kerben und Vertiefungen charakteristische Risse entstanden, aus denen man die Antworten der Ahnen auf die an sie gerichteten Fragen herauslas. Die schrifttragenden Knochen werden nach dieser Verwendung auch als ›Orakelknochen‹ bezeichnet.

Teilweise ebenfalls aus der Shang-Zeit, teilweise aus der nachfolgenden Zhou-Dynastie (11. bis 3. Jahrhundert v. Chr.) stammen kunstvoll gegossene Bronzegefäße mit Inschriften unterschiedlicher Art, die bei der Darbringung von Opfern an die Ahnen und im Kult Verwendung fanden. Legt man dieses Material zugrunde, so scheinen die Ursprünge der chinesischen Schrift vorwiegend im sakral-religiösen Bereich gelegen zu haben, bevor dann im 1. Jahrtausend v. Chr. die reiche altchinesische Literatur mit ihren historischen, philosophischen und gesellschaftstheoretischen Werken, mit ihren Weisheitsbüchern und ihrer Dichtung entstand. Allerdings ist bei derartigen Schlußfolgerungen eine gewisse Vorsicht angebracht, denn das shangzeitliche Schriftzeichen für ›Dokument‹ zeigt eine Anzahl von Bambus- oder Holzstreifen, die durch eine Schnur zusammengebunden sind – es existierten also wohl schon von Anfang an auch ›profane‹ Schriftzeugnisse, die sich nur aufgrund der Vergänglichkeit des Materials nicht bis heute erhalten haben (vgl. S. 240 f.).

Die früheste, shangzeitliche Schrift besaß etwa dreitausend Zeichen, von denen sich einige hundert bis in die moderne chinesische Schrift erhalten haben, wenngleich sie aufgrund eines Jahrtausende andauernden Abstraktions- und Stilisierungsprozesses oft kaum mehr eine Ähnlichkeit mit ihren noch ziemlich bildhaften Vorläufern aus dem 2. Jahrtausend v. Chr. zeigen. Auch die Struktur der frühesten Schrift wies bereits alle grundlegenden Elemente

der heutigen auf, so daß tatsächlich von einer Kontinuität über dreieinhalbtausend Jahre hinweg gesprochen werden kann. Dies ist um so bemerkenswerter, als es sich bei der chinesischen Schrift um eine reine Wortschrift handelt, die bis heute erfolgreich allen Einflüssen des in der übrigen Welt verbreiteten alphabetischen Schriftprinzips getrotzt hat.

Die Chinesen ordnen ihre Schriftzeichen von alters her sechs verschiedenen Kategorien zu, von denen die ersten fünf (einfache Bildzeichen, abstrakte Ideogramme, Zeichenkombinationen, Bedeutungsübertragungen und Rebusschreibungen) dem entsprechen, was wir schon aus Mesopotamien oder Ägypten kennen (vgl. Kap. 9 und 10). In den Anfängen der chinesischen Schrift gehörten die meisten Zeichen diesen fünf Kategorien an, in der modernen Schrift sind es hingegen nur noch rund 10 Prozent. 90 Prozent der heutigen Zeichen, das heißt die große Mehrheit, zählen zur sechsten Kategorie, die in einem gewissen Maße ebenfalls bereits in den Shang-Texten auftritt und die eine Besonderheit der chinesischen Schrift darstellt.

Es handelt sich um die sogenannten *Xingsheng*-Zeichen (›Gestalt und Laut‹-Zeichen), deren jedes sich aus zwei ursprünglich unabhängigen Schriftzeichen zusammensetzt, von denen eines – das Phonetikum oder Lautzeichen – die Lautung des betreffenden Wortes in Rebusschreibweise angibt, während das andere – das Determinativum oder Radikal bzw. Klassenzeichen – sinntragend ist und die semantische Familie anzeigt, der das Wort zugehört. Es wird dadurch einem bestimmten Bedeutungskreis zugeordnet und von anderen Wörtern mit ähnlicher Lautung abgegrenzt. Das Lautzeichen *fang* (›Viereck‹) bildet etwa in Kombination mit dem Klassenzeichen ›Erde‹ das Wortzeichen für *fang* = ›Bezirk‹, in Kombination mit dem Klassenzeichen ›Holz‹ das Wortzeichen *fang* = ›Brett‹, in Kombination mit dem Radikal ›Seide‹ das Wortzeichen *fang* = ›spinnen‹ usw. Wir haben hier im Grunde eine ähnliche Unterscheidung von homonymen (gleichlautenden) Wörtern mittels semantischer Determinative vor uns wie in der mesopotamischen und ägyptischen Schrift (vgl. S. 225 und 248). Im Gegensatz zu diesen Schriftsystemen wurden die beiden Komponenten (Laut- und Begriffszeichen) in China aber nicht nur im Rahmen von Sätzen zueinander in Bezug gesetzt, sondern in den einzelnen (Wort-)Schriftzeichen untrennbar miteinander verbunden.

Beispiel für die Bildung zusammengesetzter chinesischer Schriftzeichen (unten) aus einem phonetischen (oben) und einem sinntragenden Element (Mitte)

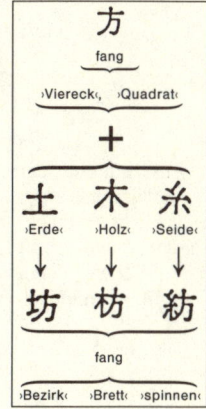

Vergleich der alten (links) und der modernen (rechts) Form einiger chinesischer Schriftzeichen

Ausschnitt aus der Kalligraphie eines Gedichts in chinesischer Kursivschrift (Zhang Zhao, 18. Jahrhundert)

In dieser Verfahrensweise liegt der riesige Zeichenbestand der chinesischen Schrift begründet, der schon kurz nach der Zeitwende rund zehntausend Logogramme umfaßte. Moderne große Wörterbücher enthalten sogar bis zu fünfzigtausend verschiedene Schriftzeichen, die nach den heute verwendeten 214 unterschiedlichen Radikalen (Determinativzeichen) geordnet sind. Kein Chinese beherrscht allerdings diesen gewaltigen Zeichenbestand auch nur annähernd, und für den Alltagsgebrauch (etwa Zeitungslektüre) genügt die Kenntnis von drei- bis sechstausend Zeichen, die den Kindern in fünf oder sechs Jahren Schulunterricht beigebracht werden. Ein auch nur elementares Erlernen der chinesischen Schrift ist dennoch in jedem Fall erheblich schwieriger und zeitaufwendiger als das Erlernen einer Alphabetschrift, obgleich man viele Zeichen im Zuge der Reformbemühungen seit Gründung der Volksrepublik China vereinfacht hat und das Schriftsystem insgesamt vereinheitlicht und rationeller gestaltet wurde.

Man fragt sich zwangsläufig, aus welchen Gründen im volkreichsten Land der Erde ein derart kompliziertes, altertümliches Schriftsystem bis heute bestehen blieb und allen Alphabetisierungsversuchen erfolgreich widerstand. War es das Gewicht der Tradition in dem sich lange gegen äußere Einflüsse abschirmenden Riesenreich oder die Tatsache, daß die Schrift jahrtausendelang in den Händen einer kleinen, gebildeten und elitären Oberschicht lag?

Diese Faktoren spielten sicherlich eine große Rolle, aber es gibt darüber hinaus einige praktische, ›objektive‹ Gründe, die der Übernahme einer reinen Lautschrift in China im Wege stehen. Einer davon ist die Tatsache, daß das Chinesische eine monosyllabische, das heißt aus vorwiegend einsilbigen Grundwörtern bestehende, Sprache ist, bei der sehr viele Wörter gleichlautend, das heißt homonym, sind. Sie werden in der gesprochenen Sprache durch Tonhöhendifferenzen und den Kontext unterschieden, während ihre rein alphabetische Schreibung die Gefahr von Verwechslungen und Deutungsproblemen mit sich bringen würde. Die logographische Schrift, bei der ja jedes dieser Wörter sein eigenes, unverwechselbares Zeichen besitzt, ist dieser Sprachstruktur also zunächst einmal besser angepaßt.

Ein zweiter Grund besteht darin, daß die chinesische Sprache – nicht zuletzt aufgrund der Größe des Staatsgebietes – in zahlreiche regionale Einzeldialekte zerfällt, die sich teilweise so stark voneinander unterscheiden, daß eine mündliche Verständigung der Angehörigen dieser unterschiedlichen Dialektgruppen kaum oder nur schwer möglich ist. Die Schriftzeichen sind dagegen in allen Landesteilen einheitlich und bilden somit ein verbindendes ›schriftsprachliches‹ Band. Dies gilt sogar über China hinaus auch für Japan, Korea und Vietnam, wo das Chinesische jahrhundertelang die Schriftsprache der Gelehrten und Literaten war und wo zum Teil noch heute die landeseigenen Schriftsysteme viele chinesische Zeichen enthalten.

Ein letzter Grund für das erfolgreiche Überleben der chinesischen Schrift mag schließlich gerade in ihrer ›archaischen‹ Struktur selbst liegen, ihrem Wurzeln in bildhaften Zeichen, die – so der Prähistoriker André Leroi-Gourhan – »den Gegenstand oder die Handlung mit einem Halo [Ring von Bedeutungen] versehen, der den verengten Sinn, den die Worte in den linearen Schriften angenommen haben, weit übersteigt.« – »Transkribiert man ›ngan‹ (der Friede) und ›kià‹ (die Familie) in Buchstabenschrift«, so Leroi-Gourhan, dann »reduzieren sich die so hervorgerufenen Vorstellungsgehalte auf ihr Skelett. Vergegenwärtigt man dagegen die Vorstellung des Friedens, indem man eine Frau unter ein Dach setzt, so eröffnet man damit eine im eigentlichen Sinne mythographische Perspektive« durch die »Verschränkung zweier Bilder, die mit der ganzen Tiefe ihres ethnischen Umfeldes ins Spiel kommen.«[18]

Nicht zuletzt dieser ›mythographische‹ (vgl. S. 165 f.), assoziative Charakter der chinesischen Schrift hat sie in der Kalligraphie, der traditionellen Schriftmalerei, mit der Kunst verschmelzen lassen. Das ganze Für und Wider einer Umwälzung des chinesischen Schriftsystems kommt vielleicht am besten in der Person Mao Zedongs, des Gründers der Volksrepublik China, zum Ausdruck, der einerseits vehement die Schriftreform propagierte und andererseits die von ihm verfaßten Gedichte nach den altüberkommenen, ehrwürdigen Regeln der Schreibkunst kalligraphierte, um ihre Schönheit auch optisch wirken zu lassen.

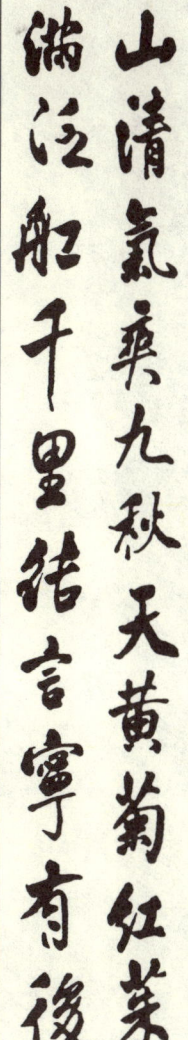

Kapitel 11

Die frühe Schreibkunst als Herrschaftsmittel und soziales Privileg

B ei der mesopotamischen und der ägyptischen Schrift handelte es sich um ziemlich komplexe, schwierig zu erlernende Schriftsysteme. Um Keilschrift oder Hieroglyphen schreiben und lesen zu können, mußte man jeweils mehrere hundert Zeichen mit ihren oft mehrdeutigen Wort- und Lautwerten sowie ihren unterschiedlichen Anwendungs- und Kombinationsmöglichkeiten kennen. Dies erforderte eine intensive mehrjährige Ausbildung und Übung, die der großen Masse der Bevölkerung, für die es keinerlei Schulunterricht gab, versagt blieb. Tatsächlich war die Beherrschung der Keilschrift und der altägyptischen Schrift während der gesamten drei Jahrtausende ihrer Verwendung das Privileg einer schmalen, spezialisierten Schicht von ›Kopfarbeitern‹, so daß die frühen Hochkulturen neben anderen Arbeitsteilungen und Spezialisierungen (vgl. S. 176) auch eine strikte Trennung von körperlicher und intellektueller Arbeit aufwiesen.

Den genauen prozentualen Anteil der Schriftkundigen an der damaligen Gesamtbevölkerung zu ermitteln, ist quellenbedingt äußerst schwierig – selbst über die Alphabetisierungsrate im frühneuzeitlichen Europa sind wir nur ungenügend unterrichtet. Erschwerend kommt hinzu, daß es vielfache Übergänge zwischen voller Schriftbeherrschung und völliger Schriftunkundigkeit gibt: Ist jemand, der mit Mühe seinen

Statue eines altägyptischen Schreibers in typischer Haltung, mit Papyrusrolle auf dem Schoß und (nicht mehr erhaltener) Schreibbinse in der rechten Hand, aus der zweiten Hälfte des 3. Jahrtausends v. Chr. Quelle: Pelizaeus-Museum, Hildesheim

eigenen Namen schreiben und vielleicht noch einige wenige Schriftzeichen bzw. Worte entziffern kann, der jedoch nicht in der Lage ist, komplexere Texte zu lesen oder gar zu schreiben, zum ›literalen‹ (schriftkundigen) oder zum ›aliteralen‹ Teil der Bevölkerung zu rechnen?

Trotz dieser Schwierigkeiten wurden einige Versuche unternommen, aus dem archäologischen Material Rückschlüsse auf die ungefähre Verbreitung der Schriftkenntnis im alten Ägypten und in Mesopotamien zu ziehen. Diese Untersuchungen lassen insgesamt sehr niedrige Literalitätsraten vermuten. Für das ägyptische Alte Reich im 3. Jahrtausend v. Chr. veranschlagten die Ägyptologen John Baines und Christopher Eyre nach der Größe der pharaonischen Totenstädte bei Memphis nahe Kairo, in denen man auch die hohen Amts- und Würdenträger bestattete, die Zahl der Schriftkundigen auf etwa fünf- bis zehntausend. Das würde bei einer (ebenfalls geschätzten) damaligen Gesamtbevölkerung Ägyptens von einer bis eineinhalb Millionen einer Literalitätsrate von 0,3 bis 1 Prozent entsprechen. Im Verlauf des 2. Jahrtausends (Mittleres und Neues Reich) dürfte dieser Prozentsatz etwas angestiegen sein, und an einzelnen Orten mag er beträchtlich höher gelegen haben – so etwa in der Siedlung Deir el-Medine bei Theben in Oberägypten. Dort lebten vom 13. bis 11. Jahrhundert v. Chr. die Arbeiter und Handwerker, welche die Grabanlagen im berühmten ›Tal der Könige‹ erbauten und ausstatteten, unter anderem mit beschrifteten Bilddarstellungen und religiösen Texten. Für diese Spezialistengemeinschaft schätzen die beiden Forscher den Anteil der Schriftkundigen auf etwa fünf bis sieben Prozent – doch das war eine seltene Ausnahme.

Was Mesopotamien betrifft, so konnte man den Archiven von vier bedeutenden Städten aus der Periode um 2000 v. Chr. (sogenannte Ur-III-Zeit) die Namen von über fünfhundert offiziell tätigen Schreibern entnehmen, die einem vergleichsweise kurzen Zeitraum von dreißig Jahren zuzurechnen sind. Auf altbabylonischen Tontafeln aus der Stadt Sippar nördlich von Babylon hat die amerikanische Forscherin Rivkah Harris die Namen von 185 Schreibern gezählt, die sich hier auf einen Zeitraum von dreihundert Jahren (1894 bis 1595 v. Chr.) verteilen – neunzig dieser Namen stammen dabei aus einer etwa achtzig Jahre dauernden Periode. Nimmt man an, daß die tatsächliche Zahl der ›beamteten‹ Schreiber um einiges höher lag, als aus dem ja sicher nicht vollständigen Fundmaterial zu erschließen, und daß möglicherweise auch noch der eine oder andere ›gewöhnliche‹ Bürger schreiben konnte, so dürften in den größeren mesopotamischen Städten jeweils einige hundert gleichzeitig lebende Personen des Schreibens und Lesens kundig gewesen sein – das entspräche bei einer nach Tausenden zählenden Gesamteinwohnerschaft (für Sippar schätzt man bis zu zehntausend Bewohner) einer Literalitätsrate von einigen Prozent. In kleineren Städten oder Dörfern wird der Anteil sicher erheblich niedriger gelegen haben – andererseits gibt es Hinweise darauf, daß assyrische Kaufleute, die in der ersten Hälfte des 2. Jahrtausends v. Chr. in Anatolien ansässig waren, ihre Keilschriftbriefe in die Heimat größtenteils selbst verfaßten, das heißt zumindest teilweise schreiben konnten.

Doch ob sich die Literalitätsrate nun im Bereich von Prozentbruchteilen bewegte oder mehrere Prozente betrug – die geschätzten Zahlen verdeutlichen in jedem Fall, daß der Begriff ›Schriftkultur‹ im Hinblick auf Altägypten und Mesopotamien (wie auch die meisten anderen schriftbesitzenden Kulturen bis in die Neuzeit hinein) mit Bedacht zu benutzen ist und keineswegs mit einer breiten Verankerung der Schriftkenntnis in der Bevölkerung gleichgesetzt werden darf. Die meisten

Die Ruinen der Siedlung Deir el-Medine bei Theben in Oberägypten, in der die Arbeiter wohnten, welche die Grabanlagen im nahe gelegenen ›Tal der Könige‹ erbauten und ausstatteten. In dieser Spezialistengemeinschaft könnte der Anteil der Schriftkundigen über fünf Prozent gelegen haben

Menschen in diesen Kulturen bedienten sich zur Verständigung und zur Bewahrung von Informationen weiterhin ausschließlich der mündlichen Mitteilung, des Gedächtnisses oder nichtschriftlicher Hilfsmittel. Die Nutzung des Mediums Schrift blieb jener kleinen Minderheit vorbehalten, die sie für ihre berufliche Tätigkeit im Rahmen der weitverzweigten Bürokratie oder anderer Bereiche des gesellschaftlichen ›Überbaus‹ benötigte und die man verallgemeinernd als die Schicht der ›Schreiber‹ bezeichnet.

Unbedingter Gehorsam und Respekt

Zugang zur Schreiberausbildung hatten in der ägyptischen und mesopotamischen Frühzeit wahrscheinlich vorwiegend die Söhne der höheren Verwaltungsbeamten und der Aristokratie. Mit dem wachsenden Bedarf an Beamten und Priestern im Zuge der Vergrößerung der Bürokratie, des Staatsapparats und der Priesterschaft dürfte sich ein Teil der Schreiber, wie überlieferte Herkunftsangaben vermuten lassen, dann aber auch aus den Schichten der mittleren und niederen Beamten, der Kaufleute und Händler rekrutiert haben. Für die Bauern wie für die Mehrzahl der Handwerker und Arbeiter war die Finanzierung der Schreiberausbildung, die ihren Kindern prinzipiell ebenfalls offenstand, im allgemeinen sicher zu kostspielig – die Söhne mußten hier wahrscheinlich schon frühzeitig zum Unterhalt der Familie beitragen. Daß es freilich auch vereinzelt Ausnahmen gab, zeigt das Beispiel einiger Würdenträger des

Blick in das berühmte ›Tal der Könige‹ bei Theben, in dem die Pharaonengräber des Neuen Reiches (zweite Hälfte des 2. Jahrtausends v. Chr.) angelegt wurden

ägyptischen Neuen Reiches (zweite Hälfte des 2. Jahrtausends v. Chr.), die in ihren Biographien stolz auf ihr Emporkommen aus einfachen Verhältnissen hinwiesen.

Auch Mädchen und Frauen waren von der Schreiberausbildung nicht grundsätzlich ausgeschlossen, und es gab in Mesopotamien wie in Ägypten urkundlich belegt eine kleine Zahl von Schreiberinnen. Sie waren freilich seltene Ausnahmen und offenbar auch nicht besonders hoch angesehen. Eine Orakelfrage des assyrischen Königs Assurbanipal (7. Jahrhundert v. Chr.) trägt jedenfalls die an den Gott gerichtete Beischrift: »Sieh darüber hinweg, daß dies eine Frau geschrieben und vor dich gebracht hat.«[1] Obwohl in Mesopotamien wie in Ägypten zwei Göttinnen, nämlich Nisaba und Seschat, als Schreibergottheiten fungierten, war der Beruf also eine Domäne der Männer. Er wurde – wenngleich rein rechtlich offenbar allen zugänglich – überwiegend von Abkömmlingen der Ober- und Mittelschichten ausgeübt.

Diese Elite zog man in einer langen und harten Ausbildung für ihre zukünftigen Aufgaben heran. Die Jugendlichen lernten zu Beginn wohl oftmals, wie in anderen Berufen, beim eigenen Vater oder einem erfahrenen Meister, bald aber auch in wohlorganisierten Tempel-, Palast- oder Privatschulen, deren Ausbildungspläne und -niveaus vermutlich sehr unterschiedlich waren und vom Elementarunterricht bis zur höheren ›akademischen‹ Ausbildung reichten. Die Schulzeit dauerte in Mesopotamien nach Aussage eines Textes vom »Kindsein an bis zur Mannbarkeit«,[2] also vielleicht zehn Jahre. In Ägypten folgte auf einen vierjährigen elementaren Unterricht in der Schreibschule eine bis zu zehn Jahre oder länger dauernde höhere und spezialisierte Ausbildung am zukünftigen Arbeitsplatz. Die Tempel und Verwaltungsstellen sorgten auf diese Weise selbst für die ›bedarfsorientierte‹ Unterrichtung ihres Nachwuchses.

Als Zeugnisse dieser Ausbildung im ›Tafelhaus‹, in der *Edubba*, wie die Schule in Babylonien hieß, und in den ägyptischen Schulen und Kanzleien sind bei Ausgrabungen Tausende von Unterrichtstexten und Schreibübungen auf Tontafeln, auf Kalksteinsplittern und Keramikscherben (sogenannten *Ostraka*) oder auf Papyrus zum Vorschein gekommen. Sie gewähren zusammen mit einigen literarischen Schilderungen einen gewissen Einblick in die Unterrichtsthemen und -methoden. Der eigentliche Lese-, Schreib- und Sprachunterricht scheint danach in Mesopotamien (wo er während des 2. und 1. Jahrtausends neben dem Akkadischen auch weiterhin das gar nicht mehr gesprochene Sumerisch umfaßte) ausgesprochen trocken und eintönig gewesen zu sein. Er bestand offensichtlich zu großen Teilen aus dem schier endlosen Abschreiben und Auswendiglernen von Wort- und Begriffslisten, wie wir sie im Zusammenhang mit der frühen Uruk-Schrift kennengelernt haben (vgl.

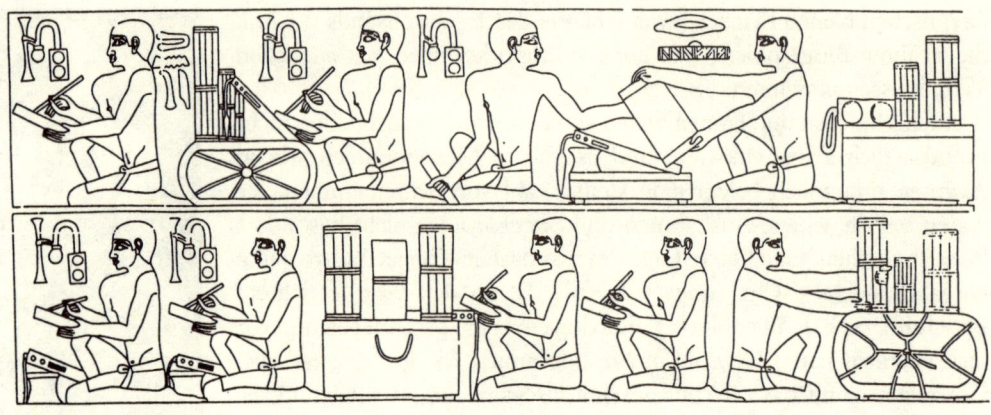

Schon im ägypti-
schen Alten Reich
(3. Jahrtausend v. Chr.)
entstanden regel-
rechte Schreibbüros –
hier in einer Dar-
stellung auf einem
Wandrelief

S. 204 ff.), aus Diktaten sowie dem Kopieren und Rezitieren immer
komplizierter werdender literarischer und belehrender Texte, die für die
Schüler wegen ihrer Altertümlichkeit zum Teil kaum mehr verständlich
waren. Kreativität und schöpferische Entfaltung hatten offenkundig
keinen hohen Stellenwert. Viel anders dürfte es auch in den ägyptischen
Schulen nicht gewesen sein. Dort wurden die Schüler nach den Worten
der Ägyptologin Adelheid Schlott allerdings »in einer Art ›Ganzheitsme-
thode‹« unterrichtet, das heißt, sie lernten »nicht erst einzelne Zeichen,
die sie dann zu Wörtern und schließlich Sätzen zusammenfügten, sondern von vornherein ganze Wörter, wahrscheinlich Sätze, deren Gesamtbild sie sich einprägten. Dabei ging man von der hieratischen Schrift [vgl.
S. 249 f.] aus, während Hieroglyphen erst später durchgenommen
wurden.«[3]

Neben dieser ›Basisausbildung‹, welche die zukünftigen Schreiber mit
ihrem elementaren Handwerkszeug, eben der Schriftbeherrschung, aus-
stattete und ihnen gleichzeitig gewisse Grundkenntnisse der Literatur,
der Grammatik und der Formulierungskunst vermittelte, spielten auch
andere Disziplinen im Unterricht eine Rolle – besonders Rechnen und
Geometrie, welche die Beamten für Berechnungen über den Bedarf oder
die Verteilung von Gütern, zur Vermessung von Feldflächen und für anderes benötigten. Behandelt wurden ferner gewisse Grundlagen der
Rechtspflege und anderer Bereiche, mit denen die Schreiber im Berufsle-
ben häufig konfrontiert waren. Ein großer Teil dieser spezielleren Kenntnisse wurde in Ägypten freilich nicht in der eigentlichen Schule, sondern
in der Einzelausbildung unter Obhut eines fähigen Beamten vermittelt,
was die Berufsbezogenheit dieses Wissens unterstreicht.

Die im Unterricht angewandten Erziehungsmethoden waren nach
heutigen Maßstäben alles andere als fortschrittlich. Um trotz der trocke-

nen, anstrengenden und langweiligen Paukerei die ›Zucht und Ordnung‹ unter den minderjährigen Schülern aufrechtzuerhalten, wurde reichlich vom Rohrstock Gebrauch gemacht, wie das ja bis vor nicht allzulanger Zeit auch in unseren Grundschulen üblich war. In Ägypten lautete die pädagogische Grundweisheit: »Der Jüngling hat einen Rücken; er hört, wenn man ihn schlägt.«[4] An diese Maxime hielt man sich auch in den mesopotamischen Schulen. In einer beliebten und immer wieder kopierten humoristischen Erzählung aus dem Babylonien des frühen 2. Jahrtausends v. Chr. schildert ein Schüler einen typischen Tag seiner Ausbildung, der bereits übel begann: »Im Tafelhaus sagte der ›Mann vom Dienst‹ zu mir: ›Warum bist du [zu] spät gekommen?‹ Ich bekam Angst, mein Herz klopfte. Ich trat vor meinen Meister, verbeugte mich vor ihm.

Mein ›Vater des Tafelhauses‹ [der Lehrer] las meine Tafel, wurde darüber [Textteil fehlt], schlug mich.«[5] Im weiteren Verlauf dieses Schultags bekommt der Knabe insgesamt achtmal aus unterschiedlichem Anlaß von Mitgliedern des Kollegiums Schläge, unter anderem nochmals vom Lehrer wegen seiner schlechten Handschrift. Die Lage bessert sich erst, als die Eltern den ›Vater des Tafelhauses‹ zum Essen einladen und mit Geschenken überhäufen, woraufhin der gestrenge Pädagoge seinen Schüler plötzlich mit den Worten preist: »Unter deinen Brüdern mögest du der Führer, unter deinen Gefährten das Oberhaupt sein, unter allen Schuljungen mögest du die höchste Stellung innehaben.«[6]

Dieser Wunsch weist auf ein weiteres wichtiges Erziehungsziel der altorientalischen Schule hin, nämlich der künftigen staatstragenden Elite ein streng hierarchisch orientiertes Statusdenken anzudressieren, sie zu Ehrgeiz und Machtstreben gegenüber Gleichgestellten und Untergebenen, dagegen zu unbedingtem Gehorsam und Respekt vor den höheren Autoritäten zu erziehen. »Komm, mein ›Sohn‹, nimm Platz zu meinen Füßen«, sagt in einem mesopotamischen Text ein Lehrer zu seinem Prüfling[7] (der Sitz des Meisters lag, wie archäologische Befunde bestätigen, höher als die Plätze der Zöglinge). Und an anderer Stelle wird einem Schüler empfohlen: »Sei bescheiden, bezeig' Ehrfurcht vor deinem ›Aufseher‹! Wenn du ihm ständig Ehrfurcht bezeigst, wird dich dein ›Aufseher‹ lieben.«[8] In den altägyptischen Texten kommt diese Erziehung zur Unterwürfigkeit und zum absoluten Gehorsam noch deutlicher zum Ausdruck: »Sieh dir einen Schreiber an, der hört [auf die Worte der Großen]. Einer, der hört, wird ein Tüchtiger. Hüte dich vor Worten, die dagegen sind«[9], heißt es dort etwa in einem Lehrtext, und in einem anderen wird kurz und prägnant die bürokratische Grundtugend formuliert: »Krümme deinen Rücken vor deinem Oberhaupte, deinem Vorgesetzten (...). Es ist übel, wenn man dem Vorgesetzten widerstrebt. Man lebt, solange als er milde ist.«[10]

Wissen bringt Macht

Hatten die mesopotamischen bzw. ägyptischen Schüler ihre mehrjährige Ausbildung erfolgreich absolviert, dann winkte ihnen aber auch eine privilegierte berufliche und soziale Stellung, denn aus den Reihen der Schriftkundigen rekrutierten sich in beiden Ländern die Staatsbeamten und Tempelangestellten bis hin zu den höchsten Rängen. Aus Mesopotamien gibt es, so Hans J. Nissen, »genügend Belege für Schreiber, die hohe Beamte wurden: Rechnungsführer, Präfekt, Katasterleiter, Aufseher über Arbeiter, Generalverwalter, ja selbst Stadtfürsten. Letztlich scheint eine Schreiberausbildung für die Ausübung übergeordneter Funktionen nahezu durchweg erforderlich gewesen zu sein.«[11] Und auch für Ägypten galt nach Schlotts Worten: »Nur wer die Schrift beherrschte, konnte die Verwaltungslaufbahn einschlagen« und dadurch »Mitglied der gesellschaftlichen Elite« werden.[12]

Schreibkundige konnten sich freilich auch selbständig machen und ihre Fähigkeiten einem reichen Privatmann oder der schriftunkundigen Bevölkerung gegen entsprechende Bezahlung zur Verfügung stellen, beispielsweise bei der Abfassung von Briefen und anderen Schriftstücken. Der Beruf des Schreibers war alles in allem so angesehen, daß in Mesopotamien selbst Könige es nicht als unter ihrer Würde erachteten, neben ihren Herrschertiteln den Titel *dub-sar* (›Tafelschreiber‹) zu tra-

Unbedingter Gehorsam als Erziehungsziel: Vier Schreiber mit Palette, Binse und Papyrusrolle verneigen sich auf dieser altägyptischen Darstellung aus dem 2. Jahrtausend v. Chr. vor ihrem Vorgesetzten oder einem hohen Gast

gen, und daß in Ägypten auch Prinzen und höchste Beamte sich gern im charakteristischen Schreibersitz darstellen ließen.

Dem ›akademischen‹ Nachwuchs wurde, um seine Strebsamkeit zu fördern und ihm den sauren Schulalltag etwas zu versüßen, dieser zukünftige soziale Aufstieg in den leuchtendsten Farben ausgemalt – besonders in Ägypten, von wo wir eine ganze Reihe sogenannter ›Weisheitslehren‹ dieses Inhalts kennen. Sie spielten im Unterricht eine zentrale Rolle und mußten von den Schülern immer wieder abgeschrieben werden.

Das älteste überlieferte und sozusagen klassische Beispiel ist die im Mittleren Reich (frühes 2. Jahrtausend v. Chr.) entstandene ›Lehre des Cheti‹ für seinen Sohn Pepi, an deren Anfang es heißt: »Er fuhr südwärts zur Residenz, um ihn in die Schreiberschule zu tun, unter die Kinder der Großen, als einen, der an der Spitze der Residenz steht.« Dabei predigt der Vater dem Sohne: »Du sollst dich um die Schriften kümmern«, denn »es gibt nichts, das über die Bücher ginge (...) – ich führe dir ihre Schönheit vor Augen, sie ist größer als die aller anderen Berufe, und es gibt nichts mehr in diesem ganzen Lande, was ihnen gliche.« Nacheinander läßt der Erziehungsberechtigte dann die verschiedenen Berufe und Handwerke Revue passieren und schildert seinem Sprößling beredt ihre Mühsal und ihr Elend: »Ich habe den Erzarbeiter über seiner Arbeit beobachtet, an der Öffnung seines Schmelzofens. Seine Finger sind krokodilartig; er stinkt mehr als Fischlaich. Jeder Holzarbeiter führt den Meißel; er ist müder als ein Ackersmann; sein Feld ist das Holz, seine Hacke der Erzstichel. In der Nacht dann ist er zerschlagen, da er über seine Kräfte (viel) geleistet hat bei der Arbeit. Aber in der Nacht noch ist dort Licht. Der Steinmetz graviert mit dem Meißel in allerlei harten Steinen. Wenn er sie vollendet hat, (...) so versagen ihm seine Arme, und er ist müde.« Nachdem der Vater die anderen körperlichen Tätigkeiten auf die gleiche abschreckende Weise beschrieben hat, stellt er ihnen die Vorteile und Segnungen der geistigen Arbeit, des Schreiberdaseins, gegenüber: »Siehe, es gibt keinen Beruf, in dem einem nicht befohlen wird, außer dem des Beamten; er ist es, der (selbst) befiehlt. Wenn du schreiben kannst, so wird dir das nützlicher sein als alle die Berufe, die ich dir vorgetragen habe. (...) Sieh, es gibt keinen Schreiber, der ohne Nahrung wäre, ohne die Dinge des Palastes. Die Meschenet, die dem Schreiber zugewiesen ist, ist es, die ihn an die Spitze der Verwaltung bringt. Danke deinem Vater und deiner Mutter, die dich auf den Weg der Lebenden setzen.«[13]

In einer Reihe von Schultexten des Neuen Reiches (zweite Hälfte des 2. Jahrtausends v. Chr.) wurden diese Ratschläge und Ermahnungen immer aufs neue wiederholt und variiert: »Werde Schreiber! Der ist vom

Registrierung und
Speicherung von Ge-
treide auf einem alt-
ägyptischen Relief

Arbeiten befreit und ist vor jedem Werk geschützt; (…) Er ist von der
Mühsal gelöst; du hast nicht viele Herren und hast nicht eine Menge von
Vorgesetzten.« – »Der Schreiber, der leitet die Arbeit aller Leute. Für ihn
gibt es keine Abgabe, da er mit Schreiben zinst, und es gibt keine Steuer
für ihn. Merke es dir.« – »Setze dir den Schreiber ins Herz, sieh, dann
stehst du selbst über jeder Arbeit und wirst ein angesehener Rat.« –
»Erwirb dir dieses große Schreiberamt; angenehm und reich sind dein
Schreibzeug und deine Papyrusrolle, und täglich bist du fröhlich.« – »Bist
du ein Esel? Den leitet man, (denn) er hat keinen Verstand in seinem
Leibe. (…) Richte (du) deinen Sinn darauf, Schreiber zu werden, damit du
die ganze Welt leitest.«[14] Und schließlich: »Ein Mann ist zugrunde
gegangen, sein Leichnam ist Staub, alle seine Zeitgenossen sind zur Erde
gegangen: Das Buch aber ist es, das sein Andenken weiterreicht von
Mund zu Mund. Eine Schrift ist nützlicher als ein gemauertes Haus, (…)
als ein Denkstein im Tempel.«[15]

Wer schreiben und lesen konnte und eine entsprechende berufliche
Stellung innehatte, war, kurz gesagt, ›etwas Besseres‹ und fühlte sich
auch so. Allerdings stellen die zitierten Passagen die Segnungen des
Schreiberdaseins wahrscheinlich doch etwas übertrieben dar, denn nur
einige wenige schafften wirklich den Weg in die Spitzenpositionen der
staatlichen und religiösen Hierarchie. Die große Masse der Schreiber
mußte sich mit eher durchschnittlichen, weisungsgebundenen Stellun-

gen im Mittelfeld und Unterbau der Bürokratie zufriedengeben, etwa als Verwaltungsangestellte oder Tempel- bzw. Palastschreiber.

Teil des herrschenden Apparates, der das Land fest im Griff hatte und in vielerlei Hinsicht über Wohl und Wehe der Bevölkerung entschied, waren sie aber in jedem Fall. In ihren Händen lag beispielsweise die Lebensmittel- und Güterzuteilung an die von der unmittelbaren Nahrungsproduktion freigestellten und auf die eine oder andere Weise vom Tempel oder Palast abhängigen Berufs- und Bevölkerungsgruppen. Ebenso oblag ihnen die Eintreibung und Kontrolle der bäuerlichen Naturalsteuer, welche die Grundlage des ganzen Umverteilungssystems bildete (vgl. S. 177). Kamen die Bauern ihrer Abgabepflicht nicht nach, so zeigte sich sehr schnell, daß selbst niederrangige Staatsfunktionäre eine Machtstellung gegenüber der gewöhnlichen Bevölkerung innehatten und mit handfesten Befugnissen ausgestattet waren. Einer der erwähnten ägyptischen Schultexte aus dem Neuen Reich schildert das wie folgt: »Denkst du nicht, wie es dem Ackersmann geht, wenn man die Ernte aufschreibt? Der Wurm hat die Hälfte des Korns geholt und das Nilpferd hat das andere gefressen. (...) (Doch) der Schreiber landet am Damm und will die Ernte aufschreiben [das heißt die Steuern einziehen]; die Türhüter [Unterbeamte] haben Stöcke, und die Neger [nubische Hilfspolizisten] haben Palmruten. Sie sagen: ›Gib Korn her.‹ ›Es ist keins da.‹ Sie schlagen ihn lang ausgestreckt, er wird gebunden und in den Graben geworfen. (...) Seine Frau wird vor ihm gebunden, und seine Kinder werden gefesselt; seine Nachbarn verlassen sie, sie fliehen und besorgen ihr Korn [bringen es in Sicherheit].«[16]

Während ein Teil der schriftkundigen Elite auf solch handfeste Weise zur Aufrechterhaltung der staatlichen Ordnung beitrug, tat es ein ande-

Prügelstrafe bei Steuersäumigkeit: Mit Stöcken ausgerüstete Beamte schleppen auf dieser altägyptischen Darstellung Bauern herbei, die ihre Abgaben nicht entrichtet haben

rer, ›schöngeistig‹ orientierter Teil durch die Komposition wortreicher
Gesänge und Hymnen auf die Götter und Herrscher, die über dieser
Ordnung walteten und sie verbürgten, denen die Menschen daher dank-
bar Folge zu leisten hatten. »Die hohe poetische, erzählerische und
gedankliche Qualität« vieler literarischer Werke aus Altägypten darf, so
schreibt Schlott, »nicht darüber hinwegtäuschen, daß sie einer ›Littéra-
ture dirigée‹ angehören« – einem Schrifttum also, das durchweg »im
Auftrag oder zumindest mit Billigung der Regierung abgefaßt wurde«.[17]

Schon diese wenigen Beispiele verdeutlichen, daß die frühe Schreibkunst viel mit Machtausübung und -verherrlichung zu tun hatte, daß sie
auf oft subtile, bisweilen auch ziemlich grobschlächtige, stets jedoch
allgegenwärtige Weise mit der frühen Herrschaft verbunden war, sie

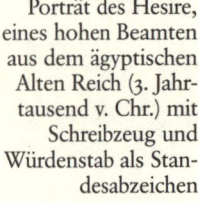

Porträt des Hesire,
eines hohen Beamten
aus dem ägyptischen
Alten Reich (3. Jahr-
tausend v. Chr.) mit
Schreibzeug und
Würdenstab als Stan-
desabzeichen

organisieren half, ihrer Festigung diente und sie dadurch erst ermöglichte. »Die Herausbildung zentralisierter, bürokratischer Institutionen im großen Maßstab«, urteilt die Sumerologin Margret W. Green über Mesopotamien, »mag selbst eine Konsequenz aus der Schaffung der Mittel gewesen sein, die ihr Funktionieren ermöglichten. Ganz gewiß befähigte der Schriftgebrauch die Verwaltung, zu wachsen und durch schriftliche Anweisungen direkte Amtsgewalt selbst über die niedrigsten Ränge des Personals und der Untergebenen auszuüben.« Die Schrift »ermöglichte es dieser Bürokratie, ihre grundlegenden Hilfsquellen und Produktionsprozesse gewaltig auszudehnen – die Kontrolle und Verteilung von Information, Arbeit, Gütern und Dienstleistungen.«[18]

Kaum weniger bedeutsam als diese gewissermaßen ›technologische‹ Seite war die bereits erwähnte ›ideologische‹. »Die Herrscher usurpieren nicht nur die Vergangenheit«, schreibt der Ägyptologe Jan Assmann dazu, »sondern auch die Zukunft, sie wollen erinnert werden, setzen sich in ihren Taten Denkmäler, sorgen, daß diese Taten erzählt, besungen, in Monumenten verewigt oder zumindest archivarisch dokumentiert werden. Herrschaft ›legitimiert sich retrospektiv und verewigt sich prospektiv‹. In diesen offiziellen, politisch-ideologischen Funktionszusammenhang gehört fast alles, was aus dem Alten Orient an Geschichtsquellen auf uns gekommen ist«[19] – und dabei bediente man sich, so kann hinzugefügt werden, der Schrift als eines exklusiven und leicht kontrollierbaren Ausdrucksmittels in den Händen der Herrschenden.

Segen oder Fluch?

Manche Forscher sind aufgrund dieser Sachverhalte und Zusammenhänge zu einer vorwiegend negativen Bewertung der Rolle der Schrift in der Menschheitsgeschichte gelangt. Der bekannte französische Völkerkundler Claude Lévi-Strauss etwa urteilte in einer ethnologischen Abhandlung verallgemeinernd, die Schrift habe in ihren Anfängen kaum positive kulturelle oder intellektuelle Fortschritte bewirkt. »Die einzige historische Erscheinung, die mit dem Aufkommen der Schrift zusammenfiel«, so schrieb er, »ist die Gründung von Städten und Reichen, mit anderen Worten die Integration einer großen Zahl von Individuen in ein politisches System und ihre Aufteilung in Kasten und Klassen. (...) Es scheint somit, daß die Schrift zunächst der Ausbeutung des Menschen diente, bevor sie seinen Geist erleuchtete. Die Möglichkeit einer derartigen Ausbeutung, die Möglichkeit, Tausende von Menschen zusammenzutreiben und sie zu zwingen, die erschöpfendsten Arbeiten zu verrichten, läßt uns die Geburt der Architektur besser verstehen. (...) Wenn meine Vermutung richtig ist, so bestand also die primäre Funktion der schriftlichen Mitteilung darin, die Versklavung zu erleichtern. Die Verwendung der Schrift zu uneigennützigen Zwecken, das heißt im Dienste intellektueller oder ästhetischer Bemühungen, stellte ein sekundäres Ergebnis dar, das sich außerdem nicht selten in ein Mittel verwandelte, um das primäre zu verstärken, zu rechtfertigen oder zu vertuschen.«[20]

Lévi-Strauss arbeitet hier den negativen, repressiven Aspekt des frühen Schriftgebrauchs sehr pointiert heraus. In seiner Beschränkung auf diesen Aspekt und in der Negierung aller positiven Leistungen der Schrift, des ungeheuren kulturellen und technologischen Fortschritts, der mit ihrer Herausbildung einherging (vgl. S. 168 ff.), greift sein Urteil aber insgesamt zu kurz und wird den historischen Realitäten nicht gerecht. Wir haben es nämlich bei der erwähnten zwiespältigen Rolle nicht mit einer speziellen Eigenheit der Schrift zu tun, sondern mit der ebenso in anderen Bereichen anzutreffenden Ambivalenz des technisch-kulturellen Fortschritts an sich. Seine Errungenschaften haben sich nur allzuoft auch und zunächst im Negativen manifestiert – ein Beispiel ist die Metallverarbeitung, zu deren ersten Resultaten die Verbesserung der Waffentechnik zählte –, ohne daß er deshalb aufgehört hätte, insgesamt doch Fortschritt zu sein.

Unzweifelhaft ist aber, daß der beschriebene gesellschaftliche Kontext der frühen Schriftnutzung letztlich zu einem Hemmschuh für die Weiterentwicklung dieses Kommunikationsmittels selbst wurde. Es gab sicherlich sehr verschiedenartige Gründe dafür, daß man in Mesopotamien und Ägypten – wie auch in anderen Kulturen – die komplizierten und schwer erlernbaren ›gemischten‹ Schriftsysteme (vgl. Kapitel 9 und 10) nicht durch eine stärkere Beschränkung auf ihre ja vorhandenen lautlichen Elemente einfacher und ›handlicher‹ gestaltete. Die Macht der Gewohnheit und der Tradition wird hier von Bedeutung gewesen sein wie auch die Struktur der jeweiligen Sprachen. Ganz gewiß spielten bei der Konservierung der überkommenen Schriftsysteme aber auch gesellschaftliche Faktoren eine zentrale Rolle: »Ein Verharren der Entwicklung individueller Schriften wurde häufig begünstigt, wenn sie unter der Kontrolle einer priesterlichen oder politischen Kaste standen«, stellte der Schrifthistoriker I. J. Gelb fest.[21] Die Kompliziertheit des Schriftsystems erleichterte diesen Minderheiten die Aufrechterhaltung ihres Wissens- und Bildungsmonopols, während jede Vereinfachung und damit leichtere Erlernbarkeit es potentiell gefährden mußte. So gesehen war die Schriftunkundigkeit der breiten Bevölkerung in den frühen Hochkulturen, ihr Ausschluß von den neuen geistigen Errungenschaften, nicht einfach eine unvermeidliche, rein ›technologisch‹ bedingte Folge eines in seinen Anfängen zwangsläufig noch ziemlich schwerfälligen neuen Mediums. Sie war vielmehr ebensosehr die Konsequenz der Herrschaft einer Elite, die an der weiteren Verbreitung des Kommunikationsmittels Schrift und der mit ihm verbundenen Bildungsgüter gar nicht interessiert sein konnte und die dementsprechend auch keinerlei diesbezügliche Anstrengungen unternahm. Daher ist es auch kein Zufall, daß der nächste große Fortschritt in der Schriftentwicklung – die Herausbildung der Buchstabenschrift – sich nicht in Mesopotamien oder Ägypten vollzog, sondern an der Peripherie dieser beiden großen Kulturen: im Bereich der östlichen Mittelmeerküste nämlich, wo gänzlich andere Voraussetzungen und Erfordernisse gegeben waren.

Exkurs: Die altamerikanischen Schriftsysteme

Die präkolumbischen Hochkulturen Amerikas wiesen im Vergleich zu denen der Alten Welt einige markante Besonderheiten und Eigentümlichkeiten auf, nicht zuletzt in technologischer Hinsicht. Im alten Orient entstanden die frühesten städtisch und staatlich organisierten Gesellschaften mit dem Beginn der Metallzeit, auf der Basis einer hochentwickelten Kupfer- und Bronzeverarbeitung und anderer einschneidender technologischer Fortschritte und Neuerungen (vgl. S. 176). Im präkolumbischen Altamerika hingegen wuchsen hochorganisierte und komplexe Stadtstaaten bzw. Flächenreiche mit einer blühenden Zivilisation auf einer wirtschaftlich-technologischen Basis heran, die dem fremden Betrachter in vielerlei Hinsicht archaisch und unentwickelt erscheint.

So existierte in der Neuen Welt zwar ein künstlerisch hochstehendes Metallhandwerk, das sich jedoch weitgehend auf die Herstellung von Schmuck und Statusobjekten aus Edelmetall für die Oberschicht beschränkte. Die Bauern und Handwerker mußten bei der Bestellung des Landes oder bei der Errichtung eindrucksvoller Monumentalbauten dagegen weiterhin mit einer im wahrsten Sinne des Wortes ›steinzeitlichen‹ Ausrüstung aus hölzernen Grabstöcken (der Pflug war unbekannt), steinernen Hacken und Beilen sowie anderen Gerätschaften aus Stein oder Obsidian (vulkanischem Glas) auskommen. In ähnlicher Weise wurde das Prinzip des Rades – wenngleich bekannt – offenbar nicht für praktische Zwecke genutzt, so daß weder die Töpferscheibe noch das

Räderfahrzeug (für das freilich auch keine Zugtiere existierten) in Gebrauch war.

Zu diesen in Altamerika weniger entwickelten oder in geringerem Maße praktisch genutzten ›Basistechnologien‹ gehörte auch die Schrift. Zwar brachten die präkolumbischen Kulturen seit dem letzten Jahrtausend v. Chr. eine ganze Reihe unterschiedlicher Schriftsysteme hervor, die jedoch teilweise einen ziemlich archaischen und rudimentären Charakter besaßen und sich nur in wenigen Fällen zu wirklichen, für die Schreibung zusammenhängender Texte geeigneten, ›Vollschriften‹ (vgl. S. 167) entwickelten. Sie wurden außerdem, soweit es zu beurteilen ist, nicht zum universellen und unentbehrlichen Hilfsmittel in allen Bereichen des gesellschaftlichen Lebens, sondern blieben oftmals auf bestimmte Anwendungsgebiete beschränkt: auf das in Mittelamerika allgegenwärtige Kalenderwesen etwa, auf den Herrscherkult und die Fixierung wichtiger politischer und ritueller Ereignisse sowie auf die religiös-kosmologische Sphäre.

Einschränkend ist freilich hinzuzufügen, daß nur eine sehr geringe Anzahl präkolumbischer Schriftzeugnisse bekannt ist, da die spanischen Konquistadoren, die im 16. Jahrhundert unter dem Banner des Kreuzes über die Kulturen Altamerikas herfielen, nicht nur deren eigenständige Zivilisation, sondern auch ihre Schriftzeugnisse und Aufzeichnungen in Form ganzer Bibliotheken und Archive, Tausender und Abertausender Schriftstücke und Manuskripte als ›Teufelswerk‹ vernichteten. Durch die spanische Eroberung wurden damit nicht nur diese Kulturen im Ganzen, sondern auch ihre Schriftsysteme von jeder eigenständigen Weiterentwicklung abgeschnitten, die sonst möglicherweise stattgefunden hätte. Unter der spanischen Herrschaft verbreitete sich nach einer Übergangsphase, in der die Eroberer Elemente der einheimischen Schriften bestehen ließen, instrumentalisierten und umformten, um sie für die Missionierung und kulturelle Indoktrination der Bevölkerung zu nutzen, das europäische Alphabet als nahezu einziges oder doch zumindest eindeutig dominierendes Schriftsystem.

Als eine Hochkultur ohne Schrift gilt traditionell das Reich der Inka in Peru und dem umgebenden Andenraum, das im späten 15. und frühen 16. Jahrhundert den Höhepunkt seiner Blüte erreichte. Die als ausgesprochen statistikbesessen und registrierfreudig bekannten Inka-Herrscher, die ihr Imperium mit einem perfekt organisierten Verwaltungs-, Versorgungs- und Kontrollsystem über-

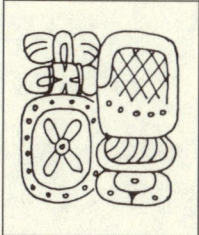

zogen, benötigten dafür kein graphisches Aufzeichnungsmittel –
sie kamen mit dem Quipu-Knotenschnursystem aus (vgl. S. 149),
das durch Kombination verschiedenfarbiger Schnüre und komplexer Knotenfolgen nicht nur die Speicherung von Zahleninforma-
tionen aller Art erlaubte, sondern auch als Gedächtnisstütze bei
der Bewahrung von historischen Daten, Genealogien, Gesetzes-
vorschriften und anderem gute Dienste leistete.

Einige Forscher stellten Ende der sechziger Jahre die Hypothese
auf, daß die Inka über dieses Quipu-System hinaus auch eine echte
›Wortzeichenschrift‹ gekannt hätten, und zwar in Form von Abfolgen standardisierter geometrischer Symbole (*Tocapu*) auf Textilien
und Gefäßen, die als regelrechte logographische ›Texte‹ zu lesen
seien. Bei diesem sogenannten *Quillca*-System hätte es sich aller-

Prunkgewand der
Inka-Kultur mit ein-
gewebten sogenann-
ten Tocapu-Zeichen

Hypothetische
›Lesung‹ zweier mög-
licher Wortzeichen:
›Inti‹ = Sonne (oben);
›Huarmi‹ = Frau
(unten)

dings nicht um eine Alltags- und Gebrauchsschrift, sondern um eine reine Sakral- oder ›Prunkschrift‹ gehandelt. Die Interpretation dieser Zeichen als Schrift ist darüber hinaus bis heute in der Fachwelt umstritten.

Die bekannteste unter den zahlreichen archaischen ›Partialschriften‹ Altamerikas ist diejenige der Azteken im Mexiko des 12. bis 16. Jahrhunderts. Sie ist auf einer größeren Zahl von Skulpturen und in einer Reihe zumeist nachkolonialer Handschriften (sogenannten ›Codices‹) überliefert. Diese Schrift läßt einen mehrschichtigen Aufbau erkennen: Die hauptsächlichen Fakten und Vorgänge sind in Form von ›erzählenden Bildern‹ und Zeichnungen, das heißt auf nichtschriftliche Weise, wiedergegeben. Zur Veranschaulichung schwer darstellbarer Sachverhalte treten bestimmte konventionelle Symbole hinzu: Stilisierte Zungen oder Blasen vor den Mündern der Akteure zeigen etwa an, daß diese reden, Abfolgen schwarzer Fußabdrücke stehen für ›gehen‹, aber auch für

Aztekische Reliefdarstellung der ›Gefangennahme‹ einer Stadt mit Namensbeischrift ›Chalco‹

›Weg‹, das Bild eines brennenden Tempels symbolisiert ›Eroberung‹ und dergleichen mehr. Auch auf diese Weise nicht wiederzu-
gebende Orts- und Personennamen schließlich wurden den bildlichen Darstellungen in Form regelrechter Wort- oder Begriffszeichen beigefügt, bei denen teilweise auch das Rebusprinzip
(vgl. S. 223) Anwendung fand: In einer Kampfszene, welche die
Eroberung der Stadt Chalco darstellt, ist beispielsweise der Stadt-
name durch das Symbol für ›kostbarer Grünstein‹ (*chalchihuitl*)
angedeutet, und ebenso ließ sich zum Beispiel der Ortsname
Azca-potzalco phonetisch näherungsweise mit den Zeichen für
›Ameise‹ (*azcatl*) und ›Hügel‹ (*potzalli*) wiedergeben.

Das System zeigt in seiner unauflöslichen Verbindung von Bild
und Schrift eine gewisse Ähnlichkeit mit den ältesten Schriftzeugnissen aus der ägyptischen Frühzeit, etwa der Narmer-Palette (vgl.
S. 232 ff.). Für die eigenständige und sprachlich exakte Aufzeichnung längerer zusammenhängender Texte war es nicht tauglich
und wohl auch gar nicht konzipiert – es bildete eher eine auf
deutende Interpretation hin angelegte Gedächtnisstütze. Anwendung fand diese ›Protoschrift‹ vor allem im Bereich der Religion,
der Astrologie und der Kalenderkunde sowie bei der Fixierung
von Genealogien und historischen Ereignissen – zumindest unter
dem letzten Aztekenherrscher Moctezuma wurden aber auch
umfangreiche Tributlisten, Landregister und ›Rechnungsbücher‹
mit ihrer Hilfe geführt.

Die am höchsten entwickelte und differenzierteste ›Vollschrift‹
Altamerikas war diejenige der Maya in Guatemala und auf der
Halbinsel Yucatan, die auf zahlreichen Steindenkmälern der klassischen Periode der Maya-Kultur (250 bis 900 n. Chr.), auf Keramik sowie in drei nachklassischen Bilderhandschriften überliefert
ist. Die Maya-Schrift galt noch vor wenigen Jahrzehnten als unentziffert und sogar unentzifferbar – in den letzten fünfundzwanzig
Jahren haben jedoch eine Reihe von Wissenschaftlern in systema-
tischer und geduldiger Forschungsarbeit ihren ›Code‹ entschlüsselt und rasch zunehmende Erfolge bei ihrer Entzifferung erzielt.
Als Ausgangspunkt diente ihnen dabei die schon 1952 von dem
jungen russischen Forscher Jurij Knorosow publizierte, aber damals noch weithin verworfene Erkenntnis, daß die etwa sechs- bis
achthundert Maya-Glyphen trotz ihrer geradezu barocken Bildhaftigkeit keineswegs nur einfache Wort- oder Begriffszeichen
darstellten, wie man lange Zeit annahm. Neben solchen existier-

ten vielmehr, wie Knorosow nachwies und wie die jüngeren Forschungen eindrucksvoll bestätigt haben, zahlreiche konsonantisch-vokalische Silbenzeichen, so daß es sich ähnlich wie bei den meisten anderen frühen Schriftsystemen um eine gemischte Wort-Laut-Schrift handelt. Ideographische Schreibungen stehen in ihr neben phonetischen, oft sind aber auch beide Prinzipien auf recht komplexe Weise miteinander verknüpft, wie beispielsweise bei der Aufzeichnung des Herrschernamens Pacal.

Das Grundelement der Maya-Inschriften bilden quadratische bzw. rechteckige Glyphen-Blöcke, die aus einem einzelnen Logogramm, aber auch aus einem Haupt- bzw. Stammzeichen und einem oder mehreren kleineren Zusatzzeichen (Affixen) bestehen können, wobei letztere phonetische Ergänzungen, grammatikalische Elemente und ähnliches angeben. Die Maya-Schrift ermöglichte es dank dieses komplexen Aufbaus, »jede lautliche, semantische und grammatikalische Nuance der gesprochenen Sprache des Schreibers präzise wiederzugeben«, wie Linda Schele und David Freidel, zwei der maßgeblichen Fachleute auf diesem Gebiet, betonen.[22] Wenngleich bis heute noch keineswegs alle Maya-Glyphen entziffert, das heißt vollständig les- und übersetzbar sind, so ist es doch schon ein beträchtlicher Teil; und da man die Struktur und den Aufbau der Schrift mittlerweile sehr genau kennt, wird die Entzifferung mit Sicherheit rasch weiter voran-

Namensglyphe des Maya-Herrschers ›Pacal‹ (links) und ihre phonetisch-ideographische Zusammensetzung (rechts)

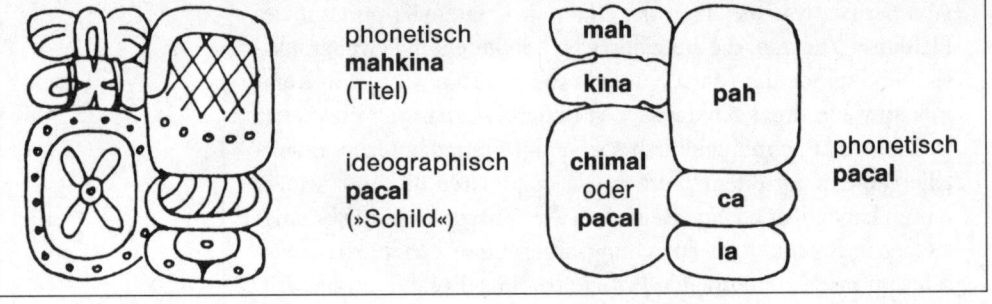

phonetisch
mahkina
(Titel)

ideographisch
pacal
(»Schild«)

mah

kina

pah

chimal
oder
pacal

ca

la

phonetisch
pacal

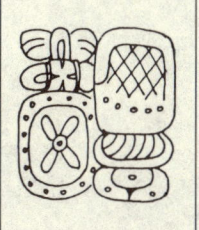

schreiten. Von einem ›Geheimnis der Maya-Schrift‹ kann jedenfalls schon seit geraumer Zeit keine Rede mehr sein.

Die fortschreitende Entzifferungsarbeit läßt auch wichtige neue Aufschlüsse über die Geschichte der Maya-Kultur erwarten. Entgegen der früheren Annahme, die Schriftzeugnisse bewegten sich fast ausschließlich im Bereich der Kosmologie, der Religion und der Kalenderwissenschaft, hat sich nämlich in den letzten Jahrzehnten herausgestellt, daß ein Großteil der Inschriften historischen Inhalts sind und etwa die Geburt, die Heirat, die Thronbesteigung und den Tod einzelner Herrscher sowie Kriege und andere wichtige Ereignisse verzeichnen. »Mit der Entzifferung der Hieroglyphen haben archäologische Ausgrabungen im Gebiet der Maya-Kultur eine ganz neue Dimension bekommen«, kommentiert der Altamerikanist Nicolai Grube diesen Umstand. »Tempel und Paläste füllen sich nun wieder mit Leben; höfische Intrigen, Heiratsallianzen, Kriegszüge, aber auch die uns grausam erscheinenden königlichen Rituale der Selbstkasteiung werden (…) in extenso beschrieben«,[23] wo man früher nur Darstellungen von Göttern, Gestirnen und kosmischen Vorgängen zu erkennen glaubte. Mit der Entzifferung der Maya-Inschriften hat also eine »Bedeutungsverschiebung (…) vom Mythisch-Unpersönlichen zum Historisch-Persönlichen« im Erscheinungsbild dieser Kultur stattgefunden, wie es die Maya-Experten David Stuart und Stephen D. Houston formulieren.[24] Dies ändert freilich nichts daran, daß die Maya-Schrift eine ausschließlich von der herrschenden Elite für ihre Zwecke benutzte Schrift war, die offenbar vorwiegend im Bereich des Herrscherkultes und der historischen Überlieferung Verwendung fand. Ob sie auch auf wirtschaftlichem oder administrativem Gebiet genutzt wurde, bleibt unklar – kennen wir doch fast nur monumentale, ›der Ewigkeit geweihte‹ Inschriften, dagegen keine Alltagstexte.

Bemaltes zylindrisches Tongefäß mit der Darstellung eines Maya-Herrschers und Glyphen-Reihen

Kapitel 12

Die Entstehung und Ausbreitung der Buchstabenschrift

An der Ostküste des Mittelmeers, im Gebiet Palästinas, des Libanon und Westsyriens, waren im 3. und 2. Jahrtausend v. Chr. blühende Hafen- und Handelsstädte entstanden, die aufgrund ihrer geographischen Lage zwischen den Großmächten der damaligen Zeit – Ägypten im Süden, Mesopotamien im Osten, dem anatolischen Hethiterreich im Norden und dem minoischen Kreta bzw. mykenischen Griechenland im Westen – oft zum Streit- und Ausbeutungsobjekt dieser Mächte wurden. Zugleich verschaffte ihnen ihre Lage aber auch eine Schlüsselfunktion im internationalen Wirtschaftsaustausch, brachte sie ihnen außerordentliche ökonomische Vorteile und einen beträchtlichen Wohlstand ein.

Die Levante-Städte exportierten nicht nur eigene Produkte, zum Beispiel Holz (die berühmten ›Zedern des Libanon‹), Öl, Kupfer und mit dem Farbstoff der Purpurschnecke gefärbte Gewebe (nach denen die südliche Levante den semitischen Namen ›Kanaan‹ und später das Libanon-Gebiet die griechische Bezeichnung ›Phönizien‹ erhielt, was beides etwa ›Purpurland‹ bedeutet). Sie stellten darüber hinaus auch die Häfen, über die der Handel aus allen Richtungen abgewickelt wurde, und bildeten so den Hauptumschlagplatz für die Warenströme der großen Handelsmächte.

Italisches Ehepaar mit Buchrolle, Griffel und Wachstäfelchen auf einem Fresko des 1. Jahrhunderts n. Chr. aus Pompeji (Archiv für Kunst und Geschichte, Berlin)

TAURUS

Tarsus
Karatepe

Zincirli/
Sam'al
Hasan
Beyli

Karkemiš
Arslan Taš
T. Barsip
Harran

Brēǧ
Haleb/Aleppo
Sfire

Āfis

Euphrat

Rās Šamra/Ugarit

T. Sūkās

Orontes

Hama

ZYPERN

Arvad

Palmyra/Tadmor

Larnaka

Arqa
T. Nebi Mend/Qadeš

Byblos/Gebal

LIBANON

ANTILIBANON

T. Kāmid el-Lōz/Kumidi

Sidon

Sarafand-Sarepta
Ruweisah
Tyrus
Dan

Hazor

Mittelmeer

Šiqmona
Tabor
En Gev
Megiddo
Taanak
Bēt Šean
T. Zeror
T. ēs-Sarem
Samaria
Izbet
Sichem
Deir 'Allah
T. Qasile
Sartah
KANAAN
Bethel
Geza
T. en-Nasbe
Bēt-Šemeš
Raddana
Jerusalem
el-Ḥadr
Lachiš
T. al-Hesi
H. al-Kom
Hebron
Nagila
T. Gemme
T. el-Aǧǧūl
Qubur Walaydah
En-Gedi
Balu'ah
Beeršeba
Arad

Jordan

▼	Ugaritische Keilschrift
●	Protokanaanäische Inschriften
□	Altkanaanäische Inschriften
◆	Altphönizische Inschriften (bis zum Ende des 8. Jh.v.Chr.)
✚	Altaramäische Inschriften (bis zum Ende des 8. Jh.v.Chr.)
✕	Althebräische Inschriften (bis zum Ende des 8. Jh.v.Chr.)

Qadeš Barnea

0   50   100   150
km

In diesen Küstenstädten lebten neben der (semitischen) kanaanäischen Stammbevölkerung viele auswärtige Diplomaten, Kaufleute, Händler und Handwerker, Angehörige von mehr als einem halben Dutzend verschiedener Völker mit ebenso vielen Sprachen und Schriftsystemen. Die Region war also ein wahrer Schmelztiegel der unterschiedlichsten ethnischen und kulturellen Elemente und Einflüsse. Aus diesem Milieu ergaben sich in ungleich höherem Maße als anderswo Anregungen für eine grundlegende Vereinfachung der Schrift, entstand gleichzeitig aber auch das dringende Bedürfnis nach einer solchen ›Schriftreform‹. Denn im Handelsverkehr mußten beispielsweise viele fremde Orts- und Personennamen sowie Begriffe aus anderen Sprachen lautlich getreu aufgezeichnet werden, was mit den herkömmlichen ›gemischten‹ Wort-Laut-Schriften nur recht unvollkommen und auf Umwegen gelang (vgl. S. 246).

Vor allem aber war die Ökonomie der Levante-Städte sehr viel stärker von privatem Handel und Gewerbe, von der Tätigkeit unabhängiger und auf eigene Rechnung wirtschaftender Unternehmer geprägt als in den traditionsgeweihten bürokratischen Ordnungen Mesopotamiens und Ägyptens, wo das private Unternehmertum – wenngleich ebenfalls vorhanden – zumeist im Schatten der übermächtigen Palast- oder Tempelwirtschaften stand. Deren Bedürfnissen entsprach die Institution der berufsmäßigen Schreiber (vgl. Kap. 11). Die ›mittelständischen‹ Privatkaufleute und -händler in den Levante-Städten hingegen konnten sich in der Regel kaum eine eigene, festangestellte Schreibkraft leisten. Für sie war es wünschenswert, die wichtigsten alltäglichen Geschäftsnotizen und -briefe selbst abfassen zu können, und dafür bildete eine leicht erlernbare und einfach zu handhabende Schrift die Voraussetzung. Es habe den Anschein, schrieb daher 1941 der britische Prähistoriker V. Gordon Childe, »daß eine einfache Buchstabenschrift ersonnen wurde, um die Geschäfte der kleinen Kaufleute zu erleichtern«. Er fuhr fort: »Der Kaufmann mußte sein eigener Buchhalter sein. Dies war der soziologische Ursprung der phönizischen Schrift.«[1]

Zumindest war es einer von mehreren Faktoren (unter ihnen vielleicht auch ein gewisses Eigenständigkeitsstreben), die dazu führten, daß man um die Mitte des 2. Jahrtausends v. Chr. gerade im Bereich der ›multikulturellen‹ und vom Handel geprägten Levante-Küste einfachere, flexiblere und leistungsfähigere Schriftsysteme zu entwickeln begann. Diese lehnten sich in der Schreibtechnik und zum Teil in ihrem Zeichenbestand zwar an die auch hier gebräuchliche ägyptische Schrift oder die Keilschrift an. Im Gegensatz zu diesen beruhten sie aber auf der Fixierung aller Worte und Begriffe ausschließlich mit Einzelbuchstaben, die für die Einzellaute bzw. Phoneme der Sprache standen (vgl. S. 46). Damit war erstmals in der Schriftgeschichte das phonetische Prinzip konsequent

Fundorte von Zeugnissen früher Buchstabenschriften an der östlichen Mittelmeerküste

durchgeführt – mit einer wichtigen Einschränkung allerdings: Man notierte in diesen frühen Buchstabenschriften nämlich nur die Konsonanten, nicht dagegen die Vokale, und das ist in den semitischen Schriften bis heute grundsätzlich so geblieben. Sie kennen im Prinzip keine Buchstaben für die Vokale – im Laufe der Zeit wurden allerdings Hilfszeichen zu ihrer Andeutung entwickelt.

Manche Forscher haben aus dieser Vokallosigkeit der frühen semitischen Schriften geschlossen, es habe sich in Wahrheit noch um gleichsam ›verdeckte‹ silbische Schriftsysteme gehandelt, bei deren Konsonantenzeichen jeweils ein Vokal ›stumm mitgedacht‹ wurde, ähnlich wie im Falle der ägyptischen Schrift (vgl. S. 248). Doch ob man das nun als quasisilbisches System bezeichnen mag oder nicht – Tatsache bleibt, daß ein leicht erlernbarer Bestand von maximal dreißig konsonantischen Zeichen jetzt ausreichte, um all das aufzuzeichnen, wofür man in den bisherigen Schriftsystemen Hunderte von Wort- und Lautzeichen benötigt hatte. Die so strukturierte Buchstabenschrift war überdies sehr viel flexibler und besser geeignet, fremdsprachige Wörter und Namen – im Prinzip den gesamten menschlichen Lautbestand mit Ausnahme der Vokale – ausreichend exakt wiederzugeben.

Ein Abkömmling der Hieroglyphenschrift?

Bereits im letzten Jahrhundert, als man nur die jüngste und ›klassische‹ dieser ersten Buchstabenschriften kannte, die seit etwa 1100 v. Chr. im ganzen Levante-Bereich verbreitete phönizische Schrift nämlich, sahen eine Reihe von Forschern, daß dieses sehr hochentwickelte alphabetische System kaum ohne Vorläufer bzw. Vorbilder entstanden sein konnte, und machten sich Gedanken über seine Ursprünge. Dabei dachte man immer wieder an eine direkte oder indirekte Herkunft aus der ägyptischen Schrift, und in der Tat ließen mehrere Indizien eine solche Ableitung plausibel erscheinen. So hatten beide Schriftsysteme nicht nur die Vokallosigkeit gemeinsam (vgl. S. 246), sondern auch die von rechts nach links führende Schreibrichtung und die mutmaßliche Hauptschreibtechnik, nämlich mit Tinte bzw. Tusche auf Papyrus oder Leder (vgl. S. 250). Und da die semitischen Buchstaben nach konkreten Dingen wie ›Ochse‹, ›Haus‹, ›Kamel‹, ›Tür‹ usw. benannt waren, vermutete man weiter, daß sie ursprünglich aus den Bildern dieser Objekte hervorgegangen waren, wenngleich die phönizischen Schriftzeichen davon kaum mehr etwas erkennen ließen.

Eine völlig unverhoffte und scheinbar eindeutige Bestätigung dieser Überlegungen erbrachte im Jahre 1905 eine britische Forschungsexpedition unter der Leitung des Archäologen Sir Flinders Petrie auf der Sinai-Halbinsel. Sie entdeckte dort, bei dem altägyptischen Tempel von Serabit el Khadem und den Türkisminen des Wadi Maghara, neben einer großen Zahl von ägyptisch-hieroglyphischen Schriftzeugnissen auch ein rundes Dutzend Inschriften in einer bis dahin völlig unbekannten Schrift, die in Felswände eingraviert oder auf Kleinkunstwerken angebracht waren. Da sich in diesen Inschriften nur maximal dreißig verschiedene Zeichen zählen ließen, schlossen Petrie und nach ihm der englische Ägyptologe Alan H. Gardiner, der 1916 einen wegweisenden Aufsatz über die Entdeckung veröffentlichte, daß es sich um eine reine Buchstabenschrift handeln müsse. Sie stammte nach dem archäologischen Kontext aus dem 15. Jahrhundert (nach Meinung einiger Fachleute sogar aus dem 18. Jahrhundert) v. Chr. und war somit erheblich älter als das klassische phönizische Alphabet.

Vor allem aber wiesen die Zeichen dieser Sinai-Schrift (bzw. ›protosinaitischen Schrift‹) einen weitgehend bildhaften Charakter und in einigen Fällen bemerkenswerte Ähnlichkeit mit ägyptischen Hieroglyphenzeichen auf, während sich andererseits auch Anklänge an die ›linearen‹, auf einfache Strichformen reduzierten Buchstabenzeichen der späteren phönizischen Schrift finden ließen. So glaubten viele Forscher, hier den endgültigen Beweis für die Herkunft der phönizischen Buchstabenschrift aus den ägyptischen Hieroglyphen – gleichsam eine Zwischenstufe dieser Entwicklung – in Händen zu halten. »Hier ist das missing link [das fehlende Bindeglied] für die Abstammung des phönizischen Alphabets von der ägyptischen Schrift gefunden«, schrieb 1917 der deutsche Gelehrte Kurt Sethe euphorisch.[2]

Das Verfahren der Schriftentlehnung stellte man sich zumeist so vor, daß die Erfinder der Sinai-Schrift für jeden Konsonanten ihrer semitischen Sprache ein mit diesem Laut beginnendes Wort ausgewählt und dieses durch das entsprechende ägyptische Hieroglyphenzeichen dargestellt hätten, ungeachtet seiner andersartigen Lautung in der ägyptischen Sprache. Für den konsonantischen Kehlkopfverschluß ' wählte man dieser Theorie zufolge das mit ihm beginnende Wort *'aleph* (›Ochse‹) und schrieb es mit der betreffenden ägyptischen Hieroglyphe, einem kleinen Ochsenkopf; für den Laut *b* benutzte man das semitische Wort *beth* (›Haus‹) mit dem entsprechenden ägyptischen Hieroglyphenzeichen usw. – so, als würden wir im Deutschen den Laut *b* mit dem Bild einer Birne, den Laut *f* mit der Skizze einer Feige ›schreiben‹ und so weiter – bis *z* wie Zitrone.

Der britische Archäologe Sir Flinders Petrie (1852–1943)

Dieses Verfahren, nach dem die Piktogramme den Anfangslaut des jeweils bildlich dargestellten Wortes bzw. Gegenstandes als phonetischen Wert besitzen, wird als ›akrophonisches Prinzip‹ bezeichnet. Daß es eine wichtige Rolle bei der Entwicklung der semitischen Schrift gespielt haben müsse, nahm man auch deshalb an, weil eben nicht nur *'aleph* und *beth*, sondern ebenso die meisten anderen semitischen Buchstabennamen Wörter für konkrete Dinge und Gegenstände waren. Manche Forscher halten diese Schlußfolgerung allerdings für nicht stichhaltig und die Buchstabennamen für nachträgliche, von der eigentlichen Schriftschöpfung unabhängige Bezeichnungen.

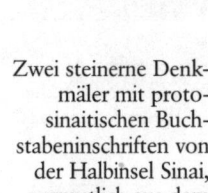

Das Wort ›ba'alat‹ (›Herrin‹) in protosinaitischer Schrift

Die vermutete Beziehung zwischen der protosinaitischen und der späteren phönizischen Schrift schien sich eindrucksvoll zu bestätigen, als Alan H. Gardiner in seiner erwähnten Abhandlung von 1916 auf eine in mehreren Sinai-Inschriften wiederkehrende Gruppe von vier Zeichen (›Haus‹, ›Auge‹, ›Ochsenstachel‹ und ›Kreuz‹) versuchsweise die Lautwerte der ihnen nach Form bzw. Namen entsprechenden späteren semitischen Buchstaben übertrug und auf diese Weise die Lesung *ba'alat* (›Herrin‹) erhielt. Man deutete dieses Wort als kanaanäische Bezeichnung der ägyptischen Himmelsgöttin Hathor, die auf dem Sinai als Ortsgöttin verehrt wurde und der nicht nur der Tempel von Serabit el Khadem, sondern auch zahlreiche ägyptische Inschriften geweiht waren. Besonders plausibel wurde diese Deutung durch den Umstand, daß sich eine der an Hathor gerichteten ägyptischen Inschriften auf einer kleinen, steinernen Sphinx mit der Zeichenfolge in protosinaitischer Schrift vergesellschaftet fand. Hier handelte es sich mit hoher Wahrscheinlichkeit um ein zweisprachig beschriftetes Weihegeschenk an die Ortsgöttin, eine sogenannte ›Bilingue‹.

»Ich habe keine Vorschläge für die Lesung irgendeines anderen Wortes, so daß die Entzifferung des Namens *ba'alat*, soweit es mich betrifft, eine nicht verifizierbare Hypothese bleiben muß«, schrieb Gardiner abschließend,[3] und daran hat sich bis heute kaum etwas geändert. Zwar entdeckten seither weitere Forschungsexpeditionen auf dem Sinai neues Material, so daß mittlerweile etwa drei Dutzend protosinaitische In-

Zwei steinerne Denkmäler mit protosinaitischen Buchstabeninschriften von der Halbinsel Sinai, vermutlich aus dem 15. Jahrhundert v. Chr.

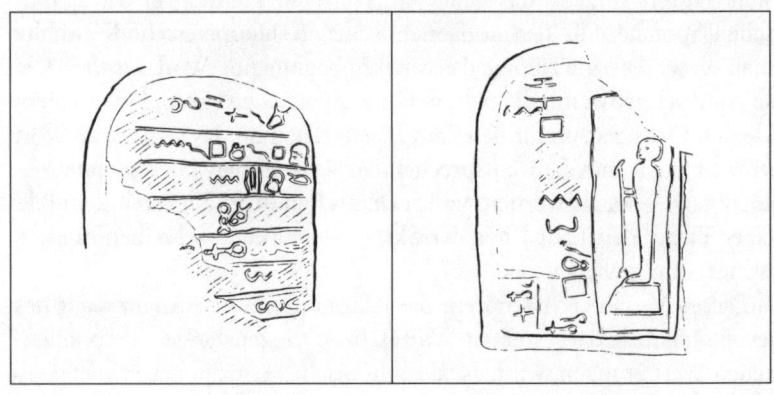

schriften bekannt sind, und überdies legten mehrere Fachleute komplette oder teilweise Entzifferungs- und Lesungsvorschläge vor. Sie kamen dabei jedoch zu sehr unterschiedlichen Resultaten, und keiner dieser Vorschläge ist bis heute in der Fachwelt einhellig anerkannt, so daß die Sinai-Schrift immer noch als weithin unentziffert gelten muß. Mit einiger Sicherheit läßt sich nur sagen, daß es sich um eine sehr archaische und wahrscheinlich ägyptisch beeinflußte, aber von Semiten entwickelte Buchstabenschrift handelte.

Ihre Benutzer dürften semitische Arbeiter gewesen sein, die in den Türkisminen des Sinai für den pharaonischen Staat schufteten. Daß diese Arbeiter die Schrift selbst vor Ort erfunden und für ihre Zwecke gestaltet haben könnten, wie man früher gelegentlich annahm, wird heute eher angezweifelt. Und ohne Frage ist es sehr viel wahrscheinlicher, daß ein so schwieriger und Erfahrung im Lesen und Schreiben erfordernder Schritt wie die Erfindung einer Alphabetschrift in den blühenden levantinischen Handelsstädten vollzogen wurde und nicht in den peripheren und unwirtlichen Weiten des Sinai. In den städtischen Zentren lebten schließlich die Kaufleute und Händler, die mutmaßlichen Hauptinteressenten eines vereinfachten Schriftsystems, und dort saßen auch die berufsmäßigen Schreiber – einheimische und solche aus Ägypten bzw. Mesopotamien –, deren täglich Brot die Verwendung der Schrift war, die daher auch die für ihre Vereinfachung notwendigen Kenntnisse mitbrachten.

Frühe protokanaanäische Inschriften auf Keramik bzw. Bronze aus Palästina (17. bis 15. Jahrhundert v. Chr.)

Viele Wege führten zum Alphabet

Tatsächlich kamen seit den dreißiger Jahren im gesamten palästinisch-libanesischen Küstenbereich bei Ausgrabungen mehr und mehr Zeugnisse einer zuvor unbekannten, der ›protokanaanäischen Schrift‹ zutage. Ihre ältesten Belege, eine Handvoll kurzer Inschriften mit noch sehr bildhaften und zum Teil an die Sinai-Schrift erinnernden Zeichen, reichen bis ins 17./16. Jahrhundert v. Chr. zurück und sind damit vermutlich ein bis zwei Jahrhunderte älter als die Schriftzeugnisse vom Sinai. Die meisten Stücke stammen jedoch aus der zweiten Jahrtausendhälfte bis etwa ins 11. Jahrhundert v. Chr. und zeigen bereits einen deutlich stilisierten ›linearen‹ Charakter.

Die Interpretation dieser Schrift (bzw. Schriften) und ihrer Entwicklung wird durch das begrenzte Material, die teilweise noch großen zeitlichen Lücken und die Kürze der Texte erschwert. Es handelt sich bei ihnen fast durchweg um knappe, manchmal nur drei oder vier Zeichen umfassende Namensangaben, Weihe- oder Besitzinschriften und ähnli-

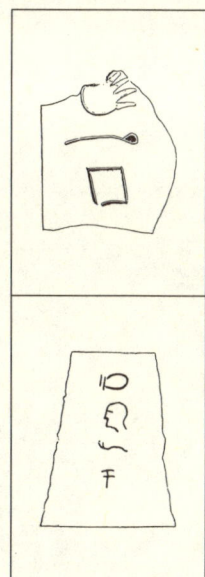

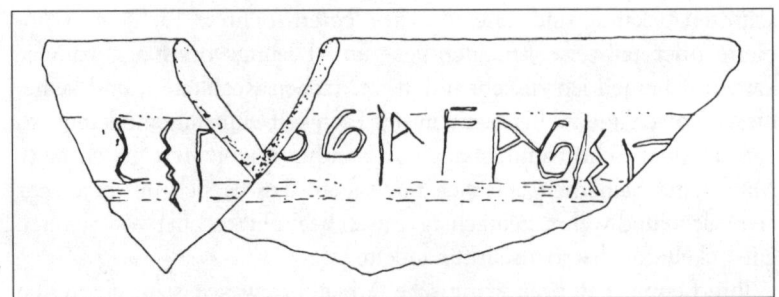

Altkanaanäische
Buchstabeninschrift
auf einem Schalen-
fragment aus
Palästina (12. Jahr-
hundert v. Chr.)

ches auf Keramik, Stein und auf Metallgegenständen. Diese einseitige
Fundauswahl ist natürlich überlieferungsbedingt und hängt mit der
Vergänglichkeit der organischen Beschreibstoffe (wahrscheinlich Papyrus, Holz und Leder) zusammen, für die diese Schrift ihrem ganzen
Duktus und Charakter nach offensichtlich geschaffen war. Die ehemals
sicher weit zahlreicheren und auch längeren Texte auf diesen Materialien
haben sich nicht erhalten und stehen damit der heutigen Forschung nicht
zur Verfügung – wir kennen lediglich die flüchtigen ›Graffiti‹, die teilweise auch noch von ungeübter Hand geschrieben sein mögen. Daher
bleibt die Lesung vor allem der ältesten protokanaanäischen Inschriften
bis heute weitgehend spekulativ – ja, es ist aufgrund der bislang unbekannten Gesamtzeichenzahl noch nicht einmal völlig sicher, ob sie
wirklich bereits durchweg der Alphabetschrift zuzuordnen sind oder
zum Teil auch noch silbischen Systemen. Ein solches, die sogenannte
›pseudohieroglyphische Schrift‹ mit rund 120 bekannten Zeichen, war
zu Beginn des 2. Jahrtausends v. Chr. in der libanesischen Hafenstadt
Byblos in Gebrauch, nach der sie manchmal auch als ›Byblos-Schrift‹
bezeichnet wird.

Bei den jüngeren, aus der zweiten Hälfte des 2. Jahrtausends stam-
menden Inschriften bestehen dagegen keine derartigen Zweifel mehr.
Hier liegt eindeutig eine konsonantische Buchstabenschrift vor, die sich
auch in ihrem zunehmend ›linearen‹ äußeren Erscheinungsbild mehr und
mehr der klassischen phönizischen Schrift der Jahrtausendwende annä-
hert. Deshalb trennen manche Forscher diese jüngeren Schriftzeugnisse
auch von den älteren ab und fassen sie unter der Bezeichnung ›altkanaanäische Schrift‹ als eine eigene Gruppe zusammen.

Wie man das Verhältnis dieser beiden Schriftgruppen oder -stufen
zueinander sieht, hat nicht geringe Auswirkungen auf die Rekonstruktion der Geschichte der Buchstabenschrift. Denn wenn man die altkanaanäischen Inschriften in bruchloser Entwicklung aus den protokanaanäischen ableitet, kommen wegen der Bildhaftigkeit letzterer eigentlich
nur die ägyptischen Hieroglyphen als ursprüngliches Vorbild und Mo-

dell in Frage, ähnlich wie bei einer Ableitung aus der ›Sinai-Schrift‹ (vgl. S. 285 ff.). Sieht man hingegen keine solche Kontinuität, sondern betrachtet die protokanaanäischen Inschriften als folgenlose frühe Versuche – sozusagen als eine ›Sackgasse‹ der Schriftentwicklung –, dann bietet sich für die Ableitung der ja ausgeprägt linearen altkanaanäischen Schrift eher die ägyptische Kursive, das Hieratische, an (vgl. S. 249 f.).

In der Tat gab es neben den zahlreichen Anhängern der ›Hieroglyphen-Theorie‹ (vgl. S. 284 f.) immer wieder einzelne Forscher, die für diese zweite Interpretationsmöglichkeit plädierten. Und wenngleich sie im Unterschied zu ihren Kontrahenten keine archäologischen Funde zur Untermauerung ihrer Position vorlegen konnten, verfügten sie doch über starke Argumente. Vor allem konnten sie darauf hinweisen, daß die Schrift, die von den ägyptischen Schreibern und Diplomaten in Kanaan am häufigsten verwendet wurde und die die Einheimischen daher am intensivsten kennenlernten, eben die für Alltagszwecke benutzte hieratische Schrift war. »Diese Geschäftsleute, diese Händler brauchten eine Kursive; sie fanden sie in dem hieratischen Ägyptisch, das sie vor Augen hatten«, schrieb 1931 einer der wichtigsten Vertreter dieser Denkrichtung, M. A. Mallon. Und er legte auch gleich eine in ihrer Einfachheit und Klarheit spontan einleuchtende Theorie darüber vor, auf welche Weise die semitische Buchstabenschrift aus diesem Vorbild hervorgegangen sein könnte. Wie schon erwähnt, hatten die Ägypter selbst ein ›Alphabet‹ von vierundzwanzig Einkonsonantenzeichen entwickelt, das sie freilich selbst nie in ›reiner‹ Form gebrauchten, das von ihnen lediglich bei der Schreibung fremder Orts- und Eigennamen bevorzugt angewandt wurde (vgl. S. 246). »Es war sicherlich diese Art der Schreibweise, die die Einwohner von Byblos [der bedeutendsten ägyptisch beeinflußten Stadt in der Levante] bei den ägyptischen Schreibern in Anwendung sahen« und in der Folge nachahmten – so die Vermutung Mallons. »Sie entlehnten von den Ägyptern jene Konsonanten oder Halbkonsonanten, die diesen zur Aufzeichnung semitischer Wörter dienten« und machten so das ›buchstabierende‹ Schreiben, das bei den Ägyptern eine seltene, spezielle Anwendungsform war, zur normalen Schreibweise. Diese Neuerung kam, so Mallon, »einer Erfindung gleich«, doch »um eine vollständige Neuerfindung zu sein, erfolgte sie zu spät. (...) Die Rolle der Phönizier [bzw. Kanaanäer] bestand darin, das Werk ihrer Vorgänger zu vollenden. Frei von jeder bindenden Tradition und geleitet von einem praktischen Ziel« schufen sie auf diese Weise »ein Schriftsystem, das völlig verschieden von seinem Vorbild« war.[4]

Träfe diese Theorie zu, so hätte auch François Champollion recht gehabt, der schon über hundert Jahre zuvor vermutete, daß das ägyptische ›Alphabet‹ »wenn nicht den direkten Ursprung, so doch wenigstens das methodische Vorbild« der semitischen Buchstabenschrift darstellte.[5] Doch als bewiesen gelten kann diese Theorie, so plausibel sie auch anmutet, bis heute nicht – es handelt sich, ebenso wie bei den anderen Erklärungsversuchen (vgl. S. 285), lediglich um ein Modell, wie die Entwicklung verlaufen sein könnte.

Zusätzlich kompliziert wird die Problematik durch den Umstand, daß *ca. 630 v. Chr. ?* neben der altkanaanäischen Schrift im 14. und 13. Jahrhundert v. Chr. noch ein weiteres Konsonantenalphabet existierte, die sogenannte ›ugaritische Schrift‹, die ihre Bezeichnung nach der antiken Handelsstadt Ugarit (dem heutigen Fundort Ras Schamra) an der syrischen Mittelmeerküste trägt. Der französische Archäologe Claude F. Schaeffer entdeckte dort seit 1929 bei Ausgrabungen eine große Anzahl von Keilschrifttafeln, die teilweise in dem damals ›international‹ üblichen Akkadisch (vgl. S. 228), teilweise aber auch in einer bis dahin völlig unbekannten Keilschriftart geschrieben waren, deren Entzifferung innerhalb eines Jahres gelang. Die damit befaßten Spezialisten kamen zu dem bemerkenswerten Ergebnis, daß es sich um ein Keilschriftalphabet mit nur dreißig verschiedenen Zeichen handelte – siebenundzwanzig von ihnen gaben die Konsonanten des in Ugarit gebräuchlichen semitischen Dialekts wieder, während drei ›silbische‹ Zusatzzeichen es ermöglichen sollten, auch die Sprache der in der Stadt ansässigen Hurriter (vgl. S. 228) annähernd lautgetreu aufzuzeichnen. Ganz offensichtlich hatten hier ugaritische Schreiber das Prinzip und den Konsonantenbestand der im südlichen Levante-Bereich entwickelten protokanaanäischen Schrift übernommen, gleichzeitig aber deren Form radikal abgewandelt, indem sie auf die bei ihnen übliche Keilschriftschreibweise und -technik zurückgriffen. Darin spiegelt sich die erwähnte geopolitisch-kulturelle Situation der Levante, wo im Süden ägyptischer Einfluß vorherrschte, während der Norden zeitweise stärker mesopotamisch (bzw. hethitisch) geprägt war.

Mittlerweile wurden auch an einer Reihe weiter südlich gelegener Fundorte bis hinunter nach Palästina Belege einer anderen, nur zweiundzwanzig Zeichen umfassenden Variante der ugaritischen Keilschrift ausgegraben – diese Schriftart scheint also nach Kanaan ausgestrahlt und

Sogenannte ›ABC-Tafel‹ aus Ugarit an der syrischen Mittelmeerküste mit den dreißig Keilschriftzeichen des ugaritischen Konsonantenalphabets (14. Jahrhundert v. Chr.)

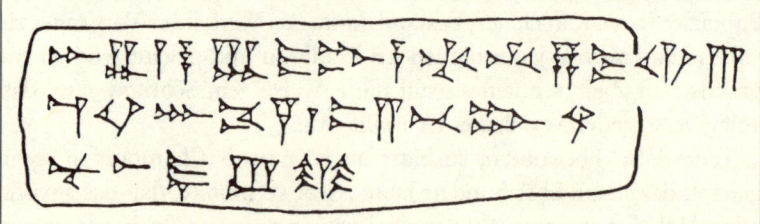

sich mit dem Verbreitungsgebiet der altkanaanäischen Schrift über-
schnitten zu haben.

In Ras Schamra selbst wurden seit 1949 mehrere vermutlich für den
Schulgebrauch geschaffene Tontafeln gefunden, welche die Zeichen des
ugaritischen Alphabets in der gleichen Reihenfolge (*aleph, beth, gimel*
usw.) aufführen, wie später im phönizischen und den davon abgeleiteten
Alphabeten üblich. Diese kostbaren Zeugnisse belegen somit, daß die
Buchstabenfolge, die sich bis in unser ›ABC‹ hinein erhalten hat, mindestens seit dem 14. Jahrhundert v. Chr. (vermutlich aber schon länger) in
ihren Hauptzügen feststand, weshalb man die Fundstücke auch als
›ABC-Tafeln von Ugarit‹ bezeichnet.

Die in Ras Schamra mittlerweile ans Tageslicht gekommenen über
tausend alphabetischen Keilschrifttafeln bezeugen überdies, was wir
bereits für die protokanaanäische Schrift vermutet hatten, ohne es freilich wegen der spärlichen Materialüberlieferung auch belegen zu können
(vgl. S. 288), nämlich eine ebenso vielseitige wie massenhafte Nutzung
der Buchstabenschrift schon um die Mitte des 2. Jahrtausends. Diese
Tafeln enthalten religiöse Texte ebenso wie wirtschaftliche Notizen,
Verwaltungsvermerke wie literarische Niederschriften. Sie verdeutlichen
ein weiteres Mal, um wieviel breiter und ›voller‹ unser Bild vom antiken
Schriftgebrauch ist, wenn haltbare Schriftträger wie Ton verwendet
wurden, und wieviel uns im Falle vergänglicher Materialien verlorengeht
(vgl. S. 240 f.).

Angesichts der beschriebenen Vielzahl von (nachgewiesenen und
vermuteten) Buchstabenschriften und den weithin ungeklärten bzw.
umstrittenen Beziehungen zwischen ihnen läßt sich zusammenfassend
wohl nur folgendes sicher feststellen: Um die Mitte, wahrscheinlich aber
bereits in der ersten Hälfte des 2. Jahrtausends v. Chr. waren in mehreren
Regionen der östlichen Mittelmeerküste Bemühungen im Gange, einfache und leistungsfähige alphabetische Schriftsysteme mit einem kleinen
Zeichenbestand zu schaffen. Dabei machte man gewisse formale und
technische, vielleicht aber auch methodische (vgl. S. 289) Anleihen bei
den großen Schriftsystemen der Zeit, vor allem dem ägyptischen, aber
auch dem mesopotamischen. Die Vielgestaltigkeit und örtliche Unterschiedlichkeit dieser Bemühungen unterstreicht, daß die Erfindung offenbar zu dieser Zeit einfach ›in der Luft lag‹, durch die ökonomischen
und sozialen Verhältnisse der Region notwendig geworden war. Sie
mahnt aber auch zur Vorsicht gegenüber zu einfachen und einlinigen
Entwicklungsmodellen, wie sie vor allem in der ersten Hälfte unseres
Jahrhunderts die Regel waren: Es hat sich trotz aller Unsicherheiten
zwischenzeitlich wohl doch herausgestellt, so der Altorientalist Wolfgang Röllig, »daß eine geradlinige Entwicklung von [den] älteren zu

[den] jüngeren Texten (...) keinesfalls anzunehmen ist, daß vielmehr lokale Eigenentwicklungen vorausgesetzt werden müssen, die einerseits auf der Grundlage einer Silbenschrift, andererseits nach dem Prinzip der Alphabetschrift geschaffen worden sind«.[6]

Phönizische Schrift und griechisches Alphabet

Die vielfältigen Versuche und Ansätze fanden schließlich um die Jahrtausendwende ihre Vollendung in der klassischen phönizischen Schrift, die vermutlich aus den altkanaanäischen Vorläufern entstand. Erste Belege dieses aus zweiundzwanzig Konsonantenzeichen bestehenden Alphabets finden sich auf einer Reihe von Pfeilspitzen des 11. Jahrhunderts v. Chr. – seit dem 10. Jahrhundert kennt man auch längere Inschriften auf Steindenkmälern in der von nun an feststehenden Schreibweise von rechts nach links. Die im Alltag gebräuchlichen Texte in Tinte auf organischem Material sind auch hier nur spärlich überliefert.

Wie aus den Funden zu erschließen ist, setzte sich diese zunächst nur in Phönizien selbst, das heißt auf dem Gebiet des heutigen Libanon, gebräuchliche Schrift bald im ganzen Levante-Gebiet durch und verdrängte die konkurrierenden Systeme, sofern diese nicht bereits von selbst verschwunden waren. Sie wurde auch von den Israeliten in Palästina und von den Aramäern in Syrien übernommen, die aus ihr im 9. bzw. 8. Jahrhundert v. Chr. die hebräische und die aramäische Schrift entwickelten. Besonders die letztere sollte sich als äußerst fruchtbar und einflußreich erweisen: Sie verbreitete sich als offizielle Verwaltungsschrift des persischen Achämenidenreichs bis hin nach Afghanistan, Pakistan und Nordwestindien, so daß auch die dort lebenden Völker das alphabetische Prinzip kennenlernten und in der Folgezeit zu eigenen Schriftschöpfungen angeregt wurden (auf diese Einflüsse gehen beispielsweise die frühen indischen Schriften zurück).

Etwa im 2. Jahrhundert v. Chr. übernahmen die im Gebiet südlich des Toten Meeres ansässigen arabischen Nabatäer die aramäische Schrift und gaben sie an andere arabische Stämme weiter. Daraus entstand nach der Zeitwende die (nord)arabische Schrift, die sich dann im Zeichen des Islam in der gesamten orientalischen Welt verbreitete und heute zu den großen Weltschriften zählt. Vielleicht schon vor der Wende zum 1. Jahrtausend v. Chr. hatte sich im Westen der Arabischen Halbinsel eine ältere, von der Levante-Küste beeinflußte, die sogenannte südsemitische Schriftengruppe herausgebildet.

Alle Buchstabenschriften des Orients gingen bzw. gehen also direkt oder indirekt auf die phönizische Schrift zurück. Daß diese zur ›Urmutter

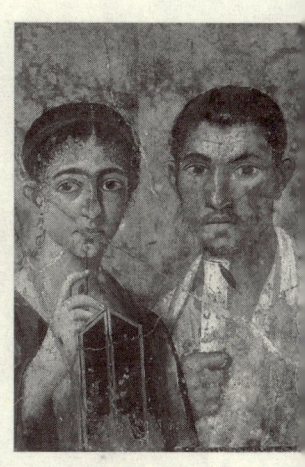

Steinerner Bauernka-
lender in althebräi-
scher Schrift aus der
Zeit um 900 v. Chr.
(Archiv für Kunst
und Geschichte,
Berlin)

aller Alphabete‹ und damit zur Urahnin der meisten heute gebräuchlichen Schriften wurde, hängt freilich in noch höherem Maße mit ihrer
Übernahme und Weiterentwicklung durch die Griechen im Westen
zusammen, aus der letztlich auch unser eigenes Alphabet hervorging.

In der bronzezeitlichen Welt der Ägäis und Griechenlands existierten
schon im 2. Jahrtausend v. Chr. mehrere eigenständige Schriftsysteme –
die frühesten unter ihnen waren eine bildhafte ›Hieroglyphenschrift‹ und
das in der Forschung als ›Linear A‹ bezeichnete, wahrscheinlich silbische
System der minoischen Kultur auf Kreta. In der späteren, auf dem
Festland und auf Kreta blühenden mykenischen Kultur verwendete man

Teilansicht des
Palastes von Knossos
auf Kreta aus dem
2. Jahrtausend v. Chr.
sowie Tontafel mit
Linear-B-Schrift
(Archiv für Kunst
und Geschichte,
Berlin)

eine ›Linear B‹ genannte Silbenschrift – sie ist bekannt durch eine Vielzahl von Verwaltungsnotizen auf Tausenden kleiner Tontäfelchen. Diese
Schriftsysteme gingen jedoch um 1450 (Linear A) bzw. um 1200 v. Chr.
(Linear B) zusammen mit den bronzezeitlichen Palastkulturen, die sie
hervorgebracht hatten, unter und gerieten in Vergessenheit. Griechenland und die Ägäis tauchten in ein über dreihundert Jahre andauerndes
›dunkles Zeitalter‹ ab, das durch eine allgemeine kulturelle Verarmung
und den Rückfall in die Schriftlosigkeit gekennzeichnet war – so jedenfalls lautet die traditionelle Auffassung.

Die Minoer und später die Mykener hatten auch den Seehandel auf
dem östlichen Mittelmeer beherrscht. Daher entstand durch ihren Nie-
dergang in diesem Bereich gleichsam ein Vakuum, in das die Phönizier
hineinstießen, die ihre Handelsschiffahrt stark ausweiteten und sich seit
Beginn des 1. Jahrtausends v. Chr. als die stärkste Seehandelsmacht auf
dem Mittelmeer etablierten. Sie segelten im Westen bis nach Spanien
und legten im Laufe der Zeit zahlreiche Häfen, Handelsstützpunkte und
Niederlassungen entlang ihrer Fahrtrouten und an den Küsten ihrer
Handelspartner an. Die bedeutendste phönizische Gründung war das
mächtige Karthago in Nordafrika.

Auf ihren Seereisen und Handelsfahrten führten die Phönizier nicht
nur ihre wohlsortierten Warenkontingente, sondern auch ihre Rech-

nungsbücher und Inventarlisten mit sich, und ihre (zunächst vornehmlich griechischen) Handelspartner lernten durch sie nicht allein aufregende orientalische Produkte kennen und schätzen, sondern auch die Vorteile der kaum weniger aufsehenerregenden und zudem noch leicht zu erlernenden Buchstabenschrift. Doch natürlich reicht ein sporadischer, flüchtiger Kontakt zwischen Kaufleuten kaum zur Vermittlung und Übernahme einer Schrift aus. Der vermutlich im Rahmen der Handelsbeziehungen entstandene Wunsch der Griechen, sich die leistungsfähige Buchstabenschrift selbst verfügbar zu machen, muß also in einem anderen Kontext realisiert worden sein, über den die Forschung jahrzehntelang rätselte.

Als man in den dreißiger Jahren bei Al Mina an der syrischen Küste (unweit des antiken Ugarit) eine kleine Niederlassung griechischer Kaufleute entdeckte, die im späten 9. Jahrhundert v. Chr. gegründet worden war, glaubte man die Lösung gefunden zu haben: Hier, im phönizischen Mutterland, könnten die griechischen Händler im dauernden Kontakt mit ihren semitischen Partnern deren Schrift erlernt und übernommen haben. Doch leider fanden sich bis heute in Al Mina keinerlei Belege frühgriechischer Schrift – die ältesten Zeugnisse stammen vielmehr aus Griechenland selbst und seinen Einflußgebieten: von der Insel Ischia vor Neapel etwa, aus Athen, vom Berg Hymettos nahe Athen, aus Korinth sowie von Thera und anderen ägäischen Inseln.

Archäologische Funde aus neuerer Zeit belegen denn auch, daß sich schon seit der Jahrtausendwende Phönizier – und zwar offenbar vorwiegend Handwerker – auf Dauer im griechisch-ägäischen Bereich niederließen und dort ihre technischen und künstlerischen Fertigkeiten an einheimische Berufskollegen weitergaben. Was liegt näher als der Gedanke, daß sie ihnen im Rahmen dieses dauerhaften Zusammenlebens und -arbeitens auch die Kunst des alphabetischen Lesens und Schreibens vermittelt haben könnten?

Der griechische Geschichtsschreiber Herodot (um 485 bis um 425 v. Chr.). Römische Porträtbüste (Archiv für Kunst und Geschichte, Berlin)

Diese Version entspräche auch eher der altgriechischen Überlieferung, die der ›Vater der Geschichtsschreibung‹, Herodot, im 5. Jahrhundert v. Chr. so zusammenfaßte: »Jene mit Kadmos [einem mythischen phönizischen Königssohn] in Hellas eingewanderten Phoiniker haben durch ihre Ansiedlung in Boiotien [der mittelgriechischen Landschaft nordwestlich von Attika] viele Wissenschaften und Künste nach Hellas gebracht, so auch die Schriftzeichen, die die Hellenen, wie ich glaube, bis dahin nicht gekannt hatten. (…) Der hellenische Stamm, der damals ihr hauptsächlicher Nachbar war, waren die Ioner. Sie übernahmen die Buchstaben von den Phoinikern, bildeten sie auch ihrerseits ein wenig um und nannten sie ›Phoinikeia‹, was recht und billig war, denn die Phoiniker hatten sie ja in Hellas eingeführt.«[7]

Selbstverständlich ist dieser teilweise auf mythologischer Überlieferung beruhende Bericht keine zuverlässige historische Quelle, insbesondere was die Details betrifft. So wird der genaue Ort der griechischen Übernahme des Alphabets wohl bis auf weiteres unbekannt bleiben – einige Forscher nehmen ohnehin an, daß sich diese Übernahme nicht nur ein einziges Mal und an einem einzigen Ort, sondern mehrfach und unabhängig voneinander in mehreren griechisch-phönizischen ›Kontaktregionen‹ vollzog. Ein Indiz dafür sehen sie in der Tatsache, daß bis ins 4. Jahrhundert v. Chr. keineswegs eine für ganz Griechenland einheitliche Schrift, sondern mehrere in Einzelheiten unterschiedliche ›Lokalalphabete‹ existierten – eine Argumentation, die von anderen Fachleuten allerdings abgelehnt wird.

Ebenso umstritten wie der Ort ist auch der Zeitpunkt, an dem das griechische Alphabet aus dem semitischen hervorging. Die erwähnten ältesten frühgriechischen Inschriften stammen aus dem 8. Jahrhundert v. Chr., und so herrschte einige Jahrzehnte lang weithin Konsens unter den Forschern, daß in ebendiesem, frühestens aber im 9. Jahrhundert v. Chr. die griechische Schrift entstanden sei. In jüngerer Zeit sind jedoch einige Fachleute, ihnen voran der israelische Semitist Joseph Naveh, zu der Auffassung gelangt, daß die Formen der frühesten griechischen Buchstaben eher denjenigen der altkanaanäischen Schrift des ausgehenden 2. Jahrtausends als denen der phönizischen Schrift des beginnenden 1. Jahrtausends v. Chr. ähneln – sie vermuten deshalb, daß die Übernahme des semitischen Alphabets durch die Griechen bereits um 1100 v. Chr. stattgefunden habe. Als weiteres Argument führen sie dabei die Tatsache ins Feld, daß die frühen griechischen Texte abwechselnd rechts-, links- und wechselläufig, also in ihrer Schreibrichtung ebensowenig festgelegt waren wie die altkanaanäischen Graffiti. Die entwickelte phönizische Schrift lief dagegen einheitlich von rechts nach links, was die Griechen – hätte sie ihnen als Vorbild gedient – sicherlich mit übernommen hätten. Statt dessen setzte sich bei ihnen im Laufe der Zeit die noch heute für uns verbindliche Schreibrichtung von links nach rechts durch.

Träfen diese Überlegungen zu, dann hätte das auch beträchtliche Konsequenzen für die Bewertung der frühen griechischen Geschichte, denn das postulierte schriftlose, ›dunkle‹ Zeitalter würde sich dann als bloße Fiktion erweisen oder zumindest in seiner Dauer erheblich zusammenschrumpfen. Navehs Theorie wird freilich vorerst nur von wenigen anderen Fachleuten geteilt – die große Mehrheit hält an dem jüngeren Datum (9. oder 8. Jahrhundert v. Chr.) fest.

Konsonanten und Vokale

Einig ist man sich darüber, daß die Griechen die semitischen Buchstaben weitgehend in ihrer bestehenden Form, ihrer festgelegten Reihenfolge und mit ihren semitischen Benennungen übernahmen: 'aleph wurde so zu *alpha, beth* zu *beta, gimel* zu *gamma, daleth* zu *delta* usw., wobei die griechischen Namen im Gegensatz zu den semitischen keinerlei konkrete ›Wort‹-Bedeutung hatten (vgl. S. 284). Die Zeichenlesungen wurden allerdings dort, wo es nötig schien, dem griechischen Lautstand angepaßt, und dabei vollzog man den letzten großen und wichtigen Schritt in der Entwicklungsgeschichte der Schrift: die gleichberechtigte Aufzeichnung der Vokale. Die Griechen verfuhren dabei so, daß sie einige der zweiundzwanzig phönizischen Zeichen, die für spezifisch semitische, in ihrer eigenen Sprache nicht gebräuchliche Konsonanten standen, zur Schreibung der vokalischen Laute verwendeten, die man in der semitischen Schrift ja, wie erwähnt, normalerweise nicht fixierte (vgl. S. 284).

Dieser für die Schriftgeschichte so bedeutsame Schritt wurde dabei möglicherweise gar nicht bewußt, sondern gleichsam ›zufällig‹ vollzogen. Viele Forscher vermuten nämlich, daß die für griechische Ohren kaum wahrnehmbaren schwachen Anfangskonsonanten des semitischen 'aleph oder he schlichtweg überhört bzw. ignoriert wurden und die betreffenden Buchstabenzeichen somit gleichsam ›automatisch‹ den Lautwert des darauffolgenden Vokals erhielten.

Auch hier gibt es freilich eine anderslautende Hypothese, die etwas an die Theorie Mallons über die Entstehung des semitischen Alphabets aus der ägyptischen Schrift erinnert (vgl. S. 289). Der Schriftgeschichtler I. J. Gelb hat nämlich darauf hingewiesen, daß schon in der altsemitischen Schrift bei der Schreibung von Namen, deren Lesung Schwierigkeiten bereiten konnte, sogenannte ›schwache‹ Konsonanten als Zusatzzeichen (*matres lectionis* = ›Mütter des Lesens‹) zur Andeutung der Vokale eingefügt wurden – man schrieb im Hebräischen den normalerweise *D-w-d* wiedergegebenen Namen in diesem Fall beispielsweise *D-w-j-d* (›Dawid‹). Ähnliche ›vokalische‹ Spezialschreibungen sind, wie unlängst die Ägyptologin Adelheid Schlott hervorhob, bis heute in den arabischen Ländern bei der Wiedergabe ausländischer Namen und Fremdwörter üblich. Wenn die in Griechenland ansässigen Phönizier, so Gelbs und Schlotts Schlußfolgerung, bei der Schreibung griechischer Namen und Wörter in ähnlicher Weise verfuhren, dann hätten die Griechen die ›vokalische‹ Schreibweise gar nicht selbst zu erfinden, sondern nur von ihren Mentoren abzuschauen brauchen. »Die Größe der griechischen Neuerung« läge dann, so Gelb, »nicht in der Erfindung einer neuen Methode, die Vokale anzugeben, sondern in ihrer systematischen An-

Eine der ältesten griechischen Inschriften auf der sogenannten Dipylon-Weinkanne aus Athen (8. Jahrhundert v. Chr.). Die Übersetzung der unten (in zwei Teilen) wiedergegebenen, von rechts nach links laufenden Inschrift lautet: »Wer nun von all den Tänzern am anmutigsten tanzt, der soll dies erhalten«

wendung«[8] – die Griechen hätten von ihren Lehrmeistern, so Schlott, »nicht deren eigentliches Schriftsystem übernommen, sondern nur von ihnen gelernt, wie [sie] griechische Wörter schrieben. Diese Schreibweise – innerhalb der phönizischen Schrift eine Ausnahme –« hätten sie »für ihre Schrift dann zur Regel gemacht«.[9]

Wäre es so gewesen, dann läge ein weiterer Beleg dafür vor, daß die sogenannten ›großen Erfindungen‹ in der Schriftgeschichte nicht aus dem Nichts heraus entstanden, sondern »nur Verbesserungen schon bekannter Dinge« waren,[10] wie es Gelb formulierte (vgl. S. 219). Ihrer Bedeutung würde das keinen Abbruch tun – die vollständige Vokalisierung der Buchstabenschrift durch die Griechen jedenfalls war von enormer Tragweite, denn das daraus hervorgegangene Schriftsystem erlaubte es erstmals, ausnahmslos alle wichtigen Phoneme der gesprochenen Sprache adäquat wiederzugeben und die Sprache dadurch wirklich lautgetreu aufzuzeichnen.

Die Griechen fügten diesem Alphabet in der Folgezeit noch einige Zusatzbuchstaben für Laute hinzu, die im Semitischen nicht existierten, und zwar in den einzelnen ›Lokalalphabeten‹ (vgl. S. 296) in recht unterschiedlicher Weise. Erst im 4. Jahrhundert v. Chr. setzte sich überall in Griechenland das ionisch-attische Alphabet mit vierundzwanzig Buchstaben als die klassische ›gemeingriechische‹ Schrift durch. Sie verbreitete sich zusammen mit anderen Kulturelementen seit 336 v. Chr. im Reich Alexanders des Großen und in der nachfolgenden Epoche des Hellenismus über weite Teile Vorder- und Mittelasiens. Auch im späteren Oströmischen und Byzantinischen Reich wurde griechisch geschrieben. Die im 9. Jahrhundert n. Chr. geschaffene und bis heute zur Schreibung mehrerer slawischer Sprachen verwendete kyrillische Schrift lehnte sich ebenfalls an eine (späte) Entwicklungsform des griechischen Alphabets an.

Im 8. bis 6. Jahrhundert v. Chr. gründeten die Griechen Kolonien und Niederlassungen überall im westlichen Mittelmeerraum – in Südfrankreich und Spanien, besonders aber auf Sizilien und in Süditalien. Von hier aus gaben sie ihre Schrift an verschiedene italische Völker weiter, die sie für die Schreibung ihrer jeweiligen Sprachen umbildeten. Zu diesen zählten auch die Bewohner der mittelitalischen Landschaft Latium, die wohl im 7. Jahrhundert v. Chr. das Alphabet übernahmen – wahrscheinlich allerdings nicht von den griechischen Kolonisten selbst, sondern von ihren schon länger griechisch beeinflußten und schriftbesitzenden nördlichen Nachbarn, den Etruskern in der Toskana. Die Latiner formten es zum zunächst einundzwanzig Buchstaben umfassenden lateinischen Alphabet um. Dem Aufstieg der in Latium gelegenen Stadt Rom zur führenden Weltmacht der folgenden tausend Jahre war es dann zuzu-

Ägyp-tisch	Phöni-zisch	Hebräisch			Griechisch			Latei-nisch
		ʾ	aleph	›Rind‹	Aα	a	álpha	A
		b	beth	›Haus‹	Bβ	b	bêta	B
		g	gimel	›Kamel‹	Γγ	g	gámma	C
		d	daleth	›Tür‹	Δδ	d	délta	D
		h	he		Eε	e	èpsilón	E
		w	waw	›Nagel‹	Fς	–	vaû	F
		z	zajin	›Waffe‹	Zζ	z	zêta	(G)
		ḥ	heth		Hη	ā	êta	H
		t	teth		Θϑ	th	thêta	100?
		j	jod	›Hand‹	Iι	i	jôta	I
		k	kaf	›offene Hand‹	Kκ	k	káppa	K
		l	lamed		Λλ	l	lámbda	L
		m	mem	›Wasser‹	Mμ	m	mŷ	M
		n	nun	›Fisch‹ ›Schlange‹	Nν	n	nŷ	N
		s	samek		Ξξ	x	xî	–
		ʿ	ayin	›Auge‹	Oo	o	òmikrón	O
		p	pe	›Mund‹	Ππ	p	pî	P
		ṣ	sade		–	–	–	–
		q	qof		Ϙϟ	–	kóppa	Q
		r	reš	›Kopf‹	Pϱ	r	rhô	R
		š	šin	›Zahn‹	Σσ	s	sîgma	S
		t	taw	›Zeichen‹	Ττ	t	taû	T
		-k	(kafʾ)		Yυ	ü	ŷpsilón	V
		-m	(mem)		Φφ	ph	phî	1000
		-n	(nun)		X↓	ch	chî	X
		-f	(fe)		↓Ψ	ps	psî	50?
		-s	(sade)		Ωω	ō	ômèga	–
					↑⋔↑	–	sampî	–

schreiben, daß diese anfangs rein regionale Schrift eines kleinen italischen Volkes zum beherrschenden Schriftsystem Europas wurde, das auch die Nachfolger und Erben der Römer bewahrten und weiterbildeten und das wir bis heute verwenden.

Im Zeitalter der Entdeckungen und des europäischen Kolonialismus fand das lateinische Alphabet fast weltweite Verbreitung und wurde den Völkern (bzw. den einheimischen Eliten) der Neuen Welt, Afrikas und Ozeaniens zusammen mit den anderen ›Segnungen‹ der abendländischen Zivilisation übermittelt, oft freilich auch unter brutaler Zerstörung ihrer eigenen Kulturen und Schriftsysteme aufgezwungen (vgl. S. 274). Die fremde Buchstabenschrift kam in der Regel mit der Bibel und den Missionaren ins Land und diente zunächst vorwiegend der Verankerung des christlichen Glaubens und der Kolonialverwaltung. Heute ist das solcherart verbreitete lateinische Alphabet die weltweit führende Schrift. Sie wird zur Schreibung zahlloser unterschiedlicher Sprachen verwendet, fungiert als internationale Verkehrsschrift und hat den Sieg des Alphabets über die anderen Schriftsysteme (von denen nur noch die chinesische Wort- und die japanische Wort-Silben-Schrift eine bedeutsame Rolle spielen) vollendet.

Die ›Demokratisierung‹ der Schreibkunst

Welche kulturgeschichtliche Bedeutung und welche gesellschaftlichen Folgen die Entwicklung und Ausbreitung der Buchstabenschrift hatte, wird seit etwa zwei Jahrzehnten besonders im angelsächsischen Raum lebhaft und kontrovers diskutiert. Dabei waren und sind die Arbeiten von Forschern wie Eric A. Havelock, Jack Goody und Walter J. Ong wegweisend.

Einen ganz wesentlichen Aspekt der Problematik haben wir bereits zu Beginn dieses Kapitels erwähnt: die leichte Erlernbarkeit der alphabetischen Schrift nämlich, die zwar keine unverzichtbare Voraussetzung für eine allgemeine Schriftkundigkeit der Bevölkerung darstellt (wie die

Linke Seite: Übersicht über die Entwicklung der Buchstabenschrift

Unten: Die älteste bekannte lateinische Inschrift auf der sogenannten Manios-Spange aus Praeneste (7. Jahrhundert v. Chr.)

Beispiele des modernen Japan und China lehren), die aber doch die Herausbildung einer solchen allgemeinen Literalität ungeheuer erleichtert und fördert, ja historisch gesehen wohl erst ermöglicht hat. »Die Erfindung des alphabetischen Prinzips brachte die Schriftkenntnis in die Reichweite von jedermann und erlaubte so die Demokratisierung der höheren Kultur«, schreibt der amerikanische Forscher Frank Moore Cross,[11] und sein britischer Kollege A. R. Millard merkt an: »Mit dem Alphabet (...) wurde das Monopol der Schreiber gebrochen, wenngleich man nicht annehmen sollte, daß sofort jeder zu lesen und schreiben begann.«[12]

Das wohl früheste und eindrucksvollste antike Beispiel breitveranker-ter Literalität bietet das klassische Griechenland und hier besonders die Stadt Athen. Die Fachwelt streitet zwar noch darüber, ab welchem Zeitpunkt eine allgemeine Schreib- und Lesekundigkeit unter der athenischen Bürgerschaft angenommen werden kann – Einigkeit herrscht jedoch darüber, daß sie spätestens mit dem Ende des 5. Jahrhunderts v. Chr. vorauszusetzen ist. Schulen mit einer größeren Zahl von Schülern werden in griechischen Quellen schon für die Zeit kurz nach 500 v. Chr. erwähnt, wenngleich es in dem Stammland der humanistischen Bildung niemals einen kostenlosen öffentlichen Schulunterricht oder gar eine

Wiedergabe einer Unterrichtsszene auf einer attischen Schale des 5. Jahrhunderts v. Chr.

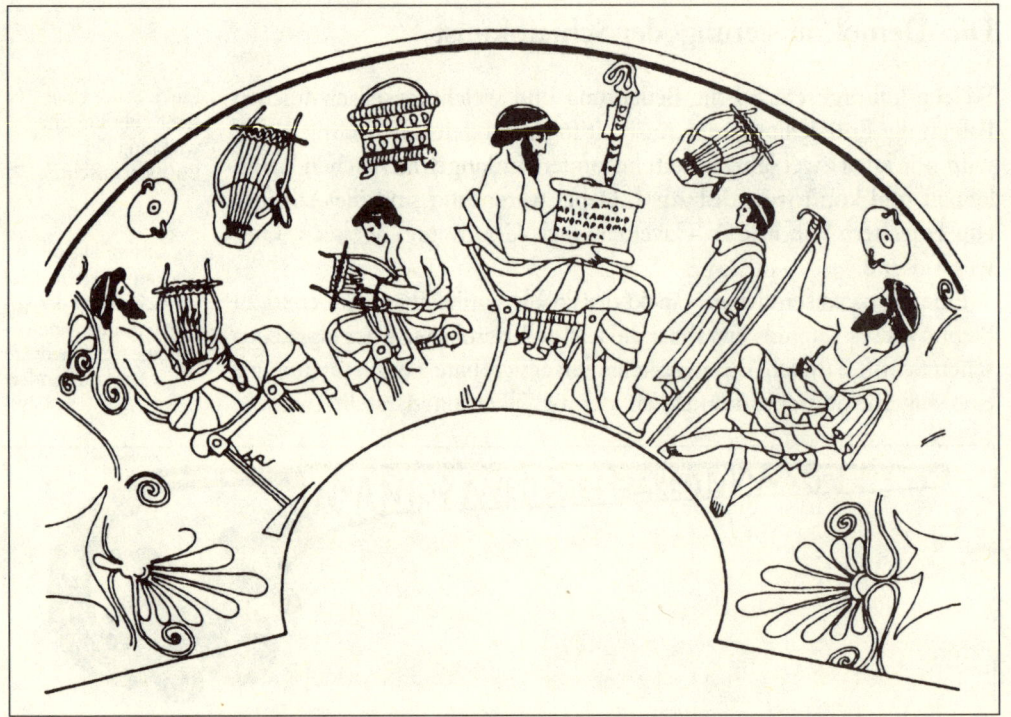

Schulpflicht im modernen Sinne gab. Griechische Vasenbilder zeigen ebenfalls schon seit dem frühen 5. Jahrhundert Unterrichtsszenen, und in den klassischen Dramen und Komödien erscheint gegen Ende des 5. Jahrhunderts der (meist ländliche) Analphabet, der *agrammatos*, als eine Witzfigur.

Die athenische ›direkte Demokratie‹ mit ihrer unmittelbaren Mitwirkung und Verantwortlichkeit der Vollbürger, von denen ein großer Teil einmal oder mehrmals im Leben staatliche Funktionen ausübte, setzte eine allgemeine Schreib- und Lesekundigkeit geradezu voraus. Gesetze und wichtige Verlautbarungen wurden daher wie selbstverständlich (oft mit dem Vermerk »damit jeder, der es wünscht, es sehen kann«[13]) als Inschriften in Stein auf öffentlichen Plätzen publik gemacht. Auch eine Einrichtung wie das seit Ende des 6. Jahrhunderts existierende Scherbengericht *(ostrakismos)*, mittels dessen ein unbeliebter oder als gefährlich angesehener Politiker für zehn Jahre in die Verbannung geschickt werden konnte, wenn mindestens sechstausend Bürger seinen Namen auf einer Tonscherbe einritzten, hätte ohne eine weitverbreitete Literalität nicht funktionieren können (obgleich man weiß, daß durchaus auch Scherben von fremder Hand beschrieben oder sogar ›serienmäßig‹ vorgefertigt wurden). Bei alldem ist freilich zu bedenken, daß diese athenische Demokratie sich auf die freien männlichen Vollbürger der Stadt beschränkte und daß Frauen, Sklaven und Fremde, mithin die Mehrheit der erwachsenen Bevölkerung, von vornherein ausgeschlossen und politisch rechtlos blieben. Dennoch dürfte auch unter diesen Bevölkerungsgruppen ein gewisser, sicherlich kleinerer Teil schriftkundig gewesen sein.

Ein Ostrakon aus dem athenischen Scherbengericht mit dem Namen des Aristides (Archiv für Kunst und Geschichte, Berlin)

Das klassische Griechenland und insbesondere Athen blieb im Hinblick auf die Schriftverbreitung innerhalb der antiken Welt vermutlich einzigartig und unerreicht – die dortigen Verhältnisse lassen sich also kaum verallgemeinern. Tatsächlich sind die meisten Fachleute heute der Auffassung, daß die Mehrheit der Bevölkerung in der hellenistischen Welt und im Römischen Reich, wo die meisten Menschen nicht in Städten, sondern auf dem Lande lebten und wo auch die Teilnahme an der Staatsverwaltung und an öffentlichen Entscheidungsprozessen als Motiv für die Schrifterlernung und -verwendung fehlte, weder lesen noch schreiben konnte. Im europäischen Früh- und Hochmittelalter schmolz der Schriftgebrauch sogar wieder für Jahrhunderte auf wenige ›Inseln‹ der Literalität und der Gelehrsamkeit zusammen – dies waren vor allem die Klöster, in denen man die lateinische Schrift zur Überlieferung und Kopierung der christlichen und antiken Texte benutzte und auf diese Weise bewahrte.

Wenngleich das Alphabet also sozusagen die ›technologischen Voraussetzungen‹ für eine allgemeine Schriftkundigkeit und für die ›Demo-

Im Mittelalter wurde die lateinische Schrift vor allem in den Klöstern zum Kopieren heiliger Texte verwandt. Französische Miniatur aus dem 14. Jahrhundert (Archiv für Kunst und Geschichte, Berlin)

kratisierung der Schreibkunst‹ schuf, wurde diese Möglichkeit in der antiken und mittelalterlichen Welt doch nur an den wenigen Stellen realisiert, die dafür günstige gesellschaftliche und politische Voraussetzungen boten. Im allgemeinen blieb der Umgang mit der Schrift das Privileg einer gesellschaftlichen Minderheit – einer Minderheit freilich, die beträchtlich größer gewesen sein dürfte als die kleine Gruppe der Berufsschreiber in den altorientalischen Hochkulturen (vgl. Kapitel 11). Zu ihr gehörten neben den Funktionsträgern in Staat, Religion und Gesellschaft sicher auch viele Kaufleute, Händler und Handwerker sowie der größte Teil der gutsituierten städtischen Oberschicht, für die es nun zum guten Ton gehörte, gebildet, belesen und kulturell interessiert zu sein.

Es wäre auch ein Irrtum anzunehmen, daß die Entwicklung der leicht verwendbaren Buchstabenschrift automatisch eine Durchdringung des gesamten Alltagslebens mit diesem neuen Medium zur Folge gehabt hätte. Selbst im klassischen Griechenland, dem antiken Paradebeispiel breitverankerter Literalität, blieb die ›Verschriftlichung‹ des Alltags in vielerlei Hinsicht begrenzt, wurden auf Mündlichkeit beruhende Traditionen und Institutionen in weiten Bereichen beibehalten. Die Literatur beispielsweise war noch lange Zeit primär für ein Zuhörer- bzw. Theaterpublikum, nicht für eine Leserschaft im heutigen Sinne konzipiert, in der Philosophie blieb der ›Dialog‹ das klassische Mittel der Lehre und Wahrheitsfindung, und im politischen Bereich fungierte die an persönliche Anwesenheit und unmittelbare Diskussion gebundene Volksversammlung während der Periode der Demokratie als oberstes Entscheidungsorgan. Ein Kulturgeschichtler kann daher, wie es der britische Althistoriker Oswyn Murray formulierte, »Griechenland als eine mündliche oder eine schriftliche Kultur ansehen, je nachdem, welchen Bereich er untersucht.«[14] Und dies gilt in noch stärkerem Maße für die hellenistischen Staaten und das Römische Reich, in denen die Mündlichkeit gegenüber der Schrift ein noch größeres Gewicht bewahrt haben dürfte. Deshalb lassen sich diese Kulturen trotz der Existenz großer und wohlbestückter Bibliotheken, trotz eines umfangreichen Handels mit den damals üblichen ›Buch‹-Rollen aus Papyrus oder Pergament und trotz einer Vielzahl von Ausbildungsstätten nur mit Einschränkung als wirklich ›verschriftete‹ Kulturen bezeichnen.

Das wahre Zeitalter der literalen Massenkommunikation und des alles durchdringenden Schriftgebrauchs wurde erst eingeläutet mit der Erfindung des Buchdrucks durch Johannes Gutenberg und mit der massenhaften industriellen Herstellung des billigen Beschreib- und Bedruckstoffes Papier im Europa des 15. Jahrhunderts. Doch das ist ein völlig neuer Abschnitt in der Geschichte der Kommunikationstechniken, der ein eigenes, dickes Buch füllen würde – das unsere, das nur den Ursprüngen von Sprache und Schrift nachspüren wollte, soll hier, an der Schwelle zur Neuzeit, enden.

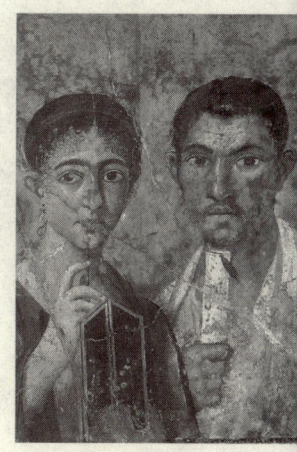

Johannes Gutenberg (um 1400–1468), der Erfinder des Buchdrucks mit beweglichen Lettern. Stahlstich aus dem 17. Jahrhundert (Archiv für Kunst und Geschichte, Berlin)

Nachwort
zur Neuausgabe

Stand die
Wiege der Schrift
in Europa?

Wir haben in den vorangegangenen Kapiteln die Entwicklung der Schrift von ihren logographischen und bildhaften Anfängen bis zur linearen Alphabetschrift nachgezeichnet und mitverfolgt. Kehren wir nach diesem kulturgeschichtlichen Rundblick, der uns durch mehrere Jahrtausende und einen riesigen geographischen Raum geführt hat, noch einmal zur Frage der frühesten Schriftentstehung zurück, die in den letzten Jahren neu in die Diskussion gekommen ist.

In diesem Buch wird die ›traditionelle‹ Ansicht vertreten, derzufolge die ältesten Schriftsysteme der Welt gegen 3000 v. Chr. zunächst in Mesopotamien und dann in Ägypten entstanden (vgl. Kap. 9 und 10). Ihnen folgte nach der Mitte des 3. Jahrtausends v. Chr. die Schrift der Indus-Kultur (vgl. S. 252 f.) und vielleicht auch die früheste Schrift Chinas (vgl. S. 253), während sich in Europa erst um 2000 v. Chr. mit den ›hieroglyphisch‹ und ›Linear A‹ genannten Systemen der minoischen Kultur auf Kreta (vgl. S. 293) eine Schriftkultur herausbildete.

Gegen ebendiese Auffassung ziehen seit einiger Zeit eine Reihe von Forschern zu Felde, unter ihnen im deutschsprachigen Raum der Linguist Harald Haarmann. Sie vertreten die Auffassung, »daß die Anfänge der Schriftgeschichte um mindestens zwei Jahrtausende zurückverlegt werden müssen«[1] und daß die Wiege der Schrift keineswegs in den

Tönerne weibliche Figur aus der altbalkanischen Vinča-Kultur (5. Jahrtausend v. Chr.). Manche solcher Figuren (Idole) sind mit schriftartigen Zeichen versehen (Archiv für Kunst und Geschichte, Berlin)

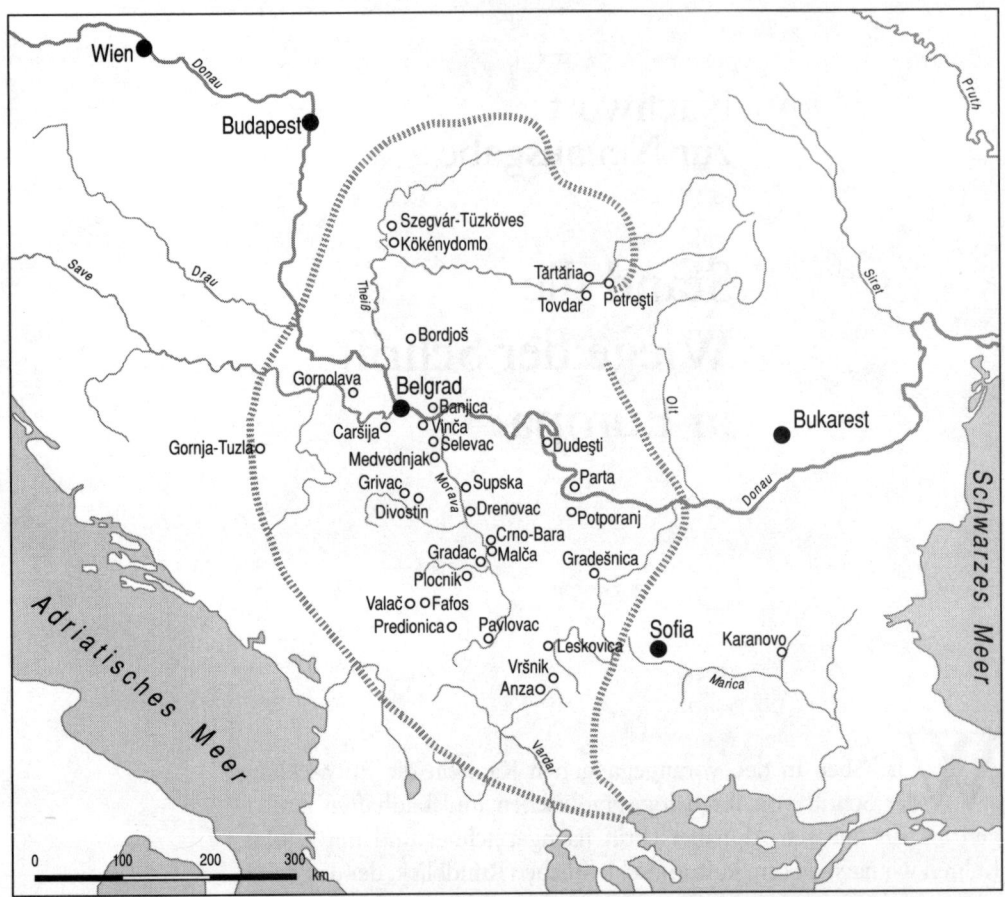

Verbreitung der
Vinča-Kultur und
einige ihrer wich-
tigsten Fundorte

Hochkulturen des Alten Orients gestanden habe, sondern im vorgeschichtlichen Europa, genauer gesagt auf dem Balkan. Dort, an den
Ufern der Donau, habe sich bereits um 5000 v. Chr. – also rund zweitausend Jahre früher als im Zweistromland und am Nil – ein Schriftsystem
entwickelt, das somit das älteste der Menschheitsgeschichte gewesen
sei. Diese ›alteuropäische‹ oder ›altbalkanische‹ Schrift sei in der Region
fast zwei Jahrtausende lang in Gebrauch geblieben und habe noch um
2000 v. Chr. die Entstehung von Linear A auf Kreta (vgl. S. 293)
beeinflußt – so jedenfalls Haarmann. Entgegen der gewöhnlich für die
Vor- und Frühgeschichte angenommenen kulturellen Strömungsrichtung vom Orient zum Okzident (›ex oriente lux‹, vgl. S. 163) seien hier
also Impulse von Westen nach Osten gegangen.

Das sind provokante Thesen, die – wenn sie sich bestätigten – das
bisher gültige Bild von der Kulturgeschichte der Alten Welt entscheidend verändern würden. Sie verdienen um so mehr eine kritische Über-

prüfung, da sie – selbstbewußt als der neueste Stand der Forschung präsentiert – in den letzten Jahren in der Öffentlichkeit und den Medien eine breite Resonanz gefunden haben.

Ganz so neu, wie sie sich geben, sind diese Thesen indes nicht, und neu ist vor allem das Material nicht, auf das sie sich stützen. Schon seit Beginn unseres Jahrhunderts sind von verschiedenen Fundorten der (nach einem Siedlungshügel bei Belgrad benannten) Vinča-Kultur im heutigen Serbien, Rumänien und Bulgarien, die am Übergang von der Jungsteinzeit zur Metallzeit steht (sogenannte ›Kupfersteinzeit‹), eingeritzte Zeichen auf Keramik, Tonfiguren (Idolen) und anderen tönernen Objekten bekannt. Ähnliche keramische Ritzmarken kommen auch in vielen anderen prähistorischen Kulturen vor (vgl. S. 253 und 319) und wurden früher in der Regel als ›Töpfermarken‹ oder ›Eigentumszeichen‹ zur Kennzeichnung des Herstellers oder Besitzers der Tonware gedeutet. Einige Gelehrte bezeichneten die Marken der Vinča-Kultur aber schon früh auch als »piktographische« bzw. »schriftartige« Zeichen und wiesen auf Parallelen mit ähnlichen Ritzungen auf Keramik des prädynastischen Ägyptens, Troias und der Ägäis hin.[2] Diese Vergleiche waren beeinflußt durch eine zu dieser Zeit in der Fachwelt weit verbreitete Theorie, der zufolge einstmals im gesamten östlichen Mittelmeerraum ein gemeinsames frühes Schriftsystem existiert habe (vgl. S. 314 f.). Die genannte Theorie erwies sich aber als unhaltbar, und in der Folge schlief auch das Interesse an den altbalkanischen Zeichen für einige Jahrzehnte ein.

Es erwachte erneut, und diesmal sehr viel intensiver, als 1963 der rumänische Archäologe N. Vlassa den Fund dreier ›beschrifteter‹ Tontäfelchen bekanntgab, die er auf dem vinčazeitlichen Siedlungshügel von Tărtăria in Siebenbürgen ausgegraben hatte. Rund die Hälfte der über zwanzig Zeichen auf diesen Täfelchen wiesen eine auffallende Ähnlichkeit mit Ideogrammen der mesopotamischen Protokeilschrift auf, wie deren damals bester Kenner, Adam Falkenstein (vgl. S. 202), 1965 in einer Expertise bestätigte. Die Tărtăria-Täfelchen wurden damit zu einem Hauptbeweisstück in dem Streit, der zu dieser Zeit unter den Prähistorikern über die chronologische Einordnung der Vinča-Kultur und überhaupt der europäischen Jungsteinzeit und Kupfersteinzeit geführt wurde. Die Anhänger der traditionellen archäologischen Datierungsmethode unter Führung des Heidelberger Prähistorikers Vladimir Milojčić argumentierten, daß die Täfelchen, wenn sie von der frühmesopotamischen Schrift abzuleiten seien, unmöglich älter als diese sein könnten, daß mithin auch die Vinča-Kultur (und das ganze mit ihr gleichzeitige europäische Neolithikum) erst nach 3000 v. Chr. entstanden sein könne. Die Anhänger der damals noch jungen C-14-Datierungsmethode (Ra-

Beispiele für ›Topfmarken‹ auf Keramik der Vinča-Kultur

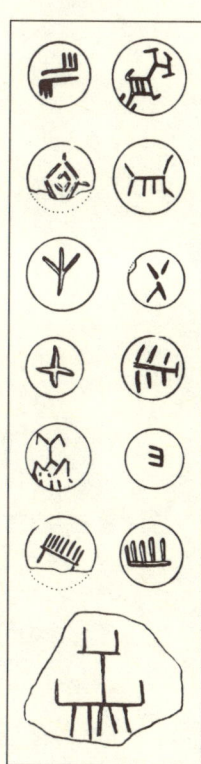

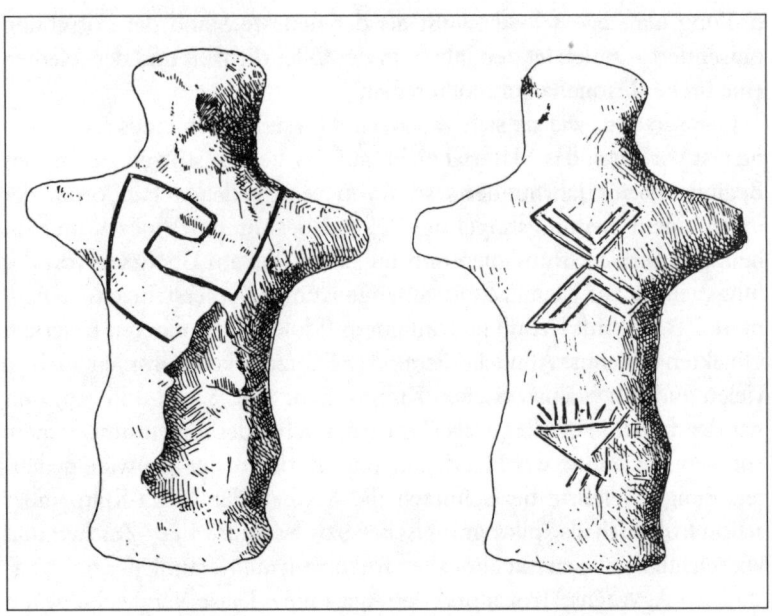

Eingeritzte Zeichen
auf der Vorder- und
Rückseite einer Ton-
figur (Idol) aus Vinča
in Serbien

diokarbonmethode, siehe Glossar) hingegen setzten auf der Basis ihrer naturwissenschaftlich gewonnenen Daten die Vinča-Kultur (und den Beginn der mitteleuropäischen Jungsteinzeit) eineinhalb Jahrtausende früher, um 4500 v. Chr., an.

Die älteste Schrift der Welt?

An der Diskussion um die Tărtăria-Täfelchen beteiligten sich in der Folgezeit eine große Zahl von Forschern, wobei aufgrund der Fortschritte in der archäologischen Datierungsmethodik immer klarer wurde, daß sie – und mit ihnen auch die anderen ›beschrifteten‹ Objekte der Vinča-Kultur – tatsächlich rund zwei Jahrtausende älter waren als die früheste mesopotamische Schrift (die heutigen Daten liegen um 5000 v. Chr.). Man stand daher ihrer Ableitung aus Vorderasien zunehmend kritisch gegenüber und neigte mehr und mehr dazu, in ihnen Zeugnisse eines eigenständigen, auf dem Balkan selbst entwickelten Zeichensystems zu sehen. Zu dieser veränderten Sichtweise trug auch bei, daß in den späten sechziger Jahren weitere mit Zeichengruppen versehene Objekte aus Vinča-Nachbarkulturen entdeckt bzw. bekannt gemacht wurden, unter ihnen eine große schüsselförmige Tontafel aus Gradešnica in Bulgarien und mehrere ›beschriftete‹ Spinnwirtel aus unterschiedlichen Gegenden des Balkan.

Welchen Charakter dieses offenbar in der Region selbst entstandene Zeichensystem hatte, darüber sind sich die Experten aber bis heute uneins. Der Amerikaner Shan M. M. Winn, der 1981 die bislang gründlichste Analyse des gesamten Materials veröffentlichte, sprach von »prewriting«: einem überregional einheitlichen System bedeutungstragender Symbole, das aber noch »keine ›echte‹ Schrift dargestellt« habe.[3] Zu einem ähnlichen Urteil gelangte der deutsche Forscher Reinhard Witte, der 1980 eine Dissertation über das Thema vorlegte, und auch Emilia Masson, die 1984 einen ausführlichen Aufsatz darüber veröffentlichte, sprach von einem »Vorläuferstadium der Schrift«.[4] Dagegen sahen bulgarische und jugoslawische Forscher wie V. I. Georgiev und Jovan Todorović schon Ende der sechziger Jahre in den Zeichen echte Schrift, und auch die Londoner *Times* bezeichnete 1966 in einem Artikel »Europa als mögliche Wiege der Schrift«.[5] Unter den im Westen tätigen Archäologen vertrat diese Auffassung vor allem die aus Litauen stammende, in den USA lebende und lehrende Forscherin Marija Gimbutas, die in einer Reihe von Veröffentlichungen die ›alteuropäische‹ Kultur des Balkans als die älteste schriftbesitzende Zivilisation der Welt beschrieb. Hunderte von Fundstücken aus der Vinča-Kultur, so Gimbutas 1973, zeigten »lineare Zeichen, die sehr deutlich von Symbolen oder Ideogrammen unterschieden sind. Diese Objekte bezeugen die Existenz einer Schrift. Die alteuropäische Schrift ist rund zweitausend Jahre älter als die sumerische. Sie war wahrscheinlich mit religiösen Funktionen verbunden und diente Zwecken des Aufzeichnens, Weihens und Gedenkens«.[6] Diese These griff der bereits erwähnte Sprachwissenschaftler

›Beschriftete‹ Tontäfelchen aus Tärtäria in Siebenbürgen, die eine langanhaltende Kontroverse unter den Archäologen auslösten

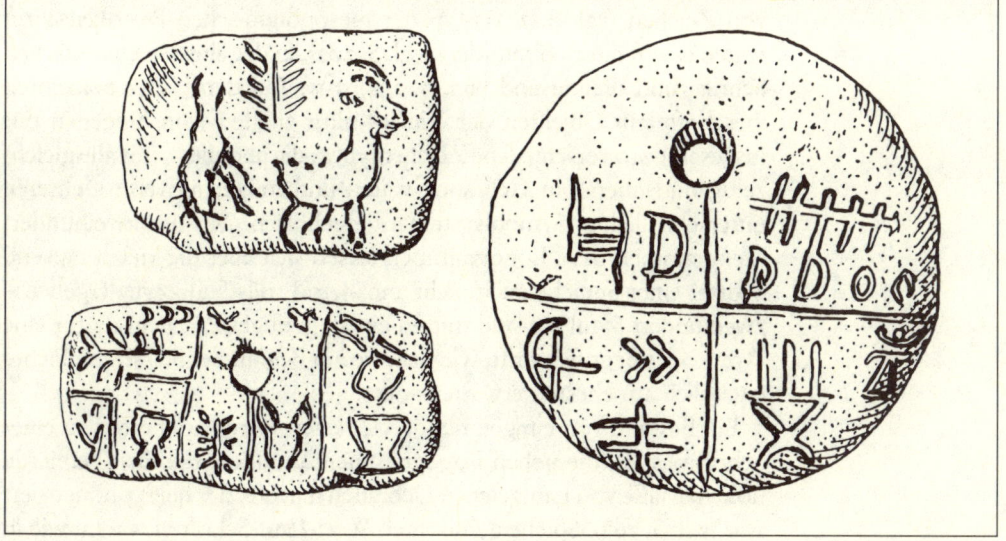

Harald Haarmann in einem 1990 veröffentlichten schriftgeschichtlichen Handbuch auf und machte sie auch im deutschsprachigen Raum bekannt, wo sie in den Medien und der Öffentlichkeit als sensationelle neue Entdeckung gefeiert wurde.

Auf den ersten Blick scheint diese Auffassung auch viel für sich zu haben, denn die Zeichen auf den Tărtăria-Täfelchen oder auf der Gradešnica-Tafel wirken in ihrer Form und vor allem ihrer regelmäßigen Anordnung bzw. Reihung in der Tat sehr schriftartig. Doch dies ist auch bei vielen aus der Völkerkunde bekannten Zeichensequenzen ohne wirklichen Schriftcharakter der Fall, etwa bei den *Winter counts* der nordamerikanischen Indianer (vgl. S. 157 f.) und sogar bei Ritzungen auf jungpaläolithischen Knochen (vgl. S. 160). Der Schriftcharakter eines Zeichensystems läßt sich daher nicht allein aufgrund des äußeren Eindrucks beurteilen – man muß vielmehr die innere Struktur, vor allem die Anzahl und Kombination der Zeichen, genauer analysieren, und hier hat im Hinblick auf die Vinča-Kultur vor allem Winn wichtige Pionierarbeit geleistet.

Die meisten frühen Schriftsysteme basierten, wie in den vorangegangenen Kapiteln beschrieben, zumindest in ihren Anfängen wesentlich auf dem Prinzip der Logographie bzw. Ideographie, bei der jedes Wort und jeder Begriff durch ein eigenes Zeichen versinnbildlicht und geschrieben wird. Dieses Prinzip sollte man daher auch bei der vermeintlich ältesten Schrift der Welt vermuten – doch dem widerspricht die geringe Zahl der Vinča-Zeichen. Um alle Wörter der gesprochenen Sprache oder wenigstens einen relevanten Teil von ihnen wiedergeben zu können, benötigen logographische Schriften, wie beschrieben, eine große Anzahl von Zeichen (vgl. S. 221) – in der mesopotamischen Protokeilschrift waren es um die zwölfhundert (vgl. S. 202), in der ältesten chinesischen Schrift rund dreitausend (vgl. S. 254) usw. Auf den bisher bekannten ›beschrifteten‹ Objekten der Vinča-Kultur zählte Winn hingegen nur insgesamt 210 verschiedene Zeichentypen, die überdies nicht alle gleichzeitig und überall in Gebrauch waren und möglicherweise mehreren unterschiedlichen Symbolsystemen angehörten. Mit nur zweihundert Ideogrammen bzw. Logogrammen lassen sich aber die vielen tausend Wörter einer Sprache auch nicht annähernd vollständig wiedergeben – zweihundert Symbole sind mithin ein zu geringer Zeichensatz für eine Wort- oder Begriffsschrift, wie man sie am Beginn der Schriftgeschichte eigentlich am ehesten erwarten sollte.

Ein Bestand von einigen hundert Zeichen würde am besten zu einer Schrift passen, die neben Logogrammen und Ideogrammen bereits in hohem Maße von Lautzeichen Gebrauch machte, das heißt phonetisiert war (vgl. S. 168). Solche gemischten Wort-Laut-Schriften waren, wie in den vorangegangenen Kapiteln beschrieben, beispielsweise die altägyptische Schrift mit ihren an die tausend Hieroglyphen (vgl. S. 246 ff.) oder die klassische babylonisch-assyrische Keilschrift mit ihren rund fünfhundert Zeichen (vgl. S. 223 ff.). Je stärker in solchen ›gemischten‹ Schriftsystemen die lautliche Seite betont wird, desto mehr reduziert sich die Zahl der benötigten Zeichen – bis auf weniger als hundert bei reinen Silbenschriften (vgl. S. 168). Freilich tritt eine solch starke Phonetisierung gewöhnlich erst als Ergebnis einer längeren Schriftentwicklung auf (vgl. S. 223) und kann daher für die vermeintlich älteste Schrift der Welt noch kaum vorausgesetzt werden.

Tatsächlich sprechen auch verschiedene konkrete Indizien gegen einen phonetischen Charakter der Vinča-Marken. Schriftzeichen mit einem Lautwert machen einzeln keinen Sinn, denn nur im Verband, das heißt in der Abfolge mehrerer Zeichen, verbinden sie sich zu einer lesbaren und verständlichen Nachricht – eine einzelne Silbe ›hängt in der Luft‹, erst mehrere Silben zusammen ergeben ein Wort oder einen ganzen Satz. Nach Winns Analysen wurden von den 210 verschiedenen Vinča-Zeichen aber allein neunundneunzig nur einzeln und niemals in Gruppen, weitere neunundsiebzig auch vereinzelt verwendet – isolierte Ritzmarken auf Keramik machen bei weitem den größten Teil des Fundbestandes aus, umfangreichere Zeichenansammlungen wie auf den Tǎrtǎria-Tǎfelchen oder der Gradešnica-Tafel sind Einzelfälle bzw. seltene Ausnahmen, wenngleich sie als die ›Highlights‹ natürlich am häufigsten erwähnt und abgebildet werden. Ferner kommen nach Winn innerhalb der Symbolgruppen nur selten identische Zeichenkombinationen oder Wiederholungen ein und desselben Symbols vor. Diese Tatsachen zusammengenommen sprechen eindeutig gegen einen lauttragenden (silbischen) Charakter der Vinča-Zeichen, aber auch gegen die Schrifthypothese als solche, denn wirkliche Schrift beruht ja stets auf der *Aneinanderreihung* und *Kombination* von Zeichen, die nur in Ausnahmefällen isoliert erscheinen.

An der Schrifthypothese zweifeln läßt auch die äußere Form der Vinča-Marken. Sie sind größtenteils nicht von bildhafter (piktographischer) Gestalt, wie die ältesten Schriftzeichen Mesopotamiens, Ägyptens, Chinas und anderer früher Kulturen es überwiegend waren (vgl. S. 202 f. und 232 ff.), sondern besitzen ausgesprochen abstrakte und lineare Formen, wie sie normalerweise erst für ein fortgeschrittenes Stadium der Schriftentwicklung kennzeichnend sind (vgl. S. 221, 254 und 288). Das vermutete älteste Schriftsystem der Welt wäre damit gleichzeitig das einzige, das unter Überspringung der piktographischen Schriftstufe sogleich als Linearschrift begann – eine zumindest sehr unwahrscheinliche Annahme.

Weitere Zweifel stellen sich bei einer detaillierten Analyse der verschiedenen Fundobjekte ein, die hier natürlich nicht im einzelnen vorgenommen werden kann. So haben Winn und Witte – um nur ein Beispiel zu nennen – darauf hingewiesen, daß sich die Zeichen auf der so schriftartig wirkenden Gradešnica-Tafel bei näherem Hinsehen zum Teil verblüffend ähneln und nur Variationen ein und desselben Themas darstellen. Bei den so bedeutsamen Tărtăria-Täfelchen wiederum sind die genauen Fundumstände bis heute weitgehend unklar geblieben, so daß immer wieder ihre räumliche und zeitliche Zuordnung in Zweifel gezogen, ja sogar über unsaubere Vorgänge wie seinerzeit in Glozel (vgl. S. 162 f.) gemunkelt wurde.

Zeichenvergleiche und ihre Tücken

Tăr-täria	Meso-pota-mien	Kreta

Parallelen zwischen Zeichen der Tărtăria-Täfelchen und der mesopotamischen Protokeilschrift sowie der altkretischen Linearschrift

Nun haben freilich wiederholt Forscher geltend gemacht, verblüffende Ähnlichkeiten zwischen den Vinča-Zeichen und denen anderer, gut bekannter früher Schriftsysteme gefunden zu haben. Falkensteins 1965 veröffentlichte Parallelisierung mit der mesopotamischen Protokeilschrift und die daraus gezogenen Folgerungen wurden bereits erwähnt (vgl. S. 309). 1989 hat andererseits Haarmann eine Liste von über sechzig Übereinstimmungen mit Zeichen der (um 2000 v. Chr. entstandenen) kretischen Linear-A-Schrift (vgl. S. 293) vorgelegt und darauf die These gegründet, »daß die alteuropäische Schrifttradition bei der graphischen Herausbildung des Zeicheninventars von Linear A auf Kreta eine entscheidende Rolle gespielt hat«.[7] Zwanzig Jahre zuvor, 1969, stellte der jugoslawische Archäologe Jovan Todorović Analogien mit dem phönizischen Alphabet fest, denn »jeder [phönizische] Buchstabe ist mit irgendeinem Vinča-Zeichen identisch«.[8] Und Winn fand 1981 für nicht weniger als fünfzig seiner 210 Vinča-Zeichentypen Entsprechungen auf Keramik aus dem prädynastischen Ägypten, für fünfundvierzig Typen Parallelen mit Ritzungen aus Troia und für sechsundvierzig Zeichentypen Übereinstimmungen mit Topfmarken einer bronzezeitlichen Siedlung in der Ägäis.

Angesichts dieser Bandbreite an Parallelen, die ja allesamt von Fachleuten mit mehr oder weniger großer Sorgfalt herausgearbeitet wurden, stellt sich die Frage, was derartige Vergleiche grundsätzlich überhaupt auszusagen vermögen, das heißt, welche Beweiskraft das Verfahren als solches besitzt.

Zeichenvergleiche dieser Art haben eine lange Tradition. Aufgrund formaler Ähnlichkeiten im Zeichenschatz der verschiedenen mediterranen Schriftsysteme vermutete beispielsweise zu Beginn unseres Jahrhunderts der britische Ägyptologe W. M. Flinders Petrie, daß sie alle eine weit zurückliegende gemeinsame Wurzel gehabt haben müßten. Ebenfalls gestützt auf Zeichenübereinstimmungen glaubte 1918 Reinhold v. Lichtenberg, »den gemeinsamen Ursprung aller europäischen Schriften« in Symbolen der iberischen Jungsteinzeit und Ritzmarken der französischen Altsteinzeit (vgl. S. 160) gefunden zu haben.[9] Und in Fortführung dieser Tradition stellten 1978 die amerikanischen Forscher Allan Forbes Jr. und Thomas R. Crowder »extrem enge Übereinstimmungen« zwischen Symbolzeichen des westeuropäischen Jungpaläolithikums (vgl. S. 151) »und den Zeichen und Buchstaben antiker Schriften aus dem Mittelmeerraum, dem Industal und China« fest. Sie warfen anhand dieser Analogien die Frage auf, ob die eiszeitlichen Symbole nicht »den ›sehr weit zurückliegenden‹ Zeichenschatz (…) für die alten Mittelmeerschriften« geliefert haben könnten.[10]

Entgegen diesen phantastischen Mutmaßungen scheinen die festgestellten Parallelen etwas ganz anderes zu zeigen, nämlich daß sich allein auf der Basis eines formalen Zeichenvergleichs fast alles und daher letztlich gar nichts beweisen läßt. Der Schriftgeschichtler Fritz Hommel schrieb schon 1918 zu v. Lichtenbergs erwähnten Vergleichen und Folgerungen, es gehe »nicht an, bloß auf die Ähnlichkeit einzelner Zeichen hin

Tontafel aus Gradešnica in Bulgarien mit schriftartigen Zeichen (links), die zum Teil Variationen ein und desselben graphischen Motivs darstellen (rechts)

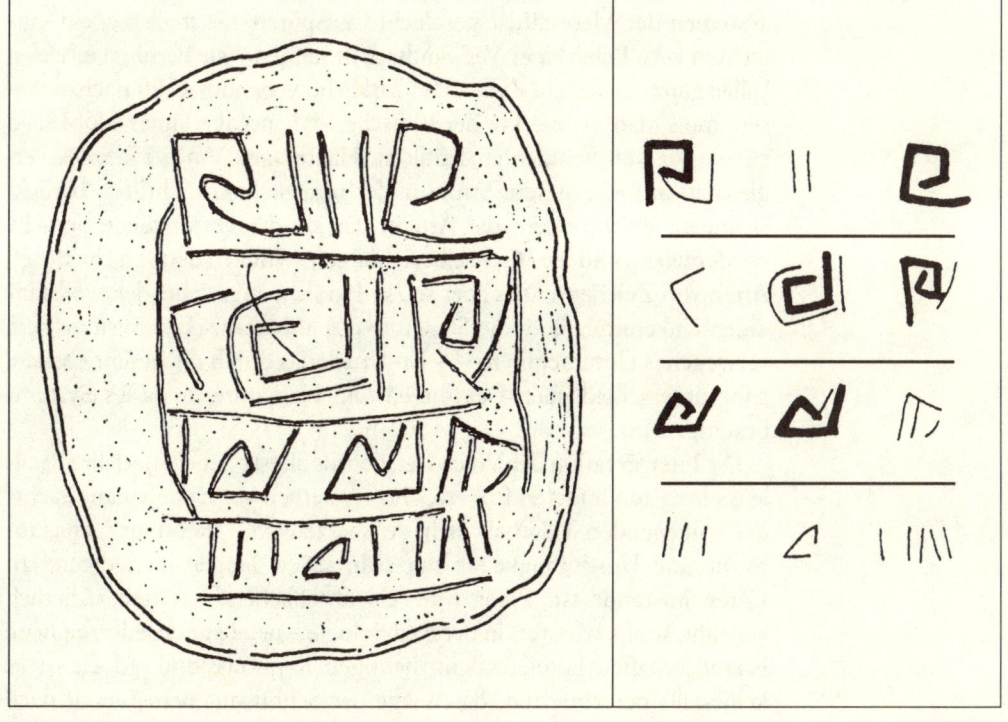

noch ganz unentzifferte Schriftgattungen mit einem bekannten Schrift-
typus (…) zu vergleichen«. Denn: »Wo irgendwo als Strichelschrift auftretende (…) Zeichensysteme uns begegnen, [müssen] bei Zeichen von
2, 3 oder 4 Strichen mit Naturnotwendigkeit ähnliche oder geradezu
identische Formen auftreten (…), die natürlich gar nichts miteinander zu
tun zu haben brauchen.«[11] I. J. Gelb veranschaulichte diesen Sachverhalt
1952 durch eine Tabelle, in der er die Zeichen der altphönizischen Schrift
(vgl. S. 292 f.) mit denen sieben gänzlich andersartiger Schriftsysteme wie
Brāhmī, Koreanisch, Somali und anderer verglich. »Dabei zeigt sich«, so
Gelb, »wie trügerisch Ergebnisse sein können, die durch unkritisches
Vergleichen der Formen von Zeichen erreicht werden. Bei keinem dieser
acht Systeme kann eine gemeinsame Herkunft bewiesen werden, aber
trotzdem enthalten sie alle einige Zeichen, die entweder völlig identisch
sind oder große Ähnlichkeit miteinander zeigen. Der Grund hierfür liegt
auf der Hand. Obgleich theoretisch der Zahl von linearen Formen, die
für Zeichen gebraucht werden können, keine Grenze gesetzt ist, so
werden doch in der Praxis gewöhnlich einfache Formen wie Linien,
Dreiecke, Rechtecke und Kreise gewählt (…) Die Zahl solch geometrischer Formen [aber] ist ziemlich begrenzt.«[12]

Nach dem Motto: ›Wer suchet, der findet‹ lassen sich also überein-
stimmende Zeichenformen in fast allen linearen Schriften und Zeichen-
systemen der Menschheitsgeschichte aufspüren, die freilich allein mitnichten zum Beleg einer Verwandtschaft taugen – sie beruhen in vielen
Fällen ganz einfach auf Zufall. Um wirkliche Verwandtschaft nachzuweisen, muß man, so merkte der britische Mykenologe James Hooker in
einer 1992 veröffentlichten Kritik an Haarmanns Vinča/Linear-A-Ver-
gleichen an, »die innere Struktur der untersuchten Schriften berücksichtigen, insbesondere die Art, in der sie die gesprochene Sprache
wiedergeben, und die Wechselbeziehungen zwischen den verschiedenen
Arten von Zeichen«. Dies aber sei, so Hooker, angesichts der »vollständigen Unkenntnis über die Struktur« des altbalkanischen Systems »ein
verwegenes Unternehmen«[13] – ein Urteil, das durch die beschriebenen,
ganz unterschiedlichen Deutungen und Herleitungen dieses Systems
bestätigt wird.

Die Interpretation der Vinča-Zeichen als älteste Schrift und ihre Parallelisierung mit anderen frühen Schriftsystemen vermag also angesichts
des vorliegenden Materials nicht zu überzeugen – sie bringt mehr Probleme und Unstimmigkeiten mit sich, als sie Fragen befriedigend zu
klären imstande ist. Zwar wäre ein abschließendes Urteil sicherlich
verfrüht, weil – wie stets in der Archäologie – neue Funde jederzeit neue
Fakten schaffen können. Beim heutigen Kenntnisstand jedoch ist es
keinesfalls gerechtfertigt, die Wiege der Schrift aus dem Orient nach

Europa zu verlagern und die Schriftentstehung um zwei Jahrtausende vorzuverlegen.

Wenn die altbalkanischen Zeichen aber *keine* wirkliche Schrift waren – was waren sie dann?

Ein System religiöser Symbole?

Shan M. M. Winn, der, wie erwähnt, die umfangreichste und detaillierteste Aufarbeitung des gesamten Materials vorgelegt hat (vgl. S. 311), spricht von »einem semiotischen System, das aus mehreren Elementen unterschiedlicher Komplexität zusammengesetzt war« und von einer »Unterschiedlichkeit im Zeichengebrauch je nach der Funktion des Objekts, das beschriftet wurde«. Seiner Meinung nach könnten einige der einfachen vereinzelten Zeichen auf Keramik Eigentümermarken – also Identifikationssymbole – oder Zahlzeichen (mit Bezug auf die Gefäßinhalte?) gewesen sein. Für die große Mehrzahl vermutet er hingegen eine »magisch-religiöse Rolle«. »Die Konzepte und die Weltanschauung einer stabilen religiösen Ideologie fanden«, so Winn, »in [diesen] Zeichen und Symbolen einen angemessenen Ausdruck und wurden durch sie bewahrt« – das religiöse System »beinhaltete den Gebrauch von Zeichen und Symbolen als eine wichtige Komponente seiner rituellen Praktiken«. Einige dieser Symbole könnten dabei nach Winn allgemeine Konzeptionen wie »Fruchtbarkeit, Glück oder Wohlergehen« versinnbildlicht haben – in anderen (besonders auf Idolen angebrachten) vermutet er dagegen »spezifische Repräsentationen von Gottheiten«. Manchmal mögen, so der Forscher, magische Zeichen in Tontöpfe oder Spinnwirtel eingeritzt worden sein, um einen guten Brand der Objekte oder ein erfolgreiches Spinnen zu bewirken; längere Zeichengruppen (besonders auf Spinnwirteln) könnten aber auch »magische Formeln oder ritualisierte Bitten« zum Ausdruck gebracht haben. Die Zeichen auf Tonfiguren (Idolen) sollen laut Winn eine Rolle in »häuslichen magisch-religiösen Zeremonien« gespielt haben: »Vor oder während eines Rituals mag«, so der Forscher, »ein Symbol als Ausdruck eines Wunsches, einer Hoffnung, einer Bitte oder eines Gelübdes auf der Figur angebracht worden sein. Nach Beendigung der Zeremonie hatte die Figur vielleicht keine weitere Bedeutung mehr und konnte weggeworfen werden.«[14]

In allen diesen Fällen handelte es sich nach Winn um »stark konventionelle Zeichen, die Konzepte repräsentierten, aber nicht unbedingt eine spezifische Zeichen/Wort-Beziehung aufwiesen«. Aufgrund der bereits erwähnten Vereinzelung vieler Symbole (vgl. S. 313) hält er es sogar für ausgesprochen »unwahrscheinlich, daß ein Verhältnis von 1:1 zwischen

Zeichen und Wort bestand« und vermutet statt dessen: »Ein Zeichen-
Konzept mag für einen Satz gestanden haben«, wie es ja charakteristisch
für die ›Ideenschrift‹ ist (vgl. S. 167). »Das Zeichensystem der Vinča-
Kultur erreichte niemals die Stufe wirklicher Schrift«, schreibt der For-
scher weiter, »weil es sie nicht zu erreichen brauchte. Die Konzepte,
Symbole und Zeichenkombinationen reichten völlig aus, um unterschiedlichen rituellen Erfordernissen gerecht zu werden und gemeinsamen religiösen Werten und Glaubensinhalten Ausdruck zu verleihen.
(…) Daher verspürte man kein Bedürfnis nach einer weiteren Vervoll-
kommnung.«[15]
      Nach Winn repräsentierten die altbalkanischen Zeichen also keine
Wort- oder gar Lautschrift, sondern »eine Vorstufe der Schrift, in der
Konzepte im rituellen Gebrauch zum Ausdruck gebracht wurden«,[16]
und in der Tat erscheint es plausibel, in ihnen bedeutungstragende, aber
noch nicht sprachlich gebundene Symbole – eine hochentwickelte und
abstrakte Variante der in diesem Buch ausführlich beschriebenen ›Ideenschrift‹ (vgl. S. 151 ff. und 165 ff.) – zu vermuten. Ein solches System
unterscheidet sich von wirklicher Schrift nicht nur darin, daß seine
Aufzeichnungen – wie beschrieben (vgl. S. 156 f.) – einer ausdeutenden
Interpretation bedürfen, sondern auch darin, daß es nicht darauf angelegt ist, jeden beliebigen sprachlichen Inhalt fixierbar zu machen. Es
bleibt vielmehr gewöhnlich auf die Versinnbildlichung der wichtigsten
Schlüsselkonzeptionen eines oder mehrerer gesellschaftlicher Bereiche
(zum Beispiel der kultischen Sphäre) beschränkt, weshalb die Zeichenzahl erheblich unter derjenigen einer echten Wortschrift liegen kann, die
zur Fixierung von Sprache in ihrem vollen oder wenigstens doch annähernd vollen Umfang dient. Dies würde gut zur Anzahl der Vinča-
Zeichen (210 unterschiedliche Typen) passen, die einerseits auf ein
komplexes System hindeutet, andererseits aber, wie erwähnt, für eigentliche Logographie zu niedrig liegt (vgl. S. 312). Und auch noch andere
Indizien sprechen für ein solches ›ideenschriftliches‹ System: Nicht sprachgebundene Symbole sind beispielsweise im Unterschied zu Schriftzeichen einzeln wie auch in Gruppen sinnvoll verwendbar, und in letzteren
treten aufgrund des Symbolcharakters Zeichenwiederholungen eher
selten auf – dies ebenfalls Merkmale, die gut mit den Charakteristika der
altbalkanischen ›Inschriften‹ übereinstimmen (vgl. S. 313).
      Auch Marija Gimbutas, die die These von der ›alteuropäischen Schrift‹
ursprünglich in der westlichen Archäologie bekannt machte und auf
deren Arbeiten sich unter anderem Haarmann bezieht (vgl. S. 311 f.),
hat in den achtziger Jahren ihren Blickwinkel verändert und ist mehr
und mehr zu einer ›mythologischen‹ Deutung der altbalkanischen Symbole als Ausdruck eines von ihr angenommenen ›Göttinnen-Kultes‹

übergegangen. Ihre Absicht sei es, schrieb die (1994 verstorbene) Forscherin über ihre letzten großen Werke, »die bildhafte ›Schrift‹ der Religion der alteuropäischen Großen Göttin, bestehend aus Zeichen, Symbolen und Bildern von Gottheiten, vorzustellen. (…) Sie repräsentieren die Grammatik und Syntax einer Art Metasprache, durch die ein ganzer Komplex von Bedeutungen vermittelt wird« und »bilden ein komplexes System, in dem jede Einheit mit jeder anderen verbunden ist (…). Kein Symbol kann isoliert behandelt werden. (…) Das Hauptthema des Göttinsymbolismus ist das Geheimnis von Geburt und Tod und die Erneuerung von Leben«.[17] ›Schrift‹ statt Schrift, ›Metasprache‹ statt Wortsprache, ›Symbolismus‹ statt begrifflicher Fixierung – die Abkehr von einer Interpretation als Schrift im engeren Sinne ist wohl unverkennbar. Dabei ist allerdings hervorzuheben, daß auch Gimbutas' neue Deutungen, die Eingang in stark weltanschaulich geprägte Strömungen im Zeichen des ›New Age‹ gefunden haben, in der Fachwelt durchaus umstritten sind.

›Topfmarken‹ – ein universelles Phänomen

Die altbalkanischen Zeichen und Symbole dürften also, dies ist das Fazit unserer Betrachtung, eher in den Bereich der ›Ideenschrift‹ als in den der Schrift gehören. Man kann sich natürlich – trotz der in diesem Buch genannten Argumente (vgl. S. 165 ff.) – auch auf den Standpunkt stellen, daß die strenge Trennung zwischen diesen beiden Formen generell unangebracht und haarspalterisch sei. Doch auch dann wäre die behauptete Priorität des Balkanraums in der Schriftentwicklung kaum haltbar. Denn unter dieser Voraussetzung kämen bereits die Zeichensysteme des westeuropäischen Jungpaläolithikums, die ja bis zu fünfzehntausend Jahre älter sind als die Vinča-Marken (vgl. S. 151), für die frühesten Anfänge einer – derart weit definierten – Schriftentwicklung in Betracht. Und auch zu ihrer Zeit waren die altbalkanischen Zeichen keineswegs ein einzigartiges Phänomen: Vergleichbare ›Topfmarken‹ kamen, wie schon mehrfach erwähnt, in vielen vorgeschichtlichen Kulturen vor, und in einigen von ihnen begannen sie ähnlich früh wie auf dem Balkan. So sind etwa aus der Region von Susa im Südwestiran ›Topfmarken‹ aus der Zeit kurz nach 5000 v. Chr. bekannt, und auch in China stammen die ältesten Keramikzeichen aus dem Beginn des 5. Jahrtausends v. Chr., nach einer anderen Chronologie sogar aus der Mitte des 6. Jahrtausends. Wenn man in den keramischen Symbolen also tatsächlich ›embryonale‹ Schrift sehen möchte, dann kommen diese Regionen ebensogut als Kandidaten für die früheste Schriftentwicklung in Betracht wie der Balkan – tatsächlich nehmen ja viele

›Schriftartig‹, aber keine echte Schrift: Amulett aus Uruk in Mesopotamien gegen die Dämonin Lamaštu (links), dessen Rückseite eine nur scheinbar Schrift darstellende ›Pseudoinschrift‹ trägt (rechts)

chinesische Forscher für ihr Land in dieser Hinsicht Priorität in Anspruch (vgl. S. 253).

Einige der zahlreichen Keramikmarken-Systeme, die in weiten Teilen der Alten Welt in Gebrauch waren, könnten – so vermuten jedenfalls ihre Entdecker und Bearbeiter aufgrund von Zeichenvergleichen – Elemente zur Herausbildung jüngerer, ›historischer‹ Schriftsysteme beigesteuert haben. So soll etwa die Schrift der Indus-Kultur (vgl. S. 252 f.) einen kleinen Teil ihrer Zeichen aus älteren ›Topfmarken‹ der Region übernommen haben, und auch in China sind Versuche beliebt, die historische Schrift aus den vorgeschichtlichen Keramikritzungen abzuleiten (vgl. S. 253). Eine gesunde Portion Skepsis gegenüber solchen Bemühungen scheint angebracht, denn auch hier gilt natürlich das oben über formale Zeichenvergleiche und ihre Tücken Gesagte (vgl. S. 314 ff.). Sollte sich aber tatsächlich in dem einen oder anderen Fall eine solche Übernahme von ›Topfmarken‹ in ein jüngeres Schriftsystem überzeugend nachweisen lassen, so wäre damit noch keineswegs der Schriftcharakter der vorgeschichtlichen Marken selbst belegt. Ebenso denkbar wäre vielmehr, daß die Zeichen bei der Übernahme ihren Charakter veränderten und erst durch sie zu wirklichen Schriftzeichen wurden, wie es vermutlich auch bei der Übertragung einer Reihe von Tonmarken-Symbolen in die frühmesopotamische Schrift (vgl. S. 215 ff.) und von Bildmotiven der ägyptischen Vorgeschichte in die frühe Hieroglyphenschrift (vgl. S. 244 f.) der Fall war.

Fast noch interessanter sind freilich Fälle, in denen nach der Entwicklung eines Schriftsystems weiterhin ›Topfmarken‹ eigener Gestalt in Gebrauch blieben und parallel zu dem neuen Medium fortexistierten. Ein solches Nebeneinander, wie es im Einflußbereich der Indus-Kultur, in Ägypten und auch in Teilen Chinas vorgekommen zu sein scheint, würde zweifelsfrei belegen, daß es sich um zwei ganz unterschiedliche Aufzeichnungssysteme handelte und daß es falsch ist, die Keramikzeichen immer nur in Kategorien der Schrift zu interpretieren.

In diese Richtung könnten auch andere Zeichenkompositionen deuten, die aus einigen schriftbesitzenden Kulturen bekannt sind. Die Abbildung auf Seite 320 zeigt beispielsweise ein mesopotamisches Amulett aus dem 1. Jahrtausend v. Chr., auf dessen Vorderseite die unheilbringende Dämonin Lamaštu mit einigen ihrer Attribute (Hund, Kamm und Spindel) dargestellt ist, während auf der Rückseite vier Reihen von ›Pseudoschriftzeichen‹ (die nichts mit der zu dieser Zeit in Mesopotamien verwendeten Keilschrift zu tun haben) eine sogenannte ›Pseudoinschrift‹ bilden. Das Stück ist besonders interessant, weil es in seiner ganzen Machart eine gewisse Ähnlichkeit mit der Tontafel von Gradešnica (vgl. S. 315), aber auch mit den Tărtăria-Täfelchen (vgl. S. 311) besitzt und weil es dem kultischen bzw. magischen Bereich entstammt.

Unser kurzer Überblick hat wohl gezeigt, ein wie weitverbreitetes und vielschichtiges Phänomen die ›Topfmarken‹ sind. Es ist aus diesem Grunde wenig hilfreich, die Zeichen einer einzelnen Region herauszugreifen und das betreffende Gebiet auf ihrer Grundlage zur ›Wiege der Schrift‹ zu erklären, die ähnlich gearteten und gleichalten Marken in anderen Weltgegenden hingegen zu negieren. Erforderlich wäre vielmehr eine regionenübergreifende, vergleichende Analyse dieser Zeichen in allen Teilen der Alten Welt – ähnlich derjenigen, die Denise Schmandt-Besserat für die Tonmarken Vorderasiens durchgeführt hat (vgl. Kap. 8). Nur eine solche vergleichende Untersuchung könnte den vorgeschichtlichen Symbolen ihr Geheimnis entreißen und ihre tatsächliche Rolle in der Entstehungsgeschichte der Schrift transparent machen. Vielleicht würde sich dabei herausstellen, daß diese Symbolzeichen nicht zufällig in einem ähnlichen kulturgeschichtlichen Milieu in Gebrauch waren wie die Tonmarken Vorderasiens, nämlich in Gemeinschaften, die einen hohen Komplexitätsgrad erreicht hatten, ohne jedoch bereits die ›städtische Revolution‹ und den Übergang zur Hochkultur vollzogen zu haben (vgl. S. 174 ff. und 188 ff.). Und vielleicht würde eine solche Analyse erweisen, daß der Gesellschaftsformation ›Zivilisation‹ mit ihrem Kommunikationsmittel Schrift allgemein eine Stufe der ›Protohochkultur‹ vorausging, für die komplexe, aber noch nicht sprachgebundene Symbolsysteme wie die keramischen Marken und die *Tokens* charakteristisch waren. Doch eine solche umfassende Analyse steht einstweilen aus, und daher können wir derartige Zusammenhänge vorläufig nur erahnen, nicht aber positiv nachweisen.

Anhang

Glossar

In das Glossar sind nur häufiger verwendete Begriffe aufgenommen. Lediglich an einzelnen Stellen erwähnte und dort erklärte Begriffe sind nicht aufgeführt.

Akrophonie/akrophonisches Prinzip. Verfahren der Gewinnung oder Benennung von Buchstabenzeichen, bei dem jedes (Bild-)Zeichen als phonetischen Wert den Anfangslaut des durch ihn repräsentierten Wortes erhält.

Alphabet. Die konventionell geordnete Reihe der Buchstaben in einer alphabetischen Schrift; auch als Bezeichnung für die → Buchstabenschrift als solche gebräuchlich.

Anthropologie. Die (unterschiedliche Einzeldisziplinen umfassende) Wissenschaft vom Menschen und der menschlichen Kultur.

Aramäische Schrift. Von der → phönizischen Schrift abgeleitete → Buchstabenschrift, die im Nahen und Mittleren Osten des 1. Jahrtausends v. Chr. weit verbreitet war.

Archäologie. Ursprünglich Altertumskunde (von griechisch *archaios* = uranfänglich, *logos* = Lehre). Heute derjenige Zweig der Altertumswissenschaften, der sich mit der Ausgrabung und Auswertung von Bodendenkmälern und Bodenfunden befaßt.

Archaische Texte aus Uruk. Die frühesten Schriftzeugnisse des Zweistromlandes aus der Zeit um 3100 bis 2900 v. Chr., auch als ›protokeilschriftliche‹ oder ›protosumerische Texte‹ bezeichnet.

Artefakt. In der Archäologie Bezeichnung für jeden vom Menschen hergestellten oder veränderten, im weiteren Sinne auch nur verwendeten Gegenstand.

Australopithecinen. Gattung von → Hominiden, die vor ca. vier bis eine Million Jahren in Afrika lebten, mehrere unterschiedliche Arten umfassend.

Begriffszeichen/Begriffsschrift → Ideogramm/Ideographie.

Bildzeichen/Bilderschrift. → Piktogramm/Piktographie.

Buchstabenzeichen/Buchstabenschrift. Schriftzeichen, die die Einzellaute der Sprache (→ Phoneme) wiedergeben und die darauf basierende Schrift. Es gibt rein konsonantische Buchstabenschriften, in denen die Vokale nicht geschrieben werden, und solche mit vokalisch-konsonantischer Schreibung wie im griechischen und lateinischen Alphabet.

C 14-Datierung/Radiokarbondatierung. Naturwissenschaftliche Datierungsmethode für organische Materialien, die auf der Messung des Gehalts an radioaktivem Kohlenstoff 14 (^{14}C) beruht.

Calculi. Zählsteinchen, Zählmarken und ähnliches.

Demotisch. Späte altägyptische → Kursiv- und Gebrauchsschrift.

Determinativ/Deutzeichen. ›Stummes‹, nicht mitzulesendes → Ideogramm, das andere Schriftzeichen einem bestimmten Bedeutungsfeld zuordnet.

Endocraniumabdruck/-ausguß. Abformung des Schädelinneren, welche die grobe Struktur des ehemaligen Gehirns erkennen läßt.

Ethnologie/Ethnographie. Völkerkunde.

Evolution. Allmählich fortschreitende Entwicklung, im engeren Sinne stammesgeschichtliche Entwicklung der Lebewesen.

Faustkeile/Faustkeilkulturen. Tropfen- oder birnenförmige Steingeräte und die durch solche Geräte geprägten archäologischen Kulturen des älteren → Paläolithikums.

Fossil. ›Urzeitlich‹, als Versteinerung erhalten.

Gestik. Stumme Gebärdensprache.

Gegenstandsschrift. Von einigen Forschern verwendete Bezeichnung für nichtschriftliche Kommunikationsmittel und Gedächtnishilfen wie → Kerbstock, → Knotenschnur und dergleichen.

Glottogenese. Entstehung der Sprache.

Graffiti. Flüchtige Schriftkritzeleien.

Hieratisch. Altägyptische → Kursiv- oder Gebrauchsschrift, abgeleitet von der → Hieroglyphenschrift.

Hieroglyphen/Hieroglyphenschrift. Im engeren Sinne die altägyptische (Monumental-)Schrift und ihre Zeichen, im weiteren Sinne alle sprachlich gebundenen Schriften mit markant bildhaften Zeichen (zum Beispiel hethitische, kretische oder Maya-›Hieroglyphenschrift‹).

Hominiden. In der Stammesgeschichte der → Primaten der Entwicklungszweig der ›Menschenartigen‹, der über eine Reihe von ausgestorbenen Formen zum heutigen Menschen führte.

Homo erectus. Frühmenschliche → Hominidenart, die vor 1,8 Millionen bis 300 000 Jahren in Afrika, Asien und Europa lebte.

Homo habilis. Relativ hochentwickelte Hominidenart vor etwa 2,4 bis 1,6 Millionen Jahren in Afrika.

Homo rudolfensis. Vor etwa zweieinhalb bis zwei Millionen Jahren in Afrika lebender → Hominidentyp, der manchmal dem → Homo habilis zugerechnet, manchmal als eigene Art klassifiziert wird.

Homo sapiens sapiens. Der anatomisch moderne Mensch, in Afrika und im Nahen Osten vor ca. 100 000 Jahren und in Europa vor ca. 35 000 Jahren erstmals nachgewiesen.

Homonyme. Wörter mit gleicher Lautung, aber unterschiedlicher Bedeutung.

Ideenschrift/Inhaltsschrift. Bezeichnung für nicht sprachlich gebundene, das heißt noch nicht zur eigentlichen Schrift gehörende, graphische Memorierungs- und Mitteilungssysteme, die keine in Wörtern formulierten Sätze, sondern in Bildern und Symbolen ›ganzheitlich‹ fixierten Ideen- und Handlungskomplexe wiedergeben.

Ideogramm/Ideographie. Im engeren Sinne Begriffszeichen ohne unmittelbaren bildlichen Bezug zu dem gemeinten Begriff und die auf solchen Zeichen basierende Schriftart, im weiteren Sinne Bezeichnung für alle nicht in erster Linie laut-, sondern bedeutungstragenden (semantischen) Schriftzeichen und die darauf beruhende Schreibweise.

Indus-Schrift. Bezeichnung für das bisher unentzifferte Schriftsystem der sogenannten Indus-Kultur um 2500 bis 1600 v. Chr.

Jungpaläolithikum. Jüngster Abschnitt der Altsteinzeit (→ Paläolithikum), umfaßt mehrere aufeinanderfolgende Kulturen in der zweiten Hälfte der letzten Eiszeit (ca. 35 000 bis 10 000 Jahre vor heute).

Kanaan/Kanaanäer. Antike Bezeichnung für den palästinisch-libanesischen Küstenstreifen und seine semitischen Bewohner.

Keilschrift. Die Schrift der alten vorderasiatischen Hochkulturen im 3. bis 1. Jahrtausend v. Chr., benannt nach ihren charakteristischen keilförmigen Eindrücken in Tontafeln.

Kerbstock. Mit eingeritzten oder -geschnittenen Kerben bzw. Markierungen versehener Holzstock (oder Knochen), der zur Aufzeichnung und Übermittlung von Zahlenmengen oder anderer Information dient.

Knotenschnur. Schnur, die nach einem festgelegten ›Code‹ mit Knotenfolgen versehen ist, um Zahlenmengen oder andere Informationen weiterzugeben bzw. zu speichern (zum Beispiel die altperuanischen → Quipus).

Konvention. In unserem Zusammenhang gesellschaftliche Übereinkunft über die sprachliche Bedeutung bestimmter Lautfolgen (Wörter), die Lesung bestimmter Schriftzeichen und die Interpretation bestimmter Symbole.

Koptisch. Schriftsprache der christlichen Ägypter nach der Zeitwende, geschrieben mit vierundzwanzig griechischen und sieben → demotischen Zeichen.

Kursivschrift. In unserem Zusammenhang schnell und flüssig zu schreibende Schriftvariante für den täglichen praktischen Gebrauch, meist zum Schreiben mit Tinte oder Tusche auf Papyrus, Pergament, Papier oder ähnliche Materialien (›Schreibschrift‹).

Lautzeichen/Lautschrift. Im engeren Sinne Schriftzeichen, die die Einzellaute der Sprache (→ Phoneme) wiedergeben und die darauf basierende → Buchstabenschrift, im weiteren Sinne alle Schriftzeichen, die nicht in erster Linie bedeutungs-, sondern lauttragend sind und die darauf beruhenden Schriftsysteme (neben der alphabetischen vor allem die → Silbenschrift).

Levante. Die Länder um das östliche Mittelmeer.

Linearschrift. Schrift mit nichtbildhaften, linearen Zeichen.

Linear A/B. → Silbenschriften, die im 2. Jahrtausend v. Chr. in der kretisch-minoischen bzw. in der mykenischen Kultur verwendet wurden.

Lingua franca. Verkehrssprache einer größeren mehrsprachigen Region.

Linguistik. Sprachwissenschaft.

Linksläufigkeit. Schreibweise in Zeilen von rechts nach links.

Literal, aliteral, semiliteral. Schriftbesitzend/schriftkundig, nicht bzw. teilweise schriftbesitzend/schriftkundig.

Logogramm/Logographie. Wortzeichen und die darauf beruhende Wortschrift.

Mimik. Mienenspiel.

Mnemotechnik. Unterstützung des Gedächtnisses durch verschiedenartige Hilfsmittel und Erinnerungstechniken.

Monumentalschrift. ›Denkmalsschrift‹, zumeist in beständige Materialien wie Stein oder Metall eingemeißelt bzw. eingraviert.

Neandertaler (Homo sapiens neanderthalensis). → Paläolithischer Menschentyp, dessen ›klassische‹ Form vor etwa 100 000 bis 35 000 Jahren in der ersten Hälfte der letzten Eiszeit lebte.

Neolithikum. Jungsteinzeit: die durch Ackerbau und Viehzucht sowie eine seßhafte Lebensweise gekennzeichnete Epoche der Vorgeschichte bis zum Beginn der Metallzeit (im Vorderen Orient ab etwa 8000 v. Chr.).

Neolithische Revolution. Eingebürgerte Bezeichnung für die Herausbildung des → Neolithikums.

Onomatopöie. Lautmalerei, Schallnachahmung, Bildung von Wörtern durch Nachahmung außersprachlicher Laute und Geräusche (z. B. ›Kuckuck‹).

Oral. Mündlich.

Paläanthropologie. Wissenschaft von den fossilen Menschen- bzw. → Hominidenfunden.

Paläolithikum. Altsteinzeit, die frühen menschlichen Kulturen während des Eiszeitalters (endete vor ca. 10 000 Jahren).

Partialschrift. Bisweilen verwendete Bezeichnung für rein → ideographische oder → logographische Schriften, welche die Sprache nur unvollkommen wiedergeben.

Phönizien/Phönizier. Antike Bezeichnung für das Gebiet des Libanon bzw. seine semitischen Bewohner.

Phönizische Schrift. Konsonantische Buchstabenschrift, die etwa seit dem 11. Jahrhundert v. Chr. in → Phönizien belegt ist.

Phonem. Kleinste Lauteinheit der Sprache mit potentiell bedeutungsunterscheidender Funktion, aber selbst nicht bedeutungstragend.

Phonetisch. Lautlich.

Phonetisierung. Prozeß der ›Verlautlichung‹ einer Schrift, das heißt der Umstellung von bedeutungs- auf lauttragende Zeichen.

Phonogramm/Phonographie. Lautzeichen und die darauf basierende Schreibweise.

Phylogenese. Stammesgeschichtliche Entwicklung.

Piktogramm/Piktographie. Bildhaftes Zeichen bzw. Bildzeichen und die darauf beruhende bildhafte oder ›Bilderschrift‹. Der Begriff wird unterschiedlich verwendet. Manche Forscher bezeichnen jedes formal bildhafte Zeichen als Piktogramm, auch wenn es zu einer sprachlich oder sogar lautlich gebundenen Schrift gehört (so zum Beispiel die Zeichen der altägyptischen → Hieroglyphenschrift). Andere beschränken den Begriff Piktogramm dagegen auf Zeichen nicht sprachlich gebundener → Ideenschriften, das heißt auf Bilder und Symbole ohne eigentlichen Schriftcharakter. Wegen seiner inhaltlichen Unschärfe und Mehrdeutigkeit wird der Begriff (ebenso wie ›Bilderschrift‹) in diesem Buch weitestmöglich vermieden.

Primaten. ›Herrentiere‹: Säugetierordnung, die die Halbaffen, Affen, Menschenaffen und Menschen umfaßt.

Proto-/altkanaanäische Schriften. Im 2. Jahrtausend v. Chr. im palästinisch-libanesischen Küstenraum belegte Gruppe von Schriften, deren entwickeltste alphabetischen Charakter hatten und zur Grundlage der → phönizischen Schrift wurden.

Protosinaitische Schrift/Sinai-Schrift. Aus der Mitte des 2. Jahrtausends v. Chr. stammende, auf der Sinai-Halbinsel belegte semitische → Buchstabenschrift, die wahrscheinlich ägyptisch beeinflußt war.

Quipu. Altperuanische, bei den Inka verwendete → Knotenschnur.

Rebusprinzip. Verfahren zur Erweiterung der Ausdrucksfähigkeit in Wortschriften, bei dem schwierig darzustellende Begriffe mit den Schriftzeichen anderer, ähnlich lautender Wörter (→ Homonyme) wiedergegeben werden (im Deutschen zum Beispiel ›Rat‹ = Bildzeichen ›Rad‹). Das Rebusprinzip markierte oft den Beginn der → Phonetisierung von Schriften.

Rechtsläufigkeit. Schreibweise in Zeilen von links nach rechts.

Silbenzeichen/Silbenschrift. Lautzeichen, die für einzelne Silben (meist Konsonant plus Vokal) stehen und die auf diesen Zeichen beruhende Schrift.

Städtische Revolution. Gebräuchliche Bezeichnung für den Übergang zur Hochkultur mit ihren verschiedenen Merkmalen.

Steinheim-Mensch (Homo sapiens steinheimensis, früher auch: *Homo sapiens präsapiens).* Frühmenschentyp, der vor 300 000 bis 200 000 Jahren in Europa lebte.

Tokens. Englische Bezeichnung für Tonmarken, die im Vorderen Orient vom 8. bis ins 2. Jahrtausend v. Chr. zu Buchführungszwecken verwendet wurden.

Ugaritische Schrift. Keilschriftalphabet aus dem 14./13. Jahrhundert v. Chr., das in der antiken syrischen Handelsstadt Ugarit und andernorts im Bereich der → Levante in Gebrauch war.

Vollschrift. Bisweilen verwendete Bezeichnung für → Lautschriften, welche die Sprache annähernd getreu wiedergeben.

Wortzeichen/Wortschrift. → Logogramm/Logographie.

Zoosemiotik. Wissenschaft von den Tiersignalen.

Literaturverzeichnis

Das vorliegende Literaturverzeichnis erfaßt trotz seines Umfangs die Literatur zu den in diesem Buch behandelten Themenbereichen auch nicht annähernd vollständig – die aufgeführten Werke liefern dem interessierten Leser aber alle erforderlichen Informationen für ein selbständiges Weiterarbeiten. In die Liste aufgenommen wurden nicht nur aktuelle Bücher und Aufsätze, sondern auch ältere Arbeiten, sofern sie für den Gang der Forschung maßgeblich waren oder frühere Forschungsmeinungen anschaulich illustrieren. Aufgeführt sind in großer Zahl auch Werke, die andere Auffassungen wiedergeben, als sie im vorliegenden Buch vertreten werden, und damit zur Verdeutlichung der Forschungskontroversen und des Meinungsspektrums beitragen.

Bei der ›Literatur zu den einzelnen Kapiteln und Themenbereichen‹ sind die jeweils relevanten Abschnitte (oder Einzelaufsätze) umfassenderer Werke in der Regel nicht gesondert genannt, sondern vom Leser selbst zu berücksichtigen. In Klammern gesetzte Zahlen verweisen auf die Numerierung des Literaturverzeichnisses.

Allgemeine Literatur zur Sprache und Sprachentstehung

1 Archaeology and Linguistics. World Archaeology 8, 1/1976
2 Bickerton, Derek, Language and Species. Chicago/London 1990
3 Bunak, Viktor V., Present State of the Problem of the Origin of Speech and the Early Stages of its Evolution. In: Cahiers d'Histoire Mondiale 5, 2/1959: 310–324
4 Bunak, Viktor V., Die Entwicklungsstadien des Denkens und des Sprachvermögens und die Wege ihrer Erforschung. In: Schwidetzky (38): 226–252
5 Bussmann, Hadumod, Lexikon der Sprachwissenschaft. Stuttgart 1983
6 Communication and Language. World Archaeology 26, 2/1994
7 Crystal, David, Die Cambridge Enzyklopädie der Sprache. Frankfurt/New York 1992
8 Die Evolution der Sprache. Acta Teilhardiana XII, München 1975
9 Gans, Eric, The Origin of Language – A Formal Theory of Representation. Berkeley/Los Angeles/London 1981
10 Gessinger, Joachim/Rahden, Wolfert von (Hg.), Theorien vom Ursprung der Sprache. Berlin/New York 1988/89
11 Gibson, Kathleen R./Ingold, Tim (Hg.), Tools, Language and Cognition in Human Evolution. Cambridge 1993
12 Grolier, Eric de (Hg.), Glossogenetics. The Origin and Evolution of Language. Chur/London 1983
13 Grolier, Eric de, Glossogenesis in Endolinguistic and Exolinguistic Perspective: Palaeoanthropological Data. In: Wind (42): 73–138
14 Harnad, Stevan A./Steklis, Horst D./Lancaster, Jane (Hg.), Origins and Evolution of Language and Speech. Annals of the New York Academy of Sciences, Vol. 280, New York 1976
15 Hewes, Gordon W., Primate Communication and the Gestural Origin of Language. In: Current Anthropology 14/1973: 5–24
16 Hewes, Gordon W., Language Origins – A Bibliography. Paris 1975
17 Hewes, Gordon W., The Current Status of the Gestural Theory of Language Origin. In: Harnad (14): 482–500
18 Hildebrand-Nilshon, Martin, Die Entwicklung der Sprache – Phylogenese und Ontogenese. Frankfurt/New York 1980
19 Hockett, C. F., The Origin of Speech. In: Scientific American 203/1960: 88–96
20 Hockett, C. F., In Search of Jove's Brow. In: American Speech 53/1978: 243–313
21 Jespersen, Otto, Language – Its Nature, Development and Origin. London ¹³1968
22 Jonas, Doris F./Jonas, A. David, Das erste Wort – wie die Menschen sprechen lernten. Hamburg 1979
23 Kavanagh, James F./Cutting, James E. (Hg.), The Role of Speech in Language. Cambridge, Mass./London 1975

24 Koch, Walter A. (Hg.), Geneses of Language. Bochum 1990
25 Kommunikation. GEO-Wissen 2. Hamburg 1989
26 Landsberg, Marge E., The Genesis of Language. A Different Judgement of Evidence. Berlin/New York/ Amsterdam 1988
27 Language. In: The New Encyclopaedia Britannica, Vol. 22/1985: 566–589
28 Lieberman, Philip, On the Origins of Language. New York/London 1975
29 Lieberman, Philip, The Biology and Evolution of Language. Cambridge 1984
30 Marquardt, Beate, Die Sprache des Menschen und ihre biologischen Voraussetzungen. Tübingen 1984
31 Müller, Horst E., Evolution, Kognition und Sprache: Die Evolution des Menschen und die biologischen Grundlagen der Sprachfähigkeit. Berlin 1987
32 Piattelli-Palmarini, Massimo (Hg.), Language and Learning. The Debate between Jean Piaget and Noam Chomsky. London 1980
33 Pinker, Steven, The Language Instinct. New York 1994
34 Révész, G., Ursprung und Vorgeschichte der Sprache. Bern 1946
35 Riese, Berthold (Hg.), Verständliche Forschung: Schrift und Sprache. Heidelberg 1994
36 Rosenkranz, Bernhard, Der Ursprung der Sprache – ein linguistisch-anthropologischer Versuch. Heidelberg ²1971
37 Scharf, Joachim-Hermann/Kämmerer, Wilhelm (Hg.), Naturwissenschaftliche Linguistik. Nova Acta Leopoldina, N. F. Nr. 245, Bd. 54/1981
38 Schwidetzky, Ilse (Hg.), Über die Evolution der Sprache: Anatomie – Verhaltensforschung – Sprachwissenschaft – Anthropologie. Frankfurt 1973
39 Störig, Hans Joachim, Abenteuer Sprache – ein Streifzug durch die Sprachen der Erde. Berlin/München 1987
40 Stross, Brian, The Origin and Evolution of Language. Dubuque, Iowa 1976
41 Wescott, Roger W. (Hg.), Language Origins. Silver Spring 1974
42 Wind, Jan/Pulleyblank, Edward G. (Hg.), Studies in Language Origins Vol. 1. Amsterdam/Philadelphia 1989
43 Zimmer, Dieter E., So kommt der Mensch zur Sprache. Zürich 1988

Allgemeine Literatur zur Schrift und Schriftentwicklung

44 Barthel, Gustav, Konnte Adam schreiben? Weltgeschichte der Schrift. Köln 1972
45 Carter, Martha L./Schoville, Keith N., Sign, Symbol, Script: An Exhibition on the Origin of Writing and the Alphabet. Madison 1984
46 Claiborne, Robert, Die Erfindung der Schrift. Reinbek bei Hamburg 1978
47 Cohen, Marcel, La grande invention de l'écriture et son évolution. Paris 1958
48 Coulmas, Florian, Über Schrift. Frankfurt 1982
49 Coulmas, Florian, The Writing Systems of the World. Oxford 1989
50 Coulmas, Florian/Ehlich, Konrad, Writing in Focus. Berlin/New York 1983
51 De Francis, John, Visible Speech: The Diverse Oneness of Writing Systems. Honolulu 1989
52 Diringer, David, Writing. New York 1962
53 Diringer, David, The Alphabet – A Key to the History of Mankind. London 1968
54 Early Writing Systems. World Archaeology 17, 3/ 1986
55 Écritures – systèmes idéographiques et pratiques expressives. Paris 1982
56 Ehlich, Konrad, Schriftentwicklung als gesellschaftliches Problemlösen. In: Zeitschrift für Semiotik 2/ 1980: 335–359
57 Ekschmitt, Werner, Das Gedächtnis der Völker – Hieroglyphen, Schriften und Schriftfunde. München 1980
58 Faulmann, Carl, Das Buch der Schrift, enthaltend die Schriftzeichen und Alphabete aller Zeiten und aller Völker des Erdkreises. Wien 1880
59 Földes-Papp, Károly, Vom Felsbild zum Alphabet. Stuttgart 1966
60 Friedrich, Johannes, Entzifferung verschollener Schriften und Sprachen. Berlin 1966
61 Friedrich, Johannes, Geschichte der Schrift unter besonderer Berücksichtigung ihrer geistigen Entwicklung. Heidelberg 1966
62 Frühe Schriftsysteme. Das Altertum 31,2/1985
63 Frühe Schriftzeugnisse der Menschheit. Göttingen 1969
64 Gelb, I. J., Von der Keilschrift zum Alphabet. Stuttgart 1958
65 Gelb, I. J., Principles of Writing Systems within the Frame of Visual Communication. In: Kolers, Paul A. (Hg.) Processing of Visible Language 2. New York/ London 1980: 7–24
66 Graff, Harvey J., Literacy in History – An Interdisciplinary Research Bibliography. New York/London 1981
67 Haarmann, Harald, Universalgeschichte der Schrift. Frankfurt/New York 1990
68 Hooker, J. T. (Hg.), Reading the Past. Ancient Writing from Cuneiform to the Alphabet. London 1990
69 Ifrah, Georges, Universalgeschichte der Zahlen. Frankfurt ²1986
70 Jean, Georges, Die Geschichte der Schrift. Ravensburg 1991
71 Jensen, Hans, Die Schrift in Vergangenheit und Gegenwart. Berlin ³1969

72 Naissance de l'écriture – cunéiformes et hiéroglyphes. Paris 1982
73 Lock, A./Peters, C. (Hg.), The Handbook of Human Symbolic Evolution. Oxford 1985
74 Postgate, Nicholas u. a., The Evidence for Early Writing: Utilitarian or Ceremonial? In: Antiquity 69/1995: 459–480
75 Sampson, Geoffrey, Writing Systems. Stanford 1985
76 Schmitt, Alfred, Die Erfindung der Schrift. Erlangen 1938
77 Schmitt, Alfred, Entstehung und Entwicklung von Schriften. Köln/Wien 1980
78 Senner, Wayne M. (Hg.), The Origins of Writing. Lincoln 1989
79 Sethe, Kurt, Vom Bilde zum Buchstaben – Die Entstehungsgeschichte der Schrift. Leipzig 1939
80 Steinthal, Heymann, Die Entwicklung der Schrift. Berlin 1852
81 Stubbs, M., Language and Literacy: The Sociology of Reading and Writing. London 1980
82 Wills, F. H., Schrift und Zeichen der Völker – von der Urzeit bis heute. Düsseldorf 1977
83 Writing. In: The New Encyclopaedia Britannica. Vol. 29/1985: 982–1032

Literatur zu den einzelnen Kapiteln und Themenbereichen

Auf der Suche nach dem Ursprung der Sprache

84 Aarsleff, Hans, An Outline of Language-Origins Theory since the Renaissance. In: Harnad (14): 4–17
85 Allen, W. S., Ancient Ideas on the Origin and Development of Language. In: Transactions of the Philological Society 1948. London 1949: 35–60
86 Arens, Hans, Sprachwissenschaft – der Gang ihrer Entwicklung von der Antike bis zur Gegenwart. Freiburg/München ²1967
87 Die Bibel (Altes und Neues Testament). Nach der Übersetzung Martin Luthers. Stuttgart 1985
88 Böklen, Ernst, Mythische Überlieferungen über die ersten Anfänge der Sprache. In: Ders., Die Entstehung der Sprache im Lichte des Mythos. Berlin/Stuttgart/Leipzig 1922: 131–169
89 Borst, Arno, Der Turmbau von Babel – Geschichte der Meinungen über Ursprung und Vielfalt der Sprachen und Völker. Bd. 1–4. Stuttgart 1957–1961
90 Chilton, C. W., The Epicurean Theory of the Origin of Language. In: American Journal of Philology 83/1962
91 Christmann, Hans Helmut (Hg.), Sprachwissenschaft des 19. Jahrhunderts. Darmstadt 1977
92 Herder, Johann Gottfried, Sprachphilosophische Schriften. Hg. v. Erich Heintel. Hamburg 1960
93 Herodot, Geschichten und Geschichte. Buch 1–4, übers. v. Walter Marg. Zürich/München 1973
94 Hewes, Gordon Winant, Language Origin Theories. In: Rumbaugh (149): 3–53
95 Junker, Heinrich, Sprachphilosophisches Lesebuch. Heidelberg 1948
96 Marx, Otto, Die Geschichte der Ansichten über die biologische Grundlage der Sprache. In: Lenneberg (120): 541–574
97 Müller, Max, Vorlesungen über die Wissenschaft der Sprache. Leipzig 1866
98 Noiré, Ludwig, Max Müller und die Sprach-Philosophie. Mainz 1879
99 Stam, James H., Inquiries into the Origin of Language. The Fate of a Question. New York 1976
100 Steinthal, Heyman, Geschichte der Sprachwissenschaft bei den Griechen und Römern. Berlin 1863

Kommunikationssysteme im Tierreich

101 Alexander, Richard D. u. a., Das neue Bild der Tierwelt – Verhaltensforscher berichten. Luzern/Frankfurt 1977
102 Autrum, Hansjochem, Sprechen und Verstehen im Tierreich. Würzburger Universitätsreden, Heft 20, Würzburg 1955: 5–20
103 Bronowski, J., Human and Animal Languages. In: To Honor Roman Jakobson. The Hague/Paris 1967, Vol. 1: 374–394
104 Burkhardt, Dietrich (Hg.), Signale in der Tierwelt. München 1966
105 Burling, Robbins, Primate Calls, Human Language and Nonverbal Communication. In: Current Anthropology 34/1993: 25–53
106 Byrne, Richard/Whiten, Andrew (Hg.), Machiavellian Intelligence. Social Expertise and the Evolution of Intellect in Monkeys, Apes, and Humans. Oxford 1988
107 Cheney, Dorothy L./Seyfarth, Robert M., Wie Affen die Welt sehen. München/Wien 1994
108 Descartes, René, Discours de la méthode. Übers. u. hg. v. Lüder Gäbe. Hamburg 1960
109 Dittami, John (Hg.), Verständliche Forschung: Signale und Kommunikation. Heidelberg 1993
110 Eibl-Eibesfeldt, Irenäus, Grundriß der vergleichenden Verhaltensforschung – Ethologie. München/Zürich ⁷1987
111 Ellgring, Heiner, Zur Entwicklung der Mimik als Verständigungsmittel. In: Niemitz, Carsten (Hg.), Erbe und Umwelt. Frankfurt 1987: 260–280
112 Esch, Harald, The Evolution of Bee Language. In: Scientific American, 4/1967: 97–104

113 Frisch, Karl von, Tanzsprache und Orientierung der Bienen. Berlin/Heidelberg/New York 1965 (kurze Zusammenfassung Bern, 1961)

114 Frisch, Karl von, Symbolik im Reich der Tiere. In: Scherer, Klaus R. u. a. (Hg.), Psychobiologie. München 1987: 237–250

115 Gewalt, Wolfgang, Einige Bemerkungen zur ›Sprache‹ der Delphine. In: Scharf/Kämmerer (37): 481–485

116 Goodall, Jane, The Chimpanzees of Gombe, Cambridge/Mass. 1986

117 Hafemann, Michael, Delphine – Totem-Tiere des New Age? In: Psychologie heute 8/1987: 28–35

118 Hastings, Hester (Hg.), Abbé Bougeant – Amusement philosophique sur le langage des bêtes. Genf/Lille 1954

119 Koehler, Otto, Tiersprachen und Menschensprachen. In: Altner, Günter (Hg.), Kreatur Mensch. München 1973: 233–264

120 Lenneberg, Eric H., Biologische Grundlagen der Sprache. Frankfurt 1972

121 Lindauer, Martin, Verständigung im Bienenstaat. Stuttgart 1975

122 Lindauer, Martin, Botschaft ohne Worte. Wie Tiere sich verständigen. München/Zürich 1990

123 Marler, Peter, The Evolution of Communication. In: Sebeok (134): 45–70

124 Marler, Peter, Symbolik in Primatenlauten. In: Scherer, Klaus R. u. a. (Hg.), Psychobiologie, München 1987: 309–320

125 Masataka, Nobuo/Fujita, Kazuo, Vocal Learning of Japanese and Rhesus Monkeys. In: Behaviour 109/1989: 191–199

126 Möhres, Franz Peter, Tierische Kommunikation und menschliche Sprache. In: Haag, Herbert (Hg.), Ursprung und Wesen des Menschen. Tübingen 1968: 81–96

127 Payne, Roger S./McVay, Scott, Songs of Humpback Whales. In: Science 173/1971: 585–597

128 Ploog, Detlev, Kommunikation in Affengesellschaften und deren Bedeutung für die Verständigungsweisen des Menschen. In: Gadamer, Hans-Georg (Hg.), Neue Anthropologie, Bd. 2. Stuttgart 1972: 98–178

129 Rensch, Bernhard, Gedächtnis, Begriffsbildung und Planhandlungen bei Tieren. Berlin/Hamburg 1973

130 Reynolds, Peter Carlton, Evolution of Primate Vocal-Auditory Communication Systems. In: American Anthropologist 70/1968: 300–308

131 Robinson, Brian W., Vocalisation Evoked from Forebrain in Macaca mulatta. In: Physiology and Behavior 2/1967: 345–354

132 Russell, Claire/Russell, W. M. S., Sprache und Tiersignale. In: Minnis, Noel (Hg.), Perspektiven der Linguistik. München 1974: 185–228

133 Schmid, Heribert, Wie Tiere sich verständigen. Ravensburg 1979

134 Sebeok, Thomas A. (Hg.), How Animals Communicate. Bloomington/London 1977

135 Seyfarth, Robert M./Cheney, Dorothy L., Wie Affen sich verstehen. In: Spektrum der Wissenschaft 2/1993. Wiederabgedruckt in: Streit (182): 20–27

136 Small, Meredith F., Ay Up, a Chimp wi'an Accent. In: New Scientist vom 4. 6. 1994: 33–37

137 Tembrock, Günter, Biokommunikation – Informationsübertragung im biologischen Bereich. Berlin/Oxford/Braunschweig 1971

138 Thielcke, G., Vogelstimmen. Berlin/Heidelberg/New York 1970

139 Thorpe, W. H., Bird-Song – The Biology of Vocal Communication and Expression in Birds. Cambridge 1961

140 Thorpe, W. H., Animal Nature and Human Nature. London 1974

Sprachversuche mit Menschenaffen

141 Allen, R./Gardner, Beatrice T., Teaching Sign Language to a Chimpanzee. In: Science 165/1969: 664–672

142 De Luce, Judith/Wilder, Hugh T., Language in Primates – Perspectives and Implications. New York 1983

143 Fouts, Roger S./Rigby, Randall L., Man-Chimpanzee Communication. In: Sebeok (134): 1034–1054

144 Linden, Eugene, Die Kolonie der sprechenden Schimpansen. Wien/München 1980

145 Linden, Eugene, Silent Partners. The Legacy of the Ape Language Experiments. New York 1986

146 Marx, J. L., Ape-Language Controversy Flares Up. In: Science 207/1980: 1330–1333

147 Premack, David, Sprache bei Schimpansen? In: Schwidetzky (38): 91–131

148 Rittinghaus, Doris, Washoe, Sarah and Lana on the Phylogeny of Language. In: Koch, Walter A. (Hg.), Semiogenesis. Frankfurt 1982

149 Rumbaugh, Duane M. (Hg.), Language Learning by a Chimpanzee – The Lana Project. New York 1977

150 Savage-Rumbaugh, E. Sue, Ape Language – from Conditioned Response to Symbol. New York 1986

151 Savage-Rumbaugh, E. Sue u. a., Language Comprehension in Ape and Child. Chicago 1993

152 Savage-Rumbaugh, E. Sue/Lewin, Roger, Kanzi – der sprechende Schimpanse. München 1995 *1994*

153 Terrace, Herbert S., Nim. New York 1979

154 Terrace, Herbert S. u. a., Can an Ape Create a Sentence? In: Science 206/1979: 891–902

155 Umiker-Sebeok, Jean/Sebeok, Thomas A., Clever Hans and Smart Simians. In: Anthropos 76/1981: 89–165

156 Zimmer, Dieter E., Zeit Schimp Sprechen. Über Sprachversuche mit Menschenaffen. In: Ders., Experimente des Lebens. Zürich 1989: 281–305

Die menschliche Evolutionsgeschichte und die frühen Hominiden

157 Bosinski, Gerhard, Der Neandertaler und seine Zeit. Köln/Bonn 1985
158 Bräuer, G./Smith, F. H. (Hg.), Continuity and Replacement – Controversies in Homo Sapiens Evolution. Rotterdam 1992
159 Childe, V. Gordon, Is Prehistory Practical? In: Antiquity 7/1933: 410–418
160 Constable, George, Die Neandertaler. Reinbek bei Hamburg 1977
161 Darwin, Charles, Die Abstammung des Menschen. Stuttgart ⁴1982
162 Delson, E. (Hg.), Ancestors: The Hard Evidence. New York 1985
163 Fagan, Brian M., Aufbruch aus dem Paradies. Ursprung und frühe Geschichte der Menschen. München 1991
164 Fasani, Leone (Hg.), Die Illustrierte Weltgeschichte der Archäologie. München ²1983
165 Gowlett, John A. J., Auf Adams Spuren. Die Archäologie des frühen Menschen. Freiburg 1985
166 Haeckel, Ernst, Natürliche Schöpfungsgeschichte. Berlin ⁴1873
167 Heberer, Gerhard (Hg.), Der gerechtfertigte Haeckel. Stuttgart 1968
168 Henke, Winfried/Rothe, Hartmut, Paläoanthropologie. Berlin/Heidelberg 1994
169 Herrmann, Joachim/Ullrich, Herbert (Hg.), Menschwerdung. Natur- und geisteswissenschaftliche Ergebnisse. Eine Gesamtdarstellung. Berlin 1990
170 Johanson, Donald, Lucy – die Anfänge der Menschheit. München 1982
171 Der lange Weg zum Menschen. In: GEO 1/1995: 12–60
172 Leakey, Richard/Lewin, Roger, Wie der Mensch zum Menschen wurde. München 1985
173 Leakey, Richard/Lewin, Roger, Der Ursprung des Menschen. Frankfurt 1993
174 Lewin, Roger, Die Herkunft des Menschen. Heidelberg 1995
175 Mania, Dietrich, Auf den Spuren des Urmenschen. Die Funde von Bilzingsleben. Berlin/Stuttgart 1990
176 Mania, Dietrich/Dietzel, Adelhelm, Begegnung mit dem Urmenschen – die Funde von Bilzingsleben. Leipzig/Jena/Berlin 1980
177 Mellars, Paul/Stringer, Chris (Hg.), The Human Revolution. Behavioural and Biological Perspectives on the Origins of Modern Humans. Edinburgh 1989

178 Müller-Beck, Hansjürgen (Hg.), Urgeschichte in Baden-Württemberg. Stuttgart 1983
179 Reader, John, Die Jagd nach den ersten Menschen. Basel/Boston/Stuttgart 1982
180 Reichholf, Josef H., Das Rätsel der Menschwerdung. München 1990
181 Steitz, Erich, Die Evolution des Menschen. Stuttgart ³1993
182 Streit, Bruno (Hg.), Verständliche Forschung: Evolution des Menschen. Heidelberg 1995
183 Stringer, Christopher/Gamble, Clive, In Search of the Neanderthals. London 1993
184 Trinkaus, Erik/Shipman, Pat, Die Neandertaler – Spiegel der Menschheit. München 1993
185 White, Edmund/Brown, Dale, Die ersten Menschen. Reinbek bei Hamburg 1977
186 Young, J. Z./Jope, E. M./Oakley, K. P. (Hg.), The Emergence of Man. London 1981
187 Wendt, Herbert/Loacker, Norbert (Hg.), Kindlers Enzyklopädie ›Der Mensch‹. Bd. 2: Die Entfaltung der Menschheit. Zürich 1982

Anatomisch-neurologische Sprachgrundlagen und ihre Herausbildung

188 Arensburg, B. u. a., A Middle Palaeolithic Human Hyoid Bone. In: Nature 338/1989: 758–760
189 Arensburg, B. u. a., A Reappraisal of the Anatomical Basis for Speech in Middle Paleolithic Hominids. In: American Journal of Physical Anthropology 83/1990: 137–146
190 Black, Davidson (Hg.), Fossil Man in China – The Choukoutien Cave Deposits. Peking 1933
191 Boule, Marcellin/Anthony, Raoul, L'encéphale de l'homme fossile de La Chapelle-aux-Saints. In: L'Anthropologie 22/1911: 129–195
192 Bradshaw, John/Rogers, Lesley, The Evolution of Lateral Asymmetries, Language, Tool Use and Intellect. San Diego 1993
193 Burr, David, Further Evidence Concerning Speech in Neanderthal Man. In: Man 11/1976: 104–110
194 Calvin, William H., Die Symphonie des Denkens. Wie aus Neuronen Bewußtsein entsteht. München/Wien 1993
195 Culotta, Elizabeth, Old Feuds, New Finds Mark Anthropologists' Meeting. In: Science 260/1993: 892–893
196 DuBrul, E. Lloyd/Reed, Charles A., Skeletal Evidence of Speech? In: American Journal of Physical Anthropology 18/1960: 153–156
197 Falk, Dean, Hominid Paleoneurology. In: Annual Review of Anthropology 16/1987: 13–30
198 Gibson, Kathleen R., Brain Size and the Evolution of Language. In: Landsberg (26): 149–172

199 Heim, Jean-Louis, La nouvelle reconstitution de crâne Neándertalien de La Chapelle-aux-Saints: méthode et résultats. In: Bulletins et Mémoires de la Société d'Anthropologie de Paris, N. S. 1/1989: 95–118

200 Holloway, Ralph L., Paleoneurological Evidence for Language Origins. In: Harnad (14): 330–348

201 Holloway, Ralph L., The Poor Brain of Homo sapiens neanderthalensis: See What you Please. In: Delson (162): 319–324

202 Konnte der Neandertaler sprechen? Streit um die Vorfahren der Menschheit. In: Bild der Wissenschaft 3/1990: 26–32

203 Laitman, Jeffrey T., The Evolution of the Hominid Upper Respiratory System and Implications for the Origins of Speech. In: Grolier (12): 63–90

204 Laitman, Jeffrey T., Konnte unser Urahn sprechen? In: Bild der Wissenschaft 5/1987: 38–47

205 Laitman, Jeffrey T./Heimbuch, Raymond C./Crelin, Edmund S., The Basicranium of Fossil Hominids. In: American Journal of Physical Anthropology 51/1979: 15–34

206 Le May, Marjorie, The Language Capability of Neanderthal Man. In: American Journal of Physical Anthropology 42/1975: 9–14

207 Lieberman, Philip, The Speech of Primates. The Hague/Paris 1972

208 Lieberman, Philip, On the Kebara KMH 2 Hyoid and Neanderthal Speech. In: Current Anthropology 34/1993: 172–175

209 Lieberman, Philip, The Origins and Evolution of Language. In: Ingold (242): 108–132

210 Marshall, John C., The Descent of the Larynx? In: Nature 338/1989: 702/703

211 Niemitz, Carsten, Die Stammesgeschichte des menschlichen Gehirns und der menschlichen Sprache. In: Ders., Erbe und Umwelt, Frankfurt 1987: 95–118

212 Sataloff, Robert T., Die menschliche Stimme. In: Spektrum der Wissenschaft 11/1993: 74–81. Wiederabgedruckt in: Riese (35): 2–9

213 Singer, Wolf (Hg.), Verständliche Forschung: Gehirn und Bewußtsein. Heidelberg 1994

214 Starck, Dietrich, Phylogenetische Aspekte der morphologischen Substrate der Sprachfunktion. In: Die Evolution der Sprache (8): 57–85

215 Starck, Dietrich, Stammesgeschichtliche Voraussetzungen der Entwicklung der menschlichen Sprache. In: Scharf/Kämmerer (37): 581–596

216 Vaas, Rüdiger, Konnten die Neandertaler sprechen? In: Naturwissenschaftliche Rundschau 48/1995: 179–183

217 Vallois, Henry V., The Evidence of Skeletons. In: Washburn (253): 217–221

218 Wind, Jan, Methoden zur Erforschung des Sprachursprungs. In: Die Evolution der Sprache (8): 41–55

219 Wind, Jan, Phylogeny of the Human Vocal Tract. In: Harnad (14): 612–631

220 Wind, Jan, The Evolutionary History of the Human Speech Organs. In: Wind (42): 173–197

221 Zangwill, Oliver L., Die Neurologie der Sprache. In: Minnis, Noel (Hg.), Perspektiven der Linguistik. München 1974: 245–263

Die Entfaltung der technologischen und geistigen Kultur der Frühmenschen

222 Becker, Peter-René, Werkzeuggebrauch im Tierreich: Wie Tiere hämmern, bohren, streichen. Stuttgart 1993

223 Bednarik, Robert G., Palaeoart and Archaeological Myths. In: Cambridge Archaeological Journal 2/1992: 27–43

224 Bednarik, Robert G., Mehr über die rote Farbe in der Vorgeschichte. In: Almogaren 23/1992: 179–189

225 Bednarik, Robert G., Art Origins. In: Anthropos 89/1994: 169–180

226 Bordes, F., Os percé moustérien et os gravé acheuléen du Pech de l'Azé II. In: Quaternaria XI/1969: 1–6

227 Brown, R. W., Symbolic and Syntactic Capacities. In: Young (186): 197–216

228 Davidson, Iain, The Archaeology of Language Origins – a Review. In: Antiquity 65/1991: 39–48

229 Davidson, Iain/Noble, William, The Archaeology of Perception. Traces of Depiction and Language. In: Current Anthropology 30/1989: 125–155 und 330–342

230 Dibble, Harold L., The Implications of Stone Tool Types for the Presence of Language During the Lower and Middle Palaeolithic. In: Mellars/Stringer (177): 415–432

231 Duff, Andrew I./Clark, Geoffrey A./Chadderdon, Thomas J., Symbolism in the Early Palaeolithic: A Conceptual Odyssey. In: Cambridge Archaeological Journal 2/1992: 211–229

232 Engels, Friedrich, Anteil der Arbeit an der Menschwerdung des Affen. In: Marx/Engels, Werke Bd. 20. Berlin 1990: 444–455

233 Fiedler, Lutz, Zur Konzeption des Altpaläolithikums. Technik, Planung und Sprache im System der Kultur. In: Ethnographisch-Archäologische Zeitschrift 34/ 1993: 1–15

234 Foley, R. A. (Hg.), The Origins of Human Behaviour. London 1991

235 Gowlett, John A. J., Mental Abilities of Early Man: A Look at Some Hard Evidence. In: Foley, Robert (Hg.), Hominid Evolution and Community Ecology. London 1984: 167–192

236 Gowlett, John A. J., Culture and Conceptualisation: The Oldowan-Acheulian Gradient. In: Bailey, G. N./

Callow, P. (Hg.), Stone Age Prehistory. Cambridge 1986: 243–260

237 Graves, Paul, Flakes and Ladders: What the Archaeological Record Cannot Tell Us About the Origins of Language. In: World Archaeology 26/1994: 158–171

238 Hallowell, A. Irving, Self, Society, and Culture in Phylogenetic Perspective. In: Tax, Sol (Hg.), Evolution After Darwin, Vol. II. Chicago 1960: 309–371

239 Herbig, Jost, Im Anfang war das Wort. Die Evolution des Menschlichen. München/Wien 1984

240 Hewes, Gordon W., An Explicit Formulation of the Relationship between Tool-using, Tool-making and the Emergence of Language. In: Visible Language 7/1973: 101–127

241 Holloway, Ralph L., Culture: A Human Domain. In: Current Anthropology 10/1969: 395–412

242 Ingold, Tim (Hg.), Companion Encyclopedia of Anthropology. London/New York 1994

243 Isaac, Glynn L., Stages of Cultural Elaboration in the Pleistocene. In: Harnad (14): 275–288

244 Klix, Friedhart, Erwachendes Denken. Geistige Leistungen aus evolutionspsychologischer Sicht. Heidelberg 1993

245 Knight, Chris/Power, Camilla/Watts, Ian, The Human Symbolic Revolution: A Darwinian Account. In: Cambridge Archaeological Journal 5/1995: 75–114

246 Kraft, Georg, Der Urmensch als Schöpfer – die geistige Welt des Eiszeitmenschen. Tübingen 1948

247 Leroi-Gourhan, André, Hand und Wort – Die Evolution von Technik, Sprache und Kunst. Frankfurt 1980

248 Marx, Karl, Das Kapital, Bd. 1. Marx/Engels, Werke Bd. 23. Berlin 1979

249 Müller-Beck, Hansjürgen, Der Mensch – ein Techniker. In: Wendt/Loacker (187): 147–200

250 Müller-Karpe, Hermann, Handbuch der Vorgeschichte, Bd. 1 ff. München 1966 ff.

251 Oakley, Kenneth P., Skill as a Human Possession. In: Singer, Charles u. a. (Hg.), A History of Technology. Oxford 1956: 1–37

252 Ullrich, Herbert, Kannibalismus im Paläolithikum. In: Schlette, Friedrich u. a. (Hg.), Religion und Kult in ur- und frühgeschichtlicher Zeit. Berlin 1989: 51–71

253 Washburn, Sherwood L. (Hg.), Social Life of Early Man. London 1962

254 Washburn, Sherwood L., The Evolution of Human Behaviour. In: Roslansky, John D. (Hg.), The Uniqueness of Man. Amsterdam/London 1969: 167–189

255 Wynn, Thomas, The Intelligence of Later Acheulean Hominids. In: Man (N. S.) 14/1979: 371–391

256 Wynn, Thomas, Piaget, Stone Tools and the Evolution of Human Intelligence. In: World Archaeology 17/1985: 32–43

257 Wynn, Thomas, Tools, Grammar and the Archaeology of Cognition. In: Cambridge Archaeological Journal 1/1991: 191–206

Rekonstruktionsversuche der ›Ursprache(n)‹ der Menschheit

258 Binder, Vera E., Wörter aus der Steinzeit – Völker aus dem Nichts. In: Spektrum der Wissenschaft 5/1993: 112–116. Wiederabgedruckt in: Riese (35): 50–54

259 Breuer, Georg, 50 000 Jahre Sprachgeschichte. In: Naturwissenschaftliche Rundschau 48/1995: 34

260 Cavalli-Sforza, Luca, Stammbäume von Völkern und Sprachen. In: Spektrum der Wissenschaft 1/1992: 90–98. Wiederabgedruckt in: Streit (182): 118–125

261 Cavalli-Sforza, Luca und Francesco, Der Turm zu Babel. In: Dies., Verschieden und doch gleich – ein Genetiker entzieht dem Rassismus die Grundlage. München 1994: 259–314

262 Diamond, Jared M., Genes and the Tower of Babel. In: Nature 336/1988: 622–623

263 Doerfer, Gerhard, Lautgesetz und Zufall. Betrachtungen zum Omnicomparatismus. Innsbruck 1973

264 Fester, Richard, Sprache der Eiszeit. Die Archetypen der Vox Humana. Berlin 1962

265 Fester, Richard, Reaktionen der Sprache auf die Höhle. In: Jonas, Doris F. u. a., Kinder der Höhle. München 1980: 173–239

266 Fester, Richard, Urwörter der Menschheit – eine Archäologie der Sprache. München 1981

267 Fester, Richard, Die frühe Sprache des Menschen. In: Wendt/Loacker (187): 240–258

268 Greenberg, Joseph H., Language in the Americas. Stanford 1987

269 Grolier, Eric de, Towards a Tentative ›Reconstruction‹ of Homo Sapiens Sapiens Language(s)? In: Koch (24): 135–163

270 Mallory, J. P., In Search of the Indo-Europeans: Language, Archaeology and Myth. London 1989

271 Pesot, Jürgen, On the Direct Study of the Phylogeny of Language. In: Grolier (12): 513–525

272 Renfrew, Colin, Archaeology and Language. The Puzzle of Indo-European Origins. Cambridge 1988

273 Renfrew, Colin, Before Babel: Speculations on the Origins of Linguistic Diversity. In: Cambridge Archaeological Journal 1/1991: 3–23

274 Ross, Philip E., Streit um Wörter. In: Spektrum der Wissenschaft 6/1991: 92–101. Wiederabgedruckt in: Riese (35): 40–49

275 Ruhlen, Merritt, A Guide to the World's Languages. Band 1: Classification. Stanford 1987

276 Shevoroshkin, Vitalij V. (Hg.), Proto-Languages and Proto-Cultures. Bochum 1990

277 Shevoroshkin, Vitalij V./Markey, T. L. (Hg.), Typology, Relationship and Time. A Collection of Papers on Language Change and Relationship by Soviet Linguists. Ann Arbor 1986

278 Sternemann, Reinhard/Gutschmidt, Karl, Einführung in die Vergleichende Sprachwissenschaft. Berlin 1989

279 Stopa, Roman, Structure of Bushman and its Traces in Indo-European. Warschau 1972

280 Stopa, Roman, Clicks – Their Form, Function and Their Transformation or How Our Ancestors Were Gesticulating, Clicking and Crying. Krakau 1979

281 Stopa, Roman, Supposed First Words of Apeman. In: Grolier (12): 491–512

282 Swadesh, Morris, The Origin and Diversification of Language. Chicago 1971

283 Vaas, Rüdiger, Auf der Suche nach der Ursprache. In: Naturwissenschaftliche Rundschau 42/1989: 397–400

Schriftvorstufen, Zählsysteme und ›Ideenschriften‹ in aliteralen Kulturen der Neuzeit

284 Andree, Richard, Merkzeichen und Knotenschrift. In: Ders., Ethnographische Vergleiche und Parallelen. Stuttgart 1978: 184–197

285 Biedermann, Hans, Knaurs Lexikon der Symbole. München 1989

286 Danzel, Th. W., Die Anfänge der Schrift. Leipzig 1912

287 Fettweis, Ewald, Das Rechnen der Naturvölker. Leipzig 1927

288 Friederici, P., Die darstellende Kunst der Eskimos. In: Globus 74/1898: 124–132

289 Griaule, Marcel/Dieterlen, Germaine, Signes graphiques soudanais. Paris 1951

290 Kubik, Gerhard, African Graphic Systems – a Reassessment. In: Mitteilungen der Anthropologischen Gesellschaft in Wien 114/1984: 71–96 und 115/1985: 77–101

291 Mallery, Garrick, On the Pictographs of the North American Indians. In: Fourth Annual Report of the Bureau of Ethnology, Washington 1886: 13 ff.

292 Mallery, Garrick, Picture-Writing of the American Indians. In: Tenth Annual Report of the Bureau of Ethnology, Washington 1893: 25 ff.

293 Menninger, Karl, Zahlwort und Ziffer – Eine Kulturgeschichte der Zahl. Göttingen ²1958

294 Strehlow, Carl, Die tjurunga der Aranda und Loritja. In: Ders., Die Aranda- und Loritja-Stämme in Zentral-Australien. Frankfurt 1908: 75–83

295 Wertheimer, Max, Über das Denken der Naturvölker – Zahlen und Zahlengebilde. In: Ders., Drei Abhandlungen zur Gestalttheorie. Erlangen 1925: 106–163

296 Weule, Karl, Botenstäbe bei den Buschmännern – eine südafrikanisch-australische Parallele. In: Jahrbuch des Städtischen Museums für Völkerkunde zu Leipzig, Bd. 6. Leipzig 1915: 42–48

297 Weule, Karl, Vom Kerbstock zum Alphabet. Stuttgart 1915

Zur Problematik der paläolithischen Kerbenreihen und Markierungen

298 Absolon, Karel, Dokumente und Beweise der Fähigkeit des fossilen Menschen zu zählen im Mährischen Paläolithikum. In: Artibus Asiae XX/1957: 123–150

299 Bednarik, Robert G., Concept-mediated Marking in the Lower Palaeolithic. In: Current Anthropology 36/1995: 605–634

300 D'Errico, Francesco, Palaeolithic Lunar Calendars: A Case of Wishful Thinking? In: Current Anthropology 30/1989: 117–118 und 494–500

301 Frolow, Boris, Die magische Sieben in der Altsteinzeit. In: Bild der Wissenschaft 3/1971: 258–265

302 Frolow, Boris, Numbers in Palaeolithic Graphic Art and the Initial Stages in the Development of Mathematics. In: Soviet Anthropology and Archaeology 16/1977: 142–166 und 17/1978: 73–93

303 King, Arden R., Besprechung von Marshack (305 und 307). In: American Anthropologist 75/1973: 1897–1900

304 Mania, Dietrich und Ursula, Deliberate Engravings on Bone Artefacts of Homo Erectus. In: Rock Art Research 5/1988: 91–107

305 Marshack, Alexander, Notation dans les gravures du Paléolithique supérieur: Nouvelles méthodes d'analyse. Bordeaux 1970

306 Marshack, Alexander, Cognitive Aspects of Upper Palaeolithic Engraving. In: Current Anthropology 13/1972: 445–478

307 Marshack, Alexander, The Roots of Civilization: The Cognitive Beginnings of Man's First Art, Symbol and Notation. London 1972/New York 1991

308 Moog, F., Paläolithische Freilandstation im älteren Löß von Wyhlen. In: Badische Fundberichte 15/1939: 36–58

309 Peyrony, D., La Ferrassie. In: Préhistoire 3/1934: 1 ff.

310 Rosenfeld, Andrée, Besprechung von Marshack (305). In: Antiquity 45/1971: 317–319

311 Verworn, Max, Die Anfänge des Zählens. In: Korrespondenz-Blatt der Deutschen Gesellschaft für Anthropologie, Ethnologie und Urgeschichte XLII/1911: 53–55

Die jungpaläolithische Kunst und ihre Symbolik

312 Bahn, Paul G./Vertut, Jean, Images of the Ice Age. Leicester 1988

313 Batailles, Georges, Die vorgeschichtliche Malerei. Lascaux oder die Geburt der Kunst. Genf 1955

314 Beinhauer, Karl W., Eine außergewöhnliche Knochen-Gravur des Jungpaläolithikums aus La Rochette. In: Mitteilungen der Anthropologischen Gesellschaft in Wien 116/1986: 141–153

315 Bosinski, Gerhard, Die Kunst der Eiszeit in Deutschland und in der Schweiz. Bonn 1982

316 Chauvet, Jean-Marie u. a., Grotte Chauvet. Sigmaringen 1995

317 Drössler, Rudolf, Kunst der Eiszeit von Spanien bis Sibirien. Leipzig 1980

318 Graziosi, Paolo, Die Kunst der Altsteinzeit. Stuttgart 1957

319 Hahn, Joachim, Aurignacien Signs, Pendants and Art Objects in Central and Eastern Europe. In: World Archaeology 3/1972: 252–266

320 Hahn, Joachim, Eine menschliche Halbreliefdarstellung aus der Geißenklösterle-Höhle bei Blaubeuren. In: Fundberichte aus Baden-Württemberg 7/1982: 1–12

321 Hahn, Joachim, Kraft und Aggression – Die Botschaft der Eiszeitkunst im Aurignacien Süddeutschlands? Tübingen 1986

322 Hahn, Joachim, Das Geißenklösterle I. Stuttgart 1988

323 Kirchner, Horst, Ein archäologischer Beitrag zur Urgeschichte des Schamanismus. In: Anthropos 47/1952: 244–286

324 Lechler, George, The Interpretation of the ›Accident Scene‹ at Lascaux. In: Man 283/1951: 165–167

325 Leroi-Gourhan, André, Prähistorische Kunst. Freiburg/Basel/Wien ⁴1971

326 Leroi-Gourhan, André, Höhlenkunst in Frankreich. Bergisch Gladbach 1981

327 Mithen, Steven J., Looking and Learning: Upper Paleolithic Art and Information Gathering. In: World Archaeology 19/1988: 297–327

328 Müller-Beck, Hansjürgen/Albrecht, Gerd, Die Anfänge der Kunst vor 30 000 Jahren. Stuttgart 1987

329 Ucko, Peter J./Rosenfeld, Andrée, Felsbildkunst im Paläolithikum. München 1967

330 Vialou, Denis, Frühzeit des Menschen. München 1992

331 White, Randall, Bildhaftes Denken in der Eiszeit. In: Spektrum der Wissenschaft 3/1994: 53–60. Wiederabgedruckt in: Streit (182): 166–173

Schriftsysteme schon in der Steinzeit?

332 Chollot-Varagnac, Marthe, Les origines du graphisme symbolique. Essai d'analyse des écritures primitives en Préhistoire. Paris 1980

333 Cook, Arthur Bernard, Les galets peints du Mas-d'Azil. In: L'Anthropologie 14/1903: 655–660

334 Crawford, O. G. S., ›L'Affaire Glozel‹. In: Antiquity 1/1927: 181–188

335 De Pradenne, Vayson, The Glozel Forgeries. In: Antiquity 4/1930: 201–222

336 Forbes, Allan/Crowder, Thomas R., The Problem of Franco-Cantabrian Abstract Signs: Agenda for a New Approach. In: World Archaeology 10/1978: 350–366

337 Garrod, Dorothy, Recollections of Glozel. In: Antiquity 42/1968: 172–177

338 Gorce, Maxime, Les pré-écritures et l'évolution des civilisations. Paris 1974

339 Morlet, Antonin, Origines de l'écriture. Montpellier 1955

340 Piette, Edouard, Les écritures de l'age glyptique. In: L'Anthropologie 16/1905: 1–11

341 Piette, Edouard, Les galets coloriés du Mas-d'Azil. In: L'Anthropologie 7/1896: 385–427

342 Reinach, Salomon, Ephémérides de Glozel. Paris 1928

343 Rieth, Adolf, ›Glozel‹ – Tagebuch einer Fälschung. In: Ders., Vorzeit gefälscht. Tübingen 1967: 82–93

344 Wilser, Ludwig, Die bemalten Kiesel von Mas-d'Azil. In: Globus 70/1896: 361 f. und 85/1904: 319

Zum Verhältnis von Mündlichkeit und Schriftlichkeit

345 Afanasjeva, V., Mündlich überlieferte Dichtung (›Oral Poetry‹) und schriftliche Literatur in Mesopotamien. In: Acta Antiqua Academiae Scientiarum Hungaricae 22/1974: 121–135

346 Assmann, Aleida/Assmann, Jan/Hardmeier, Christof (Hg.), Schrift und Gedächtnis – Archäologie der literarischen Kommunikation I. München 1983

347 Assmann, Aleida und Jan, Schrift – Kognition – Evolution. Eric A. Havelock und die Technologie kultureller Kommunikation. In: Havelock (355): 1–35

348 Assmann, Jan, Das kulturelle Gedächtnis. Schrift, Erinnerung und politische Identität in frühen Hochkulturen. München 1992

349 Fuchs, Peter, Zur Funktion der Geschichte in schriftlosen Gesellschaften. In: Mitteilungen der Anthropologischen Gesellschaft in Wien XCIX/1969: 182–188

350 Goody, Jack, The Domestication of the Savage Mind. Cambridge 1977

351 Goody, Jack (Hg.), Literalität in traditionalen Gesellschaften. Frankfurt 1981
352 Goody, Jack, The Logic of Writing and the Organization of Society. Cambridge 1986
353 Goody, Jack, The Interface Between the Written and the Oral. Cambridge 1987
354 Goody, Jack/Watt, Ian/Gough, Kathleen, Entstehung und Folgen der Schriftkultur, Frankfurt 1986
355 Havelock, Eric A., Schriftlichkeit. Das griechische Alphabet als kulturelle Revolution. Weinheim 1990
356 Havelock, Eric A., Als die Muse schreiben lernte. Frankfurt 1992
357 Illich, Ivan/Sanders, Barry, Das Denken lernt Schreiben – Lesekultur und Identität. Hamburg 1988
358 Klaffke, Claudia, Mit jedem Greis stirbt eine Bibliothek – Alte und neue afrikanische Literatur. In: Assmann (346): 222–230
359 Latacz, Joachim, Homer. München/Zürich 1985
360 Lord, Albert B., Der Sänger erzählt – wie ein Epos entsteht. München 1965
361 Ong, Walter J., Orality and Literacy – The Technologizing of the Word. London/New York 1982
362 Parry, Milman (Hg. Parry, A.), The Making of the Homeric Verse: The Collected Papers of Milman Parry. Oxford 1971
363 Scharlau, Birgit (Hg.), Bild – Wort – Schrift. Tübingen 1989
364 Schott, Rüdiger, Das Geschichtsbewußtsein schriftloser Völker. In: Archiv für Begriffsgeschichte 12/1968: 166–205
365 Street, Brian V., Cross-Cultural Approaches to Literacy. Cambridge 1993
366 Woodbury, L., The Literate Revolution: A Review Article. In: Classical Views/Echos du monde Classique 27/1983: 329–352

Historisches und gesellschaftliches Milieu der Schriftentstehung

367 Childe, V. Gordon, The Urban Revolution. In: The Town Planning Review 21/1950: 3–17
368 Childe, V. Gordon, Stufen der Kultur. Zürich 1952
369 Childe, V. Gordon, Der Mensch schafft sich selbst. Dresden 1959
370 Fischer, Hugo, Die Geburt der Hochkultur in Ägypten und Mesopotamien. Stuttgart 1960
371 Freydank, Helmut u. a., Wörterbuch zur Kultur und Kunst des alten Orients. Leipzig/Hanau o. J.
372 Grayson, A. Kirk/Redford, Donald B., Papyrus and Tablet. Prentice-Hall 1973
373 Hamblin, Dora Jane, Die ersten Städte. Reinbek bei Hamburg 1977
374 Herbig, Jost, Nahrung für die Götter – die kulturelle Neuerschaffung der Welt durch den Menschen. München/Wien 1988
375 Kolb, Hans, Die Stadt im Altertum. München 1984
376 Lambert, M., La naissance de la bureaucratie. In: Revue historique 84/1960: 1–26
377 Nack, Emil, Ägypten und der Vordere Orient im Altertum. Wien 1962/1977
378 Redman, Charles, The Rise of Civilization. San Francisco 1978
379 Service, Elman R., Ursprünge des Staates und der Zivilisation. Frankfurt 1977

Das Buchführungssystem der Tonmarken und -hüllen im Vorderen Orient

380 Abusch, Tzvi, Notes on a Pair of Matching Texts: A Shepherd's Bulla and an Owner's Receipt. In: Morrison, M. A. (Hg.), Studies on the Civilization and Culture of Nuzi and the Hurrians. Winona Lake, Indiana 1981: 1–9
381 Amiet, Pierre, Il y a 5000 ans les Elamites inventaient l'écriture. In: Archéologia 12/1966: 16–23
382 Amiet, Pierre, Archaeological Discontinuity and Ethnic Duality in Elam. In: Antiquity 53/1979: 195–204
383 Amiet, Pierre, Comptabilité et écriture archaique à Suse et en Mésopotamie. In: Ecritures (55): 39–45
384 Amiet, Pierre, Approche physique de la comptabilité à l'époque d'Uruk: Les bulles-envelopes de Suse. Colloque CNRS. Paris 1984
385 Brandes, Mark A., Modelage et imprimerie aux débuts de l'écriture en Mesopotamie. In: Akkadica 18/1980: 1–30
386 Forest, Jean Daniel, Les ›jetons‹ non urukiens et l'échange des femmes. In: Henrickson, Elizabeth F. (Hg.), Upon this Foundation – the Ubaid Reconsidered. Kopenhagen 1989: 199–226
387 Herskovits, Melville J., Dahomey, an Ancient West African Kingdom. New York 1938
388 Jasim, Sabah Abboud/Oates, Joan, Early Tokens and Tablets in Mesopotamia: New Information from Tell Abada and Tell Brak. In: World Archaeology 7/1986: 348–362
389 Le Brun, A./Vallat, F., L'origine de l'écriture à Suse. Cahiers de la Délégation Archéologique Française en Iran 8/1978: 11–70
390 Lieberman, Stephen J., Of Clay Pebbles, Hollow Clay Balls and Writing: A Sumerian View. In: American Journal of Archaeology 84/1980: 339–358
391 Michalowski, Piotr, Tokenism. In: American Anthropologist 95/1993: 996–998
392 Oates, Joan, Early Writing in Sumer – a Review. In: Cambridge Archaeological Journal 3/1993: 149–153

393 Oppenheim, A. Leo, On an Operational Device in Mesopotamian Bureaucracy. In: Journal of Near Eastern Studies 18/1959: 121–128

394 Polanyi, Karl, Redistribution: Der staatliche Bereich im Dahome des 18. Jhs. In: Ders., Ökonomie und Gesellschaft. Frankfurt 1979: 256–283

395 Schmandt-Besserat, Denise, An Archaic Recording System and the Origin of Writing. In: Syro-Mesopotamian Studies 1/2/1977: 1–32

396 Schmandt-Besserat, Denise, Vom Ursprung der Schrift. In: Spektrum der Wissenschaft 12/1978: 5–12

397 Schmandt-Besserat, Denise, An Archaic Recording System in the Uruk-Jemdet Nasr Period. In: American Journal of Archaeology 83/1979: 19–48

398 Schmandt-Besserat, Denise, Reckoning Before Writing. In: Archaeology 32/ 1979: 22–31

399 Schmandt-Besserat, Denise, The Envelopes that Bear the First Writing. In: Technology and Culture 21/1980: 357–385

400 Schmandt-Besserat, Denise, From Tokens to Tablets: A Re-Evaluation of the So-Called ›Numerical Tablets‹. In: Visible Language 15/1981: 321–344

401 Schmandt-Besserat, Denise, The Emergence of Recording. In: American Anthropologist 84/1982: 871–878

402 Schmandt-Besserat, Denise, Before Numerals. In: Visible Language 18/1984: 48–60

403 Schmandt-Besserat, Denise, Tonmarken und Bilderschrift. In: Das Altertum 31/1985: 76–82

404 Schmandt-Besserat, Denise, Before Writing. Vol. 1: From Counting to Cuneiform. Austin 1992

405 Strommenger, Eva, Habuba Kabira – eine Stadt vor 5000 Jahren. Mainz 1980

406 Vallat, François, The Most Ancient Scripts of Iran: The Current Situation. In: World Archaeology 17/1986: 335–347

Die Schriftentstehung in Mesopotamien und ihr historischer Hintergrund

407 Damerow, Peter/Englund, Robert K./Nissen, Hans J., Die Entstehung der Schrift. In: Spektrum der Wissenschaft 2/1988: 74–85. Wiederabgedruckt in: Riese (35): 90–101

408 Diakonoff, I. M. (Hg.), Ancient Mesopotamia – Socio-Economic History. Moskau 1969

409 Falkenstein, Adam, Archaische Texte aus Uruk. Berlin/Leipzig 1936

410 Falkenstein, Adam, La cité-temple sumérienne. In: Cahiers d'Histoire Mondiale 1/1954: 784–814

411 Finkel, Irving L., Inscriptions from Tell Brak 1984. In: Iraq 17/1985: 187–189

412 Green, M. W., Animal Husbandry at Uruk in the Archaic Period. In: Journal of Near Eastern Studies 39/1980: 1–35

413 Green, M. W., The Construction and Implementation of the Cuneiform Writing System. In: Visible Language 15/1981: 345–372

414 Green, M. W./Nissen, Hans J., Zeichenliste der Archaischen Texte aus Uruk. Berlin 1987

415 Hrouda, Barthel (Hg.), Der Alte Orient: Geschichte und Kultur des alten Vorderasien. München 1991

416 Kramer, Samuel Noah, Geschichte beginnt mit Sumer. München o. J.

417 Kramer, Samuel Noah, Mesopotamien – Frühe Staaten an Euphrat und Tigris. Reinbek bei Hamburg 1971

418 Langdon, Stephen, Pictographic Inscriptions from Jemdet Nasr. Oxford 1928

419 Nissen, Hans J., Grundzüge einer Geschichte der Frühzeit des Vorderen Orients. Darmstadt 1983

420 Nissen, Hans J., The Archaic Texts from Uruk. In: World Archaeology 17/1986: 317–333

421 Nissen, Hans J., Die Entstehung der Schrift im frühen Babylonien. In: Das Altertum 39/1993: 181–196

422 Nissen, Hans J./Damerow, Peter/Englund, Robert K., Frühe Schrift und Techniken der Wirtschaftsverwaltung im alten Vorderen Orient. Berlin 1990

423 Schmökel, Hartmut, Geschichte des alten Vorderasien. Leiden 1957

424 Soden, Wolfram von, Einführung in die Altorientalistik. Darmstadt 1985

425 Sumer – Assur – Babylon. Hildesheim 1978

426 Vaiman, A. A., Über die Protosumerische Schrift. In: Acta Antiqua Academiae Scientiarum Hungaricae XXII/1974: 15–27

Die Zahlzeichen der frühesten mesopotamischen Schrift

427 Damerow, Peter, Die Entstehung des arithmetischen Denkens. In: Damerow, Peter/Lefèvre, Wolfgang, Rechenstein, Experiment, Sprache. Stuttgart 1981: 11–113

428 Damerow, Peter/Englund, Robert K., Die Zahlzeichensysteme der Archaischen Texte aus Uruk. In: Green/Nissen (414): 117–165

429 Damerow, Peter/Englund, Robert K./Nissen, Hans J., Die ersten Zahldarstellungen und die Entwicklung des Zahlbegriffs. In: Spektrum der Wissenschaft 3/1988: 46–55. Wiederabgedruckt in: Riese (35): 102–111

430 Friberg, Jöran, The Early Roots of Babylonian Mathematics. Vol. I & II, Göteborg 1978/79

431 Friberg, Jöran, Zahlen und Maße in den ersten Schriftzeugnissen. In: Spektrum der Wissenschaft 4/1984: 116–124

Die Entwicklung der Keilschrift und die Keilschriftliteratur

432 Chiera, Edward, Sie schrieben auf Ton. Zürich 1940
433 Driver, G. R., Cuneiform Scripts. In: Ders. (545): 1–77
434 Edzard, D. O., Keilschrift. In: Ders. (Hg.), Reallexikon der Assyriologie, Bd. 5/1976–1980: 544–568
435 Falkenstein, A./Soden, W. von, Sumerische und Akkadische Hymnen und Gebete. Zürich/Stuttgart 1953
436 Kienast, Burkhart, Keilschrift und Keilschriftliteratur. In: Frühe Schriftzeugnisse der Menschheit (63): 39–55
437 Labat, René, Manuel d'épigraphie akkadienne. Paris ⁵1976
438 Powell, Marvin A., Three Problems in the History of Cuneiform Writing: Origins, Direction of Script, Literacy. In: Visible Language 15/1981: 419–440
439 Wiesehöfer, Josef, Die Entzifferung der Keilschrift. Hagen 1987
440 Wilcke, Claus G., Schrift und Literatur. In: Hrouda (415): 271–298

Die Schriftentstehung und die frühesten Schriftzeugnisse in Ägypten

441 Arnett, William S., The Predynastic Origin of Egyptian Hieroglyphs. Washington 1982
442 Asselberghs, Henri, Chaos en Beheersing – Documenten uit aeneolithisch Egypte. Leiden 1961 (englische Zusammenfassung: 256–293)
443 Casson, Lionel, Ägypten – die Pharaonenreiche. Reinbek bei Hamburg 1971
444 Eggebrecht, Arne (Hg.), Das alte Ägypten: 3000 Jahre Geschichte und Kultur des Pharaonenreiches. München 1984
445 Helck, Wolfgang/Otto, Eberhard (Hg.), Lexikon der Ägyptologie Bd. 1–7. Wiesbaden 1975–1992
446 Kaplony, Peter, Die Inschriften der ägyptischen Frühzeit. Wiesbaden 1963
447 Kaplony, Peter, Die ältesten Texte. In: Textes et langages (468): 3–13
448 Posener-Kriéger, Paule, Les papyrus de l'ancien empire. In: Textes et langages (468): 25–35
449 Ranke, Hermann, Eine Bemerkung zur ›Narmer‹-Palette. In: Studia Orientalia 1/1925: 167–175
450 Ray, John D., The Emergence of Writing in Egypt. In: World Archaeology 17/ 1986: 307–316
451 Scharff, Alexander, Archäologische Beiträge zur Frage der Entstehung der Hieroglyphenschrift. München 1942
452 Schenkel, Wolfgang, Wozu die Ägypter eine Schrift brauchten. In: Assmann (346): 45–63
453 Schott, Siegfried, Hieroglyphen – Untersuchungen zum Ursprung der Schrift. Wiesbaden 1950

454 Schulze, Peter H., Auf den Schwingen des Horusfalken – Die Geburt der ägyptischen Hochkultur. Bergisch Gladbach 1980
455 Westendorf, Wolfhart, Die Anfänge der altägyptischen Hieroglyphen. In: Frühe Schriftzeugnisse der Menschheit (63): 56–87

Die Prinzipien der ägyptischen Schrift und die ägyptische Literatur

456 Brinkhus, Gerd (Hg.), Hieroglyphenschrift und Totenbuch. Tübingen 1985
457 Brunner, Hellmut, Die altägyptische Schrift. In: Studium Generale 12/1965: 756–769
458 Brunner, Hellmut, Die Schrift der Ägypter. In: Hausmann, U. (Hg.), Allgemeine Grundlagen der Archäologie. München 1969: 208–213
459 Erman, Adolf, Die Literatur der Ägypter. Leipzig 1923
460 Gardiner, Alan, Egyptian Grammar. Oxford/London ³1964
461 Hannig, Rainer, Großes Handwörterbuch Ägyptisch–Deutsch (2800–950 v. Chr.). Mainz 1995
462 Helck, Wolfgang, Zur Frage der Entstehung der ägyptischen Literatur. In: Wiener Zeitschrift für die Kunde des Morgenlandes 63/64/1972: 6–26
463 Rossini, Stéphane, Hieroglyphen lesen und schreiben. Tübingen 1986
464 Schenkel, Wolfgang, Schrift. In: Helck/Otto (445) Bd. V: 713–735
465 Schenkel, Wolfgang, Tübinger Einführung in die klassisch-ägyptische Sprache und Schrift. Tübingen 1991
466 Schlott, Adelheid, Schrift und Schreiber im Alten Ägypten. München 1989
467 Spuler, B. (Hg.), Ägyptische Schrift und Sprache. Leiden 1959
468 Textes et langages de l'Egypte pharaonique – Hommage à Jean-François Champollion. Kairo 1972
469 Till, Walter, Vom Wesen der ägyptischen Schrift. In: Die Sprache 3/1957: 207–215
470 Zauzich, Karl-Th., Hieroglyphen ohne Geheimnis. Mainz 1980

Die Entwicklung der Schrift in Mittel- und Ostasien

471 Boltz, William G., Early Chinese Writing. In: World Archaeology 17/1986: 420–435
472 Brinker, Helmut/Goepper, Roger (Hg.), Kunstschätze aus China 5000 v. Chr. bis 900 n. Chr. Neuere archäologische Funde aus der Volksrepublik China. Zürich 1980

473 Chou, Hung-Hsiang, Chinesische Orakelknochen. In: Spektrum der Wissenschaft 6/1979: 31–37. Wiederabgedruckt in: Riese (35): 122–129

474 Fairservis jr., Walter A., Die Schrift der Indus-Kultur. In: Spektrum der Wissenschaft 5/1983: 88–97. Wiederabgedruckt in: Riese (35): 112–121

475 Fazzioli, Edoardo, Gemalte Wörter – 214 chinesische Schriftzeichen. Bergisch Gladbach 1987

476 Franz, Heinrich Gerhard (Hg.), Das alte Indien: Geschichte und Kultur des indischen Subkontinents. München 1990

477 Goepper, Roger (Hg.), Das alte China: Geschichte und Kultur des Reiches der Mitte. München 1988

478 Gough, Kathleen, Implikationen der Literalität im traditionalen China und Indien. In: Goody (354): 123–145

479 Jansen, Michael, Die Indus-Zivilisation. Köln 1986

480 Karlgren, Bernhard, Schrift und Sprache der Chinesen. Berlin 1975

481 Keightley, David N., Sources of Shang History. The Oracle-Bone Inscriptions of Bronze Age China. Berkeley 1978

482 Keightley, David N. (Hg.), The Origins of Chinese Civilization. Berkeley 1983

483 Kwong-Yue, Cheung, Recent Archaeological Evidence Relating to the Origin of Chinese Characters. In: Keightley (482): 323–391

484 Lindqvist, Cecilia, Eine Welt aus Zeichen – über die Chinesen und ihre Schrift. München 1990

485 Mahadevan, I., The Indus Script-Texts, Concordance and Tables. New Delhi 1977

486 Marshall, John, Mohenjo-Daro and the Indus Civilization. London 1931

487 Parpola, Asko, The Indus Script: A Challenging Puzzle. In: World Archaeology 17/1986: 399–419

488 Parpola, Asko, Deciphering the Indus Script. Cambridge 1994

489 Thilo, Thomas, Die Ausbreitung des chinesischen Schriftsystems in Ostasien. In: Das Altertum 31/1985: 98–106

490 Unger, Ulrich, Aspekte der Schrifterfindung – das Beispiel China. In: Frühe Schriftzeugnisse der Menschheit (63): 11–38

491 Vergessene Städte am Indus. Frühe Kulturen in Pakistan vom 8.–2. Jt. v. Chr. Mainz am Rhein 1987

492 Wagner, Mayke, Eine neolithische Notiz auf einer Scherbe. Zu den Anfängen der Schrift in China. In: Antike Welt 1993: 277–279

493 Wheeler, Mortimer, The Indus Civilization. Cambridge 1968

Die altamerikanischen Schriftsysteme

494 Barthel, Thomas S., Erste Schritte zur Entzifferung der Inkaschrift. Und: Viraco chas Prunkgewand. In: Tribus 19/1970: 91–96; 20/1971: 63–124

495 Baudez, Claude-François/Becquelin, Pierre, Die Maya. München 1985

496 Coe, Michael D., Das Geheimnis der Maya-Schrift. Ein Code wird entschlüsselt. Reinbek bei Hamburg 1995

497 Eggebrecht, Arne (Hg.), Glanz und Untergang des Alten Mexiko – Die Azteken und ihre Vorläufer. Hildesheim/Mainz 1986

498 Eggebrecht, Eva und Arne (Hg.), Die Welt der Maya – Archäologische Schätze aus drei Jahrtausenden. Hildesheim/Mainz 1992

499 Grube, Nicolai, Das Abenteuer der Entzifferung der Maya-Schrift. In: Antike Welt 1992: 302–309

500 Houston, Stephen D., Archaeology and Maya Writing. In: Journal of World Prehistory 3/1989: 1–32

501 Illius, Bruno/Laubscher, Matthias (Hg.), Circumpacifica. Festschrift für Thomas S. Barthel. Band 1: Mittel- und Südamerika. Frankfurt 1990

502 Jara, Victoria de la, La découverte de l'écriture péruvienne. In: Archéologia 62/1973: 8–25

503 Justeson, John S., The Origin of Writing Systems: Preclassic Mesoamerica. In: World Archaeology 17/1986: 438–458

504 Katz, Friedrich, Vorkolumbische Kulturen. München 1969

505 Kelm, Heinz/Münzel, Mark, Herrscher und Untertanen – Indianer in Peru 1000 v. Chr. bis heute. Frankfurt 1973

506 Prem, Hanns J./Riese, Berthold, Autochthonous American Writing Systems: The Aztec and Maya Examples. In: Coulmas/Ehlich (50): 167–186

507 Scharlau, Birgit, Wie lasen die Azteken? Göttingen 1985

508 Scharlau, Birgit/Münzel, Mark, Qellqay – Mündliche Kultur und Schrifttradition bei Indianern Lateinamerikas. Frankfurt/New York 1986

509 Schele, Linda/Freidel, David, Die unbekannte Welt der Maya. München 1991

510 Stuart, David/Houston, Stephen D., Die Maya-Schrift. In: Spektrum der Wissenschaft 10/1989: 138–145. Wiederabgedruckt in: Riese (35): 148–155

511 Thiemer-Sachse, Ursula, Zu den altamerikanischen Schriftsystemen. In: Das Altertum 31/1985: 107–112

Die frühe Schreibkunst als Herrschaftsmittel und soziales Privileg

512 Baines, John, Literacy and Ancient Egyptian Society. In: Man 18/1983: 572–599

513 Baines, John, Literacy, Social Organization and the Archaeological Record: The Case of Early Egypt. In: Gledhill, John u. a. (Hg.), State and Society. One World Archaeology No. 4. London 1988

514 Baines, John/Eyre, C. J., Four Notes on Literacy. In: Göttinger Miszellen 61/1983: 65–96

515 Brunner, Hellmut, Die Lehre des Cheti. Glückstadt/
     Hamburg 1944
516 Brunner, Hellmut, Altägyptische Erziehung. Wies-
     baden 1957
517 Brunner, Hellmut, Schrift und Unterrichtsmethoden
     im Alten Ägypten. In: Kriss-Rettenbeck, Lenz (Hg.),
     Erziehungs- und Unterrichtsmethoden im histori-
     schen Wandel. Bad Heilbrunn 1986: 27–35
518 Brunner-Traut, Emma, Unter der Fuchtel autoritärer
     Pauker. In: Dies., Die Alten Ägypter. Stuttgart [4]1987:
     68–78
519 Erman, Adolf, Die ägyptischen Schülerhandschrif-
     ten. Berlin 1925
520 Erman, Adolf, Die Schulen und ihre Schriften.
     In: Ders., Die Literatur der Ägypter. Leipzig 1923:
     238–302
521 Erman, Adolf/Ranke, Hermann, Die Wissenschaft.
     In: Dies., Ägypten und ägyptisches Leben im Alter-
     tum. Tübingen 1923: 374 ff.
522 Falkenstein, Adam, Der ›Sohn des Tafelhauses‹. In:
     Die Welt des Orients 3/1948: 172–186
523 Falkenstein, Adam, Die babylonische Schule. In: Sae-
     culum 4/1953: 125–137
524 Gadd, C. J., Teachers and Students in the Oldest
     Schools. London 1956
525 Harris, Rivkah, Ancient Sippar. Istanbul 1975
526 James, T. G. H., Bildung und soziale Stellung.
     Und: Schreiberalltag. In: Ders., Pharaos Volk. Zü-
     rich/München 1988: 139–192
527 Kramer, Samuel Noah, Schooldays – A Sumerian
     Composition Relating to the Education of a Scribe.
     In: Journal of the American Oriental Society 69/
     1949: 199–215
528 Kramer, Samuel Noah, The Sumerian School. In:
     Mylonas, George E. (Hg.), Studies Presented to Da-
     vid Moore Robinson. St. Louis 1951: 238–245
529 Kraus, F. R., Der Schreiber – Vermittler zwischen
     dem altbabylonischen Menschen und uns. In:
     Ders., Vom mesopotamischen Menschen. Amster-
     dam 1973: 18–32
530 Lévi-Strauss, Claude, Traurige Tropen. Frankfurt
     1960
531 Sack, Ronald H., The Temple Scribe in Chaldean
     Uruk. In: Visible Language 15/1981: 409–418
532 Schneider, Nikolaus, Der dub-sar als Verwaltungs-
     beamter. In: Orientalia, N. S. 15/1946: 64–88
533 Sjöberg, A. W., The Old Babylonian Eduba. In: Su-
     merological Studies in Honor of Thorkild Jacobsen.
     Chicago/London 1974: 159–179
534 Van Dijk, J. J. A., L'edubba et son ésprit. In: Ders., La
     sagesse suméro-accadienne. Leiden 1953: 21–27
535 Waetzoldt, Hartmut, Keilschrift und Schulen in
     Mesopotamien und Ebla. In: Kriss-Rettenbeck,
     Lenz (Hg.), Erziehungs- und Unterrichtsmethoden
     im historischen Wandel. Bad Heilbrunn 1986:
     36–50

Die frühen Alphabetschriften der östlichen Mittelmeerküste

536 Albright, William Foxwell, The Proto-Sinaitic In-
     scriptions and their Decipherment. Cambridge/Lon-
     don 1969
537 Bauer, Hans, Zur Entzifferung der neuentdeckten
     Sinaischrift. Halle 1918
538 Bauer, Hans, Das Alphabet von Ras Schamra. Halle
     1932
539 Bauer, Hans, Der Ursprung des Alphabets. Leipzig
     1937
540 Bea, Augustin, Die Entstehung des Alphabets –
     eine kritische Übersicht. In: Studi e Testi 126/1946:
     1–35
541 Cross, Frank M., Early Alphabetic Scripts. In: Sym-
     posia 75th Anniversary of the American Schools of
     Oriental Research 1975: 97–123
542 Cross, Frank M., The Evolution of the Proto-
     Canaanite Alphabet. In: Bulletin of the American
     Schools of Oriental Research 134/1954: 15–24
543 Cross, Frank M., The Origin and Early Evolution of
     the Alphabet. In: Eretz-Israel 8/1967: 8–24
544 Dietrich, M./Loretz, O., Die Keilalphabete. Die phö-
     nizisch-kanaanäischen und altarabischen Alphabete
     in Ugarit. Münster 1988
545 Driver, G. R., Semitic Writing from Pictograph to
     Alphabet. London/Oxford [3]1976
546 Garbini, Giovanni, Die Frage des Alphabets. In:
     Moscati, Sabatino (Hg.), Die Phönizier. Hamburg
     1988: 86–103
547 Gardiner, Alan H., The Egyptian Origin of the Semi-
     tic Alphabet. In: Journal of Egyptian Archaeology
     3/1916: 1–16
548 Gaster, Theodor, Chronology of Palestinian Epi-
     graphy. In: Palestine Exploration Fund Quarterly
     69/1937: 43–58
549 Mallon, M. A., L'origine égyptienne de l'alphabet
     phénicien. In: Bulletin de l'Institut Français d'Ar-
     chéologie Orientale 30/1931: 131–151
550 Mansfeld, Günter, Scherben mit altkanaanäischer
     Buchstabenschrift vom Tell Kamid el-Loz. In: Ed-
     zard, Dietz Otto u. a., Kamid el-Loz-Kumidi. Schrift-
     dokumente aus Kamid el-Loz. Bonn 1970: 29–41
551 Millard, Alan R., The Practice of Writing in Ancient
     Israel. In: The Biblical Archaeologist 35/1972: 98–111
552 Millard, Alan R., The Ugaritic and Canaanite Alpha-
     bets – Some Notes. In: Ugarit-Forschungen 11/1979:
     613–616
553 Millard, Alan R., The Infancy of the Alphabet. In:
     World Archaeology 17/1986: 390–397
554 Naveh, Joseph, Early History of the Alphabet. Lei-
     den 1982
555 Petrie, W. M. Flinders, The Formation of the Alpha-
     bet. London 1912

556 Röllig, Wolfgang, Die Keilschrift und die Anfänge der Alphabetschrift. In: Studium Generale 12/1965: 729–742

557 Röllig, Wolfgang, Die Alphabetschrift. In: Hausmann, Ulrich (Hg.), Allgemeine Grundlagen der Archäologie. München 1969: 289–302

558 Röllig, Wolfgang, Über die Anfänge unseres Alphabets. In: Das Altertum 31/1985: 83–91

559 Röllig, Wolfgang/Mansfeld, Günter, Zwei Ostraka vom Tell Kamid el-Loz und ein neuer Aspekt für die Entstehung des kanaanäischen Alphabets. In: Die Welt des Orients 5/1970: 265–270

560 Sass, B., The Genesis of the Alphabet and its Development in the Second Millenium B. C. Wiesbaden 1988

561 Schmitt, Alfred, Die Vokallosigkeit der ägyptischen und semitischen Schrift. In: Ders., Kleine Schriften. Wiesbaden 1984: 465–476

562 Sethe, Kurt, Der Ursprung des Alphabets. Göttingen 1916

563 Sethe, Kurt, Die neuentdeckte Sinai-Schrift und die Entstehung der semitischen Schrift. Göttingen 1917

564 Van den Branden, A., L'origine des alphabets protosinaitique, arabes préislamiques et phénicien. In: Bibliotheca Orientalis 19/1962: 198–206

565 Van den Branden, A., Les inscriptions protosinaitiques. In: Oriens Antiques 1/1962: 197–214

566 Yeivin, S., The Palestino-Sinaitic Inscriptions. In: Palestine Exploration Fund Quarterly 69/1937: 180–193

567 Zauzich, Karl-Th., Kommt das Alphabet aus dem Hieratischen? In: XX. Deutscher Orientalistentag – Vorträge. Wiesbaden 1980: 76–80

Die Übernahme des Alphabets durch die Griechen und seine Entwicklung im Westen

568 Andersen, Øivind, Mündlichkeit und Schriftlichkeit im frühen Griechentum. In: Antike und Abendland 38/1987: 29–44

569 Burns, Alfred, Athenian Literacy in the Fifth Century B. C. In: Journal of the History of Ideas 42/1981: 371–387

570 Coldstream, John Nicolas, Greeks and Phoenicians in the Aegean. In: Niemeyer, Hans Georg (Hg.), Phönizier im Westen. Mainz 1982: 261–275

571 Cole, Susan Guettel, Could Greek Women Read and Write? In: Foley, Helene P., Reflections of Women in Antiquity. New York 1981: 219–245

572 Einarson, Benedict, Notes on the Development of the Greek Alphabet. In: Classical Philology 62/1967: 1–24

573 Gries, Rainer/Ilgen, Volker, Nestors Notizen – zu Verwaltung und Gesellschaft der frühgriechisch-my-kenischen Palastkulturen. In: Journal für Geschichte 6/1984: 69–76

574 Grumach, Ernst, Der Ägäische Schriftkreis. In: Studium Generale 12/1965: 742–756

575 Grumach, Ernst, Die kretischen und kyprischen Schriftsysteme. In: Hausmann, Ulrich (Hg.), Allgemeine Grundlagen der Archäologie. München 1969: 234–288

576 Harvey, F. D., Literacy in the Athenian Democracy. In: Revue des Études Grecques 79/1966: 585–635

577 Heubeck, Alfred, Archaeologia Homerica – Schrift. Göttingen 1979

578 Isserlin, Benedikt S. J., The Antiquity of the Greek Alphabet. In: Kadmos 22/1983: 151–163

579 Jeffery, L. H., The Local Scripts of Archaic Greece. Oxford 1961

580 Johnston, A., The Extent and Use of Literacy. The Archaeological Evidence. In: Hägg, R. (Hg.), The Greek Renaissance of the Eigth Century B. C. Stockholm 1983: 63–68

581 Millard, Alan R., The Canaanite Linear Alphabet and its Passage to the Greeks. In: Kadmos 15/1976: 130–144

582 Naveh, Joseph, Some Semitic Epigraphical Considerations on the Antiquity of the Greek Alphabet. In: American Journal of Archaeology 77/1973: 1–8

583 Naveh, Joseph, The Greek Alphabet – New Evidence. In: Biblical Archaeologist 43/1980: 22–25

584 Olivier, J.-P., Cretan Writing in the Second Millennium B. C. In: World Archaeology 17/1986: 377–389

585 Pfohl, Gerhard (Hg.), Das Alphabet – Entstehung und Entwicklung der griechischen Schrift. Darmstadt 1968

586 Pöhlmann, Egert, Die Schriftreform in Athen um 403 und ihre Implikationen. In: Kriss-Rettenbeck, Lenz (Hg.), Erziehungs- und Unterrichtsmethoden im historischen Wandel. Bad Heilbrunn 1986: 51–64

587 Powell, Barry, Homer and the Origin of the Greek Alphabet. Cambridge 1991

588 Wachter, Rudolf, Zur Vorgeschichte des griechischen Alphabets. In: Kadmos 28/1989: 19–78

589 Wiesehöfer, Josef, Das Alphabet und die Folgen in griechischer Zeit. Hagen 1987

Altbalkanische Zeichensysteme und ›Topfmarken‹ in anderen Teilen der Welt

590 Biegel, Gerd (Hg.), Das erste Gold der Menschheit – Die älteste Zivilisation in Europa. Freiburg 1985

591 Childe, V. Gordon, The Danube Thoroughfare and the Beginnings of Civilization in Europe. In: Antiquity 1/1927: 79–91

592 Dollfus, G./Encreve, P., Marques sur poterie dans la Susiane du 5e millénaire. In: Paléorient 8/1982: 107–115

593 Europe as Possible Cradle of Writing. In: The Times, 2. 12. 1966: 11

594 Geheimnis der Schnörkel. In: Der Spiegel 41/1990: 248–252

595 Gimbutas, Marija, Old Europe c. 7000–3500 B. C.: The Earliest European Civilization. In: Journal of Indo-European Studies 1/1973: 1–20

596 Gimbutas, Marija, Ideograms and Symbolic Design on Ritual Objects of Old Europe. In: Megaw, J. V. S. (Hg.), To Illustrate the Monuments. London 1976: 77–98

597 Gimbutas, Marija, The Goddesses and Gods of Old Europe 6500–3500. Berkeley/Los Angeles 1982

598 Gimbutas, Marija, The Language of the Goddess. San Francisco 1989

599 Haarmann, Harald, Hieroglyphen- und Linearschriften: Anmerkungen zu alteuropäischen Schriftkonvergenzen. In: Kadmos 28/1989: 1–6

600 Haarmann, Harald, Writing from Old Europe to Ancient Crete – a Case of Cultural Continuity. In: Journal of Indo-European Studies 17/1989: 251–275

601 Hiller, Stefan, Die Tărtăria-Tafeln. In: Archiv für Orientforschung, Beiheft 20/1985: 93–100

602 Hommel, Fritz, Die Anordnung unseres Alphabets – Nachtrag. In: Archiv für Schriftkunde 1/1918: 48–51

603 Hood, M. S. F., The Tărtăria Tablets. In: Antiquity 41/1967: 99–113

604 Hooker, James, Early Balkan ›Scripts‹ and the Ancestry of Linear A. In: Kadmos 31/1992: 97–112

605 Lichtenberg, Reinhold Frhr. v., Ursprung und Alter der Buchstabenschrift. In: Archiv für Schriftkunde 1/1918: 17–30

606 Limper, Klaudia, Uruk: Perlen – Ketten – Anhänger. Mainz 1988 (darin F 483: Amulett gegen die Dämonin Lamaštu)

607 Makkay, János, Besprechung von Winn (619). In: Germania 63/1985: 173–178

608 Masson, Emilia, L'›écriture‹ dans les civilisations danubiennes neolithiques. In: Kadmos 23/1984: 89–123

609 Meskell, Lynn, Goddesses, Gimbutas and ›New Age‹ Archaeology. In: Antiquity 69/1995: 74–86

610 Milojčić, Vladimir/Falkenstein, Adam, Die Tontafeln von Tărtăria. In: Germania 43/1965: 261–273

611 Quivron, G., Les marques incisées sur les poteries de Mehrgarh au Baluchistan. Paléorient 6/1980: 269–280

612 Potts, D., The Potter's Marks of Tepe Yahya. In: Paléorient 7/1981: 107–122

613 Renfrew, Colin, The Autonomy of the South-East European Copper Age. In: Proceedings of the Prehistoric Society N. S. 35/1969: 12–47

614 Schmidt, Hubert, Tordos. In: Zeitschrift für Ethnologie 35/1903: 438 ff.

615 Sprache der Göttin. Annäherung an das Werk von Marija Gimbutas. Wiesbaden 1994

616 Todorović, Jovan, Written Signs in the Neolithic Cultures of Southeastern Europe. In: Archaeologia Iugoslavica 10/1969: 77–84

617 Vassits, M. M., Die Hauptergebnisse der prähistorischen Ausgrabung in Vinča im Jahre 1908. In: Prähistorische Zeitschrift 2/1910: 23–39

618 Vlassa, N., Chronology of the Neolithic in Transylvania in the Light of the Tărtăria Settlement's Stratigraphy. In: Dacia N. S. 7/1963: 485–495

619 Winn, Shan M. M., Pre-Writing in Southeastern Europe: The Sign System of the Vinča Culture ca. 4000 B. C. Calgary 1981

620 Witte, Reinhard, Die frühen Schriftfunde Südosteuropas unter Berücksichtigung der beginnenden Kupfermetallurgie. Berlin 1980 (Kurze Zusammenfassung in: Ethnographisch-Archäologische Zeitschrift 24/1983: 681–687)

Zitatennachweis

Die in Klammern stehenden Zahlen verweisen auf die Nummern im Literaturverzeichnis. Zitate aus fremdsprachigen Publikationen wurden selbst übersetzt, sofern nicht bereits eine deutschsprachige Übersetzung vorlag.

Kapitel 1

1 Herodot (93): 121 f.
2 Hewes (16)
3 Borst (89): Bd. 1: 33, 39 (Ägypten), 76 (Enuma elisch), 58 f. (Rigveda); Bd. 2/1: 439, 471 (Germanen/Angelsachsen). Allen (85): 37 (Ägypter und Germanen). Böklen (88): 55 (Brahma)
4 Die Bibel (87); AT: 3 ff., 12; NT: 110
5 zit. n. Arens (86): 19 f.
6 zit. n. Böklen (88): 147
7 zit. n. Arens (86): 120
8 zit. n. Arens (86): 120
9 Herder (92): 31 ff., 85
10 Müller (97): 345
11 zit. n. Arens (86): 388
12 zit. n. Zimmer (43): 91
13 zit. n. Stam (99): 255 f.

Kapitel 2

1 zit. n. Tembrock (137): 7. Marx (84): 544 f.
2 Descartes (108): 77, 95
3 Müller (97): 12 f.
4 zit. n. Hastings (118): 24, 33 ff.
5 Darwin (161): 106 f.
6 zit. n. Heberer (167): 409
7 Cheney/Seyfarth (107): 197
8 Bußmann (5): 278

Kapitel 3

1 zit. n. Vogel in Darwin (161): 16
2 Darwin (161): 273
3 Darwin (161): 201

4 zit. n. Vogel in Darwin (161): 17
5 Darwin (161): 268
6 Haeckel (166): 591
7 Boule/Anthony (191): 129, 193 ff.
8 Black (190): 96
9 zit. n. Vallois (217): 220; Du Brul/Reed (196): 154
10 Le May (206): 9
11 zit. n. Marquardt (30): 232
12 Holloway (200): 339, 346
13 Falk in: Davidson/Noble (229): 142
14 zit. n. Lewin (174): 167
15 zit. n. Leroi-Gourhan (247): 147
16 zit. n. DuBrul/Reed (196): 153
17 Lieberman (207): 97
18 Laitman in Grolier (12): 83
19 Lieberman (29): 316
20 Laitman u. a. (205): 29 f.
21 Ross (274): 100; Der Spiegel 6/1992: 218
22 Reichholf (180): 163 f.
23 Lieberman (209): 125
24 Wind (219): 626
25 Wind (220): 192
26 Arensburg u. a. (188): 758 ff.
27 zit. n. Fouts/Rigby (143): 1034 f.; Lieberman (29): 226; Goodall (116): 11; Hewes (94) 12
28 zit. n. Marquardt (30): 57
29 zit. n. Noiré (98): 14
30 Amerikanischer Originaltitel von Savage-Rumbaugh (152)

Kapitel 4

1 Marx (248): 194
2 Engels (232): 448
3 Leroi-Gourhan (247): 38

4 Childe (159): 412
5 Washburn (254): 175
6 Isaac (243): 276
7 Gowlett (165): 71
8 Hallowell (238): 323
9 Oakley (251): 17
10 Gowlett (235): 185
11 zit. n. Graves (237): 167
12 Gowlett (165): 55
13 Holloway (241): 401 f., 407
14 Gibson (198): 159
15 Leroi-Gourhan (247): 149, 151
16 Wynn (257): 196, 198
17 Wynn (256): 41; Wynn (257): 200, 205
18 Davidson/Noble (229): 137
19 Oakley (251): 22
20 Mania (175): 276
21 Bednarik (224): 185
22 Bednarik (223): 33

Kapitel 5

1 Bickerton (2): 174, 196
2 Jonas (22): 200
3 Stopa (279): 13, 40
4 Stopa (281): 495
5 Stopa (280)
6 Fester (264): 30 f.
7 Fester (265): 188; Fester (264): 33 f.
8 Fester (264): 31
9 Renfrew (273): 21
10 Doerfer (263): 121 f.

Kapitel 6

1 zit. n. Klaffke (358): 222
2 Havelock (355): 79
3 Schlaffer in Goody u. a. (354): 15

4 Petrie (555): 3
5 zit. n. Ifrah (69): 113
6 Peyrony (309): 24
7 Leroi-Gourhan (247): 240
8 Absolon (298): 137, 147, 149
9 Absolon (298): 127, 148
10 Absolon (298): 149
11 zit. n. Marshack (307): 36
12 Marshack (307): 49
13 Hahn (320): 8, 11
14 Hahn in Müller-Beck (178): 317
15 Hahn (321): 215
16 Hahn (322): 233
17 Leroi-Gourhan (326): 65, 43
18 Kirchner (323): 254
19 zit. n. Kirchner (323): 251
20 Weule (297): 36
21 Földes-Papp (59): 32
22 Graziosi (318): 114
23 Sethe (79): 17
24 Gelb (65): 21
25 Piette (341): 427
26 zit. n. Rieth (343): 86
27 zit. n. Rieth (343): 86

Kapitel 7

1 Jensen (71): 33
2 Leroi-Gourhan (247): 253
3 Gelb (64): 188
4 Leroi-Gourhan (247): 261
5 Sethe (79): 17
6 Gelb (65): 13
7 zit. n. Gelb (64): 22
8 zit. n. Barthel (44): 13
9 zit. n. Barthel (44): 19
10 zit. n. Coulmas (48): 25
11 Goody/Watt (354): 121
12 Leroi-Gourhan (247): 326
13 zit. n. Coulmas (48): 52, Anm. 1
14 Schlaffer in: Goody/Watt (354): 16
15 Scharlau (363): XII
16 Klaffke (358): 224
17 Schott (364): 184, 194
18 Klaffke (358): 224
19 Goody/Watt (354): 121
20 Assmann u. a. (346): 278
21 zit. n. Barthel (44): 15
22 zit. n. Barthel (44): 231
23 zit. n. Assmann u. a. (346): 7 f.
24 zit. n. Barthel (44): 18

25 zit. n. Goody/Watt (354): 41
26 Childe (367), (369): 143 ff., (368): 111 ff.

Kapitel 8

1 Oppenheim (393): 123
2 Oppenheim (393): 123 f.
3 Oppenheim (393): 125
4 Oppenheim (393): 126 f.
5 Polanyi (394): 265
6 Amiet (381): 21, 23
7 Schmandt-Besserat (403): 78; Schmandt-Besserat (404): 7 f.
8 Schmandt-Besserat (404): 8
9 Schmandt-Besserat (404): 10
10 Schmandt-Besserat (400): 322
11 Schmandt-Besserat (404): 45
12 Childe (369): 71 ff., (368): 60 ff.
13 Schmandt-Besserat (401): 876
14 Schmandt-Besserat (404): 183
15 Schmandt-Besserat (403): 80
16 Schmandt-Besserat (404): 168
17 Amiet (382): 199
18 Schmandt-Besserat (404): 106 f.
19 Schmandt-Besserat (404): 171
20 Schmandt-Besserat (395): 27
21 Vallat (406): 336

Kapitel 9

1 Falkenstein (409): 37
2 Falkenstein (409): 37
3 Green (413): 358
4 Falkenstein (409): 50
5 Damerow u. a. (407): 78
6 Nissen u. a. (422): 57
7 Falkenstein (409): 65
8 Nissen u. a. (422): 158
9 Haarmann (67): 98
10 Nissen u. a. (422): 57
11 Damerow u. a. (407): 82
12 Nissen u. a. (422): 76
13 Nissen u. a. (422): 175
14 Schmandt-Besserat (399): 317 f.; dies. (403): 79 f.
15 Nissen u. a. (422): 172
16 Nissen u. a. (422): 175
17 Falkenstein (409): 25
18 Schmandt-Besserat (398): 31
19 Michalowski (391): 997
20 Schmandt-Besserat (404): 70

21 Michalowski (391): 997
22 Gelb (64): 195
23 Schmandt-Besserat (404): 7, 198
24 Gelb (64): 195
25 Powell (438): 422
26 Nissen (420): 326
27 zit. n. Nack (377): 215
28 zit. n. Green (413): 359

Kapitel 10

1 Gardiner (460): 7
2 Schulze (454): 123
3 Schott (453): 58
4 Scharff (451): 73
5 Brunner (457): 757
6 Müller-Karpe (250): Bd. II: 331
7 Schlott (466): 111
8 Kaplony (446): XXXIII
9 Kaplony (446): 58
10 Kaplony (447): 9
11 Schenkel (452): 61
12 Sethe (79): 26
13 Brunner (457): 758
14 Scharff (451): 63
15 Westendorf (455): 56
16 Schott (453): 61
17 Arnett (441): 52
18 Leroi-Gourhan (247): 256 f.

Kapitel 11

1 zit. n. Falkenstein (523): 130
2 zit. n. Falkenstein (523): 132
3 Schlott (466): 206
4 zit. n. Brunner (516): 56
5 zit. n. Falkenstein (523): 129
6 zit. n. Kramer (527): 206
7 zit. n. Falkenstein (523): 127
8 zit. n. Falkenstein (523): 130
9 zit. n. Brunner (516): 24
10 zit. n. Erman (520): 95
11 Nissen u. a. (422): 150
12 Schlott (466): 93
13 zit. n. Brunner (515): 22 ff.
14 zit. n. Erman (520): 250, 247, 249
15 zit. n. Brunner (516): 178
16 zit. n. Erman (520): 247
17 Schlott (466): 194
18 Green (413): 367, 347
19 Assmann (348): 71

20 Lévi-Strauss (530): 294
21 Gelb (64): 198
22 Schele/Freidel (509): 33
23 Grube (499): 303
24 Stuart/Houston (510): 145

Kapitel 12

1 Childe (368): 223 f.
2 Sethe (563): 449
3 Gardiner (547): 15
4 Mallon (549): 133–136, 149–151
5 zit. n. Sethe (562): 129
6 Röllig/Mansfeld (559): 265

7 zit. n. Wiesehöfer (589): 3 f.
8 Gelb (64): 180
9 Schlott (466): 22
10 Gelb (64): 195
11 Cross (543): 12
12 Millard (553): 396
13 zit. n. Wiesehöfer (589): 80
14 zit. n. Wiesehöfer (589): 103

Nachwort

1 Haarmann (67): 18
2 Schmidt (614): 457 f.; Vassits (617): 38

3 Winn (619): 236, 242
4 Masson (608): 123
5 ›Times‹ vom 2. 12. 1966, S. 11 (593)
6 Gimbutas (595): 12
7 Haarmann (67): 84
8 Todorović (616): 83
9 v. Lichtenberg (605): 21, 27
10 Forbes/Crowder (336): 354, 366
11 Hommel (602): 49 f.
12 Gelb (64): 140 f.
13 Hooker (604): 110
14 Winn (619): 81, 237, 242 ff., 251
15 Winn (619): 238 f., 253 f.
16 Winn (619): 257
17 Gimbutas (598): XV, XIX

Personenregister

Ortsregister

Sachregister

Einige wichtige frühe Schriften der alten Welt im Überb[lick]

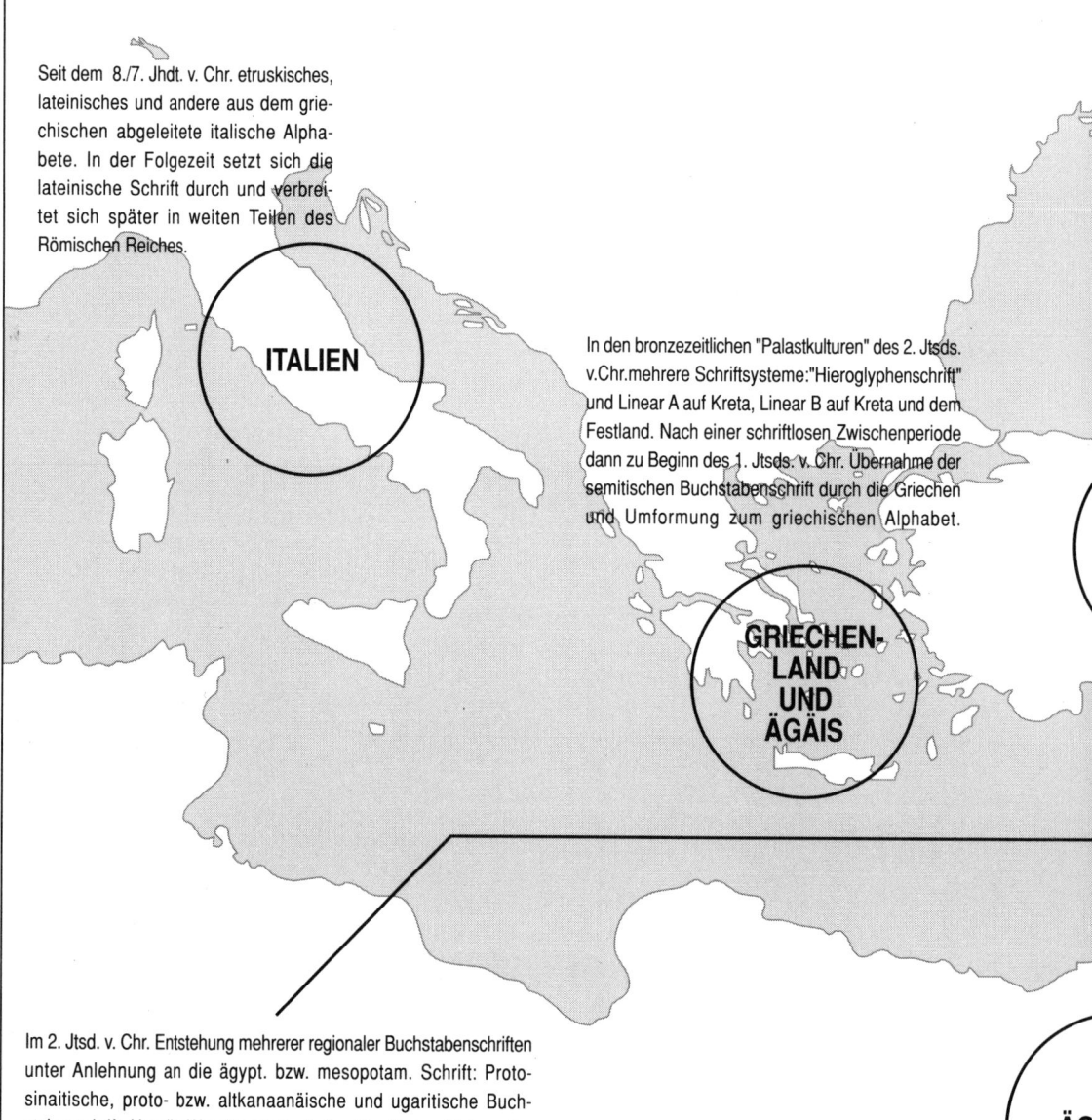

Seit dem 8./7. Jhdt. v. Chr. etruskisches, lateinisches und andere aus dem griechischen abgeleitete italische Alphabete. In der Folgezeit setzt sich die lateinische Schrift durch und verbreitet sich später in weiten Teilen des Römischen Reiches.

ITALIEN

In den bronzezeitlichen "Palastkulturen" des 2. Jtsds. v.Chr. mehrere Schriftsysteme: "Hieroglyphenschrift" und Linear A auf Kreta, Linear B auf Kreta und dem Festland. Nach einer schriftlosen Zwischenperiode dann zu Beginn des 1. Jtsds. v. Chr. Übernahme der semitischen Buchstabenschrift durch die Griechen und Umformung zum griechischen Alphabet.

GRIECHEN-LAND UND ÄGÄIS

Im 2. Jtsd. v. Chr. Entstehung mehrerer regionaler Buchstabenschriften unter Anlehnung an die ägypt. bzw. mesopotam. Schrift: Proto-sinaitische, proto- bzw. altkanaanäische und ugaritische Buchstabenschrift. Um die Wende zum 1. Jtsd. v. Chr. Herausbildung des klassischen phönizischen Alphabets, aus dem sich im 9./8. Jhdt. v. Chr. die hebräische und die aramäische Schrift entwickeln. Die phönizische Schrift regt direkt oder indirekt die Bildung zahlreicher Buchstabenschriften bei Völkern des Ostens wie des Westens an und wird damit zur "Urmutter aller Alphabete".

ÄG

Seit etwa 3000 v. Chr. altägyptische Hieroglyphen- und davon abgeleitete hieratische Kursivschrift. Im 7. Jhdt. v. Chr. Entwicklung der demotischen Kursive, die das Hieratische im Alltagsgebrauch ersetzt. Im 3. Jhdt. n. Chr. Aufkommen der aus dem griech. Alphabet abgeleiteten koptischen Buchstabenschrift, die die altägypt. Schrift in kurzer Zeit verdrängt.